铁路供电培训教材

高速铁路牵引变电设备维护检修及诊断技术

《高速铁路牵引变电设备维护检修及诊断技术》编委会　编

中国铁道出版社有限公司

2025年·北京

内容简介

本书为中国铁路广州局集团有限公司"铁路供电培训教材"丛书之一。本书主要由牵引变电所运行基础，变压器、互感器，断路器，高压隔离开关，避雷器，牵引变电所接地系统，组合电器设备，综合自动化系统，牵引变电所交直流系统，高压电缆诊断技术，智能牵引变电所及诊断技术等内容组成，重点突出高速铁路牵引变电设备的维护检修技术和诊断技术。

本书内容深入浅出、通俗易懂，既适用于新入职大学生及现场职工的培训和自学，又可作为高速铁路牵引变电专业资格性、适应性培训的参考用书。

图书在版编目（CIP）数据

高速铁路牵引变电设备维护检修及诊断技术 /《高速铁路牵引变电设备维护检修及诊断技术》编委会编 . 北京 ：中国铁道出版社有限公司，2025. 3. --（铁路供电培训教材）. --ISBN 978-7-113-31776-8

Ⅰ. U238；U224

中国国家版本馆 CIP 数据核字第 20245NP132 号

书　　名：高速铁路牵引变电设备维护检修及诊断技术
作　　者：《高速铁路牵引变电设备维护检修及诊断技术》编委会

责任编辑：朱培杰　　**编辑部电话：**(010)51873116
封面设计：刘　莎
责任校对：苗　丹
责任印制：高春晓

出版发行：中国铁道出版社有限公司(100054，北京市西城区右安门西街 8 号)
网　　址：https://www.tdpress.com
印　　刷：河北宝昌佳彩印刷有限公司
版　　次：2025 年 3 月第 1 版　2025 年 3 月第 1 次印刷
开　　本：787 mm×1 092 mm 1/16　**印张：**16.25　**字数：**398 千
书　　号：ISBN 978-7-113-31776-8
定　　价：98.00 元

《高速铁路牵引变电设备维护检修及诊断技术》
编　委　会

前　言

随着我国高速铁路（以下简称高铁）的迅猛发展，我国已成为世界上高铁里程最长的国家，高铁成为中国展现给世界的一张闪亮名片。中国铁路广州局集团有限公司作为高铁大局，为积极落实《新时代交通强国铁路先行规划纲要》，紧随高速铁路牵引变电发展趋势，结合现场实践经验，坚持牵引变电“预防为主，重检慎修”的方针，遵循“精准检测，状态检修，寿命管理”的原则，积极培养打造专业技能精湛、操作技能精准的高素质人才队伍，特编写《高速铁路牵引变电设备维护检修及诊断技术》，旨在为读者提供一套全面系统的高速铁路牵引变电设备维护检修及诊断技术指导用书。本书适用于新入职大学生及现场操作技能人员、专业技术人员的培训和自学，同时也可作为牵引变电专业资格性、适应性培训教材。

《高速铁路牵引变电设备维护检修及诊断技术》共分四部分内容。第一部分为牵引变电所运行基础知识，详细介绍了铁路供电系统概述、牵引变电所主接线图、高压电气设备编号规则；第二部分为牵引变电高压电气设备、接地系统、高压电缆检修与试验，总体概述高压电气设备、接地系统、高压电缆检修试验规则、工艺及注意事项，对高压单体设备、组合电器、接地系统、高压电缆的基础知识进行了介绍，并详细阐述了各类单体设备的检修、试验工艺和规范具体要求，分析了各单体设备典型故障缺陷处理案例；第三部分为综合自动化系统、交直流系统，概述综合自动化系统、交直流系统基础知识，详细介绍了其检修试验方法，并分享多个经典故障案例分析内容；第四部分为高铁牵引供电诊断新技术应用，系统全面地介绍了广泛应用于高速铁路牵引变电系统的诊断新技术基本概念、应用场景以及发展趋势。

本书秉承“理论指导实践，实践验证理论”的原则，以提升技能、指导现场实践为出发点，依托牵引变电行业内的先进技术和经验总结，深入浅出地介绍牵引变电设备的基本原理、维护检修和诊断技术；强调实践与理论相结合，为读者提供大量的实际案例,使读者能够更好地理解和应用所学知识。

由于时间仓促和编写人员水平有限,若书中存在不当之处,敬望各位专家、供电干部职工及广大读者提出宝贵意见!同时,在本书的编写过程中参考了相关文献资料,在此对有关作者表示衷心感谢!

编　者

2024 年 9 月

目　录

第一章　牵引变电所运行基础

第一节　铁路供电系统概述

一、牵引供电系统的组成

(一)牵引供电系统概述

通常将从电力系统受电、变换后向铁路电力机车或动车组等牵引负荷提供电能的工作系统,称为牵引供电系统。

我国电气化铁路普遍采用工频单相交流牵引供电系统,其主要由牵引变电所、牵引网组成。

1. 牵引变电所:牵引变电所是将电力系统获取的电能通过牵引变压器转换成适用于电力机车或动车组运行的电能,并分配、输送至牵引网的场所。

2. 牵引网:由馈(电)线、接触网、钢轨(大地)、回流线等组成的牵引供电网,结构原理如图 1-1、图 1-2 所示。

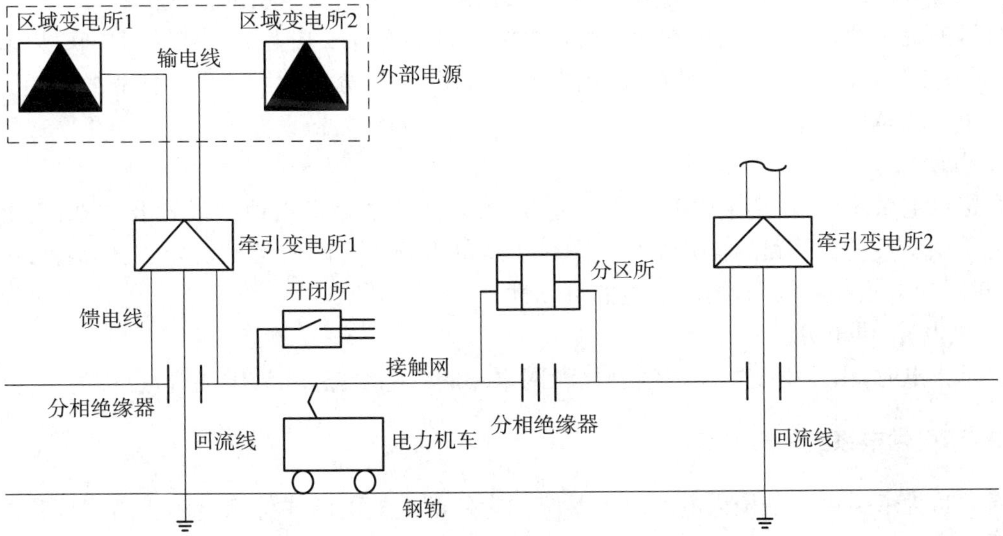

图 1-1　牵引供电系统结构示意(直供)

(1)接触网:沿铁路架设、供电力机车或动车组取电的供电网,一般采用架空式接触网。

(2)馈电线:连接牵引变电所和接触网的导线,也称馈出线、馈线或供电线。

(3)钢轨(大地)、回流线:在牵引供电系统中,钢轨(大地)、回流线是牵引电流由接触网回流至牵引变电所的主干通道。

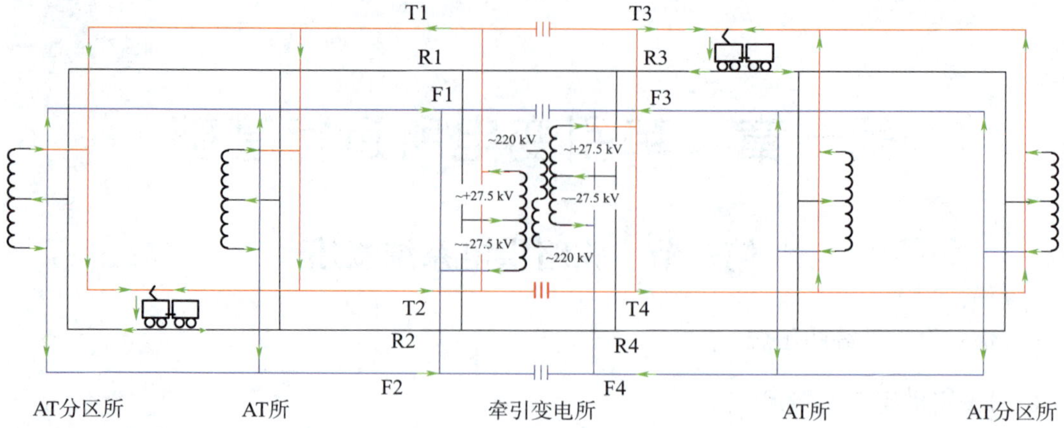

图 1-2　牵引供电系统结构示意(AT 供电方式)

(二)牵引供电系统的其他构成要素

1. AT 所

在 AT 供电方式下,每隔 10～15 km 左右的位置,并联一台 AT 自耦变压器,以提高接触网压、延长供电距离的设施,称为 AT 所。

2. 分区所

牵引供电系统中,为提高供电的灵活性和可靠性,将由相邻牵引变电所供电的牵引网分隔成不同供电分区的设施,称之为分区所,通常设在两相邻牵引变电所的供电分界处。

分区所的主要作用:一是正常运行时根据需要将供电臂末端上下行接触网并联,以改善末端电网压;二是在故障变电所因故不能供电的情况下,通过分区所实现由相邻非故障牵引变电所向停电区段越区供电。

3. 开闭所

牵引供电系统中,在离牵引变电所较远、站线较多的铁路枢纽地区设置开关站,将上级牵引变电所供出负荷经分路后向几个用电单位供电的设施。开闭所可实现分区段或者分线路供电,相对减少事故停电范围,提高供电的可靠性。

4. 供电臂(供电分区)

正常供电时,由牵引变电所馈线到接触网末端的供电线路,称为供电臂,也称为供电分区。

二、牵引供电系统外部电源

通常将为牵引供电系统供电的电力系统称为外部供电电源或外部电源。高速铁路供电电源应采用 220 kV 或以上电压等级。普速铁路牵引变电所进线电源应为 110 kV 及以上电压等级。

TB 10009《铁路电力牵引供电设计规范》规定,铁路电力牵引供电系统为一级负荷,牵引变电所应有两路电源供电,当任一路故障时,另一路仍应正常供电。

接入牵引变电所两路电源应相互独立,宜接自不同的地方变电所并采用专线方式接至牵引变电所,尽量减少“假双回”的问题(如两路电源来自同一变电所或一路故障导致另一路故障),将两路电源同时损坏的风险降至最低。

(一)电力系统的组成

电力系统主要由发电厂、电力网和用电设备组成，是一个包括发电、输电、变电、配电、用电等多个环节的实时工作系统，如图 1-3 所示。

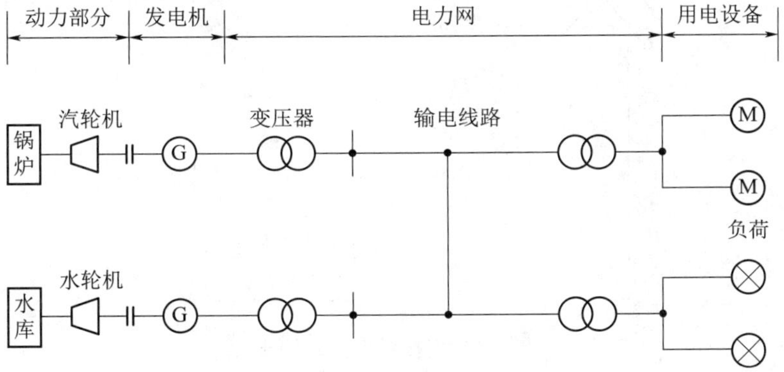

图 1-3　电力系统示意(含动力部分)

(二)电力系统的电压偏差

电力系统电能质量主要包括电压、频率、波形指标，其中电压质量指标按 GB/T 12325《电能质量　供电电压偏差》规定，供电电压偏差的限值为：

1. 35 kV 及以上供电电压正、负偏差绝对值之和不超过标称电压的 10%[注：如供电电压上下偏差同号(均为正或负时)，按较大的偏差绝对值作为衡量依据]。

2. 20 kV 及以下三相供电电压偏差为标称电压的 7%。

3. 220 V 单相供电电压偏差为标称电压$^{+7\%}_{-10\%}$。

4. 对供电点短路容量较小、供电距离较长以及对供电电压偏差有特殊要求的用户，由供电、用电双方协议确定。

三、牵引供电系统供电方式

(一)牵引变电所对牵引网的供电方式

牵引变电所向牵引网供电有两种方式，即单边供电和双边供电。

一个供电臂只能从一个牵引变电所取流的供电方式，称为单边供电。单边供电方式下，当某一供电臂发生故障时只影响本供电臂，不影响其他供电臂的正常供电。

一个供电臂可从两个牵引变电所受电的供电方式，称为双边供电。对电力系统来说，双边供电相当于将两个电源在两个牵引变电所牵引变压器的低压侧并网。

目前，我国电气化铁路大多采用单边供电方式。

(二)牵引网对牵引负荷的供电方式

牵引网对牵引负荷的供电方式主要有直接供电方式、带回流线的直接供电方式、AT(自耦变压器)供电方式、BT(吸流变压器)供电方式和 CC(同轴电缆)供电方式。

目前，我国电气化铁路主要采用带回流线的直接供电方式和 AT 供电方式，设计速度为 300 km/h 及以上高速铁路供电方式应采用 AT 供电方式，设计速度为 250 km/h 的高速铁路供电方式宜采用 AT 供电方式。普速铁路多采用带回流线的直接供电方式。

1. 直接供电方式

直接供电方式原理如图 1-4 所示，目前多用于独立供电的动车所、机务段、枢纽站场站线、侧线、联络线等处所。

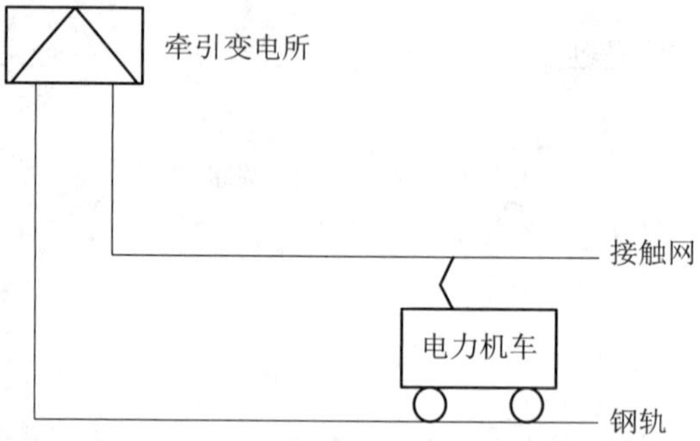

图 1-4　直接供电方式原理

其优点结构简单、投资少，缺点是钢轨电位高、对附近通信线的干扰大，可用于铁路沿线无架空通信线路或通信线路不受干扰影响的区段。

2. 带回流线的直接供电方式

在直接供电方式的基础上，增设与接触导线平行的回流线，并隔一段距离将回流线与钢轨连接，即为“带回流线的直接供电方式”，采用带回流线的直接供电方式的牵引变压器额定输出电压为 27.5 kV，如图 1-5 所示。

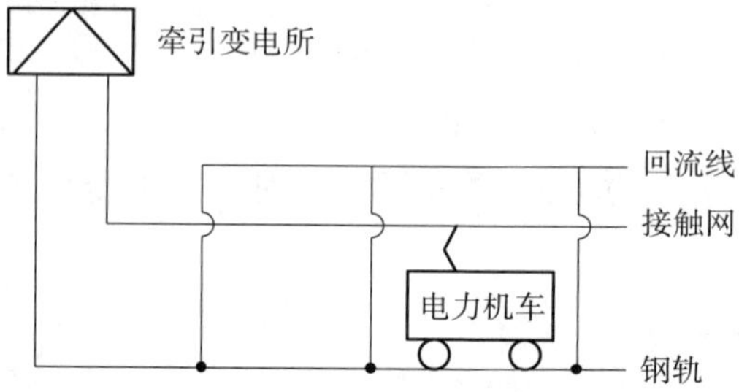

图 1-5　带回流线的直接供电方式原理

其优点是结构较简单、投资较少、可降低对临近通信线路的干扰(由于回流线与接触导线的高度接近、电流方向相反，两者对沿线通信线路的电磁干扰趋于抵消)。

其缺点是相较于 AT 供电方式末端网压较低、供电距离较短。

3. AT 供电方式

为提高供电质量和减少对通信的干扰，而采用设有自耦变压器的供电方式，采用 AT 供电方式下牵引变压器额定输出电压为 2×27.5 kV。

AT(自耦变压器)供电方式如图 1-6 所示，原边接接触网 T 和正馈线 F 之间的电压为 55 kV，中性点接钢轨，T 线、F 线与钢轨之间电压为 27.5KV。其优点是提高了传输功率、改善了网压水平、增加了供电距离，适用于高速、重载铁路。并且由于正馈线、自耦变压器的存在，使牵引网对通信线路的感应干扰大为降低。其缺点是结构复杂、造价较高、维护量大。

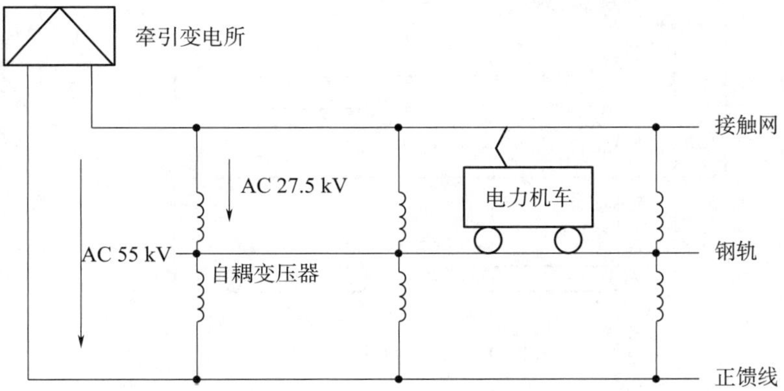

图 1-6　AT 供电方式原理

4. BT 供电方式

BT(吸流变压器)供电方式如图 1-7 所示,吸流变压器(变比为 1∶1)的原边、副边绕组分别串入接触网和回流线,在两个吸流变压器中间用吸上线连接钢轨与回流线。因吸流变压器的存在,加上接触网与回流线空间距离较小、高度接近,流过两者的电流大小相近、方向相反,使得牵引网对邻近通信线路的干扰大为降低。

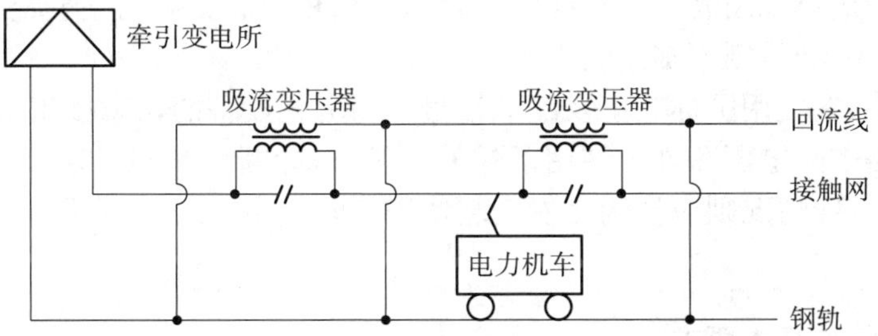

图 1-7　BT 供电方式原理

BT 供电方式的主要缺点是增加了牵引网阻抗,减小了供电臂长度,不利于高速、重载牵引。

BT 供电方式主要用于我国早期的电气化铁路,近年来随着通信线路的光纤化,这种供电方式已基本不再采用。

5. CC 供电方式

CC(同轴电缆)供电方式如图 1-8 所示,同轴电力电缆沿铁路敷设,其内部芯线作为供电线接至接触网,外部导体作为回流线接至钢轨,内外导线同轴布置、相距很小。

由于同轴电力电缆的阻抗比接触网和钢轨的阻抗要小得多,牵引电流与回流电流大部分都流经同轴电力电缆,且电缆内部芯线和外部导体的电流相等、方向相反,因经两者对临近通信线路的干扰相互抵消,近乎无干扰。

CC 供电方式的牵引网阻抗相对较小、供电距离长、接触网结构简单,缺点是同轴电缆的造价太高。

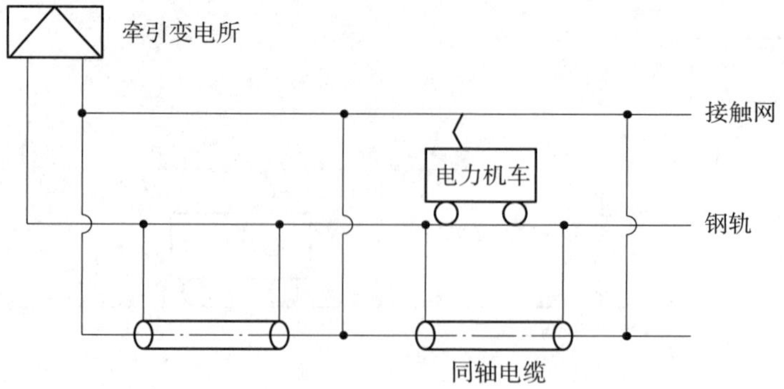

图 1-8　CC 供电方式原理

第二节　牵引变电所亭电气主接线

一、牵引变电所亭电气主接线概念

变电所的电气主接线是指由断路器、隔离开关、互感器、避雷器、主变压器、母线和电缆等高压一次设备，按一定的顺序连接起来用于表示接受和分配电能的电路。反映变电所的基本结构和性能，在运行中表明电能的输送和分配关系、一次设备的运行方式。

主接线图一般用单线图表示。单线图是表示三相相同的交流电气装置中一相连接顺序的图，当三相不完全相同时，则用多线图表示。

在主接线图中，它使用国标文字及图形符号。而电气设备的状态按正常状态画出，所谓正常状态就是指电路中无电压和外力作用下开关的状态，即断开状态。例如隔离开关都是以断开状态画出，如果特殊情况则应注明。供安装使用的电气主接线图，在图上要标出主要电气设备的规格型号。

二、电气主接线的基本要求

(一)保证必要的供电可靠性

(1)断路器检修时能否不影响供电；(2)断路器或母线故障以及母线检修时，尽量减少停运的回路数和停运时间，并要保证对重要用户的供电；(3)尽量避免发电厂、变电所全部停运的可能性；(4)大机组、超高压电气主接线应满足可靠性的特殊要求。

(二)具有一定的灵活性和方便性

应能灵活地投入和切除某些机组、变压器或线路，从而达到调配电源和负荷的目的；能满足电力系统在事故运行方式、检修运行方式和特殊运行方式下的调度要求；当需要进行检修时，应能够很方便地使断路器、母线及继电保护设备退出运行进行检修，而不致影响电力系统的运行或停止对用户供电；必须能够容易地从初期接线过渡到最终接线。

(三)具有一定的经济性

应力求简单，以节省断路器、隔离开关、电流互感器、电压互感器及避雷器等一次设备的投资；要尽可能地简化继电保护和二次回路，以节省二次设备和控制电缆；应采取限制短路电流的措施，以便选择轻型的电器和小截面的载流导体；要为配电装置的布置创造条件，以节约用地和节省有色金属、钢材和水泥等基建材料；应经济合理地选择主变压器的型式、容量和台数，要避免出现两次变压，以减少变压器的电能损耗。

三、牵引变电所主接线

(一)牵引变电所电源侧主接线

牵引变电所进线电源接线方式分为桥式接线和双 T 型接线，单母线分段式，其中桥式接线又分为内桥接线和外桥接线，如图 1-9 所示。

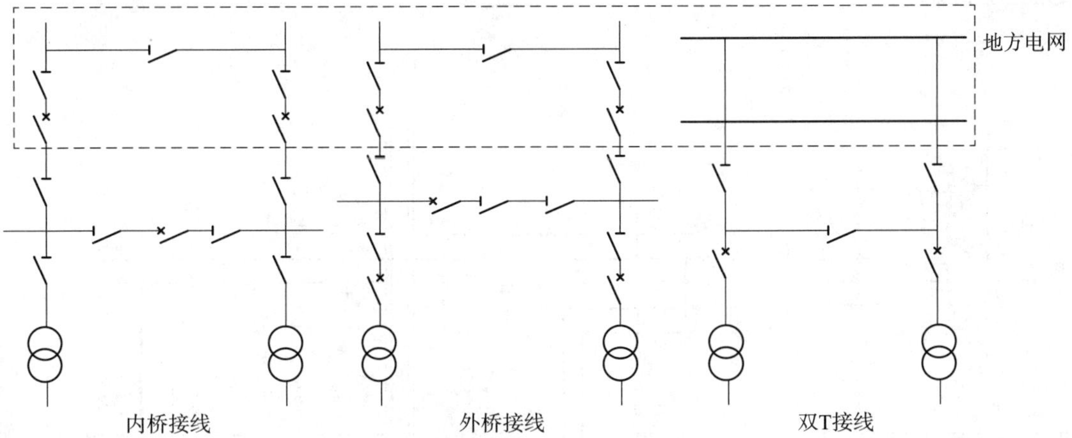

图 1-9 牵引变电所进线电源接线示意

牵引变电所一次接线主要是桥式接线和双 T 型接线两种。牵引变电所进线电源引入线大多采用双 T 型接线。

(二)牵引变电所牵引侧主接线

牵引变电所牵引侧接线示意如图 1-10 所示。

牵引变压器采用三相 V/X 接线，由两组(四台)单相牵引变压器组成，正常时，一组投入运行，另一组备用。

牵引变电所牵引变压器低压侧，通过 2×27.5 kV 断路器与 2×27.5 kV 母线相连；牵引变压器低压侧设有电流互感器，用于测量和继电保护，设有氧化锌避雷器用于过电压保护。2×27.5 kV 侧母线采用单母线分段接线方式。

既有高铁牵引变电所的两路交流自用电源，一路是在 2×27.5 kV 母线上设一台 27.5/0.23 kV 的单相自用电变压器；另一路从 10 kV 电力贯通线上引一回电源入所，并设置一台 10/0.4 kV 三相自用电变压器，二者之间互为备用。新建高铁牵引变电所的两路交流自用电源均从 10 kV 电力贯通线路引入。

牵引变电所馈线侧，断路器采用互为备用方式，馈线通过电动隔离开关和断路器与接触网相连，并在上下行接触网之间设置带有电动隔离开关的跨条。正常情况下，跨条电动隔离开关打开，上下行分别供电；当其中一台馈线断路器故障时，跨条电动隔离开关合闸，由另一台馈线断路器负责向接触网上下行同时供电。每条馈线的 T、F 线上均设置有电压互感器和避雷器，用于测量、继电保护和过电压保护。

牵引变电所牵引侧主接线常见运行方式有直列供电和交叉供电两种运行方式：

直列供电：1 号进线向 1 号、3 号主变供电，或 2 号进线向 2 号、4 号主变供电。

交叉供电：1 号进线向 2 号、4 号主变供电 ，或 2 号进线向 1 号、3 号主变供电。

常见牵引变电所主接线如图 1-11～图 1-13 所示。

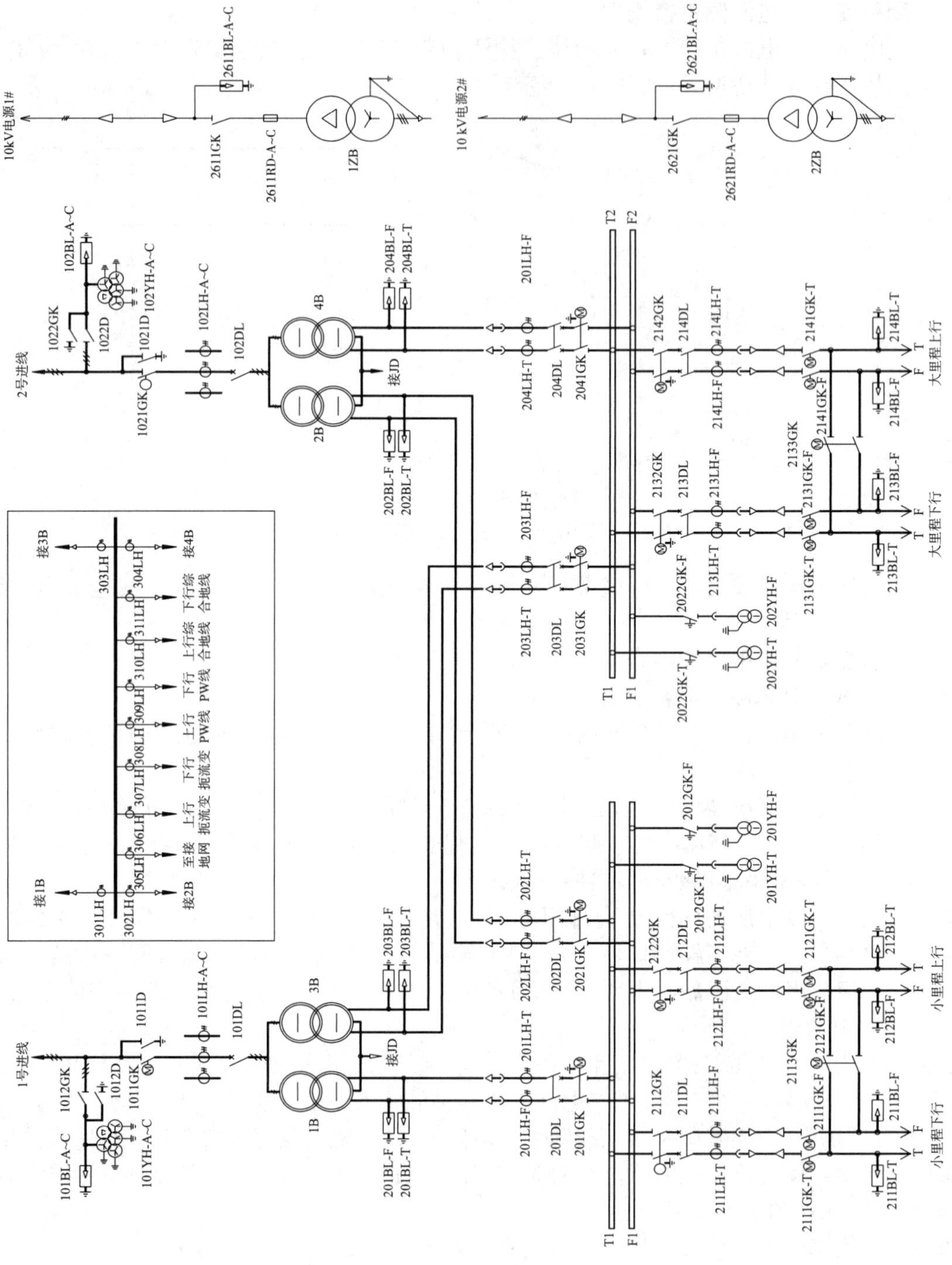

图 1-10　高速铁路牵引变电所主接线示意

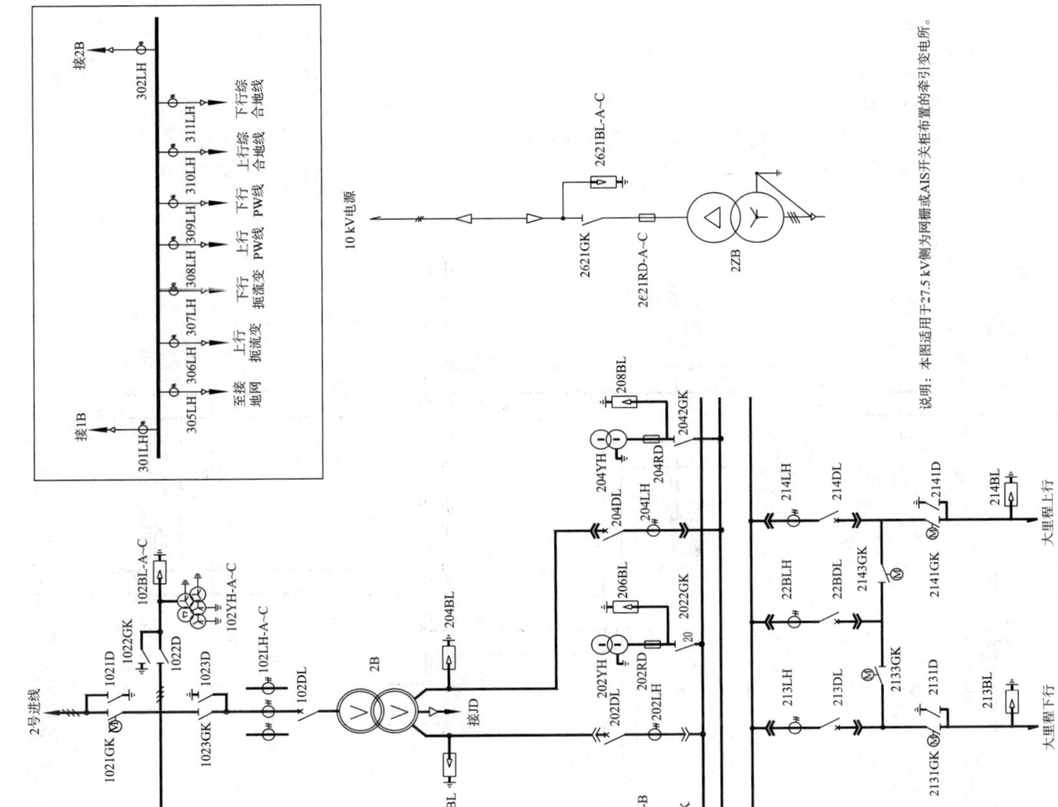

说明：本图适用于27.5 kV侧为网栅或AIS开关柜布置的牵引变电所。

图 1-11　直接供电方式三相牵引变电所主接线

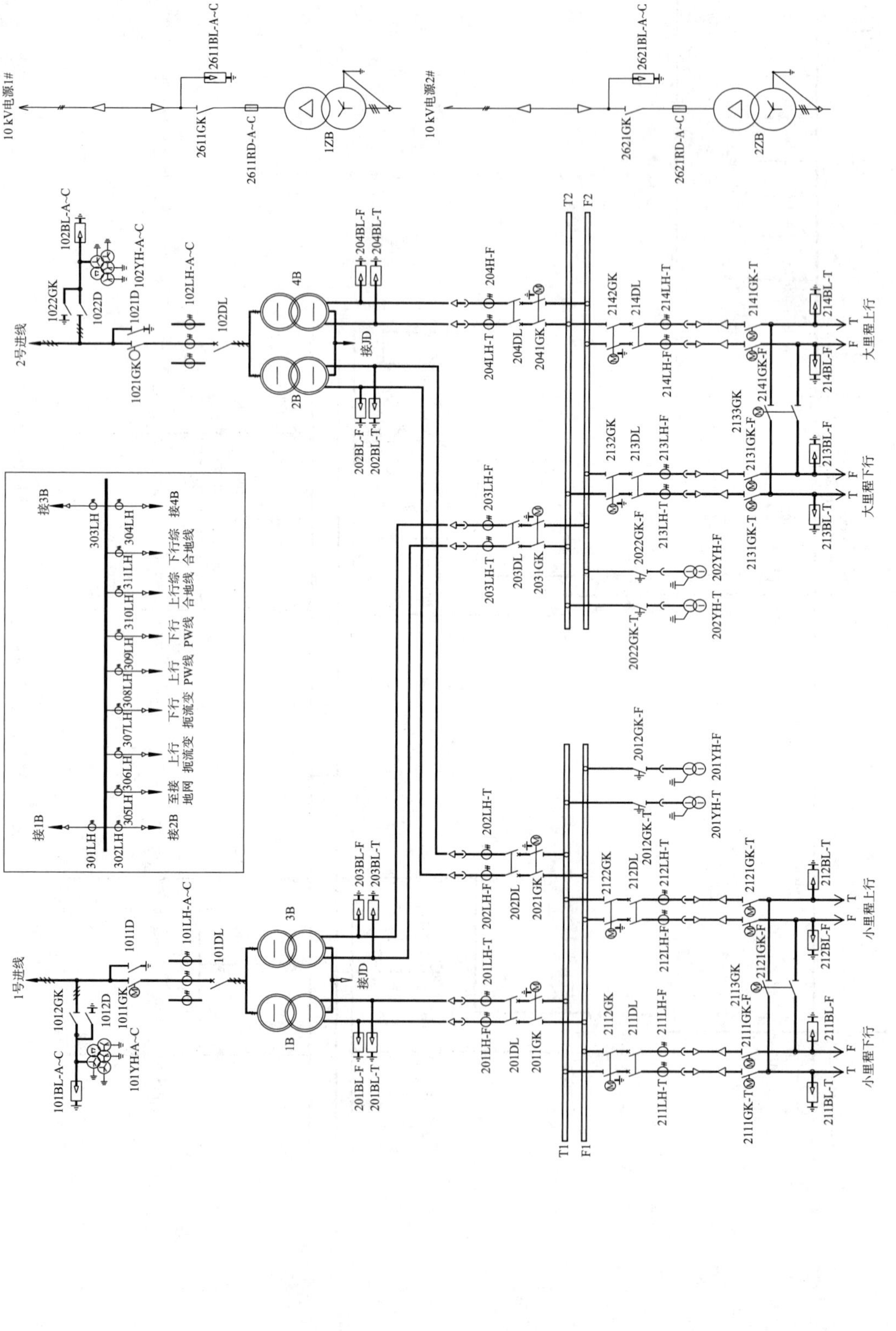

图 1-12　AT 供电方式设备户内 GIS 布置牵引变电所主接线

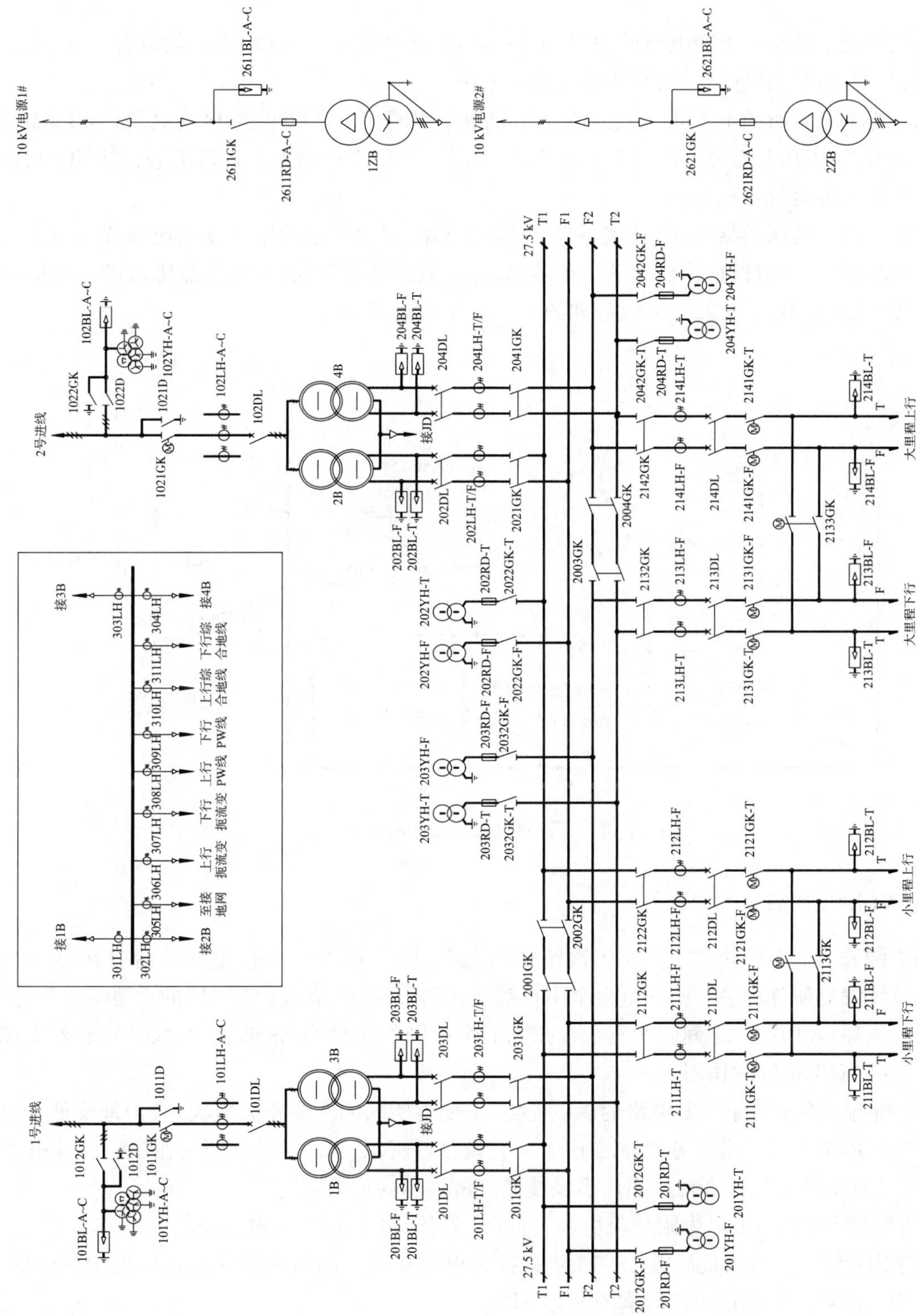

图 1-13　AT供电方式设备户外布置牵引变电所主接线

四、分区所主接线

分区所设于两个牵引变电所的中间，可使相邻的接触网供电区段(同一供电臂的上、下行或两相邻变电所的两供电臂)实现并联或单独工作。

采用Ⅰ型分区所的全并联 2×25 kV AT 供电牵引网在正常供电、越区供电、断路器 1 带 2 三种运行方式；采用Ⅱ型分区所的全并联 2×25 kV AT 供电牵引网在正常供电、越区供电、断路器 1 带 2 三种运行方式。

如果分区所两侧的某一区段接触网发生短路故障，可由供电的牵引变电所馈线断路器及分区亭断路器，在继电保护的作用下自动跳闸，将故障段接触网切除，而非故障段的接触网仍照常工作，从而使事故范围缩小一半，如图 1-14～图 1-16 所示。

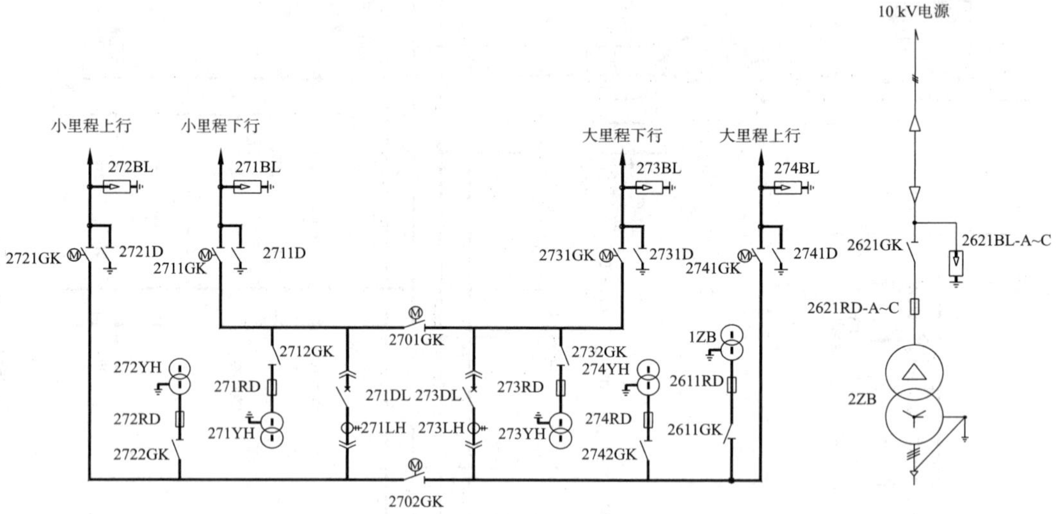

图 1-14　直接供电方式分区所主接线

五、AT 所主接线

牵引网采用 AT 供电方式时，在铁路沿线每隔 10～15 km 左右设置一台自耦变压器(AT)，该设置处所称作 AT 所。电力牵引自耦变压器(AT)所是 AT 牵引网的重要组成部分。将自耦变压器(AT)按一定间隔距离跨接在 AT 牵引网的接触网、正馈线和钢轨间，起着支撑 2×27.5 kV 馈电系统的作用。

AT 所的存在增强了 AT 网络的供电能力，使变电所间的距离得以放大，有力地降低变电所及外部电源的造价。另一方面，AT 所也不宜设置过密，适当的 AT 间距约在 10～15 km。

AT 所间隔距离的选择对牵引网多项技术经济指标的重要影响：

1. 间隔距离大，AT 段中附加阻抗也大，造成牵引网电压损失和电能损失增加。

2. 间距增大时，牵引负荷按 27.5 kV 直接供电方式运行的概率和区段长度也相应增加。使 AT 牵引网对防止通信干扰影响的能力下降。

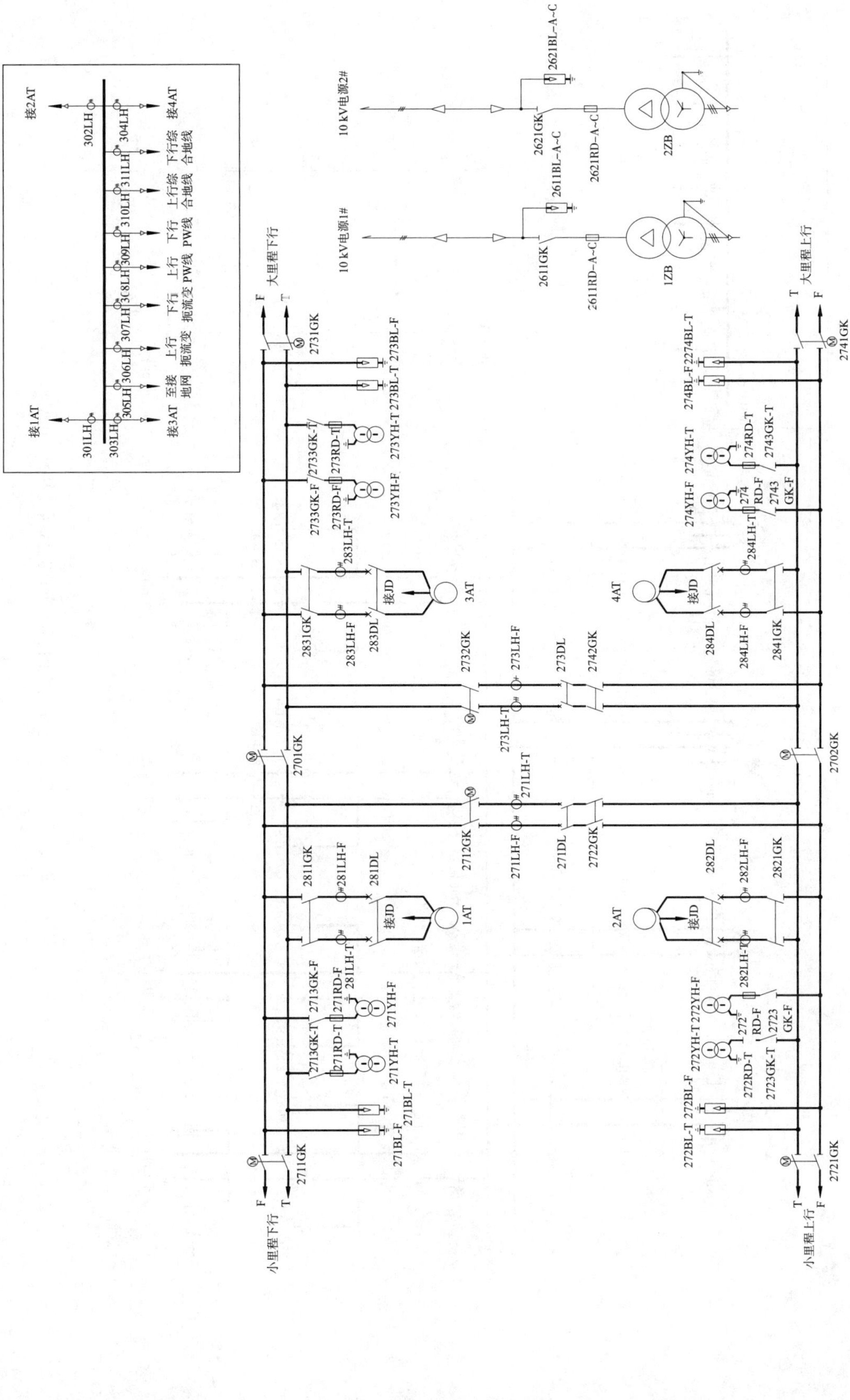

图 1-15　AT供电方式户外布置分区所主接线(Ⅰ型)

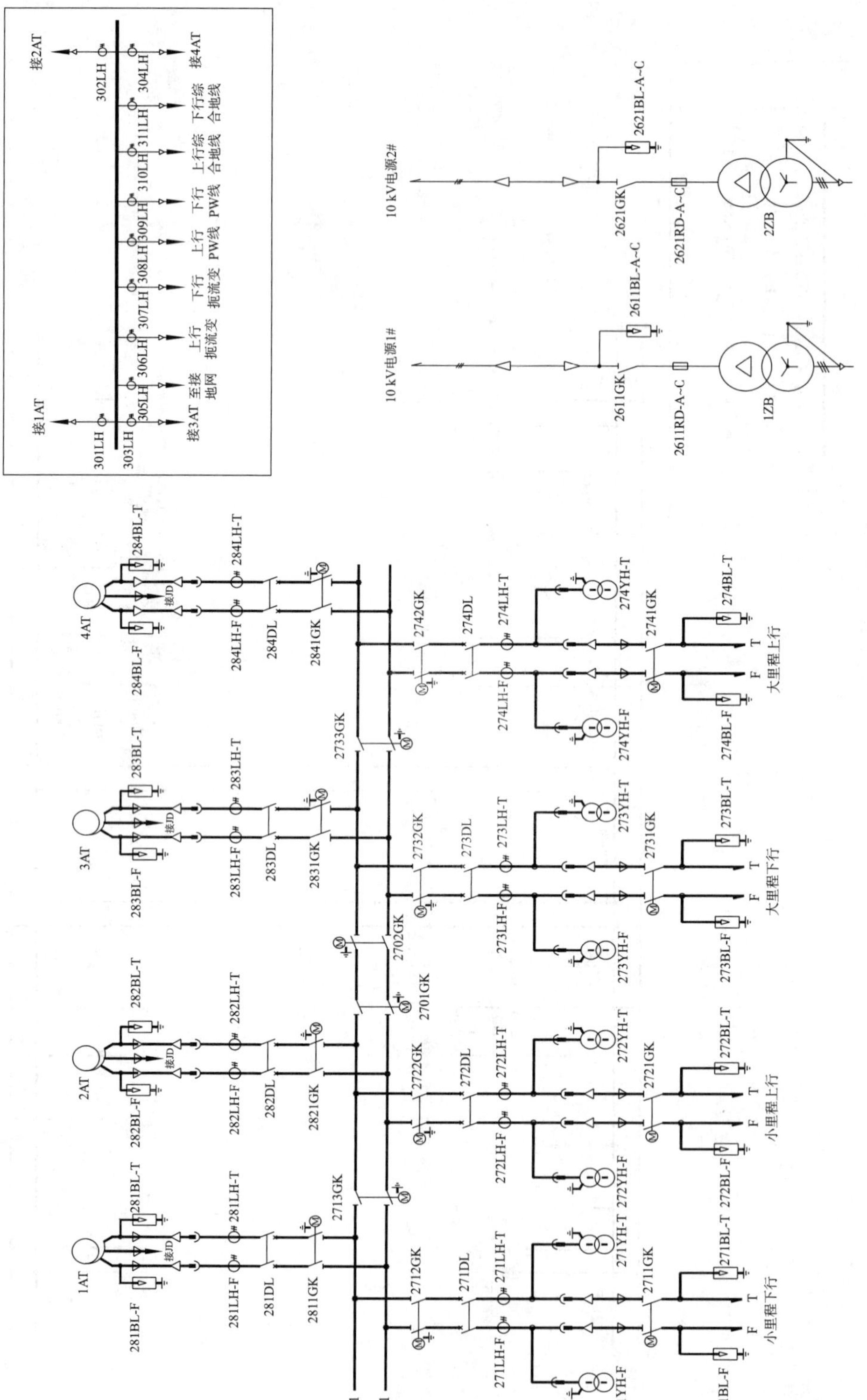

图 1-16　AT 供电方式户内 GIS 布置分区所主接线(Ⅱ型)

3. AT 所安装容量与 AT 间距密切相关，适当选择 AT 所的容量是牵引供电系统设计的一项重要任务。

4. AT 所对 2×27.5 kV 馈电系统的支撑作用在于拓展牵引网按 2×25 kV 方式运行的长度。

户外布置自耦变压器所主接线如图 1-17 所示，户内 GIS 柜布置自耦变压器所主接线如图 1-18 所示。

六、开闭所主接线

开闭所是不进行电压变换而用开关设备实现电路开闭的配电所，一般有两条进线，然后多路馈出向枢纽站场接触网各分段供电。进线和出线均经过断路器，以实现接触网各分段停、供电灵活运行的目的。又由于断路器对接触网短路故障进行保护，从而可以缩小事故停电范围。

开闭所的主要设备是断路器。电源进线一般设两回，复线时可由上、下行牵引网各引一回，出线则按需要设置。当出线数量较多时，也可将开闭所母线实行分段。单线时如就近无法获得第二电源，也可只引一回电源。

开闭所多设于枢纽站、编组场、机务段和折返段等处。在供电分区范围较大的复线 AT 牵引网中，有时为了进一步缩小接触网事故停电范围和降低牵引网电压损失和电能损失，也可在分区所与牵引变电所之间增设开闭所，称之为辅助分区所，如图 1-19 所示。

第三节 牵引变电所亭电气设备编号

牵引变电所亭电气设备编号由数字和字母排列组成。设备编号规则根据设备所在的铁路运营里程、系统层级、位置特征以及供电方式等综合确定。

一、断路器

1. 断路器编号采用 3 位数字与字母组合表示。

2. 第 1 位数字表示断路器的电压等级，数字 1 表示 330 kV、220 kV、110 kV 电压等级；数字 2 表示 27.5 kV 和 2×27.5 kV 电压等级。

3. 第 2 位数字表示断路器的位置，数字 0 表示牵引变电所电源进线和牵引变压器低压侧的断路器；数字 1 和 2 表示牵引变电所馈线断路器；数字 3 表示牵引变电所补偿用断路器；数字 4 表示开闭所进线断路器；数字 5 表示开闭所馈线断路器；数字 6 表示所用变压器、27.5 kV 动力变压器断路器；数字 7 表示分区所、自耦变压器所进线断路器或上下行并联断路器；数字 8 表示自耦变压器断路器。

4. 第 3 位数字表示断路器所在的位置序号，由 0 至 9 构成，一般从 1 开始编号。

5. 当牵引变电所馈线断路器编号大于 229 时，可采用 23 *，一般从 235 开始顺序编号；当开闭所馈线断路器编号大于 259 时，可采用 26 *，一般从 265 开始顺序编号。

6. 数字后的字母采用 DL。

二、隔离开关

1. 牵引变电所亭内隔离开关用 4 位数字与字母组合表示。

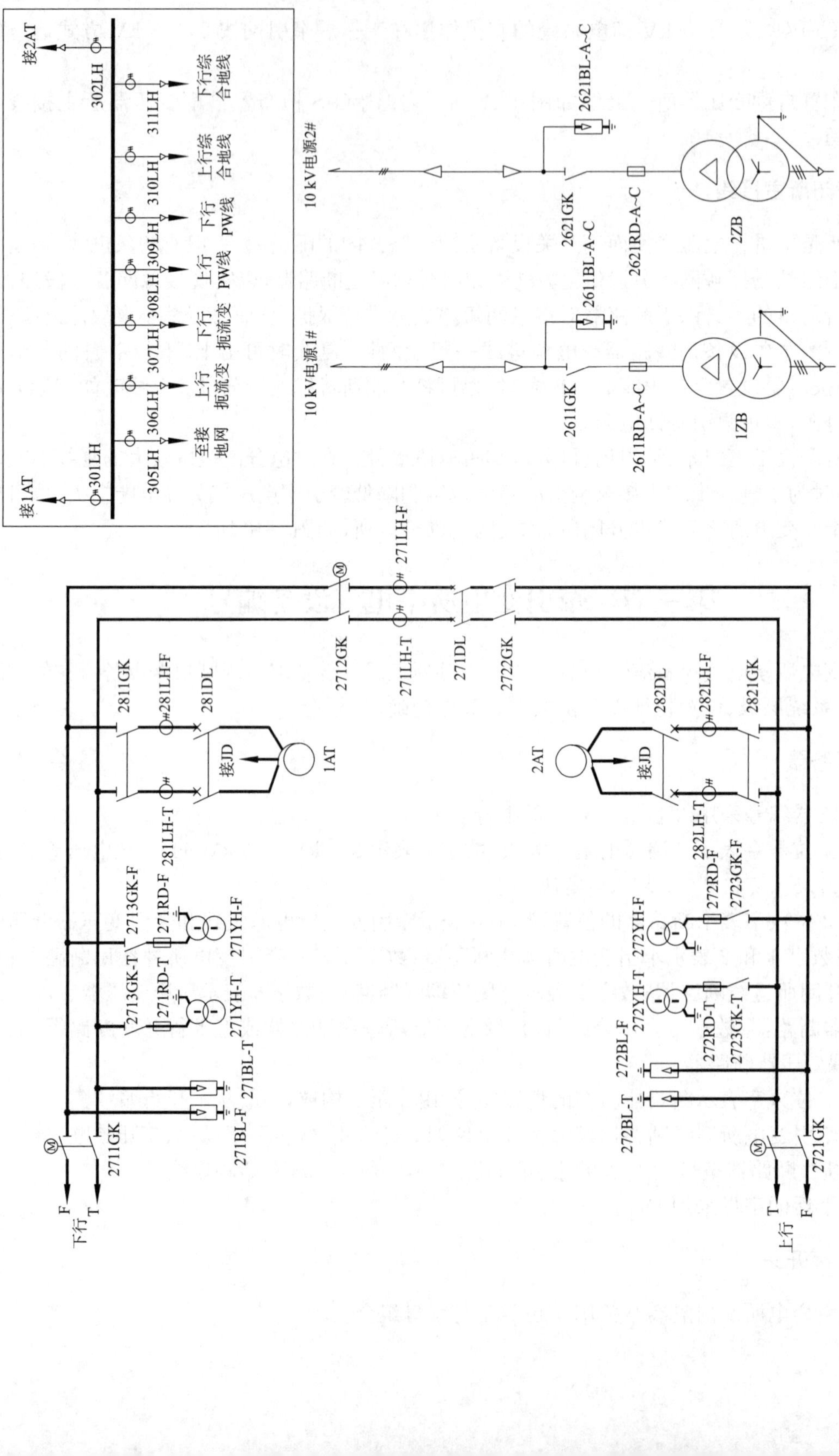

图 1-17 户外布置自耦变压器所主接线

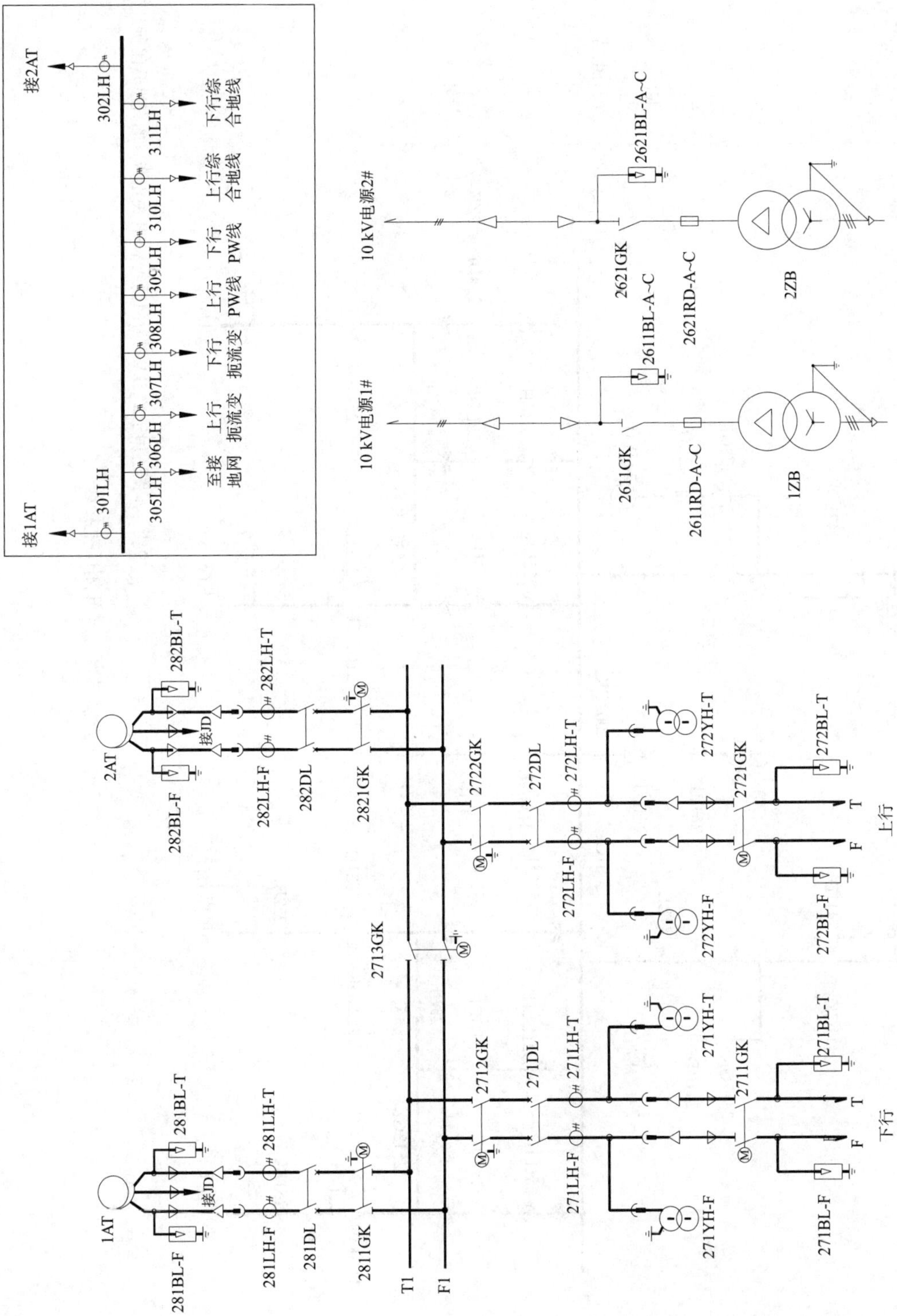

图 1-18　户内 GIS 柜布置自耦变压器所主接线

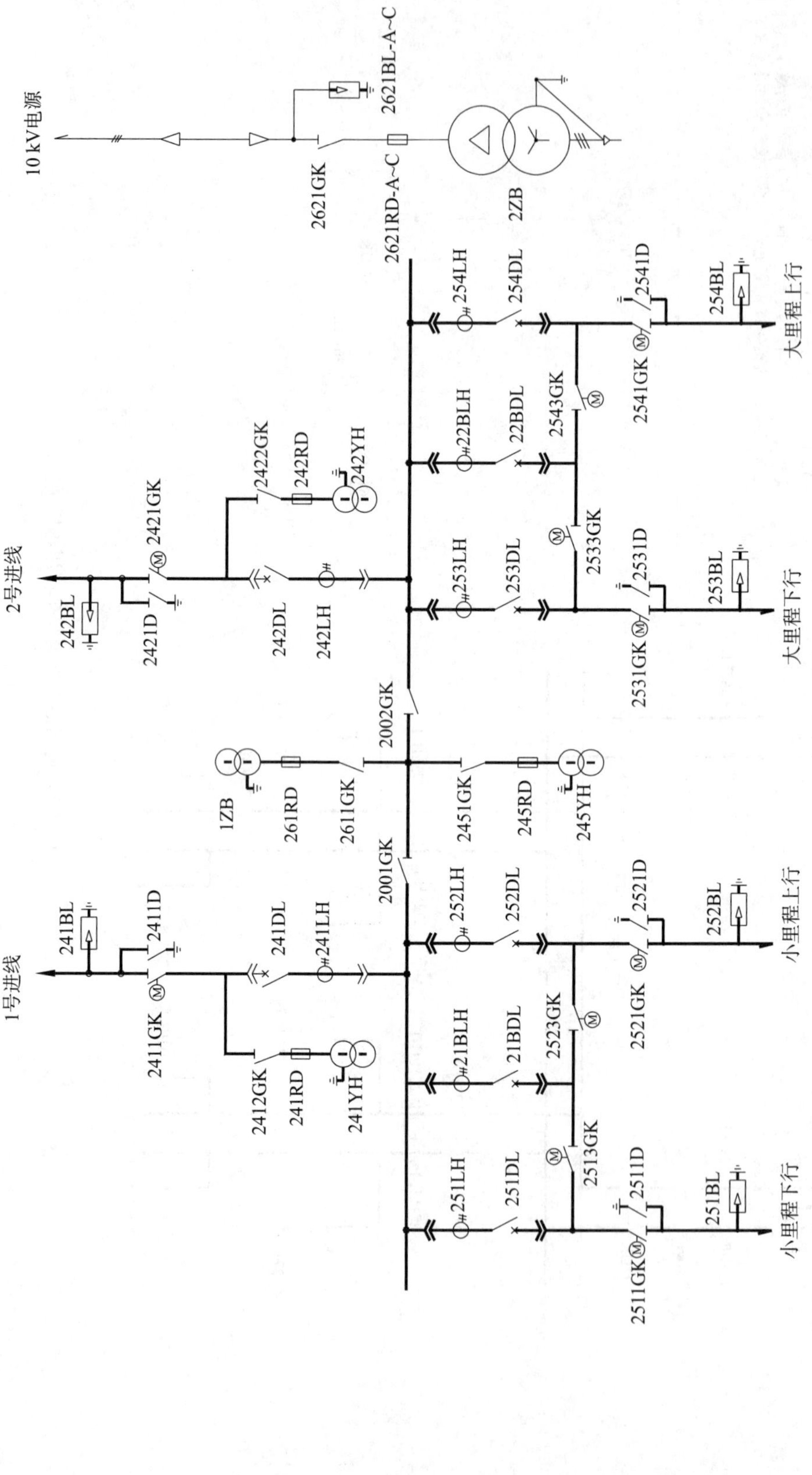

说明：本图适用于27.5kV侧为网栅或AIS开关柜布置的直供开闭所。

图 1-19　直接供电方式开闭所主接线

2. 第 1 位数字表示隔离开关的电压等级，数字 1 表 示 330 kV、220 kV、110 kV 电压等级的隔离开关;数字 2 表示 27.5 kV、2×27.5 kV 电压等级的隔离开关和 10 kV 所用变压器回路的隔离开关。

3. 第 2、3、4 位数字序号表示隔离开关的设备位置,并与回路中断路器的编号相关。

4. 数字后的字母采用 GK,隔离开关地刀在数字后加字母 D。

三、电气设备编号中数字后面的字母

电气设备编号中数字后面的字母,应按照表 1-1 编号。

表 1-1　电气设备编号中数字后面的字母含义

设备名称	字　母	设备名称	字　母
断路器	DL	牵引变压器(电力变压器)	B
隔离开关、三工位开关、负荷隔离开关	GK	所用变压器	ZB
隔离开关地刀	D	27.5 kV 动力变压器	DLB
电流互感器	LH	自耦变压器	AT
电压互感器	YH	电容器	C
避雷器	BL	电抗器	DK
熔断器	RD	抗雷圈	K

四、牵引变电所设备

(一)电源进线

铁路小里程方向的电源为 1 号进线,铁路大里程方向的电源为 2 号进线。当电源进线方向平行于铁路时,将电源进线和牵引变电所旋转至电源进线方向垂直铁路后，再进行编号。

(二)牵引变压器

1. 牵引变压器编号与电源进线编号对应。

2. 牵引变电所采用 2 台牵引变压器时，对应 1 号进线的编号采用 1B,对应 2 号进线的编号采用 2B。

3. 牵引变电所采用 4 台牵引变压器时，对应 1 号进线的编号分别采用 1B、3B,对应 2 号进线的编号分别采用 2B、4B，其中铁路小里程方向为 1B、2B,铁路大里程方向为 3B、4B。

4. 牵引变电所内如有 110/10 kV、220/10 kV 等电力变压器时,其编号参照牵引变压器编号规则,按先牵引变压器后电力变压器进行顺序编号。

5. 共用进线电源或有三路以上进线电源的牵引变电所,设备可参照以上原则进行编号。

(三)牵引变压器和电力变压器高压侧断路器

高压侧断路器编号与进线相对应,1 号进线对应的牵引变压器高压侧断路器编号采用 101DL,2 号进线对应的牵引变压器高压侧断路器编号采用 102DL,连接 1 号、2 号进线之间的分段断路器编号采用 100DL。当高压侧断路器超过上述描述数量时,其第 3 位数字编号按顺序进行编号。

牵引变压器低压侧断路器：

1. 牵引变压器低压侧断路器编号与电源进线编号对应。

2. 牵引变压器采用单相变压器时，对应 1 号进线的低压侧断路器编号采用 201DL，对应 2 号进线的低压侧断路器编号采用 202DL。

3. 牵引变压器采用三相变压器或由单相变压器组合成的三相变压器时，对应 1 号进线的低压侧断路器编号分别采用 201DL、203DL，对应 2 号进线的低压侧断路器编号分别采用 202DL、204DL，其中铁路小里程方向为 201DL、202DL，铁路大里程方向为 203DL、204DL。

(四)馈线断路器

1. 馈线断路器编号的第 3 位数字的编号规则为沿铁路小里程方向至大里程方向，数字由小至大排列，上行线路采用偶数数字、下行线路采用奇数数字。如馈线侧的铁路小里程下行、上行方向的断路器编号分别采用 211DL、212DL，铁路大里程下行、上行方向的断路器编号分别采用 213DL、214DL。27.5 kV 侧断路器和隔离开关编号示意如图 1-20 所示。

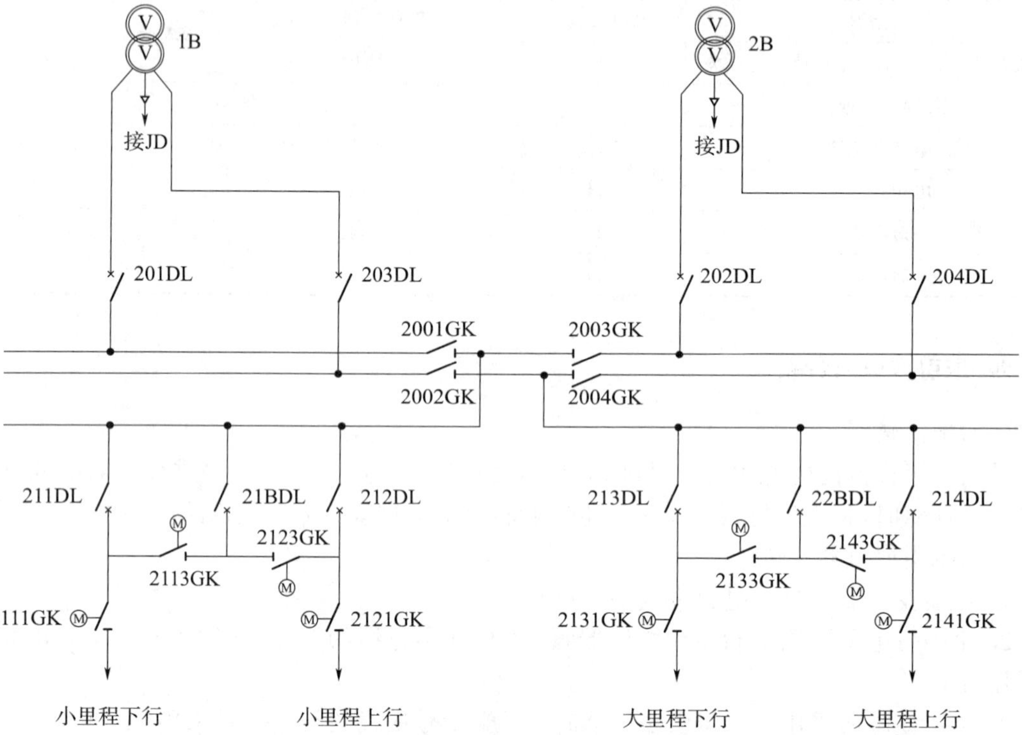

图 1-20　直接供电方式牵引变电所 27.5 kV 侧断路器和隔离开关编号示意

2. 馈线侧备用断路器采用 1∶N 备用时，按照相关馈线断路器编号进行顺序编号，并在数字编号后加字母 BDL。如 211DL 和 212DL 之间的备用断路器编号采用 21BDL，213DL 和 214DL 之间的备用断路器编号采用 22BDL。

(五)牵引变压器高压侧隔离开关

1. 1 号进线系统高压侧隔离开关编号采用 1011GK，2 号进线系统高压侧隔离开关编号采用 1021GK。

2. 牵引变电所高压侧采用分支接线方式时，1 号和 2 号进线之间的联络隔离开关编号采用 1001GK 和 1002GK。靠近 1 号进线的隔离开关编号采 1001GK，靠近 2 号进线的隔离开关编号采用 1002GK。进线侧隔离开关和断路器编号示意如图 1-21 所示。

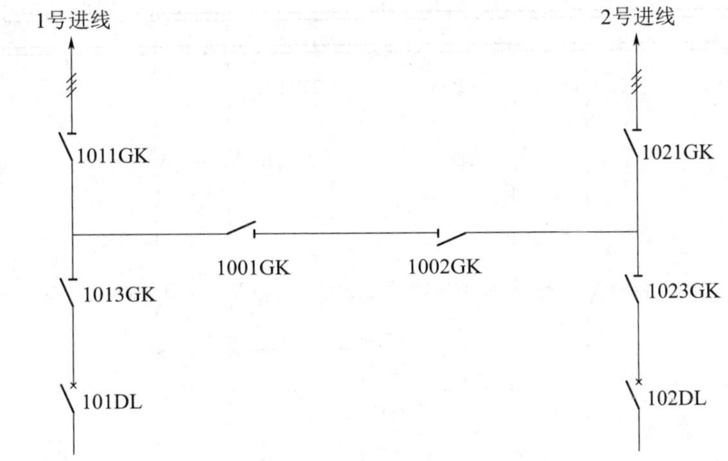

图 1-21 进线侧隔离开关和断路器编号示意

3. 1 号进线系统高压侧进线电压互感器隔离开关编号采用 1012GK,2 号进线系统高压侧进线电压互感器隔离开关编号采用 1022GK。

4. 高压侧采用分支接线方式时,1 号进线系统高压断路器前的隔离开关编号采用 1013GK,2 号进线系统高压断路器前的隔离开关编号采用 1023GK。

5. 1B 牵引变压器高压侧中性点隔离开关编号采用 1019GK,2B 牵引变压器高压侧中性点隔离开关编号采用 1029GK。

(六)牵引变压器低压侧和母线隔离开关

1. 牵引变压器低压侧及母线电压互感器前的隔离开关编号前 3 位数字与对应的牵引变压器低压侧 27.5 kV 断路器编号一致;第 4 位数字,数字 1 表示牵引变压器低压侧隔离开关,数字 2 表示母线电压互感器前的隔离开关。

2. 27.5 kV 母线分段隔离开关编号的前 3 位数字采用 200;第 4 位数字采用与其靠近的 27.5 kV 进线断路器编号的第 3 位数字。

(七)馈线侧隔离开关

馈线隔离开关编号的前 3 位数字与对应馈线断路器的编号一致;第 4 位数字,断路器连接接触网供电线的隔离开关采用 1,连接 27.5 kV 母线的隔离开关采用 2,连接备用断路器的隔离开关采用 3。27.5 kV 侧断路器和隔离开关编号示意如图 1-22 所示。

(八)所用变压器及 27.5 kV 动力变压器

1. 两台所用变压器编号分别采用 1ZB、2ZB,若其中一台为 27.5 kV 所用变压器,该所用变压器编号采用 1ZB。1ZB、2ZB 所用变压器回路上对应的断路器编号采用 261DL 和 262DL,隔离开关编号分别采用 2611GK 和 2621GK。

2. 27.5 kV 动力变压器编号采用 1DLB。对应的断路器编号采用 263DL,隔离开关编号采用 2631GK。

(九)电压互感器

编号与对应的断路器编号相关,其字母采用 YH。电压互感器编号末尾还应分别加 A、B、C 或 T、F 进行相别区分,如 101YH-A,201YH-T。电压互感器对应的熔断器编号规则同电压互感器。电源进线单相抽压装置的设备编号,在字母后加 J,如 101YH-J。

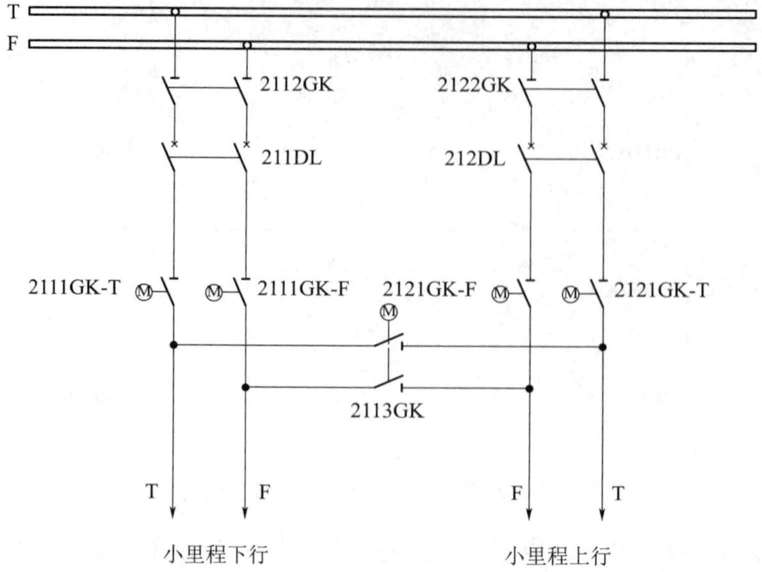

图 1-22　AT 供电方式 27.5 kV 侧断路器和隔离开关编号示意

(十)电流互感器

编号与对应的断路器编号相关，其字母采用 LH。编号末尾还应分别加 A、B、C 或 T、F 进行相别区分，如 101LH-A，201LH-T。牵引变压器中性点电流互感器与对应的隔离开关编号一致。当同一断路器支路上有多组电流互感器时，可增加第四位数字表示每组电流互感器在本支路上的位置序号。

(十一)避雷器

编号与对应的断路器编号相关，其字母采用 BL。编号末尾还应分别加 A、B、C 或 T、F 进行相别区分，如 101BL-A，201BL-T。牵引变压器中性点避雷器可与对应的隔离开关编号相关。当同一断路器支路上有多组避雷器时，可增加第四位数字表示每组避雷器在本支路上的位置序号。

五、开闭所设备

(一)电源进线

铁路小里程方向的电源为 1 号进线，铁路大里程方向的电源为 2 号进线。

(二)进线断路器

进线断路器的编号规则对应 1 号进线和 2 号进线断路器编号分别采用 241DL 和 242DL。

(三)馈线断路器

馈线断路器的编号规则其第 3 位数字表示在开闭所所处的位置，沿铁路小里程方向至大里程方向，数字由小至大排列；且上行线路用偶数，下行线路用奇数。

六、分区所设备

(一)断路器

采用单台断路器并联的分区所，根据分区所所处位置，小里程方向的上下行并联断路器编号采用 271DL，大里程方向的上下行并联断路器编号采用 273DL；对于采用四台断路器进线的分区所，小里程方向下行、小里程方向上行、大里程方向下行、大里程方向上行进线对应的断路器编号分别采用 271DL、272DL、273DL、274DL。

(二)越区隔离开关

越区隔离开关编号采用 2701GK 和 2702GK。当需要区分上、下行时，上、下行越区隔离开关的设备编号采用 2702GK 和 2701GK。

(三)自耦变压器回路

小里程方向下行、小里程方向上行、大里程方向下行、大里程方向上行对应的自耦变压器编号分别采用 1AT、2AT、3AT、4AT，对应的断路器编号分别采用 281DL、282DL、283DL、284DL。

七、AT 所设备

(一)断路器

采用单台断路器并联的自耦变压器所，并联断路器编号采用 271DL；采用两台断路器进线自耦变压器所，上、下行对应的断路器编号分别采用 272DL、271DL。

(二)自耦变压器

下、上行自耦变压器编号分别采用 1AT 、2AT ，对应的断路器编号分别采用 281DL、282DL。

八、接触网隔离开关

接触网上网隔离开关编号采用 4 位数字和字母 WG 组合表示，第 1 位数字采用 3；后三位数字采用对应所亭内馈线隔离开关的第 2、3、4 位数字，如 2111 隔离开关对应的上网隔离开关编号采用 3111WG。如需区分 T/F 相上网隔离开关时，则在 WG 后增加字母 T 或 F，如 3111WG-T。

接触网电分相隔离开关采用 4 位数字和字母 WG 组合表示，第 1 位数字采用 3；小里程方向下行、小里程方向上行、大里程方向下行、大里程上行对应的分相隔离开关的编号分别采用 3001WG、3002WG、3003WG、3004WG。接触网隔离开关编号示意如图 1-23 所示。

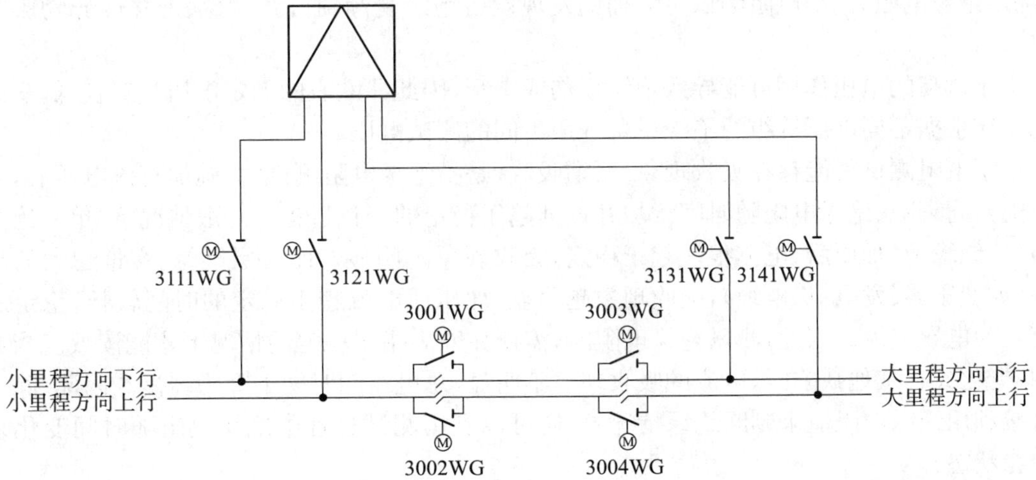

图 1-23　接触网隔离开关编号示意

第四节　电气试验概述

一、电气试验的分类

按试验性质和目的的不同，一般将电气试验分为型式试验、出厂试验、交接试验、大修试验、预防性试验等。

型式试验是指对试制新产品的定型试验，目的在于验证或鉴定该产品是否满足设计标准和规程规范的所有要求。出厂试验是指生产厂家在设备出厂前所进行的试验，目的在于防止不合格产品出厂。交接试验、大修试验是指安装部门或检修部门对新安装或大修后的设备所开展的试验，以防止不合格设备投入运行。预防性试验是指设备投运后，由设备管理部门组织的周期性试验，目的在于及时发现设备缺陷或隐患。

按试验项目和要求的不同，一般将电气试验分为绝缘试验和特性试验。绝缘试验是指检测设备绝缘性能的试验，绝缘试验以外的试验统称为特性试验。

绝缘试验可分为非破坏性试验和破坏性试验。非破坏性试验的试验电压较低、一般不损伤试品绝缘，如绝缘电阻、吸收比、介损、泄漏电流试验等。破坏性试验则以较高的试验电压来考验设备的绝缘水平，如交流耐压试验、直流耐压试验，由于试验电压较高，易于发现试品的某些集中性缺陷，但可能损伤甚至损坏试品。因此，为防止试验本身可能对设备绝缘造成的损伤或击穿，破坏性试验必须在非破坏性试验合格之后方可进行。

特性试验主要对设备的机械方面或电气方面的某些具体特性进行测试，如断路器的分合闸时间和速度、互感器的变比和极性等。

二、常用试验方法概述

（一）绝缘电阻和吸收比、极化指数试验

绝缘电阻是指在绝缘体临界电压以下，对介质施加的直流电压与测量该电压下的电导电流的比值。绝缘电阻测试是检查绝缘状态的一种基本方法，现场一般使用兆欧表（绝缘电阻表）测量绝缘电阻，绝缘电阻测试可以辅助发现设备绝缘受潮、脏污、劣化、击穿或异物影响等缺陷。

由于过高的电压作用可能导致绝缘损伤或击穿，因此兆欧表的额定电压相对较低，实际试验电压应根据不同电压等级的绝缘设备选用不同的测试电压。

绝缘电阻测试可能存在吸收现象，所谓吸收，是指绝缘电阻测试时，施加直流电压后，介质电流随时间衰减、绝缘电阻随时间增加并逐渐趋于稳定的变化过程。一般情况下，单一绝缘体（如瓷质绝缘子）加压后，电流很快趋于稳定，吸收现象不明显。而夹层绝缘、容量越大的高压设备（如变压器、发电机、电缆），吸收现象越明显，加压后电流趋于稳定的时间较长，稳定后的电流视为电导电流。因此，测量绝缘电阻时，需待兆欧表指示稳定的情况下才能读数。当绝缘受潮、老化或有其他缺陷时，电流的吸收现象不明显，总电流随时间下降为缓慢。因此，除了可以直接利用绝缘电阻值来判断绝缘情况外，还可以利用测试过程中绝缘电阻随时间变化来判断绝缘状态。

根据相关规程规定，对于大容量试品（如变压器、电机、电缆等设备），除按要求测量绝缘电

阻外，还需测量吸收比或极化指数。

吸收比 K 是指加压后 60 s 的绝缘电阻和 15 s 的绝缘电阻的比值。变压器的吸收比一般要求大于 1.3。计算公式为

$$K=\frac{R_{60\ \mathrm{s}}}{R_{15\ \mathrm{s}}}$$

极化指数 P 是指加压后 10 min 的绝缘电阻和 1 min 的绝缘电阻的比值。变压器的极化指数一般要求大于 1.5。计算公式为

$$P=\frac{R_{10\ \mathrm{min}}}{R_{1\ \mathrm{min}}}$$

极化指数通常适用于容量相对更大的设备，或者用于测量吸收比小于 1.3 的试品的测量，以进一步判断绝缘状况。

常见的兆欧表按电压等级分有 500 V、1 000 V、2 500 V、5 000 V 等几种，按使用形式分为手摇式、电动式和数字式等几种。一般兆欧表有三个接线端子 L、E、G：

L 端：线路端子，输出负极性直流高压，测量时接于被试品的高压导体上；

E 端：接地端子，输出正极性直流高压，测量时一般接于被试品的外壳或地上；

G 端：屏蔽端子，输出负极性直流高压，测量时接于被试品的屏蔽环上，以消除表面或其他不需测量的部分泄漏电流的影响。

1. 绝缘电阻的测量方法

(1)测试前：断开试品电源，拆除外接连线，充分接地、放电。必要时清除表面污垢。

(2)检验兆欧表状态是否正常(以下均以手摇式兆欧表为例)：将兆欧表放置平稳，各端子未接线的情况下，手摇兆欧表至额定转速，应指示应为∞；再短接 L、E 端子，低速手摇兆欧表，应指示为 0。

(3)试品接线、开始测试：先将被试品的接地端接至兆欧表的接地端子(E 端)，再将被试品的测量端(如设备的高压端)接至兆欧表的线路端子(L 端)，必要时为避免表面泄漏电流的影响应加以屏蔽，屏蔽线一端接被试品的屏蔽环(屏蔽环可用保险丝或软铜线紧缠几圈而成)、一端接兆欧表的屏蔽端子(G 端)。检查确认接好线后，手摇兆欧表至额定转速，待指针稳定后，读取绝缘电阻数值。读数完毕，先断开被试品 L 端接线，再停止摇表，以防止大容量被试品电容所充电荷对兆欧表放电而损坏兆欧表。

(4)测试完毕，应对被试品充分放电。

2. 影响绝缘电阻的因素和分析判断

(1)温度的影响：温度对绝缘电阻的影响很大，一般情况下，绝缘电阻随温度升高而减小，绝缘电阻随温度变化的程度与绝缘材料的性质和结构有关。因此，测量绝缘电阻时必须记录温度(环境温度和设备本体温度)，为方便比较最好选择在相近或相同温度下测量。如测试温度不同，必须将绝缘电阻换算至同一温度进行比较。具体可以查阅温度差换算系数或按公式 $R_2=R_1\times1.5^{(T_1-T_2)/10}$ 进行换算。

(2)湿度的影响：湿度对表面泄漏电流的影响较大，当空气湿度大，绝缘表面吸附潮气、水分，甚至形成水膜，从而使表面电导率增加，绝缘电阻显著降低。因此，现场测试绝缘必要时应采取擦干或烘干措施消除表面吸潮的影响。

(3)表面脏污的影响：绝缘表面脏污也会使表面电导增加，绝缘电阻降低。因此，现场测试

时一般应擦净设备表面，或采用屏蔽接线消除因脏污使表面泄漏的影响。

(4)残余电荷的影响：大容量设备运行中或试验过程中产生的残余电荷未完全放尽，会造成绝缘电阻与真实值相比偏大或偏小的虚假现象。为消除残余电荷的影响，测量绝缘电阻前必须将试品充分接地放电，重复测量也应充分放电，一般要求放电时间大于充电时间，大容量充电至少放电 5 min 以上。

(5)感应电压的影响：现场试验中，由于带电设备与停电设备的感应，使得停电设备或测试仪器仪表带有一定的感应电压，从而使绝缘电阻测试产生误差甚至损坏仪表。因此，在感应较大的试验现场，应采取电场屏蔽的措施，必要时将产生感应的带电设备停电，并采用电磁兼容性能良好的测试仪器。

(6)测试仪表的影响：不同容量、不同负载特性的兆欧表，测量结果会有明显差异。一般情况下，测量大容量的设备，应选择容量大的兆欧表。为便于比较，同类设备或同一设备的不同时期，应尽量选用同一型号的兆欧表。

3. 绝缘电阻值的比较分析与判断

(1)绝缘电阻值应不小于规程、规范或标准所允许的数值。

(2)将换算至同一温度下的绝缘电阻与出厂、交接、历年、大修前后或耐压前后的数值进行比较，或与同型设备、同一设备不同相间进行比较，应无显著降低或较大差异，否则引起注意，必要时查明原因。

(3)对电容量比较大的电缆、变压器、电机、电容器的绝缘性能判断，应注意吸收比和极化指数的大小及其变化，如果吸收比或极化指数明显下降，说明绝缘受潮或发生劣化。

(二)直流泄漏和直流耐压试验

直流泄漏试验与绝缘电阻试验的原理基本相同，不同的是：直流泄漏试验电压一般比绝缘电阻试验的电压高，并可任意调节，所以它比绝缘电阻试验的灵敏度要强、有效性要高。

直流耐压试验和直流泄漏试验的测量方法一致，可同步进行。但两者作用不同，直流耐压试验主要考验耐电强度，试验电压较高；直流泄漏试验主要检查绝缘状态，试验电压相对较低。因此，直流耐压试验对于发现局部缺陷更有意义。

现场获得直流高压一般有半波整流电路、倍压整流电路、多级串接直流电源等方式。

1. 直流高压的测量

(1)在试验变压器低压侧测量。在半波整流电路中，通过测试试验变压器低压侧电压以及试验变压器的变比和整流变换因数，可以近似地换算出直流高压值。这种方法由于忽略了被试品的泄漏电流和保护电阻的压降，误差相对较大。

(2)用高压静电电压表测量。采用适当量程的高压静电电压表，可以直接测出直流输出电压。

(3)用高电阻串联微安表测量，如图 1-24 所示。测试电压等于流过高值电阻的电流与其电阻的乘积，因此可以用微安表直接指示直流高压值。

(4)用分压器测量，如图 1-25 所示。R_1、R_2 分别为电阻分压器的高压臂电阻和低压臂电阻，理论上 $U_1=U_2\cdot(R_1+R_2)/R_2$，故可以通过电压表指示直流高压值。

2. 泄漏电流的测量

用直流微安表测试被试品的泄漏电流时，要注意消除杂散电流的影响和对微安表进行保护的问题。此处所谓的杂散电流，是指在试验中除被试品的体积泄漏电流之外流过微安表并可导致测量误差的其他电流的统称。

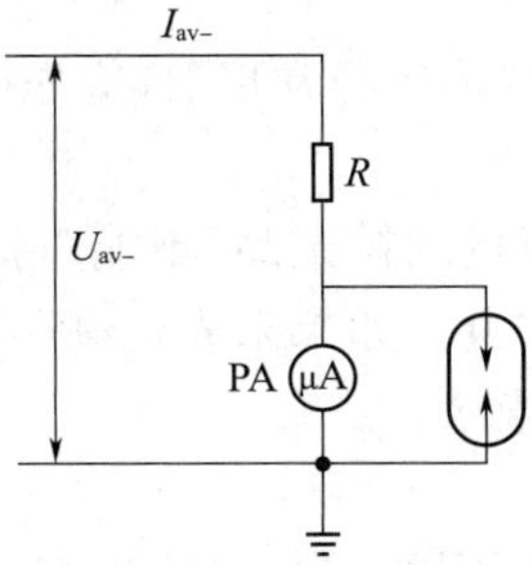

图 1-24　高电阻串联微安表测量

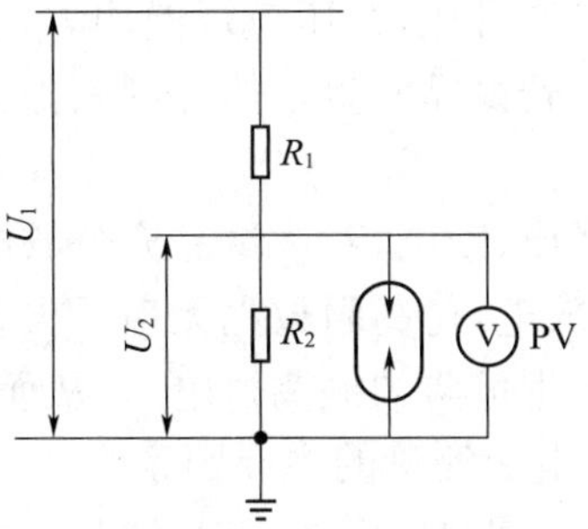

图 1-25　分压器测量

根据微安表在试验回路相对试品位置的不同(半波整流电路),可分为微安表接在高压侧和低压侧两种接线方式。

(1)微安表接在高压侧,如图 1-26 所示。

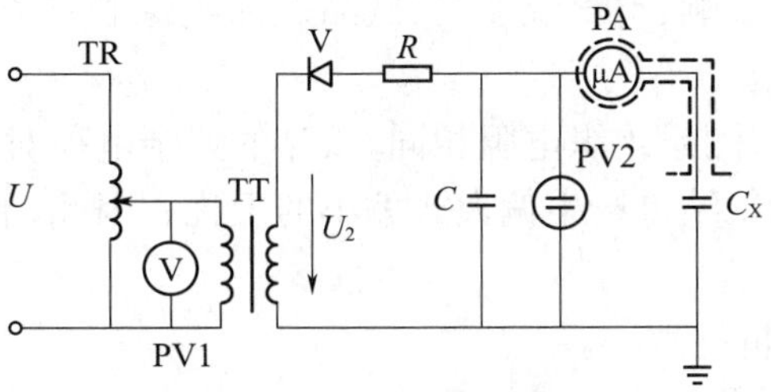

图 1-26　微安表接在高压侧

微安表接在试品的高压端,微安表及其至试品的接线加屏蔽,这种接线排除了高压对地杂散电流的影响,测量的泄漏电流较为准确。缺点是微安表处于高电位,读数及切换量程不便。

(2)微安表接在低压侧,如图 1-27 所示。

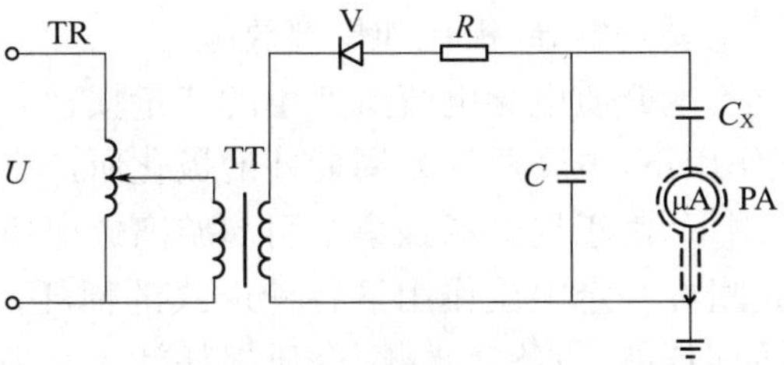

图 1-27　微安表接在低压侧

微安表接在试品的低压端,这种接线方式微安表处于低电位,读数安全、量程切换方便,且屏蔽容易。

3. 微安表的保护

由于试验电压交流分量(脉动成分)的影响,可能使测试过程中的微安表摆动,难以读数,甚至造成微安表烧坏,因此需对微安表加以保护,以消除试验过程脉冲电流对微安表的影响。

4. 直流泄漏电流和直流耐压试验方法及注意事项

试验前,对被试品断开电源、拆除接线、充分接地放电。

按要求接线,并由专人复核接线和仪器仪表状态,确认无误。尤其是操作部分外壳必须可靠接地。

仪器通电，操作升压，升压应缓慢均匀，不可过快。

升压过程中，若试品发生过热、闪络、击穿、异味或变形等异常现象，应先操作降压、断开电源，再查明原因。

试验完毕，降压、断电，对被试品充分放电。对大容量的被试品，不能直接接地放电，应先经高电阻对试品放电，待高阻放电无声后再直接接地放电。如果未先经高阻放电而直接对地放电的话，可能产生危险的振荡过电压，从而危害设备绝缘。

5. 影响泄漏电流测量的主要因素

(1)高压引线的影响：测试过程暴露在空气中的高压引线或高出输出端对地、对绝缘支撑物都有一定的杂散电流、表面泄漏电流通过，这些电流可能使本应流过试品或微安计的测试电流受到影响，从而使测量结果产生偏差。

(2)温度的影响：温度对泄漏电流测量结果影响较大，温度升高，绝缘电阻下降，泄漏电流增加。因此，对不同温度下测得的泄漏电流进行比较时，应考虑温度的影响。

(3)湿度和表面脏污的影响：空气湿度大、试品表面绝缘脏污时，绝缘表面吸潮，表面泄漏电流增加。

(4)残余电荷的影响：与测量绝缘电阻相同，试品的残余电荷对试验结果亦有影响，根据残余电荷极性的不同，会对测试结果产生偏大或偏小的干扰。因此，泄漏电流试验前或重复试验时，均要求对试品充分放电。

6. 泄漏电流的结果分析

测试结果应满足现行的规定标准的要求。

将测量的泄漏电流值换算到同一温度下与历次试验进行比较，或与同类型设备、同一设备相同进行比较。

(三)介质损耗因数 tan *δ* 试验

在电场作用下，电介质会消耗能量、产生一定的能量损耗，这部分损耗统称为介质损耗或介质损失。产生损耗的原因主要是电导、极化和局部放电。

电导损耗：在电场作用下，电介质电导电流所产生的能量损耗。

极化损耗：在交流电压作用下，电介质反复周期性的极化所产生的能量损耗。

局放损耗：在电场的作用下，由于局部场强集中引起游离放电所产生的能量损耗。

一般所谓的介质损耗是指在一定电压作用下各种形式的损耗，其大小可以用来衡量设备的绝缘性能，绝缘良好，介质损耗就小；绝缘劣化，介质损耗就大。现场一般用测试介质损耗因数 $\tan\delta$ 来衡量介质损耗的大小。

以电介质在交流电压作用下的并联等值电路为例，将试品视为等效电容 C_p 和等效电阻 R 的并联回路，如图 1-28 所示。

介质损耗功率为

$$P=UI_R=UI_C\tan\delta=U^2\omega C_p\tan\delta$$

$$\tan\delta=\frac{I_R}{I_C}=\frac{1}{\omega C_p R}$$

当外加电压、频率一定时，介质损耗功率与介质损耗因数 $\tan\delta$ 成正比，因此可用 $\tan\delta$ 来衡量介质损耗的大小。$\tan\delta$ 只与绝缘材料的性质有关，而与其体积无关。通过测量介损可以发现一系列诸如受潮、老化或气隙放电的缺陷。一般情况下，同类试品的绝缘优劣，可直接通

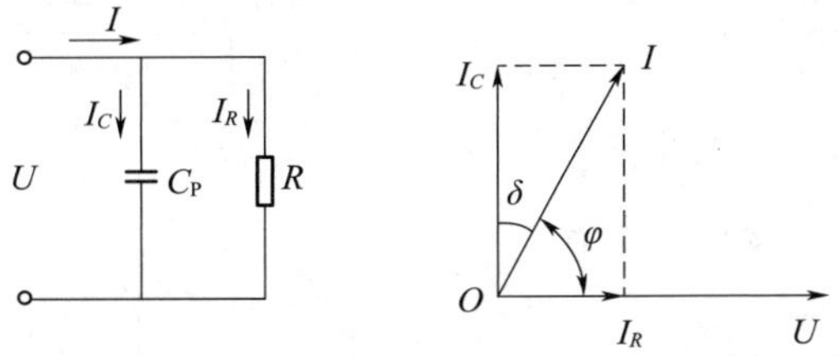

图 1-28　电介质在交流电压作用下的并联等值电路

过 $\tan\delta$ 大小来判断，也可从同一试品的历次试验数据分析其绝缘性能的发展趋势。

1. 测量介质损耗的仪器

测量介质损耗的仪器主要有平衡电桥（西林电桥）、不平衡电桥和数字式测量仪。现场普遍采用西林电桥和数字式测量仪测量介损。

（1）西林电桥的测试原理，如图 1-29 所示。

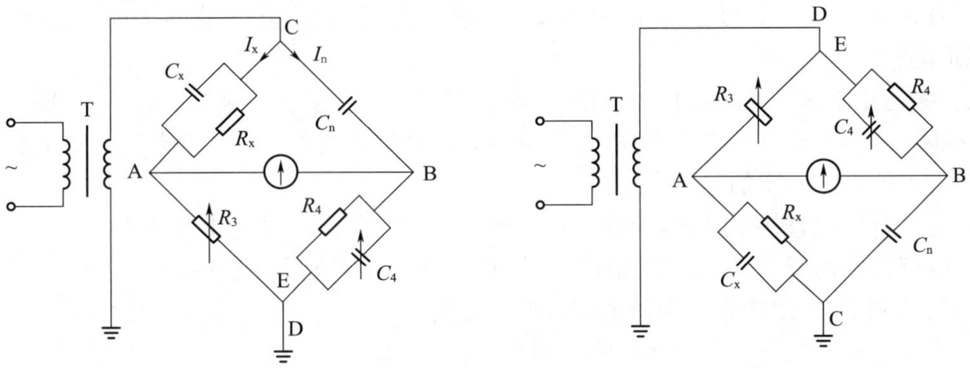

（a）正接线　　（b）反接线

图 1-29　西林电桥的测试原理

当电桥平衡时，$C_x=C_n\dfrac{R_4}{R_3}$，$\tan\delta=\omega C_4R_4$，在工频试验电压下，$\omega=2\pi f=100\pi$，取 $R_4=10\ 000/\pi\approx 3\ 184\ \Omega$，则 C_4 的微法值就是 $\tan\delta$ 值。

（2）数字化介损测量仪的原理

数字化测量仪根据测试原理不同有零值比较法数字式自动平衡电桥（利用计算机控制处理电桥平衡并计算得出 $\tan\delta$ 值）、实部虚部分离法自动测量电桥（对标准电容和试品通道的矢量电压的实部和虚部进行计算分析得出 $\tan\delta$ 值）、相位差法便携式测量仪（将加在试品上的电压和流过试品的电流的相位差计算出 $\tan\delta$ 值）等。

数字化测量仪的使用方法应按仪器的使用说明书进行，其基本原理接线如图 1-30 所示。

2. 介损的试验方法简述

（1）试验前，须对被试品断开电源、拆除接线，并充分接地放电。

（2）根据现场条件和试品的具体情况，合理安排试验设备、仪器仪表及操作人员的相对位置，设置相应的安全措施，按照仪器说明书的接线方式正确接线。现场介损试验常用“正接线”和“反接线”两种接线方式。

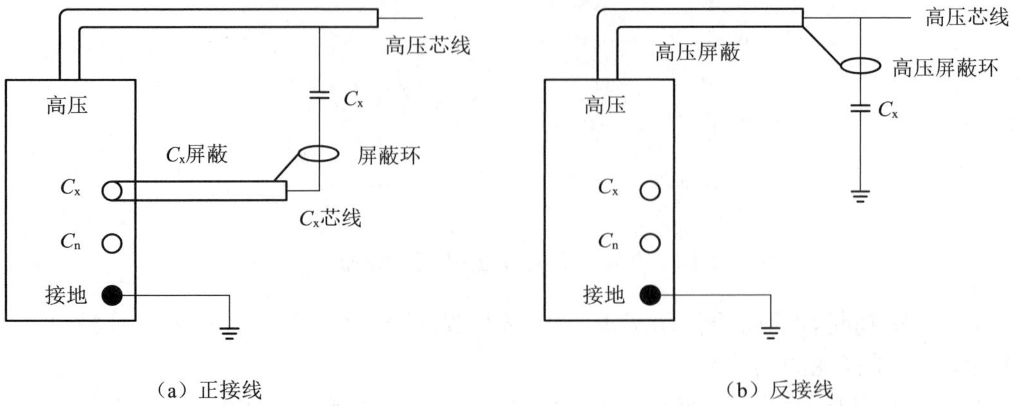

图 1-30　数字化介损测量仪接线原理

正接线适用于被试品两端均对地绝缘的情况。正接线一般不受试品对地寄生电容的影响，测量较为准确，且桥体处于低压，操作安全方便。现场由于设备外壳多为固定接地，所以不能采用正接线。

反接线适用于被试品一端接地的情况，所以现场应用较多。反接线的高、低压端与正接线相反，试验时桥体内桥臂部件处于高压端，被试品的高压端及引线的对地电容与被试品的等效电容并联，可能产生一定的测量误差。

（3）专人复核检查接线无误，检查仪器状态置于零位，各开关处于断开位置。

（4）按仪器使用说明书，通电、加压，开始测试，并按要求记录测量结果。

（5）测试完毕，先把试验电压降至零后再切断电源。

（6）将试品充分放电并接地后拆除试验接线。

现场介损试验时，由于电场、磁场或被试品表面电导的影响而对试验产生干扰，从而使介损的试验结果偏离其真实值，进而造成绝缘判断失误。因此，现场测试要注意消除干扰。

3. 影响介损 $\tan\delta$ 的因素

（1）温度的影响：一般情况下，$\tan\delta$ 随温度上升而增加。现场试验时，试品温度是变化的，为便于比较，应将不同温度下的 $\tan\delta$ 值换算至 20 ℃。

（2）试验电压的影响：绝缘良好的 $\tan\delta$ 不会随着试验电压的升高而显著地增加，若绝缘有缺陷，则其 $\tan\delta$ 随试验电压的升高而明显增加。

（3）频率的影响：频率对 $\tan\delta$ 有一定的影响，起初 $\tan\delta$ 随着频率的增加而增加，直至到一最大值后，频率再增加时，$\tan\delta$ 将减小。

另外，试品表面脏污或空气湿度较大，亦对 $\tan\delta$ 有明显影响。所以试验一般应在天气良好、干燥且表面清洁的情况下进行。

第二章　变压器、互感器

第一节　变压器、互感器概述

一、变压器原理

变压器的作用是将某一等级的电压与电流变换为另一等级的电压和电流，变压器的基本工作原理就是电磁感应原理，如图 2-1 所示，电源侧绕组称一次绕组，负载侧称二次绕组，当交流电压 U_1 加到一次绕组后，交流电流 I_1 流入该绕组并产生励磁作用，在铁芯中产生交变磁通 Φ，这个磁通穿过一次绕组同时也穿过二次绕组，分别在两个绕组中产生感应电动势 E_1 和 E_2，这时如果二次绕组与外电路的负载接通，便有电流 I_2 流入负载，于是就有电能输出。

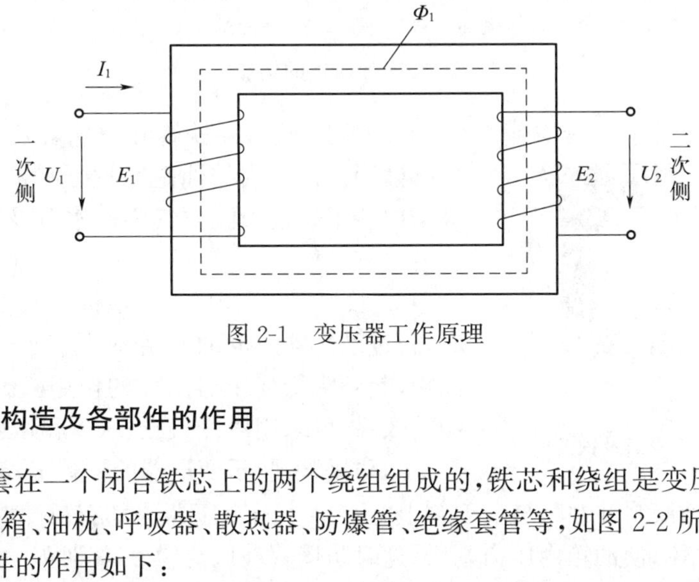

图 2-1　变压器工作原理

二、变压器的构造及各部件的作用

变压器是由套在一个闭合铁芯上的两个绕组组成的，铁芯和绕组是变压器最基本的组成部分，此外还有油箱、油枕、呼吸器、散热器、防爆管、绝缘套管等，如图 2-2 所示。

变压器各部件的作用如下：

1. 铁芯：是变压器电磁感应的磁通路，变压器的一、二次绕组都绕在铁芯上，铁芯是用导磁性能很好的硅钢片叠装组成的闭合磁路。为减少涡流，铁芯一般采用含硅 1%～5%，厚度为 0.35～0.5 mm 的涂漆硅钢片叠装而成。

2. 绕组：是变压器的电路部分。变压器分有高、低压绕组，即一次、二次两线圈。它是由绝缘铜线或铝线绕成的多层线圈套装在铁芯上。导线外边的绝缘是采用纸绝缘或沙包绝缘，如图 2-3 所示。

3. 油箱：是变压器的外壳，内装铁芯、线圈和变压器油，同时起一定的散热作用。

4. 油枕：当变压器油的体积随油温变化而膨胀或缩小时，油枕起着储油及补油的作用，以保证油箱内充满油。油枕还能减少油与空气的接触面，防止油被过度氧化或受潮。一般油枕的容积，为变压器油箱的 1/10。油枕上装有油标管，用以监视油位的变化，如图 2-4 所示。

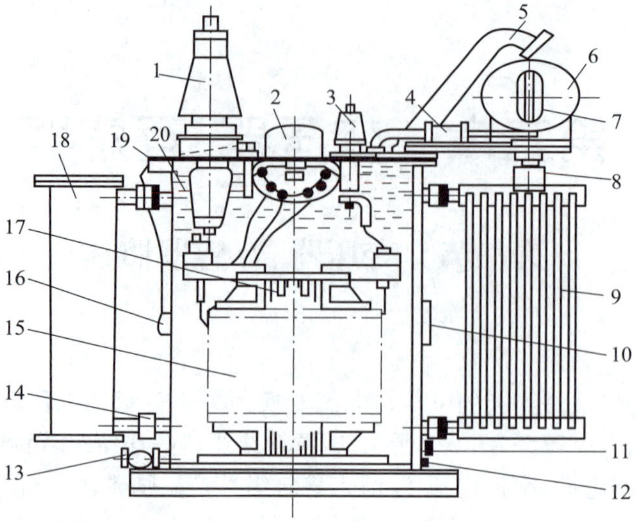

1—高压套管；2 分接开关；3—低压套管；4—瓦斯继电器；5—防爆管；6—油枕；7—油位表；8—吸湿器；9—散热器；10—铭牌；11—接地螺栓；12—油样活门；13—放油阀门；14—活门；15—绕组；16—温度计；17—铁芯；18—净油器；19—油箱；20—变压器油。

图 2-2　变压器的构造

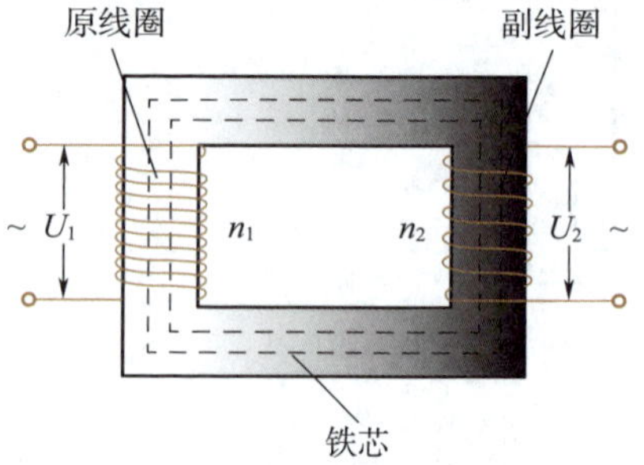

图 2-3　变压器绕组及铁芯

5. 呼吸器：由一铁管和玻璃容器组成，内装干燥剂（如硅胶）。油枕内的油是通过呼吸器与空气相通的，呼吸器内装干燥剂吸收空气中的水分及杂质，使油保持良好的电气性能。

6. 散热器：当变压器上层油温与下层油温产生温差时，通过散热器形成油的循环，使油经散热器冷却后流回油箱，起到降低变压器温度的作用。为提高变压器油冷却的效果，可采用风冷、强迫风冷和强迫水冷等措施。

7. 防爆管：装于变压器的顶盖上，喇叭形管子与大气相通，管口用玻璃薄膜封住并用玻璃刀刻上“十”字。当变压器内部有故障时，油温升高，油剧烈分解产生大量气体，使油箱内压力剧增，这时防爆管玻璃薄膜破碎，油及气体从管口喷出，以防止变压器油箱爆炸或变形，如图 2-5 所示。

图 2-4　变压器油枕和散热器

图 2-5　变压器防爆管

8. 高、低压绝缘套管(瓷套管):是变压器高、低压绕组的引线引到油箱外部的绝缘装置,它起着固定引线和对地绝缘的作用。

9. 分接开关:是调整电压比的装置。双卷变压器的一次线圈及三卷变压器的一、二次线圈一般都有 3～5 个分头位置(三个分头中的中间分头为额定电压位置,相邻分头相差±5%,多分头的变压器相邻分头相差±2.5%)。

现牵引变电所主变压器厂家分接开关由电动操作机构操作,分接开关电动机构主要作为驱动和控制分接开关动作的机构,使分接开关从一个分接头位置切换至另一个分接头位置,从而达到调压目的。电动机构中安装了为操纵分接开关所需要的机械和电气部件,并采用电气联锁电路。一般情况下,电动机构作为成套供应的分接开关装置的一个配套产品。图 2-6 为分接开关和电动机构在变压器箱体上组装布置的一种形式。

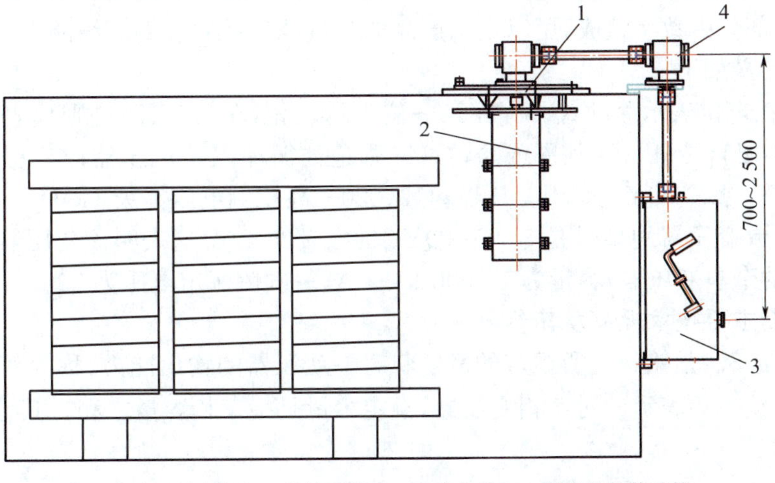

1—分接开关头部;2—分接开关;3—电动机构;4—圆锥齿轮传动箱。

图 2-6　变压器箱体上组装布置(单位:mm)

改变变压器分接头,就是改变绕组的匝数,也就是改变变压器的变比。根据变压器的工作原理,当忽略变压器的内部阻抗压降时,则

$$U_1/U_2=N_1/N_2=K$$

式中，U_1、U_2 分别为变压器一、二次端电压；N_1、N_2 分别为变压器一、二次绕组的匝数；K 为变压器变压比。

变压器分接头在一次侧，改变了变压器一次绕组的匝数，其变压比 K 也随之改变，又由于 $U_2=U_1/K$，因此二次电压 U_2 也就发生了变化，这就起到了调压作用。

10. 瓦斯继电器：是变压器的主要保护装置，装于变压器的油箱和油枕的连接管上。变压器内部发生故障时，瓦斯继电器的上接点接信号回路，下接点接断路器掉闸回路，能发出信号并使断路器掉闸。

11. 变压器还有温度计、热虹吸等附件，如图 2-7 所示。

图 2-7　变压器温度计

三、变压器铭牌意义与技术参数

(一)变压器铭牌

变压器铭牌中的型号分两部分，前部分由汉语拼音字母组成，代表变压器的类别、结构、特征和用途；后一部分由数字组成，用以表示产品的容量(kV · A)和高压线圈电压(kV)等级。

型号字母含义如下：

D—单相，在末位表示移动式；S—在第一位表示三相，在第三、四位则代表三套绕组；F—油浸风冷；J—油浸自冷；L—铝线圈或防雷；P—强迫油循环；T—调压器；Z—有载调压；G—干式；O—自耦；W—水冷；QY—牵引变压器；110、220—高压侧电压等级 (kV)。

例如：有一台变压器的型号是 S(F)6-QY-40000/220 GY，这表明该变压器为三相油浸风冷式无载调压的牵引变压器，容量为 40 000 kV · A，一次侧额定电压为 220 kV。

(二)变压器主要技术规范及其参数

1. 额定容量 S_n：是铭牌上所规定的额定状态下变压器的输出能力，称为变压器的额定容量，以千伏安(kV · A)表示。对三相变压器，额定容量是指三相容量之和。其计算公式为

三相变压器

$$S_n=\sqrt{3}U_nI_n$$

单相变压器

$$S_n=U_nI_n$$

2. 一次、二次额定电压 U_{n1} 和 U_{n2}：一次额定电压为接到变压器一次绕组端点的电压值，二次额定电压为变压器空载时，一次绕组端加上额定电压时二次绕组端所出现的电压值。

3. 一、二次额定电流 I_{n1} 和 I_{n2}，在额定容量和允许温升条件下，变压器一、二次允许长期

通过的线电流。

4. 短路电压 $U_{d1}\%$：将变压器二次短路，一次侧施加电压，直到电流达到额定值，这时原边电压 $U_d I_n$ 和额定电压 U_n 之比的百分数称为短路电压 $U_{d1}\%$。

5. 空载电流 I_u：当变压器二次开路，一次侧加额定电压时，所流过的电流，称为空载电流。一般以其占额定电流的百分数表示。空载电流大小决定于变压器容量、磁路结构、硅钢片质量等。

6. 空载损耗 ΔP_o：指变压器二次开路，一次侧加额定电压时变压器的损耗，它近似等于铁损(变压器二次开路一次侧铜损很小)。空载损耗一般可以通过空载试验测出。

7. 短路损耗(铜损耗)ΔP_{10}：二次侧短路，一次侧通以额定电流时，变压器所消耗的功率。一般指变压器运行温度为 75 ℃时的短路损耗。

四、互感器概述

互感器(包括电压互感器和电流互感器)是一次系统(主电路)和二次系统(控制电路)间的联络元件；是电力系统中供测量和保护用的重要电气设备。

(一)互感器在电力系统中的作用

1. 将二次电气设备(如仪表、继电器等)与高电压、强电流的一次电路隔离，以解决其测量中的绝缘问题，保证人身和设备的安全。

2. 准确地变换电压、电流。将一次电路中的高电压、大电流变为二次回路的低电压(一般为 100 V)和小电流(一般为 5 A 或 1 A)向测量仪表和继电器的电压线圈和电流线圈供电，即作二次设备的交流电源。

3. 使二次电气设备标准化、系列化、小型化，接线灵活、方便，不受主电路的限制，便于实现远距离集中控制、测量、保护。

互感器是一种特殊类型的变压器。其结构和工作原理与电力变压器相似，不同之处在于：

(1)互感器容量小，仅用于电量变换，不用于传输电能。

(2)互感器激磁电流小，在电工计算中忽略不计。

(3)互感器有规定的准确度、有特殊的工作状态。

(4)互感器有电流互感器、电压互感器之分。

(二)电流互感器(CT)

1. 电流互感器的作用及工作原理

(1)电流互感器是一种电流变换装置。它将高压电流和低压大电流变成电压较低的小电流，供给仪表和继电保护装置，并将仪表和保护装置与高压电路隔开。电流互感器的二次侧电流均为 5 A，这使得测量仪表和继电保护装置使用安全、方便，也使其在制造上可以标准化，简化了制造工艺并降低了成本。因此，电流互感器在电力系统中得到了广泛的应用。

(2)电流互感器的构造和原理如图 2-8 所示。它由铁芯、一次线圈、二次线圈、接线端子及绝缘支持物等组成。电流互感器的铁芯是由硅钢片叠制而成的。电流互感器的一次线圈与电力系统的线路串联，流过较大的被测电流 I_1，它在铁芯内产生交变磁通，使二次线圈感应出相应的二次电流(通常二次额定电流 I_2 为 5 A)。

忽略励磁损耗，一次线圈与二次线圈有相等的安培匝数：$I_1N_1=I_2N_2$。其中 N_1 为一次线圈匝数，N_2 为二次线圈匝数。电流互感器变流比 $K=I_1/I_2=N_2/N_1$。电流互感器的一次

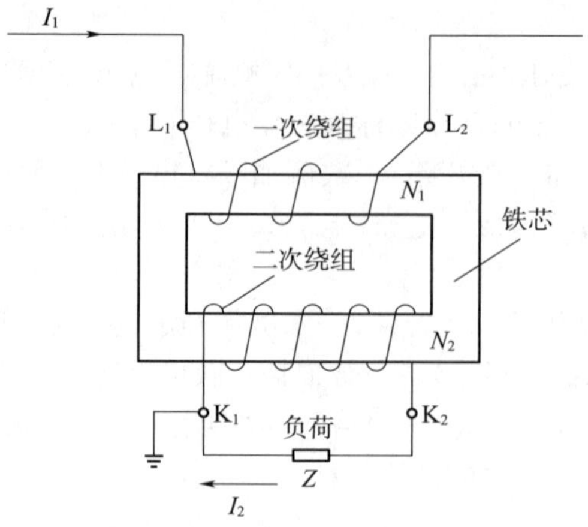

图 2-8　电流互感器原理、结构

线圈直接与电力系统的高压线路连接，因此电流互感器的一次线圈对地必须采用与线路的高电压相应的绝缘支持物，以保证二次回路的设备和人身安全。二次线圈与仪表、继电保护装置的电流线圈串接成二次回路。

(3)电流互感器与变压器的不同及特点如下：

①电流互感器二次回路的负荷是计量仪表电流线圈或继电保护和自动装置的电流线圈，阻抗小，相当于变压器短路运行，而一次电流由线路的负荷决定，不由二次电流决定。因此，二次电流几乎不受二次负荷的影响，只随一次电流的改变而变化，所以能测量电流，且具有一定的准确级。

②电流互感器二次绕组绝对不允许开路运行。此外，电流互感器与电压互感器一样，二次侧一端必须接地，以防止一、二次之间绝缘击穿时，危及仪表和人身的安全。

2. 电流互感器的类型及结构

电流互感器的种类很多，按原绕组匝数多少可分为：

(1)单匝式电流互感器

原绕组由穿过闭合铁芯的单根载流导体制成，铁芯上绕有副绕组。这种电流互感器结构简单，体积小，短路时稳定性高，原绕组不会发生匝间短路或匝间过电压。其主要缺点是当被测电流很小时，误差增大，在保证准确度时其负载能力较低。故一般用于电流较大(600～1 000 A)的电路中。

(2)多匝式电流互感器

由于单匝式电流互感器副绕组功率不大，为满足二次负荷的需要，电流互感器的原绕组由穿过铁芯的一些线匝制成，铁芯上绕有副绕组。其主要优点是当原边电流很小时，也可制成准确度足够高的电流互感器。多匝式电流互感器的缺点恰与单匝式电流互感器的优点相对应。不论单匝式或多匝式电流互感器，其原绕组可为数个铁芯所共用，每个铁芯上都有一个副绕组以组成不同的准确度等级，且互不影响，以适应不同的需要。

(3)油浸、串级式电流互感器

当电压在 110 kV 及以上时，还可以采用串级式电流互感器。

国产 L-100 型电流互感器是串级式结构。它由两个结构上独立的变换单元组成，Ⅰ级电流互感器副绕组与Ⅱ级电流互感器原绕组相连，Ⅱ级电流互感器变流比为 20∶5。

3. 电流互感器铭牌数据及型号

(1)电流互感器的铭牌上常标有下列技术数据：

型号：由 2～4 位拼音字母及数字组成。通常它能表示出电流互感器的线圈型式、绝缘种类、导体的材料及使用场所等。横线后面的数字表示绝缘结构的电压等级(kV)。型号中字母的含义如下：

①第一位字母：L—电流互感器。

②第二位字母：D—单匝贯穿式；Q—线圈型；M—线式；R—装入式；A—穿墙式；C—瓷箱式(瓷套式)。

③第三位字母：Z—浇注绝缘；C—瓷绝缘；J—加大容量加强型；W—户外型；G—改进型；D—差动保护用。

④第四位字母：C 或 D—差动保护用；Q—加强型；J—加大容量。

(2)变流比：常以分数形式标出，分子表示一次线圈的额定电流(A)，分母表示二次线圈的额定电流(A)。

(3)误差等级：即电流互感器变比误差的百分值。通常分为 0.2、0.5、1、3、10 等 5 个等级。使用时应根据负荷的要求来选用。例如，电度计量仪表一般选用 0.5 级，而继电保护则选用 3 级。

(4)容量：电流互感器的容量是指它容许带的负荷功率 S(即伏安数)。除了用伏安数表示之外，也可以用二次负载的欧姆值 Z_2 来表示。由于 $S_2=I_2^2Z_2$，又因 I_2 是定值，因此两者之间可以互相换算。

(5)热稳定及动稳定倍数：电力系统故障时，电流互感器承受由短路电流引起的热作用和电动力作用而不致受到破坏的能力，可用热稳定和动稳定倍数来表示。热稳定的倍数，是指热稳定电流(即 1 s 内不致使电流互感器的发热超过允许限度的电流)与电流互感器额定电流之比；动稳定倍数是电流互感器所能承受的最大电流的瞬时值与其额定电流之比。

(6)常用的电流互感器型号

在低压系统中常用的电流互感器有以下几种：

①LQG-0.5-户内母线式；

②LMZ1-0.5、LMZJ1-0.5-户内母线式树脂浇注绝缘；

③LYM-0.5-户内母线式。

在高压系统中常用的电流互感器有以下几种：

①LQZ-10-户内线圈式；

②LGJC-10-户内线圈式(差动用)；

③LDC-10-户内单匝套管式；

④LFC-10-户内多匝贯穿式瓷绝缘式；

⑤LA-10、LAJ-10-户内新型全铝线树脂浇注绝缘式；

⑥LR-35、LRD-35-套管式电流互感器，附装在 35 kV 多油断路器套管内使用；

⑦LCW-35-户外瓷箱式。

4. 电流互感器的选用

选择电流互感器应注意以下几个问题：

(1)电流互感器的额定电压应与电网的额定电压相符合。

(2)电流互感器一次额定电流的选择，应使运行电流经常在其 20%～100%的范围内。

10 kV 继电保护用电流互感器一次测电流的选用，一般不大于设备额定电流的 1.5 倍。

(3)根据电气测量和继电保护的要求，选择电流互感器的适当准确等级。

(4)电流互感器的二次负载(包括电工仪表和继电器)所消耗的功率(伏安数)或阻抗不应超过所选择的准确度等级相对应的额定容量，否则准确度等级会下降。

(5)根据系统的运行方式和电流互感器的接线方式，选择电流互感器的台数。

(6)电流互感器选择之后，应根据装设地点的系统短路电流校验其动稳定和热稳定。

(三)电压互感器(PT)

1. 电压互感器的作用与工作原理

电压互感器是一种电压的变换装置(也称仪用变压器，PT)。它将高电压变换为低电压，以使用低压量值反映高压量值的变化。因此，可以直接用普通电气仪表进行测量。

由于采用了电压互感器，各种测量仪表和保护装置不直接与高电压相连接，从而保证了仪表测量和继电保护工作的安全，也解决了高压测量的绝缘、制造工艺等困难。此外，由于电压互感器的二次侧均为 100 V，使得测量仪表和继电器电压线圈制造上得以标准化，简化了制造工艺并降低了成本。因此，电压互感器在电力系统中得到了广泛的应用。

电压互感器的构造和原理与普通变压器相同，如图 2-9 所示。它也是由铁芯、一次线圈、二次线圈、接线端子及绝缘支持物等组成。电压互感器的一次线圈接于系统的线电压或相电压，其绝缘应随实际系统电压的高低而定。一次线圈具有较多的匝数，二次线圈供给仪表或继电器的电压线圈。

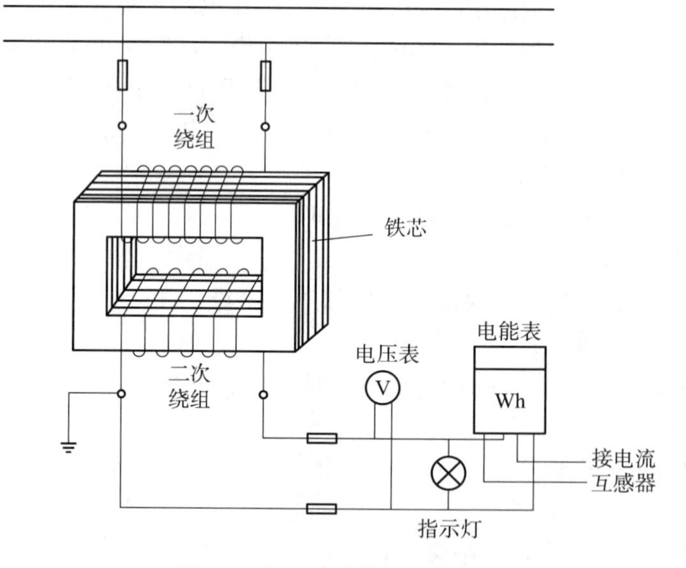

图 2-9　电压互感器原理结构

电压互感器的工作原理与电力变压器相同，但由于用途不同，因此，在设计时也有不同的要求。通常电力变压器在电压误差上虽有一定的要求，但是其满载的电压调整率[(空载电压一满载电压)/满载电压]变动范围较大。一、二次电压间的相角差也可以不考虑。而电压互感器的误差要求则比电力变压器严格，电压调整率也应极小，只有这样才能保证其准确度等级的要求。

2. 电压互感器的特点

(1)电压互感器的容量小，类似一台小容量变压器。

(2)电压互感器的额定变压比 $K_n=U_N/U_n\approx W_1/W_2$。其中原绕组额定电压 U_N 是电网额定电压,已标准化,副绕组额定电压 U_n 则统一设计为 100 V(或 $100/\sqrt{3}$ V),所以 K_n 亦标准化,如 110 kV 电压互感器的 $K_n=110/0.1=1\ 100$。

(3)电压互感器的二次负荷恒定,在理想条件下可认为电压互感器是电压源。

电压互感器在正常运行中,其副绕组所接测量仪表和继电器的电压线圈阻抗很大,二次电流很小,电压互感器副边工作在近似开路状态,相当于变压器副边空载运行。电压互感器的二次电压接近于二次电势并决定于一次电压值。

同电力变压器一样,一旦电压互感器副边短路,将在副绕组中流过一个很大的短路电流烧损电压互感器。为此,电压互感器副边必须加装熔断器,副绕组一端必须可靠接地。

3. 电压互感器的种类及结构

(1)电压互感器按其特征分类如下:

①按安装地点分为户内式和户外式。35 kV 及以下多制成户内式,35 kV 以上则制成户外式。

②按相数分为单相式和三相式。35 kV 及以上不制造三相式。

③按绕组数分为双绕组和三绕组电压互感器。三绕组电压互感器除具有供给测量仪表和保护继电器的基本副绕组外,还有一个辅助副绕组,用来接入监视电网绝缘状况的仪表和保护接地继电器。

④按绝缘方式分为干式、浇注式、油浸式和充气式电压互感器。干式(浸绝缘胶)电压互感器的结构简单,无着火或爆炸的危险,但绝缘强度低,只适用于电压较低(6 kV 以下)空气干燥的户内配电装置;浇注式电压互感器结构紧凑、维护方便,适用于 3～35 kV 户内配电装置;油浸式电压互感器绝缘性能好,可用于 10 kV 及以上户外配电装置;充气式电压互感器用于 SF_6 全封闭组合电器中。

(2)电压互感器的结构

油浸式电压互感器按其结构可分为普通式和串级式。3～35 kV 的电压互感器都制成普通式,它与普通小型变压器相似。110 kV 及以上的电压互感器普遍制成串级式结构,此结构的主要特点是:绕组和铁芯采用分级绝缘,简化绝缘结构;铁芯和绕组装在瓷箱中,瓷箱兼作高压出线套管和油箱。因此,瓷箱串级式结构可节省绝缘材料,减轻质量,降低造价。

电压互感器由两个铁芯(元件)组成,原绕组分成匝数相等的四个部分,分别套在两个铁芯的上、下铁柱上,按磁通相加方向顺序串联,接在相与地之间。每一元件(铁芯)上绕组中点与铁芯电连接。副绕组绕在末级铁芯的下柱上,当副绕组开路时,原绕组四部分流过相同的激磁电流,相电压在原绕组上均匀分布,绕组边缘线匝对铁芯的电位差为 $1/4U_\phi$,因此,绕组边缘线匝对铁芯的绝缘只需按 $1/4U_\phi$ 设计,而普通结构的电压互感器则需按 U_ϕ 来绝缘,故可节省绝缘材料。铁芯采用悬空不接地结构,铁芯电位不为零。至于铁芯对铁芯和铁芯对外壳(地)之间的电位差,虽然需要绝缘,但比较容易解决。

4. 电压互感器铭牌数据及型号

(1)铭牌型号:由 3～4 个拼音字母及数字组成。通常它能表示出电压互感器的线圈型式、绝缘种类、铁芯结构及使用场所等。字母后面的数字,表示电压等级(kV)。型号中字母的含义如下:

J—在第一位时,表示电压互感器;在第三位时表示油浸式;在第四位时,表示接地保护;

S—在第二位时表示三相;

D—在第二位时表示单相；

G—在第三位时表示干式；

Z—在第三位时表示浇注式；

W—在第四位时表示五铁芯柱式；

B—在第四位时表示有补偿线圈的；

C—在第二位时表示串级绝缘，在第三位表示瓷绝缘。

(2)变压比：常以一、二次线圈的额定电压标出，变压比 $K=U_{n1}/U_{n2}$。

(3)误差等级：即电压互感器变比误差的百分值，通常分为 0.2、0.5、1、3 级。使用时根据负荷需要来选用。

(4)容量：包括额定容量和最大容量。所谓额定容量，是指在负荷 $\cos\varphi=0.8$ 时，对应于不同准确度等级的伏安数。而最大容量则指满足线圈发热条件下，所允许的最大负荷(伏安数)，当电压互感器按最大容量使用时，其准确度将超出规定数值。

(5)接线组别：表明电压互感器一、二线电压的相位关系。通常三相电压互感器的接线组别均为 Y/Y0-12。

常用电压互感器有：

JDG-0.5-单相干式双线圈电压互感器，装置于户内；

JDJ-单相双线圈油浸式电压互感器；

JSJB-三相双线圈三铁芯柱油浸式电压互感器；

JDZ-单相双线圈环氧树脂浇注绝缘户内用电压互感器；

JDZJ-单相三线圈环氧树脂浇注绝缘接地型户内用电压互感器；

JDJJ-单相三线圈油浸式接地型户外用电压互感器。

以上几种电压互感器使用条件是海拔不超过 1 000 m；周围气温最大变化不超过 −30～+40 ℃；普通产品仅使用在相对湿度不大于 85%的地区。

第二节 变压器检修与维护

变压器是变电所各类电气设备中最重要的设备之一，它一旦发生损坏事故，需要检查分析和处理的时间较长，损失和影响也较大。随着牵引变压器设备结构的改进，优质材料的采用，制造和工艺技术水平的不断提高，变压器的运行可靠性有了明显的提高，但是如果制造上的质量不良和运行维护工作方面的不当，会使变压器发生异常和故障。所以，平时认真地巡视、仔细地检查对于防止变压器发生事故，或尽快地找出故障的苗头和原因及其部位都是十分必要的。

一、变压器、互感器的运行

(一)变压器的运行

1. 音响监视

当变压器接上电源，即发生均匀的“嗡嗡”声。这是由于变压器在通电后由励磁电流在铁芯中产生交变磁通，而构成铁芯的硅钢片由于材料的不均匀性，以及硅钢片厚度和接缝不一致等原因，使得每张硅钢片中通过的磁通数也不一样，因而片间相互作用力不同。在磁通交变时，作用力也不断变化，于是硅钢片发生振动，促使周围空气或油发生振动，从而发出“嗡嗡”

声，正常运行时，“嗡嗡”声应是均匀的。当出现不均匀或有杂音时应进行分析并找出原因。当电力机车从一相接触网转换到另一相接触网运行取电时，牵引变压器在这一瞬间也会发出较强的声响，此为正常现象。

2. 负荷监视

牵引变压器出现过负荷时，值班人员应按照相关要求做好记录。应注意监视中如发现过负荷倍数及持续时间超过规定，或油温超过 65 ℃仍继续上升，或过负荷已超过保护整定值而使断路器自动跳闸时，均应立即报告供电调度，并采取措施，如投入备用变压器或停下不必要的负荷，必要时限制供电臂中运行的列车对数等。

3. 电压监视

牵引侧空载电压一般应在 28～29 kV，最高不应超过 30.5 kV，最低不得低于 25 kV。

4. 油质、油温和温升的监视

(1)新鲜油的油色应是透明清澈的浅黄或天蓝色。油在老化过程中会形成沥青、炭渣或污物，颜色转暗，严重时呈棕色。

(2)高压套管油表的油面应在油表高度 2/3 处。

(3)运行中一般通过监视变压器上层油温来监视变压器绝缘油的温度。

①油浸风冷变压器上层油温不应超过 85 ℃，最高不得超过 95 ℃。超过 55 ℃时启动通风电机，超过 65 ℃时发出主变压器过热信号。

②风冷变压器的上层油温不应超过 75 ℃，最高不得超过 85 ℃。

(4)变压器上层油温与环境温度的差值称为变压器的温升。

5. 变压器并列运行条件

(1)接线组别相同。

(2)电压比相同，且原边线圈、次边线圈额定电压相同。

(3)短路电压相同。

6. 当变压器有下列情况之一者必须立即停止运行

(1)变压器音响很大且不均匀，或有爆裂声。

(2)油枕、防爆管或压力释放器喷油。

(3)冷却及油温测量系统正常但油温较平时在相同条件下运行时高出 10 ℃以上或不断上升时。

(4)套管严重破损和放电。

(5)由于漏油致使油位不断下降或低于下限。

(6)油色不正常(隔膜式油枕除外)或油内有炭质等杂物。

(7)变压器着火。

(8)重瓦斯保护动作。

(9)因变压器内部故障引起差动保护动作。

(二)互感器的运行

互感器可分为电压互感器和电流互感器。电压互感器俗称“压变”，电流互感器俗称“流变”，均专供测量仪表、继电保护和自动装置二次回路的使用电源。互感器一次侧和一次设备相连，二次侧和二次电路相连，要求可靠性高。

互感器的正常运行状态是指互感器在额定的条件下运行，互感器的二次电流或电压能达到规定的准确度等级。

互感器在投入运行前要检查一、二次接地端子及外壳接地应良好，对电流互感器还应保证二次无开路，电压互感器应保证二次无短路，并检查其高低压熔断器、空气开关是否完好。互感器投入运行后要检查有关表计，指示应正确。监控后台显示相关数据正确。切换电压互感器或断开其二次侧熔断器或空气开关时，应采取措施防止有关保护装置误动作。

当互感器有下列情况之一者须立即停止运行：

1. 高压侧熔断器连续烧断两次。

2. 音响很大且不均匀或有爆裂声。

3. 有异味或冒烟。

4. 喷油或着火。

5. 由于漏油使油位不断下降或低于下限。

6. 严重的火花放电现象。

二、变压器、互感器的检修内容

(一)变压器的检修

1. 绕组检修

(1)检查相间隔板和围屏(宜解体一相)，围屏应清洁无破损，绑扎紧固完整，分接引线出口处封闭良好，围屏无变形、发热和树枝状放电。如发现异常应打开其他两相围屏进行检查，相间隔板应完整并固定牢固。

(2)检查绕组表面应无油垢或变形，整个绕组无倾斜或位移，导线辐向无明显凸出现象，匝绝缘无破损。

(3)检查绕组各部垫块有无松动，垫块应排列整齐，辐向间距相等，支撑牢固有适当压紧力。

(4)检查绕组绝缘有无破损，油道有无被绝缘纸、油垢或杂物堵塞现象，必要时可用软毛刷(或用绸布、泡沫塑料)轻轻擦拭；绕组线匝表面、导线如有破损裸露则应进行包裹处理。

(5)用手指按压绕组表面检查其绝缘状态，给予定级判断，是否可用。

2. 引线及绝缘支架检修

(1)检查引线及应力锥的绝缘包扎有无变形、变脆、破损，引线有无断股、扭曲，引线与引线接头处焊接情况是否良好，有无过热现象等。

(2)检查绕组至分接开关的引线长度、绝缘包扎的厚度、引线接头的焊接(或连接)、引线对各部位的绝缘距离、引线的固定情况等。

(3)检查绝缘支架有无松动或损坏、位移，检查引线在绝缘支架内的固定情况，固定螺栓应有防松措施，固定引线的夹件内侧应垫以附加绝缘，以防卡伤引线绝缘。

(4) 检查引线与各部位之间的绝缘距离是否符合规定要求，大电流引线(铜排或铝排)与箱壁间距一般不应小于 100 mm，以防漏磁发热。

3. 铁芯检修

(1)检查铁芯外表是否平整，有无片间短路、变色、放电烧伤痕迹，绝缘漆膜有无脱落，上铁轭的顶部和下铁轭的底部有无油垢杂物。

(2)检查铁芯上下夹件、方铁、绕组连接片的紧固程度和绝缘状况，绝缘连接片有无爬电烧伤或放电痕迹。

(3)检查压钉、绝缘垫圈的接触情况,用专用扳手逐个紧固上下夹件、方铁、压钉等各部位紧固螺栓。

(4)用专用扳手紧固上下铁芯的穿芯螺栓,检查与测量绝缘情况。

(5)检查铁芯间和铁芯与夹件间的油路。

(6)检查铁芯接地片的连接及绝缘状况,铁芯只允许于一点接地,接地片外露部分应包扎绝缘。

(7)检查铁芯的拉板和钢带应紧固,并有足够的机械强度,还应与铁芯绝缘。

4. 油箱检修

(1)对焊缝中存在的砂眼等渗漏点进行补焊。

(2)清扫强油循环管路,检查固定于下夹件上的导向绝缘管连接是否牢固,表面有无放电痕迹。

(3)检查钟罩(或油箱)法兰结合面是否平整,发现沟痕,应补焊磨平。

(4)检查器身定位钉,防止定位钉造成铁芯多点接地。

(5)检查磁(电)屏蔽装置应无松动放电现象,固定牢固。

(6)检查钟罩(或油箱)的密封胶垫,接头良好,并处于油箱法兰的直线部位。

(7)对内部局部脱漆和锈蚀部位应补漆处理。

(二)互感器的检修

互感器的故障一般表现为绝缘受潮、匝间短路、击穿烧毁、瓷件或其他组件损坏等。电压互感器如遇二次回路短路时,也应立即退出运行,进行检查试验。

互感器的检修和试验方法,一般可参照变压器检修试验方法进行。当其绝缘电阻低于前一次测量值的70%或下限,或 $\tan\delta$ 大于规定值时,应进行干燥处理。干燥使用的真空罐的极限真空度应不低 9.86×10^4 Pa,干燥温度为(100±5)℃,干燥时间视受潮程度而定。

电流互感器二次绝缘降低时,应先从外部接线套管处检查。经查明确属内部受潮时,再排油吊芯检查处理。对于绝缘损坏的电流互感器,应考虑重包绝缘。

三、变压器、互感器日常维护及项目

(一)日常巡视检查

巡视检查的概念:是对牵引变电所设备外观、电气性能、运行方式、外部环境等运行状态进行监视测量的过程,有当地巡视检查和远程巡视检查两种方式。

1. 当地巡视检查是运维、修试人员在牵引变电所内,对设备电气性能进行连续或周期性地监视和检测。

2. 远程巡视检查是监测工区人员通过远动系统、辅助监控系统等,对现场设备的外观、运行方式及电气量、外部环境等进行集中监视和控制。远程巡视项目参照当地一般巡视项目确定,巡视要求一致。

巡视检查分为一般巡视、巡检和特殊巡视。

1. 一般巡视:主要为掌握设备、设施运行状态,开展的常规性巡视,分为值守巡视、夜间熄灯巡视和设备跳闸后巡视。有人值守的牵引变电所、开闭所由值守人员当地开展,辅助监控系统功能完备的无人值守牵引变电所、开闭所、分区所、AT所由监测工区人员远程开展,其他无人分区所、AT所根据需要当地开展。辅助监控系统功能完备时,夜间熄灯巡视可通过辅助监控系统完成。

2. 巡检:主要为深入掌握设备设施运行状态,在一般巡视项目的基础上,对所内设备设施进行全面巡视和检查,对重点设备开展必要的检测监测和试验,对运行数据进行查阅分析。必要时,同步安排缺陷处理。巡检由运维车间在当地开展,修试车间根据需要参加。

3. 特殊巡视:在有外力破坏可能、恶劣气象条件、运行方式改变、设备带缺陷运行或其他特殊情况下,由运维车间、修试车间根据工作实际需求组织开展的全部或部分巡视。

对于变压器、互感器应适当增加巡视次数的情况有:

1. 设备过负荷,或负荷有显著增加时。

2. 设备经过大修、改造或长期停用后重新投入系统运行;新安装的设备加入系统运行。

3. 遇有雾、雪、大风雷雨等恶劣天气、事故跳闸和设备运行中有异常和非正常运行时。

4. 对新装或大修后的变压器投入运行后 24 h 内,要每隔 2 h 巡视 1 次。

油浸式变压器、气体式变压器、干式变压器、电流互感器、干式互感器的巡视项目与要求分为一般巡视与巡检两类,上述设备的巡视项目与要求如下。

油浸式变压器的巡视检查项目和要求:

1. 一般巡视:

(1)高低压侧电压、电流信息采集正常,轨、地回流分配比例正常。

(2)上层油温、绕组温度正常,油位、油色正常。

(3)密封良好,无渗、漏油现象。

(4)电气连接紧固,无断股或散股现象。接地连接紧固,无松动或脱落现象。接线端子、线夹无松动、变形、开裂或严重发热痕迹。

(5)绝缘体应清洁,无破损或放电现象。

(6)呼吸器硅胶变色未超过 2/3,气体继电器内无积气。

(7)箱体、储油柜、散热器等无严重锈蚀。

(8)运行环境正常,无搭挂杂物。

2. 巡检时,除一般巡视的项目和要求外,还应包括:

(1)运行变压器无异常振动或声响。

(2)储油柜、高压套管内油位正常。

(3)冷却装置运行正常,无渗漏油现象。

(4)气体继电器、压力释放阀、温度计、油位指示计等无异常告警,分接开关运行挡位符合规定,位置指示正确。

(5)基础架构无下沉、断裂或变形现象。

(6)对变压器箱体、套管、电气连接等进行红外测温,无异常温升。

气体式变压器的巡视检查项目和要求:

1. 一般巡视:

(1)高低压侧电压、电流信息采集正常,轨、地回流分配比例正常。

(2)气体温度、绕组温度正常。

(3)气体密度、压力正常,无泄漏现象。

(4)绝缘体应清洁,无破损或放电现象。

(5)电气连接紧固,无断股或散股现象。接地连接紧固,无松动或脱落现象。接线端子、线夹无松动、变形、开裂或严重发热痕迹。

(6)压力计、温度计内无凝水现象。

(7)箱体、散热器等无严重锈蚀。

(8)运行环境正常,无搭挂杂物。

2. 巡检时,除一般巡视的项目和要求外,还应包括:

(1)运行变压器无异常振动或声响。

(2)冷却装置运行正常,无泄漏现象。

(3)气体继电器、压力释放阀、温度计、压力计等无异常告警,分接开关运行挡位符合规定,位置指示正确。

(4)基础架构无下沉、断裂或变形现象。

(5)对变压器箱体、储气柜、套管、电气连接等进行红外测温,无异常温升。

干式变压器的巡视检查项目和要求:

1. 一般巡视:

(1)高低压侧电压、电流信息采集正常。

(2)电气连接紧固,无断股或散股现象。接地连接紧固,无松动或脱落现象。接线端子、线夹无松动、变形、开裂或严重发热痕迹。

(3)绝缘体无破损或放电现象。

2. 巡检时,除一般巡视的项目和要求外,还应包括:

(1)分接开关位置指示正确。

(2)在线监测装置运行正常。

(3)对变压器本体、电气连接等进行红外测温,无异常温升。

电压互感器的巡视检查项目和要求:

1. 一般巡视:

(1)电压信息采集正常。

(2)密封良好,无渗、漏油现象或无漏气现象。

(3)绝缘体应清洁,无破损或放电现象。

(4)电气连接紧固,无断股或散股现象。接地连接紧固,无松动或脱落现象。接线端子、线夹无松动、变形、开裂或严重发热痕迹。

(5)运行环境正常,无搭挂杂物。

2. 巡检时,除一般巡视的项目和要求外,还应包括:

(1)运行电压互感器无异常振动或声响。

(2)金属膨胀器无卡滞、破裂,油位显示正常。

(3)二次接线盒密闭良好,无凝露现象。

(4)基础架构无下沉、断裂或变形现象。

(5)对电压互感器本体、电气连接等进行红外测温,无异常温升。

电流互感器的巡视检查项目和要求:

1. 一般巡视:

(1)电流信息采集正常。

(2)密封良好,无渗、漏油现象或无漏气现象。

(3)绝缘体应清洁,无破损或放电现象。

(4)电气连接紧固,无断股或散股现象。接地连接紧固,无松动或脱落现象。接线端子、线夹无松动、变形、开裂或严重发热痕迹。

(5)运行环境正常,无搭挂杂物。

(6)在线监测装置运行正常。

2. 巡检时,除一般巡视的项目和要求外,还应包括:

(1)运行电流互感器无异常振动或声响。

(2)金属膨胀器无卡滞、破裂,油位显示正常。

(3)二次接线盒密闭良好,无凝露现象。

(4)基础架构无下沉、断裂或变形现象。

(5)对电流互感器本体、电气连接等进行红外测温,无异常温升。

干式互感器的巡视检查项目和要求:

1. 一般巡视:

(1)电压、电流信息采集正常。

(2)绝缘体应清洁,无破损或放电现象。

(3)电气连接紧固,接线端子、线夹无松动、变形、开裂或严重发热痕迹。

(4)运行环境正常,无搭挂杂物。

2. 巡检时,除一般巡视的项目和要求外,还应包括:

(1)运行干式互感器无异常振动或声响。

(2)二次接线盒密闭良好,无凝露现象。

(3)基础架构无下沉、断裂或变形现象。

(4)对干式互感器本体、电气连接等进行红外测温,无异常温升。

(二)特别巡维项目及周期(表 2-1)

表 2-1 特别巡维项目及周期

序号	项目	要求	周期				备注
			Ⅰ	Ⅱ	Ⅲ	Ⅳ	
一、检查变压器主体							
1	温度	1. 油面温度指示控制器、绕组温度指示控制器的外观完好,表盘密封良好,指示正确; 2. 油箱表面温度、线圈温度等无异常现象,与远方测温表指示温度一致	缩短日常巡维周期开展	缩短日常巡维周期开展	配合日常巡视开展	加长日常巡维周期开展	
2	油位	1. 油位计外观完整,密封良好,油位计指示正确; 2. 对照油位—油温的标准曲线检查油位正常; 3. 油位计表盘内无潮气冷凝	缩短日常巡维周期开展	缩短日常巡维周期开展	配合日常巡视开展	加长日常巡维周期开展	
3	渗漏油情况	法兰、阀门、表计、分接开关、冷却装置、油箱、油管路等连接处及焊缝处密封应密封良好,无渗漏痕迹	缩短日常巡维周期开展	缩短日常巡维周期开展	配合日常巡视开展	加长日常巡维周期开展	
4	运行声响	1. 运行中的振动和噪声应无明显变化,无外部连接松动及异常响声; 2. 无闪络、跳火或放电声响	缩短日常巡维周期开展	缩短日常巡维周期开展	配合日常巡视开展	加长日常巡维周期开展	

续上表

序号	项目	要　　求	周　　期				备　注
			Ⅰ	Ⅱ	Ⅲ	Ⅳ	
5	接地情况	1. 中性点直流电流正常，无发热现象； 2. 外壳及中性点接地良好	缩短日常巡维周期开展	缩短日常巡维周期开展	配合日常巡视开展	加长日常巡维周期开展	
		1. 铁芯、夹件接地应良好； 2. 接地电流宜在 100 mA 以下	缩短周期开展	缩短周期开展	配合日常巡视开展	加长日常巡维周期开展	电流过大时一般串联电阻处理
6	基础及引线情况	1. 主变基础无下沉、裂变； 2. 引线接头、电缆、母线应无过热，雨天无蒸汽，夜间无发红迹象	缩短日常巡维周期开展	缩短日常巡维周期开展	配合日常巡视开展	加长日常巡维周期开展	
二、检查冷却装置							
1	冷却装置运行状况	1. 风冷却器风扇的运行情况正常，无异常声音及振动； 2. 油流指示正确，无抖动现象； 3. 风扇运转正常，无异声、反转、卡阻、停转现象	缩短日常巡维周期开展	缩短日常巡维周期开展	配合日常巡视开展	加长日常巡维周期开展	
2	冷却装置渗漏油情况	冷却装置及阀门、管路无渗漏	缩短日常巡维周期开展	缩短日常巡维周期开展	配合日常巡视开展	加长日常巡维周期开展	
3	冷却器散热情况	1. 散热良好，无堵塞、气流不畅情况； 2. 同一工况下，各散热片的温度应大致相同； 3. 随温度和负载自动投切的冷却器的投切情况正常，散热片无积聚大量污尘	缩短日常巡维周期开展	缩短日常巡维周期开展	配合日常巡视开展	加长日常巡维周期开展	
三、检查套管							
1	瓷套情况	1. 瓷套表面无破损、裂纹，无严重油污、无放电痕迹或其他异常现象； 2. 采用红外测温等手段对套管，特别是装硅橡胶增爬距或涂防污涂料的套管，重点检查有无异常； 3. 变低母线桥绝缘套无破裂、脱落等不正常现象	缩短日常巡维周期开展	缩短日常巡维周期开展	配合日常巡视开展	加长日常巡维周期开展	
2	渗漏油情况	1. 各密封处应无渗漏； 2. 电容式套管应注意电容瓶末端接地套管的密封情况	缩短日常巡维周期开展	缩短日常巡维周期开展	配合日常巡视开展	加长日常巡维周期开展	
3	套管油位	油位指示正常	缩短日常巡维周期开展	缩短日常巡维周期开展	配合日常巡视开展	加长日常巡维周期开展	
4	套管是否过热	1. 用红外测温装置检测套管内部及顶部接头连接部位温度应正常； 2. 套管末屏及套管电流互感器端子箱端子应无过热现象	缩短日常巡维周期开展	缩短日常巡维周期开展	配合日常巡视开展	加长日常巡维周期开展	
5	伞裙	1. 橡胶伞裙形状能够与瓷伞裙表面吻合良好； 2. 表面洁净、光滑，硅伞裙无开裂、搭接口无开胶、伞裙无脱落、黏结位置无爬电等现象	缩短日常巡维周期开展	缩短日常巡维周期开展	配合日常巡视开展	加长日常巡维周期开展	对于安装有伞裙的套管须进行

续上表

序号	项目	要　求	周　期				备　注
			Ⅰ	Ⅱ	Ⅲ	Ⅳ	
四、检查吸湿器							
1	硅胶	1. 硅胶呼吸器应呈蓝色，有2/3及以上为红色时应更换； 2. 呼吸器筒无裂痕，油封杯油面高度适当； 3. 若有分接开关储油柜，则其油位、油色、吸湿器及其干燥剂均应正常	缩短日常巡维周期开展	缩短日常巡维周期开展	配合日常巡视开展	加长日常巡维周期开展	
2	呼吸情况	1. 呼吸正常，并且伴随着油温的变化，油杯中可观察到明显的呼吸现象，产生气泡； 2. 如发现呼吸不正常，应防止压力突然释放	缩短日常巡维周期开展	缩短日常巡维周期开展	配合日常巡视开展	加长日常巡维周期开展	
五、检查有载分接开关							
1	电源	1. 电压应在规定的偏差范围内； 2. 指示灯显示正常	缩短日常巡维周期开展	缩短日常巡维周期开展	配合日常巡视开展	加长日常巡维周期开展	
2	油情况	1. 变压器有载调压开关油枕的油位指示正常，油色正常； 2. 滤油机及管路无渗漏现象	缩短日常巡维周期开展	缩短日常巡维周期开展	配合日常巡视开展	加长日常巡维周期开展	
3	操作机构	1. 操作齿轮机构无渗漏油； 2. 分接开关连接、齿轮箱、开关操作箱内无异常现象	缩短日常巡维周期开展	缩短日常巡维周期开展	配合日常巡视开展	加长日常巡维周期开展	
4	调压装置	调压分接头指示正确，同组各相现场与远方应保持一致	缩短日常巡维周期开展	缩短日常巡维周期开展	配合日常巡视开展	加长日常巡维周期开展	
六、检查端子箱和控制箱							
1	密封性	1. 控制箱和二次端子箱应密封良好，无进水受潮，加热器运行正常； 2. 箱体内有无放电痕迹，电缆进、出口的防小动物措施良好	缩短日常巡维周期开展	缩短日常巡维周期开展	配合日常巡视开展	加长日常巡维周期开展	
2	接触	1. 端子排、开关无打火现象，接线无松动、脱落； 2. 用红外测温装置检测内部温度应无异常； 3. 接线端子应无松动或锈蚀，接触良好无发热	缩短日常巡维周期开展	缩短日常巡维周期开展	配合日常巡视开展	加长日常巡维周期开展	
3	完整性	1. 冷却器控制箱中冷却器电源状态正常、各选择/控制开关的位置正常、箱体驱潮器的投退正确、箱体的接地良好； 2. 箱内清洁；熔断器与开关与运行方式一致；各指示灯指示正常	缩短日常巡维周期开展	缩短日常巡维周期开展	配合日常巡视开展	加长日常巡维周期开展	
七、检查在线检测装置							
1	运行状况	1. 无渗漏油； 2. 各项指示正常	缩短日常巡维周期开展	缩短日常巡维周期开展	配合日常巡视开展	加长日常巡维周期开展	

注：日常维护项目由变电巡检人员或运行人员实施。

四、检修周期及项目

(一)小修项目及周期

小修项目应包含全部停电维护项目,此外还应包含表 2-2 内容。

表 2-2　小修项目及要求

序号	项　目	要　求	周　期	备　注
1	处理已发现的缺陷	处理后应符合相关的规定和要求	6 年一次	
2	检查油位计,调整油位	1. 传动机构灵活,无卡轮、滑齿现象; 2. 主动磁铁、从动磁铁耦合和同步转动,指针指示与表盘刻度相符; 3. 限位报警装置动作正确; 4. 密封良好,无渗漏	6 年一次	
3	检修冷却装置(风扇、冷却器等)	1. 冷却器清扫冲洗; 2. 对渗漏点进行补焊,确保无渗漏油; 3. 风扇运转正常; 4. 对出现故障的风扇及控制元件进行处理	6 年一次	
4	检修压力释放阀	1. 密封良好,无渗漏; 2. 对工作不正常、渗漏油的压力释放阀进行更换处理	6 年一次	
		压力释放阀校验合格	12 年一次	
5	检修气体继电器	1. 密封良好,无渗漏; 2. 防雨罩安装牢固; 3. 对工作不正常、渗漏油的气体继电器进行更换处理; 4. 气体继电器保持水平位置,联管朝储油柜方向有 1%~2%的升高坡度	6 年一次	
		流速校验合格,绝缘良好	12 年一次	
6	检修胶囊式储油柜	1. 内外表面无锈蚀及油垢; 2. 油位指示器指示正确; 3. 检查吸湿器管道有无堵塞、泄漏; 4. 对工作不正常渗漏油的油位指示器、吸湿器进行更换处理	6 年一次	
		1. 放出储油柜积污器中的油污,检修油位计,调整油位; 2. 观察胶囊状态,必要时更换胶囊	12 年一次	
7	检修波纹式储油柜	1. 对储油柜外壳内部及芯体外表面做除尘处理(拆下散热窗,进行内部清理); 2. 储油柜外表面掉漆或腐蚀部位需涂漆维护; 3. 用手搬动开关,测量接线盒有无信号输出,以检查储油柜的高低油位报警装置是否正常	6 年一次	注油或补油时,参照 H-T 曲线并时刻观察油位指针的位置,避免注油过高将芯体损坏
8	检修测温装置	1. 测温插管内清洁、注满油,测温元件插入后塞座拧紧,密封无渗漏; 2. 对指示不正确的温度计进行校正或更换; 3. 温度计检验合格,报警触点动作正确	6 年一次	

续上表

序号	项目	要求	周期	备注
9	检修油浸式调压装置	1. 各触头压力测量，各对触头接触电阻小于500 μΩ，各触头烧损量不得大于厂家要求，触头动作顺序符合制造厂规定； 2. 开关油室与变压器本体间无渗漏，检修后油室内注入合格油； 3. 转换器和选择开关动、静触头无烧损、发热痕迹，接触良好，转动部分动作灵活，绝缘支架无损伤变形、无放电痕迹，与分接引线连接牢固，螺栓紧固并有防松螺母，触头及导电部分与分接引线距离符合规定； 4. 快速机构主弹簧、复位弹簧、爪卡等无变形断裂，固定螺栓紧固，动作部分无严重磨损、擦毛、损伤、卡涩	按厂家规定的操作次数和预期寿命进行检修	
10	检修真空式调压装置	1. 检查开关头、保护继电器和管路各接头的油密封性； 2. 电动机构保护箱的密封圈和电加热器是否正常； 3. 开关油样监测，含耐压和含水量测试； 4. 检查开关储油柜的硅胶吸湿器状态是否良好	按厂家规定的操作次数和预期寿命进行检修	
11	检修控制箱	1. 清扫控制箱内部灰尘及杂物； 2. 检查电磁开关和热继电器触点有无烧损或接触不良，必要时进行更换； 3. 检查各部触点及端子板连接螺栓有无松动或丢失并进行补齐； 4. 检查控制箱的密封情况并更换密封衬垫	6 年一次	
12	检查接地系统	1. 变压器油箱应可靠接地； 2. 铁芯及夹件接地套管应可靠接地并进行绝缘电阻测量，绝缘电阻大于500 MΩ	6 年一次	
13	检修全部阀门和放气塞	1. 本体及附件各部阀门开闭灵活，指示正确，放气塞无渗漏油； 2. 对损坏的阀门部件进行更换处理； 3. 对渗漏油的放气塞密封件进行更换	6 年一次	
14	检查油箱和附件外观	1. 油箱和附件外观应清洁无油垢，漆膜完整，如有渗漏应进行补焊，重新喷涂漆； 2. 对受损的油箱外观进行除锈补漆，要求平整有光泽	6 年一次	
15	清扫外绝缘和检查导电接头	1. 套管外绝缘应清扫干净； 2. 套管顶部将军帽应密封良好； 3. 套管与外部引线的接线端应接触良好	6 年一次	
16	吸湿器检修	1. 内外清洁，更换受潮的吸湿器硅胶呼吸管道畅通； 2. 密封油位正常	6 年一次	
17	套管检修	电容式套管及充油套管油位应正常，表面清洁，无渗漏油	6 年一次	

续上表

序号	项　目	要　　求	周　期	备　　注
18	冲洗	对冷却系统和变压器器身进行冲洗	必要时	
19	密封胶垫的更换和组件试漏	1. 更换拆除的密封胶垫； 2. 相关组件应试漏，确保密封良好无渗漏	必要时	
20	变压器油的处理或换油	1. 滤油或换油； 2. 检修后注入的油，其油种、油质简化、耐压、微水及色谱分析等应符合 GB 2536—2011《电工流体　变压器和开关用的未使用过的矿物绝缘油》的要求，应尽量与原装油一致	必要时	
21	入箱检查	1. 检查相间隔板和围屏有无破损、变色、变形、放电痕迹； 2. 检查绕组各部垫块有无位移或松动情况； 3. 用手指按压绕组表面检查其绝缘状态； 4. 检查引线有无变形、变脆、破损，断股，有无过热现象等，引线与各部位之间的绝缘距离是否达要求； 5. 检查绝缘支架有无松动或损坏、位移等	必要时	

(二)大修维护项目要求

220 kV 系列变压器由于箱体采取的是桶式结构，现场难以进行吊罩处理，所以现场不进行大修工作，必要时可入箱检查。对于大修内容和触发条件见表 2-3。

表 2-3　大修维护项目及要求

序号	项　目	要　求	条件触发	备　注
1	更换绕组	符合出厂试验	1. 出现差动动作、继电器动作，并判定为匝间短路； 2. 运行中遭受线路短路故障大电流冲击，并判断线圈已变形	
2	处理内部过热	符合出厂试验	1. 油色谱不合格，H_2、CH_4、总烃等数据超标，且滤油后还出现，并呈增长趋势； 2. 入箱无法检查和确定故障点，以及现场无法处理	
3	处理内部放电	修后相关试验合格	1. 能检测出具有明显的局部放电现象，且油色谱数据异常； 2. 入箱无法检查和确定故障点	

在进行大修前，须对设备开展设备状态评价、可靠性评估及经济效益分析，确定该设备是否需要或值得大修。根据评估结果可选取维护、小修、大修延寿或更换等方式提高设备健康水平，确保设备安全稳定运行。

(三)临时检修项目及要求(表 2-4)

表 2-4　临时检修项目及要求

序号	项　　目	要　　求	周期	备　　注
1	本体继电器轻瓦斯报警	1. 检查继电器是否集气； 2. 对本体油样进行分析； 3. 对继电器进行检查	非周期	判断分析气体来源，制定临时检修计划
2	本体继电器重瓦斯动作	1. 对继电器进行检查； 2. 对本体油样进行分析； 3. 对主变进行相关试验	非周期	判断继电器动作原因，制定临时检修计划

续上表

序号	项　目	要　求	周期	备　注
3	本体压力释放阀动作	1. 对压力释放阀进行检查； 2. 对油位进行检查； 3. 对本体油路进行检查	非周期	判断压力释放阀动作原因，制定临时检修计划
4	套管出现接触性过热	1. 检测套管与引流线之间是否接触良好(含将军帽)； 2. 对绕组及套管直流电阻进行检测	非周期	处理好接触不良问题
5	本体结构出现严重漏油	检查漏油点部位	非周期	处理好漏油点
6	呼吸器渗油	对油枕波纹或胶囊进行检查	非周期	处理好渗油问题
7	油位异常	1. 对油位计进行检查； 2. 检查油标管、呼吸器、防爆管通气孔是否有堵塞现象，排除“假油位”的可能	非周期	处理后使油位显示正确刻度
8	声音异常	检查声音异常的原因和位置	非周期	处理好后的声音为均匀的“嗡嗡”响声
9	绝缘电阻异常	1. 对油含水量测定和油介损测量，油中溶解气体分析； 2. 排查能产生负压区的设备； 3. 检查储油柜中的胶囊或隔膜； 4. 整体密封性检查	非周期	1. 如油介损过高引起，则应进行油再生处理或换油； 2. 如为绝缘受潮，引起，则进行抽真空—热油循环处理

五、检修质量标准

变压器预防性试验结果参考相关规定进行，其他类型停电维护项目质量标准见表 2-5。

表 2-5　其他类型停电维护项目质量标准

检修工艺	质量标准	检修类型
变压器本体、冷却装置及所有附件	均完整无缺陷、不渗漏、油漆完整	
变压器油箱、铁芯和夹件外引接地线  	均可靠接地	

续上表

检修工艺	质量标准	检修类型
储油柜、冷却装置、净油器等油系统上的阀门均在开的位置，储油柜油温标示 	阀门均在开的位置，线清晰可见	
高压套管的末屏、套管顶部将军帽的接触情况	应密封良好，与外部引线的连接接触良好	
变压器的储油柜和电容式套管的油位，隔膜式储油柜的集气盒	套管的油位正常，集气盒内应无气体	
有载分接开关的油位	需略低于变压器储油柜的油位	
升高座、气体继电器	进行各升高座的放气，使其完全充满变压器油，气体继电器内应无残余气体	
吸湿器内的吸附剂数量、使用情况	数量充足、无变色受潮现象，油封良好	
温度计	指示正确，整定值符合要求	
冷却装置试运行情况	试运行正常，进行冷却装置电源的自动投切和冷却装置的故障停运试验	
继电保护装置	应经调试整定，动作正确	
放出储油柜积污器中的污油 	内部洁净无异物	

续上表

检修工艺	质量标准	检修类型
检修油位计，调整油位 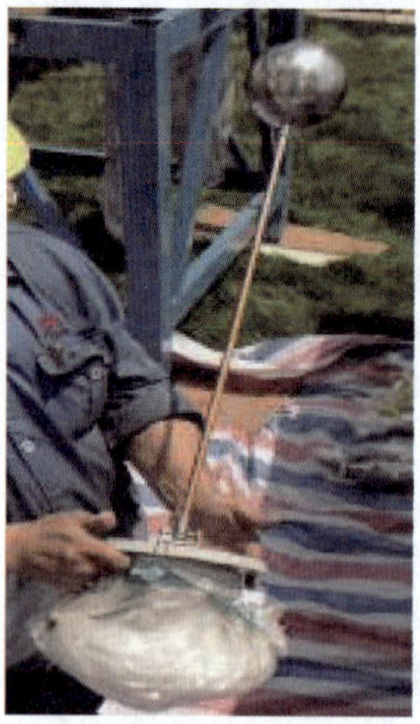	油位计与运行温度相对应	
检修冷却装置、风扇 	冷却装置、风扇工作正常，无渗漏油	
检修安全保护装置：包括储油柜、压力释放阀、气体继电器、温度计等	压力释放阀、气体继电器、温度计，工作正常，不渗漏油	
检修测温装置	温度计刻度清晰、输出信号和表盘值符合偏差要求	
检修调压装置、测量装置及控制箱，并进行调试	引出线的标志应清晰，箱体内部清洁、电气元件完好	
检查接地系统	可靠接地	
检修全部阀门和放气塞，检查全部密封状态，处理渗漏油	密封良好无渗漏，阀门开启指示位置真正确	
清扫油箱和附件，必要时进行补漆	清洁无污物，油箱和附件无锈蚀	
清扫外绝缘和检查导电接头（包括套管将军帽）	清洁无污物，导电接头接触牢固，无过热	

续上表

检修工艺	质量标准	检修类型
入箱检查：		
检查相间隔板和围屏，宜稍解开一部分，观察有无破损、变色、变形、放电痕迹，如发现异常应检查其他两相围屏 	1. 围屏清洁无破损，绑扎紧固完整，分接引线出口处封闭良好，围屏无变形、发热和树枝状放电痕迹； 2. 围屏的起头应放在绕组的垫块上，接头处一定要错开搭接，并防止油道堵塞； 3. 检查支撑围屏的长垫块应无爬电痕迹，若长垫块在中部高场强区时，应尽可能割短相间距离最小处的辐向垫块 2～4 个； 4. 相间隔板完整并固定牢固	
检查绕组各部垫块有无位移或松动情况	各部垫块应排列整齐，辐向间距相等，轴向成一垂直线，支撑牢固有适当压紧力，垫块外露出绕组的长度至少应超过绕组导线的厚度	
检查绕组绝缘有无破损、油道有无被绝缘、油垢或杂物（如硅胶粉末）堵塞现象，必要时可用软毛刷（或用绸布、泡沫塑料）轻轻擦拭，绕组线匝表面如有破损裸露导线处，应进行包扎处理	1. 油道保持畅通，无油垢及其他杂物积存； 2. 外观整齐清洁，绝缘及导线无破损； 3. 特别注意导线的统包绝缘，不可将油道堵塞，以防局部发热、老化	
用手指按压绕组表面检查其绝缘状态 	绝缘状态可分为： 一级绝缘：绝缘有弹性，用手指按压后无残留变形，属良好状态； 二级绝缘：绝缘仍有弹性，用手指按压时无裂纹、脆化，属合格状态； 三级绝缘：绝缘脆化，呈深褐色，用手指按压时有少量裂纹和变形，属勉强可用状态； 四级绝缘：绝缘已严重脆化，呈黑褐色，用手指按压时即酥脆、变形、脱落，甚至可见裸露导线，属不合格状态	
检查引线及引线锥的绝缘包扎有无变形、变脆、破损，引线有无断股，引线与引线接头处焊接情况是否良好，有无过热现象 	1. 引线绝缘包扎应完好，无变形、变脆，引线无断股卡伤情况； 2. 对穿缆引线，为防止引线与套管的导管接触处产生分流烧伤，应将引线用白布带半迭包绕一层，引线接头焊接处去毛刺，表面光洁； 3. 引线接头采用银焊接； 4. 接头表面应平整、清洁、光滑无毛刺，并不得有其他杂质； 5. 引线长短适宜，不应有扭曲现象； 6. 引线绝缘的厚度，应符合上端引出线每边绝缘厚度为 16 mm；下端引出线每边绝缘厚度为 10 mm，允许偏差为 1～2 mm	

续上表

检修工艺	质量标准	检修类型
检查绕组至分接开关的引线，其长度、绝缘包扎的厚度、引线接头的焊接(或连接)、引线对各部位的绝缘距离、引线的固定情况是否符合要求 	质量标准同上，分接引线对各部绝缘距离应满足要求	
检查绝缘支架有无松动、损坏、位移，检查引线在绝缘支架内的固定情况 	1. 绝缘支架应无破损、裂纹、弯曲变形或烧伤现象； 2. 绝缘支架与铁夹件的固定可用钢螺栓，绝缘件与绝缘支架的固定应用绝缘螺栓；两种固定螺栓均需有防松措施(220 kV级变压器不得应用环氧螺栓)； 3. 绝缘夹件固定引线处应垫以附加绝缘，以防卡伤引线绝缘； 4. 引线固定用绝缘夹件的间距，应考虑在电动力的作用下，不致发生引线短路	
检查引线与各部位之间的绝缘距离	1. 引线与各部位之间的绝缘距离，根据引线包扎绝缘的厚度不同而异； 2. 对大电流引线(铜排或铝排)与箱壁间距，一般应大于100 mm，以防漏磁发热，铜(铝)排表面应包扎一层绝缘，以防异物形成短路或接地	
组件检修及散热器：		
采用气焊或电焊，对渗漏点进行补焊处理	焊点准确，焊接牢固，严禁将焊渣掉入散热器内	
对带法兰盖板的上、下油室应打开法兰盖板，清除油室内的焊渣、油垢，然后更换胶垫	上、下油室内部洁净，法兰盖板密封良好	
清扫散热器表面，油垢严重时可用金属洗净剂(去污剂)清洗，然后用清水冲净晾干，清洗时管接头应可靠密封，防止进水	表面保持洁净	
用盖板将接头法兰密封，加油压进行试漏	试漏标准： 片状散热器 0.05～0.1 MPa，10 h； 管状散热器 0.1～0.15 MPa，10 h	

续上表

检修工艺	质量标准	检修类型
用合格的变压器油对内部进行循环冲洗	内部清洁	
重新安装散热器	1. 注意阀门的开闭位置，阀门的安装方向应统一，指示开闭的标志应明显、清晰； 2. 安装好散热器的拉紧钢带	
纯瓷套管检修：		
检查瓷套有无损坏	瓷套应保持清洁，无放电痕迹，无裂纹，裙边无破损	
套管解体时，应依次对角松动法兰螺栓	防止松动法兰时受力不均损坏套管	
拆卸瓷套前应先轻轻晃动，使法兰与密封胶垫间产生缝隙后再拆下瓷套	防止瓷套碎裂	
拆导电杆和法兰螺栓前，应防栓应进行清洗，丝扣损坏的应进行更换或修整	螺栓和垫圈的数量要补齐，不可丢失	
取出绝缘筒（包括带覆盖层的导电杆），擦除油垢，绝缘筒及在导电杆表面的覆盖层应妥善保管（必要时应干燥）	妥善保管，防止受潮和损坏	
检查瓷套内部，并用白布擦拭；在套管外侧根部根据情况喷涂半导体漆	瓷套内部清洁，无油垢，半导体漆喷涂均匀	
有条件时，应将拆下的瓷套和绝缘件送入干燥室进行轻度干燥，然后再组装	干燥温度 70～80 ℃，时间不少于 4 h，升温速度不超过 10 ℃/h，防止瓷套裂纹	
更换新胶垫，位置要放正	胶垫压缩均匀，密封良好	
将套管垂直放置于套管架上，组装时按原相序安装	注意绝缘筒与导电杆相互之间的位置，中间应有固定圈防止窜动，导电杆应处于瓷套的中心位置	
储油柜检修：		
放出储油柜内的存油，取出胶囊，清扫储油柜 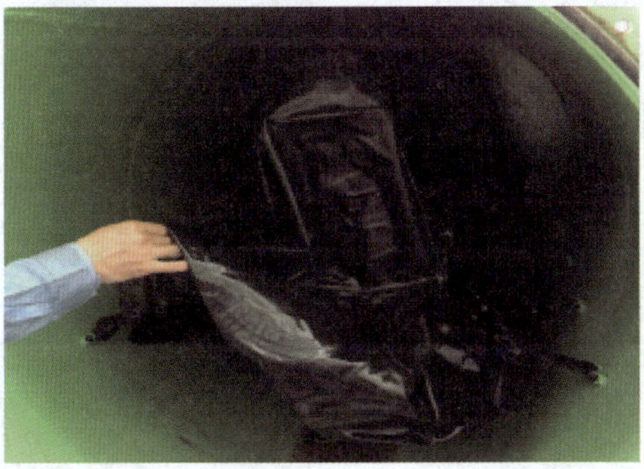	内部洁净无水迹	

续上表

检修工艺	质量标准	检修类型
检查胶囊的密封性能,进行气压试验 	1. 胶囊无老化开裂现象,密封性能良好; 2. 检查胶囊的密封性能,进行气压试验,压力为 0.02～0.03 MPa,时间 12 h(或浸泡在水池中检查有无冒气泡)应无渗漏	
用布擦净胶囊,从端部将胶囊放入储油柜内,防止胶囊堵塞气体继电器联管 	胶囊洁净,联管口无堵塞	
将胶囊挂在挂钩上,连接好引出口	1. 为防止油进入胶囊,胶囊管口应密封好; 2. 油位计与安全气道连管,且三者应相互连通	
更换密封胶垫,复装端盖 	密封良好,无渗漏	

六、变压器的检修维护注意事项

1. 对新投运的变压器、长期停用或大修后的变压器投运前,应重新按《电气设备预防性试验规程》，进行必要的试验，其绝缘电阻值应合格，变压器投运前，值班人员应仔细检查并确定变压器在完好状态，具备带电运行条件，无载开关处于规定挡位，各保护部件、过电压保护及继电保护系统，处于正常可靠状态。

2. 新投运的变压器必须在额定电压下做冲击合闸试验。新投运的冲击5次，更换、改造部分线圈大修的投运变压器则冲击3次。新投入运行的变压器在第一个月内，不少于5次取油样进行试验，如耐压值下降快应进行过滤，如降到35 kV/2.5 mm时，应停止运行；如发现油内有炭化物时必须进行吊罩检查。

3. 测量铁芯接地电流，反映铁芯接地情况，注意避免瞬间开路。

4. 检查吸湿器内硅胶，当受潮率达60%时，应更换。

5. 油浸风冷变压器定期检查风扇装置运转是否正常，如果有异常现象应立即退出运行，进行检修或更换。

6. 变压器的定期检查试验，按照电力行业标准DL/T 596—2021《电力设备预防性试验规程》执行。

7. 检查继电保护(气体继电器、压力释放器等)和差动保护接点回路，接线是否牢靠、接线端子、电缆有无发热老化现象。

8. 定期检查装配螺栓是否松动、密封衬垫有无老化及渗漏油情况。日常维护时如发现以上问题时，应立即修复或通知制造厂协助修复，并作好记录。

第三节　变压器、互感器的试验

在牵引变电所中，承担全部负载的大容量高电压的变压器称为主变压器。主变压器是牵引变电所的心脏，为了保证它性能良好、安全可靠地运行，就必须定期地对其进行各种试验(预防性试验)。欲使试验达到预期的目的，首先要对主变压器绝缘结构清楚了解，其次要对试验数据进行精确分析，这对试验人员来说是甚为重要的。

变压器试验项目可分为绝缘试验和特性试验两类。

绝缘试验有：绝缘电阻和吸收比试验、测量介质损耗因数、泄漏电流试验、变压器油试验及工频耐压和感应耐压试验，对220 kV及以上变压器应做局部放电试验。330 kV及以上变压器应做全波及操作波冲击试验。

特性试验有：变比、接线组别、直流电阻、空载、短路、温升及突然短路试验。

牵引变电所主变压器的试验包括交接试验和预防性试验。

交接试验：根据新线开通的技术条件和验收要求，在变压器安装后投入运行前进行试验，以确认变压器在运输、安装过程中未发生损坏或变化，符合投运要求。

预防性试验。在变压器投入运行后，通过测量变压器电气回路和绝缘状况的试验，以确认变压器能否继续运行。

一、变压器、互感器试验项目

变压器投运前的交接试验：

1. 试验前的检查工作：

(1)检查分接开关位置是否正确。

(2)检查储油柜油表油面高度有无假油位。

(3)检查接地系统是否可靠正确(如电容式套管接地)。

(4)检查铁芯接地，必须保证一点接地，并保证铁芯外引线地线不与油箱、散热器等附件外表面接触，以防构成回路，形成环流。

(5)检查油箱是否可靠接地。

(6)检查应投入运行的组件阀门是否呈开启位置(事故放油阀除外)，如再次排气后的散热器、气体继电器等。

2. 交接试验项目及标准：

(1)在变压器各分接头的所有位置上，测量变压器绕组连同套管的直流电阻，与同温下的产品出厂实测值比较，相应变比不应大于 2.5%。确定运行挡位后，必须测量高压线圈的直流电阻，并与出厂值比较一致正确后方可投入运行。

(2)检查所有分接头的变压器比。所有分接头的变压比的测量值和产品出厂实测值比较无明显的差别，并符合变压比的规律。额定分接头位置上的变压比的误差不超出±0.5%。

(3)检查变压器引出线的极性，必须和铭牌上的标记相符。

(4)测量绕组连同套管的绝缘电阻、吸收比和极化指数。极化指数测量值不低于 1.5。

(5)测量绕组连同套管的介质损耗角正切值 $\tan\delta$，测量值不大于出厂试验值的 130%，所测值如小于 0.5%，可不与出厂值比较。

(6)测量绕组连同套管的直流泄漏电流。测量值不超过 50 μA(20 ℃)。

(7)测量与铁芯绝缘的各紧固件及铁芯接地线引出套管对外壳的绝缘电阻。用 2 500 V 兆欧表测量，持续 1 min，无闪络及击穿现象。

(8)测量高压套管的绝缘电阻和介质损耗角正切值 $\tan\delta$ 和电容值。

(9)变压器油的性能指标应符合各项规定，并在升压冲击合闸前及额定电压下运行 24 h 后，各进行一次油中溶解气体的色谱分析。两次测得的氢、乙炔、总烃含量，应无明显差别。

3. 变压器的预防性试验项目：

(1)变压器的绕组直流电阻；

(2)变压器绕组绝缘电阻、吸收比或(和)极化指数；

(3)变压器绕组连同套管的 $\tan\delta$；

(4)变压器铁芯(有外引接地线的)绝缘电阻；

(5)变压器绕组连同套管的泄漏电流；

(6)变压器油试验和油中溶解气体分析试验；

(7)变压器测温装置及二次回路试验；

(8)变压器冷却装置及其二次回路检查试验；

(9)变压器气体继电器及其二次回路试验。

二、变压器、互感器主要试验项目方法及分析

(一)绝缘电阻试验

绝缘电阻试验是对变压器主绝缘性能的试验，主要诊断变压器由于机械、电场、温度、化学等作用及潮湿污秽等影响程度，能灵敏反映变压器绝缘整体受潮、整体劣化和绝缘贯穿性缺陷，是变压器能否投运的主要参考判据之一。

1. 绝缘电阻的试验方法

(1)对于双绕组变压器,应分别测量高压绕组对低压绕组及地;低压绕组对高压绕组及地;高、低绕组对地,共三次测量。

(2)对于三绕组变压器,应分别测量高压绕组对中、低压绕组及地;中压绕组对高、低压绕组及地;低压绕组对高、中压绕组及地;高、中压绕组对低压绕组及地;高、低压绕组对中压绕组及地;中、低压绕组对高压绕组及地;高、中、低压绕组对地,共七次测量。

(3)确定测量部位是因为测量变压器绝缘电阻时,无论绕组对外壳还是绕组间的分布电容均被充电,当按不同顺序测量高压绕组和低压绕组绝缘电阻时,绕组间的电容重新充电过程不同而影响测量结果,因此为消除测量方法上造成的误差,在不同测量接线时测量绝缘电阻必须有一定的顺序,且一经确定,每次试验均应按确定的顺序进行,便于对测量结果进行合理的比较。

2. 操作方法

(1)检查兆欧表或绝缘测定器本身及测量线的绝缘是否良好。检查方法是将兆欧表或绝缘测定器的接地端子与地线相连,测量端子与测量线一端相连,测量线另一端悬空,接通绝缘测定器的输出开关(或摇动兆欧表至额定转速),绝缘电阻的读数接近无穷大,瞬时短接的绝缘电阻的读数为零。

(2)将被试变压器高、中、低各绕组的所有端子分别用导线短接,测量前对被测量绕组对地和其余绕组进行放电。

(3)接通绝缘测定器的输出开关(或摇动兆欧表至额定转速),将测量绕组绝缘电阻的回路迅速接通,同时记录接通的时间。

(4)当时间达到 15 s 时,立即读取绝缘电阻值 $R_{15\,s}$,60 s 时再读取 $R_{60\,s}$。如需要测量极化指数时,则应继续延长试验时间至 10 min,并应每隔一分钟读取一个值,同时准确作好记录。

(5)到达结束时间,从变压器绕组上取下测量线,并将测量线与地线相连进行放电。

(6)改变接线,分别完成上述程序对各绕组绝缘电阻的测量。

3. 注意事项

(1)绕组绝缘电阻的测量应采用 2 500 V 或 5 000 V 兆欧表。

(2)测量前被测绕组应充分放电。

(3)测量温度以顶层油温为准,并注意尽量使每次测量的温度相近,并最好在油温低于 50 ℃时测量。

(4)绝缘电阻试验时要同时记录仪表读数、试验时间、上层油温,决不能随意估计这三个数据。

(5)按要求进行统一温度换算。《电力设备预防性试验规程》规定,电力变压器的绝缘电阻值 $R_{60\,s}$ 换算至同一温度下,与前一次测试结果相比应无明显变化。换算公式为

$$R_2 = R_1 \times 1.5^{(T_1 - T_2)/10}$$

式中,R_1、R_2 分别为温度 T_1、T_2 时的绝缘电阻值。

4. 绝缘电阻的测试分析

(1)与测试时间的关系。对不同容量、不同电压等级的变压器的绝缘电阻随加压时间变化的趋势也有些不同,一般是 60 s 之内随加压时间上升很快,60 s 到 120 s 上升也较快,120 s 之后上升速度逐渐减慢。从绝对值来看,产品容量越大的电压等级越高,尤其是 220 kV 及以

上电压等级的产品，60 s之前的绝缘电阻值越小、60 s之后达到稳定的时间越长，一般约要8 min以后才能基本稳定。这是由于在测量绝缘电阻时，兆欧表施加直流电压，在试品复合介质的交界面上会逐渐聚集电荷，这个过程的现象称为吸收现象，或称界面极化现象。通常吸收电荷的整个过程需经很长时间才能达到稳定。

吸收比（$R_{60\ s}/R_{15\ s}$）仅反映测量刚开始时的数据，不能或来不及反映介质的全部吸收过程。而极化指数（$R_{10\ min}/R_{1\ min}$）时间较长，在更大程度上反映了介质吸收过程，因此极化指数在判断大型设备绝缘受潮问题上比吸收比更为准确。

由此可见220 kV及以上电压等级的变压器应该测量极化指数。

（2）与测试温度的关系。当变压器的温度不超过30 ℃时，吸收比随温度的上升而增大，约30 ℃时吸收比达到最大极限值，超过30 ℃时吸收比则从最大极限值开始下降。

（3）与变压器油中含水量的关系。变压器油中含水量对绝缘电阻的影响比较显著，反映在含水量增大，绝缘电阻减小、绝缘电阻吸收比降低，因此变压器油的品质是影响变压器绝缘系统绝缘电阻高低的重要因素之一。

（4）与变压器容量和电压等级的关系。在变压器容量相同的情况下，绝缘电阻常随电压等级的升高而升高，这是因为电压等级越高，绝缘距离越大的缘故。在变压器电压等级相同的情况下，绝缘电阻值常随容量的增大而降低，这是因为容量越大，等效电容的极板面积也增大，在电阻系数不变的情况下，绝缘电阻必然降低。

吸收比或极化指数能够有效反映绝缘受潮，是对变压器诊断受潮故障的重要手段。相对来讲，单纯依靠绝缘电阻绝对值的大小，对绕组绝缘作出判断，其灵敏度、有效性比较低。这一方面是因为测量时试验电压太低难以暴露缺陷；另一方面也是因为绝缘电阻值与绕组绝缘的结构尺寸、绝缘材料的品种、绕组温度等有关。但是，对于铁芯、夹件、穿心螺栓等部件，测量绝缘电阻往往能反映故障。主要是因为这些部件的绝缘结构比较简单，绝缘介质单一。

（二）变压器介质损耗 tan δ 绝缘测试

1. 作用及要求

介质损耗角正切值tan δ的测试是主变压器交接、大修和预防性试验中的一个重要项目，它可以比较灵敏地反映绝缘中分布性缺陷，尤其是绝缘整体受潮，普遍劣化或严重的局部缺陷等。因此对于电压等级在25 kV及以上且容量为3 150 kV·A及以上的主变压器必须进行此项试验。由于变压器的绝缘结构都是由油、纸、木等多种绝缘材料组成，测试时引线又是经过套管接入线圈的，此时相当于多个串、并联的综合等值电路，这样测出的tan δ是一个总的综合值，这总的tan δ小于其中最大的tan δ而大于其中最小的tan δ，因此为了能对变压器各部绝缘状况进行正确的判断，应尽可能进行分解试验，如对110 kV及以上非纯瓷套管尚需单独进行tan δ的测试。这些套管一般都带有专为测试tan δ用的引出小套管，平时工作于接地，测试时只要拆开接地线，将此端头接入电桥的“C_x”端，一次引线端接入高压，电桥采取正接线即可进行测试。

2. 变压器tan δ绝缘测试的特性

（1）变压器绝缘良好时，外施电压与tan δ之间的关系近似一水平直线，且施加电压上升和下降时测得的tan δ值是基本重合的。当施加电压达到某一极限值时，tan δ曲线开始向上弯曲，如图2-9曲线1所示。

（2）如果绝缘介质工艺处理得不好或绝缘介质中残留气泡等，则绝缘介质的tan δ比良好绝缘时要大。同时，由于工艺处理不好的绝缘介质在很低电压下就可能发生局部放电，所以 tan δ 曲线便会较早地向上弯曲，且电压上升和下降时测得的 tan δ 值是不相重合的，如图 2-9 曲线 2 所示。

(3)当绝缘老化时，绝缘介质在低电压下的 tan δ 也有可能反而比良好绝缘时要小，但 tan δ 开始增长的电压较低，即 tan δ 曲线在较低电压下即向上弯曲，如图 2-9 曲线 3 所示。

(4)绝缘比较容易吸潮，一旦吸潮，tan δ 就会随着电压的上升迅速增大，且电压上升和下降时测得的 tan δ 值不相重合，如图 2-10 曲线 4 所示。

(5)当绝缘存在离子性缺陷时，tan δ 曲线随电压升高曲线向下弯曲，即 tan δ 随电压升高反而变小，如图 2-10 曲线 5 所示。

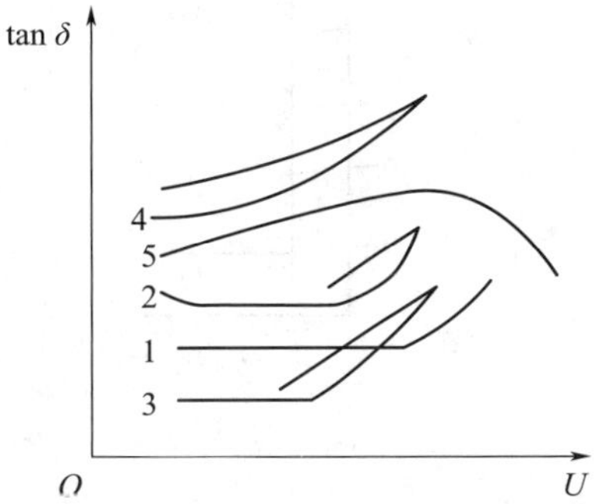

图 2-10　绝缘介质 tan δ 的电压特性

(三)变压器泄漏电流试验

电压等级为 25 kV 及以上且容量为 10 000 kV·A 及以上的主变压器须进行泄漏电流试验。进行泄漏电流试验时，主变压器各引线端的连接和接地部位与测量绝缘电阻时的接线相同，亦按表 2-6 的顺序来进行。试验时应直接在高压端读取 1 min 的泄漏电流值。对试验结果也主要是依靠对历次试验数据进行比较来判断，要求与历年数值比较不应有显著变化。其参考标准见表 2-6，如同绝缘电阻的测量一样，亦取上层油温作为测试温度。

表 2-6　油浸变压器线圈泄漏电流容许值

额定电压/kV	试验电压(峰值)/kV	油浸变压器线圈泄漏电流容许值/μA							
		10 ℃	20 ℃	30 ℃	40 ℃	50 ℃	60 ℃	70 ℃	80 ℃
20～35	20	33	50	74	111	167	250	400	570
63～220	40	33	50	74	111	167	250	400	570

注：此系参考标准，对于未注油的变压器其施加电压为规定试验电压的 50%。

三、变压器、互感器极性

单相变压器的一、二次绕组被同一主磁通 Φ 所交链，当 Φ 交变时，在一、二次绕组中感应的电势，有一定的极性关系，即任一瞬间，一个绕组的某一端点的电位为正时，另一绕组必有一个端点的电位也是正的，这两个对应的端点称为同极性端。一般在对应的两端点旁边加上“·”或“*”表示。同极性端可能在线圈的相同端，如图 2-11(a)，也可能在线圈的不同端，如图 2-11(b)，这决定于线圈的绕向是否相同。

判断变压器的同极性端，只要用一节干电池和一块万用表就可以进行测量：

把万用表接在被测变压器的低压侧(万用表开关放在直流电压挡)，将干电池两端用连接线通过开关 K 接在变压器的高压侧，如图 2-11(c)所示。

测试时，合上开关 K，如万用表指针正起，那就是接在电池正极上的端头和接在万用表正极上的端头是同一极性的；如果万用表指针反起，那就是接在电池正极的端头和接在万用表负极的端头是属于同一极性的。

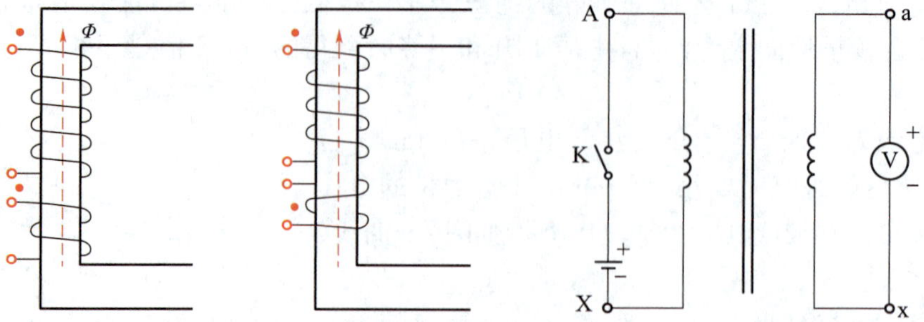

(a)高、低绕组绕向相同　(b) 高、低绕组绕向相反　(c)

图 2-11　直流法测变压器极性接线

第四节　变压器、互感器常见故障与处理

一、主变压器的故障处理

(一)主变压器油温过高时

当变压器的油温升高到超过许可限度时,应做如下检查:

1. 检查变压器的负荷及冷却介质的温度,并与以往同样负荷及冷却条件相比较。
2. 检查温度计本身是否失灵。
3. 检查散热是否打开,冷却装置是否正常。

若以上均正常,油温比以往同样条件下高出 10 ℃,且还在继续上升时,则可断定变压器内部有故障,如铁芯发热或匝间短路等。铁芯发热可能是涡流所致,或夹持用的穿心螺栓与铁芯接触,或硅钢片间的绝缘破坏。此时,差动保护和瓦斯保护不动作。铁芯发热逐渐发展引起油色逐渐变暗,并由于发热部分温度很快地上升致使油的温度渐渐升高,并达到着火点的温度,这是很危险的,若不及时切除变压器,就有可能发生火灾或爆炸事故。因此,应立即报告上级,将变压器停下,并进行检修。

(二)主变压器漏油和着火时

当变压器大量漏油而使油位迅速下降时,禁止将重瓦斯保护改为只作用于信号。因油面过低(低于顶盖)没有重瓦斯保护动作而不能跳闸,会损坏引线绝缘。有时变压器内部有“吆吆”的放电声,且变压器顶盖下形成了空气层,就有很大的危险,所以必须迅速采取措施,阻止漏油。

变压器着火时,应首先切断电源。若是顶盖上部着火,应立即打开事故放油阀,将油放至低于着火处,同时要用四氯化碳灭火器或沙子灭火,严禁用水灭火,并注意油流方向,以防火灾扩大而引起其他设备着火。

(三)主变压器保护动作时

1. 瓦斯保护动作时的处理:瓦斯保护据事故性质的不同,其动作情况可分为两种,一种是动作于信号,并不跳闸;另一种是两者同时发生。

轻瓦斯保护动作,通常有下列原因:

(1)因进行滤油、加油和启动强油循环装置而使空气进入变压器。

(2)因温度下降或漏油致使油面缓慢低落。

(3)因变压器轻微故障而产生少量气体。

(4)由于外部穿越性短路电源的影响。

(5)因直流回路绝缘破坏或接点劣化引起的误动作。

引起重瓦斯保护动作跳闸的原因，可能是由于变压器内部发生严重故障，油面剧烈下降或保护装置二次回路故障；在某种情况下，如检修后油中空气分离得太快，也可能使重瓦斯保护动作于跳闸。

发生瓦斯信号后，首先应停止音响信号，并检查瓦斯继电器动作的原因。如果不是上述原因造成的，则应立即收集瓦斯继电器内的气体，并根据气体的多少、颜色、是否可燃等，来判断其故障性质，可参照表 2-7。

表 2-7 气体性质与故障性质的关系

序 号	气体性质	故障性质
1	无色、无味、不燃	变压器内有空气
2	黄色、不易燃	木质故障
3	淡灰色、有强烈臭味、可燃	纸质或纸板故障
4	灰色、黑色、易燃	油质故障

检查气体是否可燃时，可打开继电器顶盖上的放气栓，放出气体进行试验。可燃时，有明亮的火焰，须注意火柴应距栓口 5～6 cm，以免气体吹熄火柴。上述操作应由两人进行，并做好记录。

常见气体继电器动作原因及判断见表 2-8。

表 2-8 气体继电器动作原因及判断

序号	动作类别	油中气体	自由气体	动作原因	故障判断
1	轻瓦斯	空气成分，CO、CO_2 和 H_2 较高	有自由气体，有少量 H_2 和 CO_2	铁芯强烈振动和导体短路时过热	过励磁(如系统振荡时)
2	轻瓦斯	空气成分，氧含量较高	有自由气体；空气成分	补油时管道引入空气，或安装时油箱死角空气未排尽	无故障
3	轻瓦斯，投运初期次数多，越来越少，有时间隔数月之久	总气量很高，氧含量很高，有时 H_2 略增	有自由气体，空气成分	油中气体饱和温度和压力变化释放气体(常发生在深夜)	安装工艺不周，油未脱气和未真空注油
4	轻瓦斯，放气后动作仍频繁	总气量增高，空气成分，氧含量高，H_2 略增高时可见油有气泡	大量气体，空气成分，有时 H_2 略高	附件泄漏，空气进入	变压器外壳管道、气体继电器、潜油泵等漏气
5	轻瓦斯，每隔几小时或十几小时动作一次	总气量高，含氧量低，总烃高，C_2H_2、CO 少，H_2 和 CH_4 高	有自由气体，无 C_2H_2，CO 少，H_2 和 CH_4 高	油热分解(300 ℃以上)产气，溶解达到饱和	过热性(慢性)故障、存在时间较长
6	轻瓦斯，每隔几小时或十几小时动作一次	总气量高，含氧量低，总烃高，CO 和 CO_2 亦高	有自由气体，无 C_2H_2，CH_4 较高，CO 很高	油纸绝缘分解产气，饱和释放	过热性故障，热点涉及固体绝缘

续上表

序号	动作类别	油中气体	自由气体	动作原因	故障判断
7	轻、重瓦斯，动作	总气量高，含氧量低，总烃高，CO 和 CO_2 亦高，但 C_2H_2 很高，有时 CO 并不突出	有大量自由气体，CO、H_2、CH_4 等均高，C_2H_2 高	油纸绝缘分解产气，不饱和释放	电弧放电（匝、层间击穿，对地闪络等）
8	轻、重瓦斯，动作	总气量高，含氧量低，总烃高，C_2H_2 高，但 CO 不高	有大量自由气体，H_2、CH_4、C_2H_2 高，但 CO 不高	油热分解产气不饱和释放	电弧放电，涉及固体绝缘（分接开关飞弧）

重瓦斯保护动作时，若判明是内部故障应报告供电调度，并取油样化验，进行色谱分析，检查油的闪点。若油的闪点比过去降低 5 ℃以上，则说明变压器内部有故障，必须停下处理，严禁贸然送电。若内部无故障，系瓦斯保护误动作，则可在排除故障后送电。

轻瓦斯保护动作时，根据气体分析，若属内部故障，应汇报上级，将变压器撤出运行，进行处理。若是由于带电滤油、加油而引起的，则主变可继续运行。

2. 差动保护动作时的处理：当变压器的差动保护动作于跳闸时，如有备用变压器，应首先将备用变压器投入，然后对差动保护范围内的各部分进行检查。以下是检查重点：

(1)检查变压器套管是否完整，连接变压器的母线上是否有闪络的痕迹。

(2)检查电缆头是否损伤，电缆是否有移动现象。

若检查结果没有上述现象，则应查明变压器内部是否有故障。当变压器内部有损伤时，则不许将变压器合闸送电。若有，差动保护在其保护范围外发生短路时，可能会发生误动作，如果变压器没有损伤的征象时，有条件的可将变压器由零起做升压试验后再送电；无条件时，则应检查差动保护的直流电路。若没有发现变压器有故障，就可空载合闸试送电；合闸后，经检查正常时，方可与其他线路接通。

若跳闸时一切都正常，则可能为保护装置误动作。此时，应将各侧的断路器和隔离开关断开，由试验人员试验差动保护的整套装置。若差动保护动作正确时，则必须将故障找出并消除后，方许可将变压器投入运行。若为电流速断保护，其动作跳闸的处理可参照差动保护动作的处理。

3. 定时限过电流保护动作时的处理：当变压器由于定时限过电流保护动作跳闸时，首先应解除音响，然后详细检查有无越级跳闸的可能，即检查出线断路器保护装置的动作情况，各信号继电器有否掉牌，各操作机构有否卡死等现象。如查明是因某路出线故障引起的越级跳闸，则应拉开该出线断路器，将变压器投入，并恢复向其余各线路送电；如查不出是否为越级跳闸，则应将低压侧所有出线断路器全部拉开，并检查低压侧的母线及变压器本体无异常情况。若查不出有明显的故障征象时，则变压器可在空载的情况下试投一次，正常后再逐路恢复送电；当在试送某一出线断路器时又引起越级跳闸时，则应将其停用，而将其余线路恢复供电。若检查发现低压侧母线有明显故障征象，而变压器本体无明显故障征象时，则可切除故障母线后，再试合闸送电。若检查发现变压器本体有明显的故障征象时，则不可合闸送电，而应汇报供电调度，及时处理。

4. 变压器声音异常分析：正常状态下变压器的声音变压器虽属静止设备，但运行中会发现轻微的连续不断的“嗡嗡”声，这种声音是运行中电气设备的一种固有特征，一般称之为“噪声”。若均匀连续的视为正常而不均匀的间断响声为不正常。产生这种噪声的原因有：

(1)励磁电流的磁场作用使硅钢片振动。

(2)铁芯的接缝和叠层之间的电磁力作用引起振动。

(3)绕组的导线之间或线圈之间的电磁力作用引起振动。

(4)连接在变压器上的某些零部件松动引起的振动，正常运行中变压器发生的“嗡嗡”声是连续的、均匀的。如果产生的声音不均匀或有特殊的响声，应视为不正常现象。

如果变压器声音大，变压器声音比平时增大，声音均匀，则有以下几种原因：

(1)电网发生过电压。电网发生单相接地或产生谐振过电压时，都会使变压器的声音增大，出现这种情况时，可结合电压表计的指示进行综合判断。

(2)变压器过负载。将会使变压器发出沉重的“嗡嗡”声。

如果变压器有杂音，声音比正常时增大且有明显的杂音，但电流、电压无明显异常时，则可能是内部夹件或压紧铁芯的螺钉松动，使硅钢片振动增大所造成。

如果变压器有放电声而变压器内部或表面发现局部放电，声音中就会夹杂有“劈啪”放电声。发生这种情况时，若在夜间或阴雨天气下，看到变压器套管附近有蓝色的电晕或火花，则说明瓷件污秽严重或设备线卡接触不良；若是变压器内部放电，则是不接地的部件静电放电，或是接地开关接触不良放电。这时，应对变压器做进一步检测或停用。

如果变压器有水沸腾声，且温度急剧变化，油位升高，则应判断为变压器绕组发生短路故障，或分接开关因接触不良引起严重过热，这时应立即停用变压器进行检查。

如果变压器有不均匀的爆裂声，则是变压器内部或表面绝缘击穿，此时应立即将变压器停用检查。

如果变压器的声音中夹杂有连续的、规律的撞击声或摩擦声，则可能是变压器外部某些零件的摩擦声，或外来高次谐波源所造成，应根据情况予以处理。

二、互感器的故障处理(表 2-9)

表 2-9　互感器故障及处理办法

故障种类		产生原因	危　害	处理办法
电流互感器二次开路		电流引线接头松动，端子损坏等	将一次侧安匝全部用于励磁，铁芯高度磁饱和，损耗、温度剧增；二次绕组产生高电压，危及人身和绝缘，剩磁会增加误差	1. 按表计指示，判断是仪表级还是保护级二次开路； 2. 手戴绝缘手套，用钳形表测各相电流值并进行比较； 3. 逐段将回路短接，测量回路电流，找出故障点并处理之
放电	电晕放电	局部场强大	绝缘严重腐蚀、老化	将绝缘表面与铁芯间缝隙用防晕漆或半导体垫条塞紧
	局部放电	绝缘内部有气孔等缺陷	使绝缘介质逐步劣化，以致击穿	测局部放电量不大于 40 PC(油浸式互感器)，环氧绝缘放电量不大于 200 PC
电压互感器铁磁谐振		在中性点不直接接地的 10～110 kV 系统中，系统运行状态发生突变，铁芯发生磁饱和	铁芯磁通密度高，激磁电流大，二次侧将严重过电压而发热烧毁，严重者，将发生击穿、爆炸	1. 改善互感器的伏安特性； 2. 调整系数的 X_C 与 X_L 参数，使 X_C/X_L 值脱离易激发铁磁谐振区； 3. 在开口三角处接非线性电阻，或在一次绕组中性点接入适当阻尼电阻

(一)电流互感器故障处理

对于高压电流互感器,其二次侧线圈应有一点接地。这样,当一、二次线圈间因绝缘破坏而被高压击穿时,则可将高压引入大地,使二次线圈保持低电位,从而确保人身和二次电气设备的安全。应当注意的是,电流互感器二次回路只许一点接地而不应再有接地点,若发生两点接地则可能引起分流,使电气测量的误差增大或者影响继电保护装置的正确动作。

运行中的电流互感器,其二次侧所接的负载均为仪表或继电器电流线圈,阻抗非常小,基本上运行于短路状态。这样,由于二次电流产生的磁通经一次电流产生的磁通互相去磁的结果,使铁芯中的磁通密度能维持在较低的水平,通常在 0.1 T 以下。此时,电流互感器的二次电压也很低。

当运行中二次线圈开路后,一次侧的电流仍然不变,而二次电流等于零,则二次电流产生的去磁磁通也消失了。这样,一次电流全部变成励磁电流,使电流互感器的铁芯骤然饱和,此时铁芯中的磁通密度可高达 1.8 T 以上。由于铁芯的严重饱和,将产生以下几个后果:

1. 由于磁通饱和,电流互感器的二次侧将产生数千伏的高压,而且磁通的波形变成平顶波,因此,使二次产生的感应电势出现了尖顶波,对二次绝缘构成威胁,对设备和运行人员有危险。

2. 由于铁芯的骤然饱和使铁芯损耗增加,严重发热,绝缘有烧坏的可能。

3. 将在铁芯中产生剩磁,使电流互感器比差和角差增大,影响了计量的准确性。

所以,电流互感器在运行中是不能开路的。

(二)电压互感器故障处理

1. 运行中的 10 kV 电压互感器,除了因其内部线圈发生匝间、层间或相间短路以及一相接地等故障使其一次侧熔丝熔断外,还可能由于以下几个原因造成熔丝熔断:

(1)二次回路故障:当电压互感器的二次回路及设备发生故障时,可能造成电压互感器的过电流,若电压互感器的二次侧熔丝选用太粗,则可能造成一次侧熔丝熔断。

(2)10 kV 系统一相接地:10 kV 系统为中性点不接地系统,当其一相接地时,其他两相的对地电压将升高 30.5 倍。这样,对于 Y0/Y0 接线的电压互感器,其正常的两相对地电压将变成线电压,由于电压升高引起电压互感器电流的增加,可能会使熔丝熔断;10 kV 系统一相间歇性电弧接地,可能产生数倍的过电压,使电压互感器铁芯饱和,电流将急剧增加也可能使熔丝熔断。

(3)系统发生铁磁谐振:近年来,由于配电线路的大量增加以及用户电压互感器数量的增加,使得 10 kV 配电系统的电气参数发生了很大变化,逐渐形成了谐振条件,加之有些电磁式电压互感器的励磁特性不良,因此,铁磁谐振经常发生。在系统谐振时,电压互感器上将产生过电压或过电流,电流激增,此时除了造成一次熔丝熔断外,还经常导致电压互感器的烧线事故。

当发现电压互感器一次侧熔丝熔断后,首先应当将电压互感器的隔离开关拉开,并取下二次侧熔丝,检查是否熔断。在排除电压互器本身故障或二次回路的故障后,可重新更换合格熔丝将电压互感器投入运行。

2. 电压互感器高压侧或低压侧一相熔丝熔断时,电压表的指示:

电压互感器的熔丝熔断一相以后,各电压表计的指示与二次回路中连接的负载有关,因为二次电压可通过连接的电压表或电度表以及继电器的电压线圈构成回路。

3. 更换运行中的电压互感器及其二次线时,应注意的问题:对运行中的电压互感器及其二次线需要更换时,除应执行有关安全工作规程的规定外,还应注意以下几点:

(1)个别电压互感器在运行中损坏需要更换时,应选用等级与电网运行电压相符、变比与原来的相同、极性正确、励磁特性相近的电压互感器,并需经试验合格。

(2)更换成组的电压互感器时,除注意上述内容外,对于二次与其他电压互感器并列运行的还应检查其接线组别并核对相位。

(3)电压互感器二次线更换后,应进行必要的核对,防止造成错误接线。

(4)电压互感器及二次线更换后必须测定极性。

电压互感器内部有异声或冒烟等故障的处理:

10～35 kV 电压互感器的一次侧有熔断器时,必须在检查确认一次熔断器熔断后,再拉开一次侧的隔离开关进行检查。110 kV 电压互感器无一次熔断器,当出现冒烟喷油等异常紧急情况时应迅速汇报调度。通信失灵时,可切断有关电源的断路器,在无电状态下,拉开电压互感器。

当充油式电压互感器着火时,应在切断电源后用沙子或干式灭火器进行灭火。

第三章　断　路　器

第一节　断路器概述

一、断路器的分类

按其采用的灭弧介质划分油断路器、SF_6 断路器、真空断路器、磁吹式断路器。

1. 油断路器：按油量多少又可分为多油断路器与少油断路器。

(1)多油断路器：油量多一些，其油作为灭弧介质，又作为绝缘介质。但是因油量大，体积大，断流容量小，运行维护较困难，已淘汰。

(2)少油断路器：油量较少，仅作为灭弧介质。

2. SF_6 断路器：利用六氟化硫气体作为灭弧介质和绝缘介质的一种断路器。

3. 真空断路器：因其灭弧介质和灭弧后触头间隙的绝缘介质都是高真空而得名，其具有体积小，质量轻，适用于频繁操作，灭弧不用检修的优点，较为普及。

4. 磁吹式断路器：利用磁场的作用使电弧熄灭的一种断路器。

二、真空断路器

真空断路器是以真空作为灭弧介质和绝缘介质，其型号及含义如图 3-1 所示。

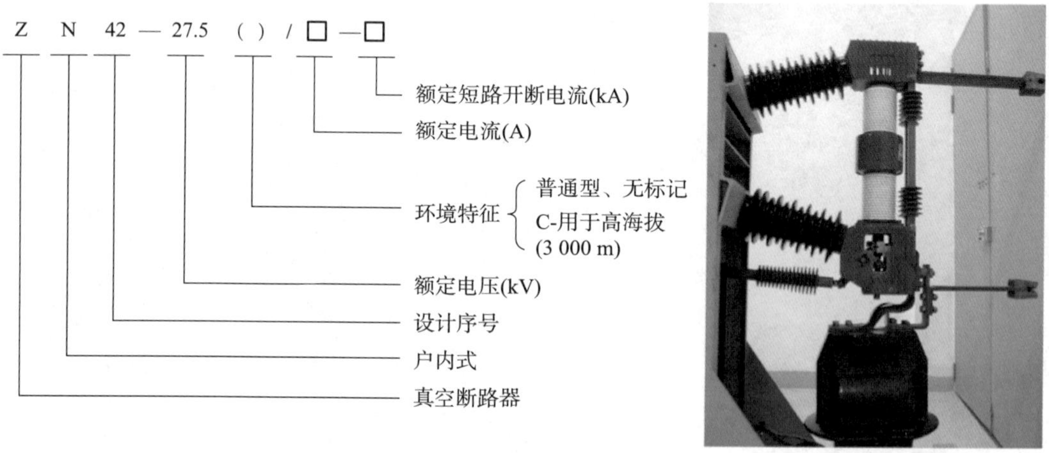

户内高压真空断路器

图 3-1　真空断路器及其型号和含义

(一)真空断路器的工作原理

当断路器分合闸时，触头间产生电弧，触头表面在高温下挥发出金属蒸气，由于触头设计为特殊结构，在电流通过时产生一磁场，电弧在磁场力作用下，沿触头表面切向方向快速移动，从而拉长电弧，使其快速冷却，并在电弧电流过零时熄灭。

真空灭弧室是真空断路器的主要部件，开关寿命长短决定于触头的磨损和灭弧室真空度，真空度是真空断路器的重要技术指标。

(二)真空断路器的构成(图 3-2)

真空断路器的主要结构由真空灭弧室、操作机构和绝缘支撑件基架等组成。

1. 支架：安装断路器各功能组件的架体。
2. 真空灭弧室：真空断路器的熄弧元件。
3. 导电回路：使灭弧室的动端与静端连接构成的电流通道。
4. 传动机构：实现灭弧室的合、分闸操作。
5. 绝缘支撑：绝缘支持件将各功能元件，架接起来满足断路器的绝缘要求。
6. 操作机构：真空断路器的动力驱动装置。

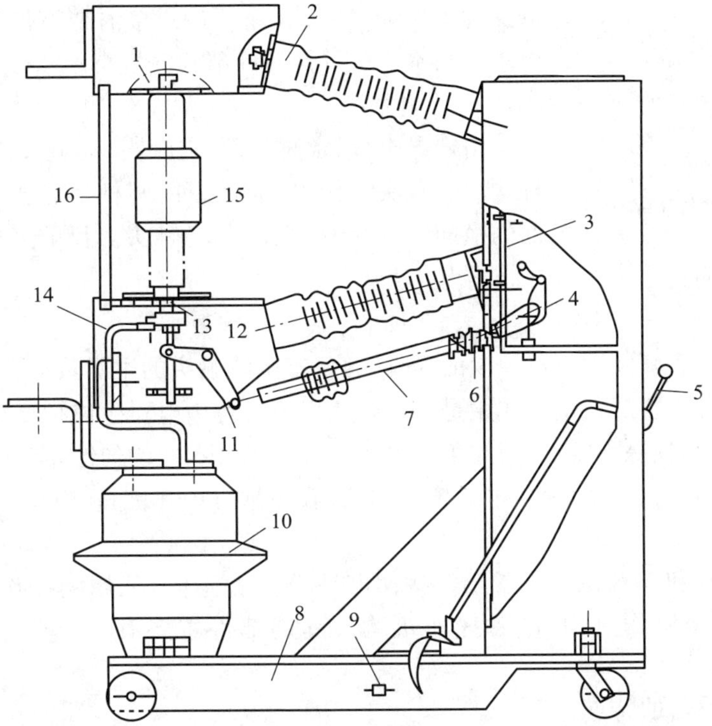

1—上出线座；2—绝缘子；3—机构箱；4—转轴；5—推进联锁机构；6—触头弹簧；7—绝缘拉杆；8—手车；9—接地装置；10—互感器(CT)；11—拐臂；12—下出线座；13—动导电杆；14—软连接；15—真空灭弧室；16—绝缘支撑杆。

图 3-2 真空断路器的构成

真空断路器对操作机构的基本要求如下：

1. 要有足够的合闸输出功，保证真空断路器具有关合短路故障电流的能力。
2. 机构的输出特性尽量与真空断路器的反力特性相匹配。
3. 真空开关具有足够的动稳定性。
4. 要保证在 65%～120%额定分闸电压下能正常分闸，而在 30%额定操作电压下不得分闸。

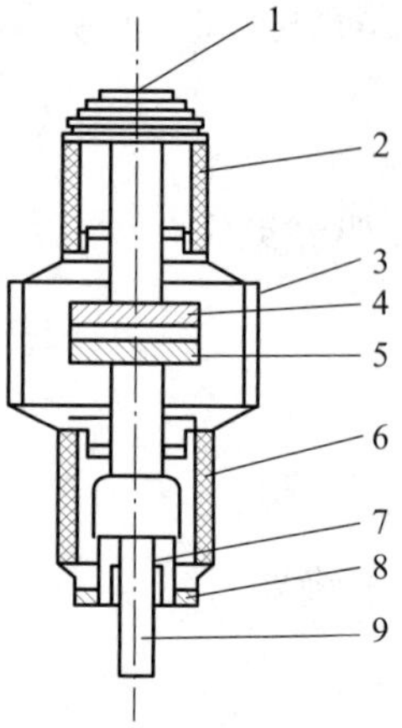

1—静导电杆端面；2—陶瓷外壳；
3—金属外壳；4—静触头；
5—动触头；6—陶瓷外壳；
7—波纹管；8—导向套；
9—动导电杆。

图 3-3　真空灭弧室结构

5. 要保证在 80%～110%额定合闸电压下能正常合闸，而在 30%额定操作电压下不得合闸。

6. 操作机构应具有自由脱扣的功能。

7. 具有电动或手动操作功能。

真空灭弧室按照开关型式不同，有外屏蔽罩式陶瓷真空灭弧室、中间封接杯状纵磁场小型化真空灭弧室、内封接式玻璃泡灭弧室，其基本结构如图 3-3 所示。

1. 气密绝缘系统(外壳)

由陶瓷、玻璃或微晶玻璃制成的气密绝缘筒、动端盖板、定端盖板、不锈钢波纹管组成的气密绝缘系统是一个真空密闭容器。为了保证气密性，除了在封接时要有严格的操作工艺，还要求材料本身透气性和内部放气量小。

2. 导电系统

由定导电杆、定跑弧面、定触头、动触头、动跑弧面、动导电杆构成。触头结构大致有三种：圆柱形触头、带有螺旋槽跑弧面的横向磁场触头、纵向磁场触头。目前采用纵磁场技术，此种灭弧室具有强而稳定的电弧开断能力。

3. 屏蔽系统

屏蔽罩是真空灭弧室中不可缺少的元件，并且有围绕触头的主屏蔽罩、波纹管屏蔽罩和均压用屏蔽罩等多种。主屏蔽罩的作用是：(1)防止燃弧过程中电弧生成物喷溅到绝缘外壳的内壁，从而降低外壳的绝缘强度。(2)改善灭弧室内部电场分布的均匀性，有利于降低局部场强，促进真空灭弧室小型化。(3)冷凝电弧生成物，吸收一部分电弧能量，有助于弧后间隙介质强度的恢复。

断路器的操作机构如图 3-4 所示。按照断路器型式不同，采用的操作机构不同。常用的操作机构有弹簧操作机构、电磁操作机构。其他部件主要有：基座、绝缘支撑件、绝缘子等。

(三)真空断路器的特点

真空断路器的特点有以下几种：

1. 头开距小，操作机构的操作用功就小，机械部分行程小，其机械寿命就长。例如，10 kV 真空断路器的触头开距只有 10 mm 左右，ZN42-27.5 型真空断路器的触头开距为 26^{+2}_{-1} mm。

2. 燃弧时间短，且与开关电流大小无关，一般只有半周波。

3. 熄弧后触头间隙介质恢复速度快，对开断近区故障性能较好。

4. 由于触头在开断电流时磨损量较小，所以触头的电气寿命长，满容量开断达 30～50 次，额定电流开断达 5 000 次以上，噪声小适于频繁操作。

5. 体积小、质量轻。

6. 适用于开断容性负荷电流。

由于其优点很多，所以广泛应用于变电站中，目前型号主要有：ZN42-27.5 型、ZN12-10 型、ZN28A-10 型、ZN65A-12 型、ZN12A-12 型、VS1 型、ZN30 型等。

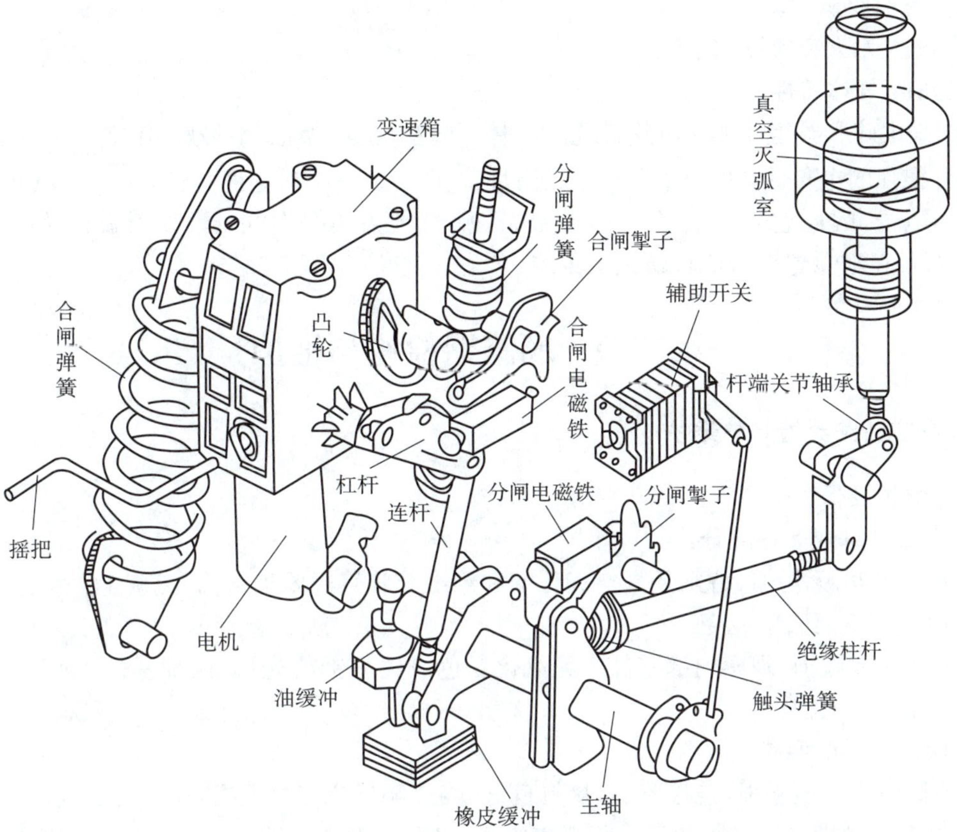

图 3-4　操作机构示意

三、SF_6 断路器(图 3-5)

SF_6 高压电气设备在 20 世纪 80 年代末期，批量投入 220 kV 电力系统运行，断路器以 SF_6 气体为绝缘和灭弧介质，采用自能式灭弧原理，配用新型弹簧操动机构，具有开断能力强，操作用功小，维护工作量少，检修周期长，可靠性高的特点。SF_6 气体是绝缘性能和灭弧性能优良的气体，而电气部件均密封在充满 SF_6 绝缘气体的容器中，因而设备内部不受大气影响，其安全可靠性能是其他高压电器不能比拟的。

图 3-5　SF_6 断路器

(一)SF_6 断路器的主要优点

1. 开断容量大：SF_6 断路器的开断电流目前已达 40～63 kA，最大电流达到 80 kA。

2. 电器寿命长：检修周期可长达 10～20 年。

3. 开断性能好：不仅开断短路性能好，而且具有开断空载长线路和空载变压器不重燃，过电压低等优点。

4. 灭弧室断口耐压高：目前已达到单断口 245 kV，50 kA 的水平，因此断路器的结构简单、紧凑、占地面积小。

5. 安全:无火灾或爆炸危险。

(二)SF_6 气体特性

SF_6 是由硫和氟组成的一种惰性化学气体,无色、无臭、无毒、不易燃、比空气重 5 倍。SF_6 分子具有很强的电负性,能吸附电子形成惰性离子。由于具有这种特性,在 SF_6 气体中很难存在自由电子,因此它是一种绝缘强度高、灭弧性能好的气体介质,其灭弧能力比空气高 100 倍,而且在电弧熄灭后能很快恢复绝缘。

第二节 断路器检修与维护

一、真空断路器检修与维护

(一)维护及保养

1. 清扫真空开关各部分:

要求无灰尘、无污垢,特别是真空灭弧室和绝缘套管管理要求清洁、无灰尘。

2. 检查真空灭弧室玻壳:

应无裂纹或破损,观察内部零件应无氧化变色或失去铜的光泽;内部零件无脱落变形,玻壳上无大片金属沉积物。

3. 检查主导电回路:

软连接应无裂痕破损,连接紧固,接触良好,隔离触指应完整无损,无烧伤痕迹,压力足够。

4. 检查静触指支持瓷瓶和真空灭弧室绝缘拉杆,应无裂纹破损、脏污或表面闪络等现象。

5. 检查电流互感器:

其套管应无破损、裂纹或表面脱落现象,检查一、二次线圈完好。一、二次引线紧固、完好(二次不得开路),排列整齐,绝缘良好,与接地部分距离符合规定。

6. 检查操作机构:

各部分零件齐全,无破损、变形,动作灵活可靠,分合闸指示牌指示正确,辅助开关完好无损,动作灵活,准确可靠,接触良好,对各运动部件加注润滑油。

7. 照说明书要求,调整开关本体、行程、超行程及操作机构各部间隙,使之符合规定。

8. 手动分合闸操作及电动分合闸操作各 3 次,开关各部分应灵活可靠,无卡滞现象。

维护中应做好以下几个方面的工作:

(1)在检修维护试验中,要测试开关的导电回路电阻、开关的机械特性、断口间的工频耐压试验,真空度试验,试验数据要满足厂家规定。断口间的工频耐压试验、真空度检验是检验真空管是否漏气的有效方法。

(2)在保护定检时,应对断路器做跳合闸试验,以检验开关在有故障时,断路器动作是否可靠。

(3)对断路器机构、传动轴等传动部位应注入一些润滑油,对紧固件要进行紧固确认等,以确保断路器传动灵活。

(二)预防性检修试验项目

1. 定期试验项目

(1)摇测绝缘:断口间、整体对地电阻≥3 000 MΩ。

(2)测量回路电阻:主回路电阻≤50 μΩ。

(3)使用真空度测量仪进行真空检漏:气压不高于 6.6×10^{-2} Pa。

(4)工频耐压试验,1 min 工频耐压:断口间 95 kV,相对地 120 kV。

注:依据断路器型号及厂家不同,具体参数不同,此数据是以 ZN42-27.5 户内单相真空断路器为例。

2. 临时性检修项目

(1)按调度指令。

(2)更换灭弧室及处理缺陷。

3. 检修工艺和质量要求

(1)真空灭弧室出厂时的内部气体压力应低于 1.33×10^{-3} Pa 为合格。真空灭弧室的允许存储期为 20 年,在允许存储期内,真空灭弧室内部气体压力应低于 6.6×10^{-2} Pa。

(2)检查真空灭弧玻璃罩无裂痕,无机械损伤,内部屏蔽罩无脱落,支柱瓷瓶无电击穿痕迹,无断裂。

(3) 真空灭弧室的更换可按下列顺序:

①拆下断路器下出线端的连接母线。

②拆下导电杆的可调螺钉。

③拆下导电夹及下出线板。

④拆下可调螺钉与拐臂用轴销。

⑤拆下出线板的固定螺栓,取下灭弧室。

⑥组装新的真空灭弧室:

a. 将真空灭弧室动导电杆插入导向套。

b. 将灭弧室的静端四个螺丝拧紧,保持拆下之前的灭弧室之间的相间距离,并保持灭弧室的垂直度,严防歪斜。

c. 拧上动端的可调螺钉。

d. 将可调螺钉与拐臂用轴销连接起来。

e. 装上导电夹及下出线板,动导电杆夹块与软磷铜片导电带的螺栓紧固。紧固螺栓、螺母无乱垫圈、弹簧垫应完整无缺,弹簧垫应压平。

f. 手动缓慢作分、合运动的同时观察灭弧室的动导电杆动作情况,应无卡涩。检查行程、超行程,并进行调整。

4. 弹簧操动机构的检修

(1)检修检查前应对合闸弹簧能量进行释放,方法:

①断开操作电源及电机储能空开。

②进行一次合、分操作。

(2)润滑传动部分(严禁使用变压器油)。

(3)分闸位置时,分闸限位拐臂与分闸限位轴销之间间隙 2～5 mm。

(4)分闸位置时,机构输出转角 50°～55°。

(5)分闸且已储能状态时,机构扣板处于分闸半轴位置。

(6)手动慢合慢分,整体机构无卡阻现象。

(7)行程开关位置正确。

(8)进行绝缘测试时,将电容充电回路断开。

5. 操作机构的检修

(1)分闸电磁铁的检修。

(2) 一般情况不拆卸电磁铁,用手反复压动铁芯动作灵活,铁芯被压到终端时去掉压力后能迅速返回,无卡涩现象。

(3)铁芯表面光滑无铁锈,备帽螺栓齐全、紧固铁芯无强烈残磁。

(4)脱扣电压的调整,其值在 30%~60%的额定电压范围。

6. 主要导电部分的检修

(1)上下搭接母线处无发热变形,无氧化膜,无烧损麻点。

(2)所有紧固螺栓、备帽齐全无松动。

(3)调整超程的螺栓紧固无松动,夹块端正,接触面无氧化,无烧痕。

(4)磷铜导电带无断裂、完整、接触良好无发热变色。

(5)母线隔离插头的检修:

①触子无烧损麻点、排列整齐、完整无缺、表面涂导电膏。

②触子压力弹簧、弹性良好、完整无缺无跳槽。

③防止触子脱落框架牢固,两端固定螺钉紧固适量,用手上下拨动插头能微微动作。

7. 绝缘部件的检修

灭弧室的玻璃外罩、支柱瓷瓶、绝缘拉杆无损伤、裂纹,表面清洁无尘垢,绝缘电阻良好。

8. 真空开关手车的检修

(1)手车清扫,各部件清洁无尘垢、无铁锈。

(2)手车体接地部件良好、接触牢固。

(3)锁车机构灵活可靠,防止误合、误拉手车的机械联锁,电气联锁动作灵活可靠,部件完整无缺。

二、SF_6 断路器检修与维护

(一)SF_6 高压电气设备在检修时的质量控制

SF_6 高压电气设备的检修人员须经专业训练,熟悉设备内部结构;使用单位的专业技术人员必须编制切合实际的检修工艺规程。SF_6 高压电器设备解体检修,应在大气湿度低于 60%的干燥天气进行,同时注意防止灰尘、杂质和水分侵入其内部,必要时不断地向检修的气室通入干燥的热空气,以保持内部干燥。

1. SF_6 气体的回收、净化、储存。这是解体检修中必经环节,必须用专用回收装置完成,气体中水分和 SF_6 气体分解产物通过净化器被吸附,使气体在回收过程中被净化,并避免 SF_6 气体外逸,污染工作环境;另一方面必须事先喷刷管路,严防水分、油和空气等杂质混入 SF_6 气体,降低气体绝缘。回收净化后的 SF_6 气体经压缩,储存于 SF_6 气瓶中。

2. 灭弧室的检修。灭弧室检修应按制造厂说明书、检修工艺规程进行,主要是检查喷口烧伤程度,按规定确定是否更换,相对运动的部位均涂滑脂,涂层不宜太厚,灭弧室部件一定要注意清洁,严防灰尘、水分、纤维物质等进入内部。灭弧室整体安装在灭弧室瓷套内,是断路器的核心部件。它主要由瓷套、静触头支座、静主触头、静弧触头、喷口、气缸、动弧触头、中间触头、下支撑座、拉杆等零部件组成,如图 3-6 所示。另有吸附剂装在静触头支座的上部,拉杆与

支柱瓷套内的绝缘拉杆相连，并最终连至拐臂箱内的传动轴。灭弧室瓷套由高强瓷制成，具有很高的强度和很好的气密性。

长期载流回路是由上接线板、静触头座、主触指、气缸、中间触头、下支撑座、下接线板组成。在开断电流的过程中，电弧回路由装在静触头座上的静弧触头和装在气缸上的动弧触头流过，在开断过程中起引导电弧的作用。气缸的热膨胀室下部装有单向阀，压气室下部装有回气阀和释压装置。

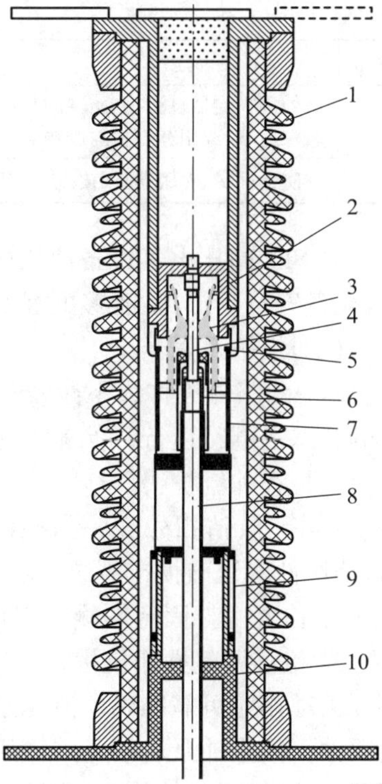

1—瓷套；2—静触头座；3—喷口；4—静弧触头；5—触指；6—动弧触头；7—热膨胀气缸；8—拉杆；9—中间触头；10—下支撑座。

图 3-6　SF_6 断路器灭弧室结构

3. 部件间的密封面。密封圈、密封面、密封槽等用无水酒精擦洗干净，并晾干。密封面、槽光亮洁净、无划痕、无锈斑，密封环均更换，保存期 1 年以上一般不能使用。为了增加密封可靠性，密封圈、密封面(槽)应涂以适量密封脂，现场特别注意，硅脂不能用于 SF_6 高压电器中。

4. 抽真空及气室的干燥处理。检修前必须抽真空，主要为了排出设备内部残存的 SF_6 气体及分解产物，除去气室中组件及外壳表面的吸附水，用高纯度氮气或干燥空气吹洗气室、管路、组件的附着物，为重新充入 SF_6 气体做准备。检修后的灭弧室在装入吸附剂之后，立即抽真空，以免吸附剂吸附空气中的大量水分而失效。抽真空检漏表显示密封不良时，可以向设备内充入干燥的 SF_6、氮混合气体，重新处理后，再抽真空。如果在重新处理密封过程中，吸附剂在空气中暴露时间长时，应立即更换。

5. SF_6 高压电器使用中的人身安全防护。SF_6 气体在 600 ℃以上会发生分解，产生的低氟化合物(固态、气态两种)具有强烈腐蚀性，甚至是剧毒物，因此在 SF_6 电气设备工作中，安全防护问题应给予充分重视。SF_6电器使用及检修注意事项见表 3-1。

表 3-1　SF_6 电器使用及检修注意事项

序号	注意事项
1	室内 SF_6 高压电器，应注意与主控室之间作气密性隔离
2	SF_6 设备室内必须装设通风设备，进入室内先通风
3	气体采样操作及处理一般渗漏时，要在通风条件下戴防毒面具进行；采样时，应防止 SF_6 气体压力突然下降造成的闪络，当发生大量 SF_6 外逸时，立即撤离现场，并启动室内通风设备达 4 h 以上，抢修人员必须穿防护服、戴手套、护目镜和佩戴氧气呼吸器，完成工作后，必须先洗手、臂、脸部、颈部或洗澡后再穿另一套衣服
4	操作 SF_6 设备时，由于外壳在瞬间可有较高感应操作过电压，因此操作人员应戴绝缘手套、穿绝缘鞋，与设备外壳保持一定距离，防止身体触及设备
5	回收设备内 SF_6 气体时，应开启通风设备，保证工作现场空气新鲜。对隔室内残留气体，用高纯度氮气或干燥空气冲洗最少 2 次以上，使气态分解产物浓度符合安全要求；开启 SF_6 气体隔室封盖后，立即撤离现场 30 min，让残留的 SF_6 气体及其气态分解产物排出工作现场
6	清扫 SF_6 气体隔室内固态分解物，要用滤除小至 0.3 mm 颗粒粉尘的专用真空吸尘器。若检修人员在室内设备上检修时，必须穿防护服、戴手套、护目镜和佩戴氧气呼吸器，应保持通风。工作结束后，工作人员应彻底清洗

续上表

序号	注意事项
7	处理吸尘器过滤物、防毒面具中的吸附剂，以及活性氧铝、分子筛、小苏打等，要用强度较好的塑料袋装好，埋入较深地下；或用苏打粉与废物混合后，再注入水，放置 48 h 后，可当作垃圾处理
8	防毒面具、专用器具、皮靴、手套以及其他防护用品必须用肥皂或苏打粉液洗涤后晒干备用

对 SF_6 高压电气设备使用中可能出现的不安全问题应事先分析，落实防范措施，做好自身、设备安全防护，就能够更好发挥新设备优点，提高设备安全运行可靠性。

(二)维护及保养

SF_6 断路器被称为不检修断路器，但对断路器每三年进行一次保养润滑，可以保证其在良好的状态下继续运行。保养需在断电情况下进行，通常需停电几个小时。保养主要进行以下项目的检查和维护：

1. 检查、清扫外壳、套管和引线，必要时对外壳进行局部涂漆。要求各部分无灰尘或污垢，绝缘件应无破损或裂纹，无爬电痕迹；引线无断股、松股，连接牢固；外壳无锈蚀，接地可靠。

2. 检查底架固定螺栓紧固良好。

3. 检查调整操作机构。各摩擦及活动部分应注润滑油，保证动作灵活。各辅助接点及转换开关动作应可靠准确。液压系统不应有渗漏油现象，主油箱油位应符合要求，必要时应补充液压油。检查油泵启动及闭锁压力值；检查储压器预压力，均应符合出厂规定。电动机及二次回路绝缘应良好，接线正确，端子紧固，接触良好。加热器工作正常。操作机构箱应无锈蚀现象，必要时局部涂漆。

4. 检查 SF_6 气体压力。利用带有接头的压力表，检查 SF_6 气体压力，气体压力应符合出厂规定。

5. 检查密度继电器的动作压力值。压力降低，其报警及闭锁值应符合要求。

第三节　断路器试验

一、真空断路器试验

真空断路器的试验项目和要求见表 3-2。

表 3-2　真空断路器的试验项目和要求

<table>
<tr><th>序号</th><th>项　　目</th><th>要　　求</th><th>备　　注</th></tr>
<tr><td>1</td><td>绝缘电阻</td><td>1. 整体绝缘电阻参照制造厂规定或自行规定；
2. 断口和用有机物制成的提升杆的绝缘电阻不应低于下表中的数值(MΩ)：
<table>
<tr><td rowspan="2">试验类别</td><td colspan="3">额定电压</td></tr>
<tr><td><24 kV</td><td>24～40.5 kV</td><td>55～72.5 kV</td></tr>
<tr><td>大修后</td><td>1 000</td><td>3 000</td><td>6 000</td></tr>
<tr><td>运行中</td><td>300</td><td>1 000</td><td>3 000</td></tr>
</table></td><td></td></tr>
</table>

续上表

序号	项　目	要　　求	备　注
2	交流耐压试验(断路器主回对地、相间及断口)	断路器在分、合闸状态下分别进行,试验电压值按DL/T 593规定值	1. 更换或干燥后的绝缘提升杆必须进行耐压试验,耐压设备不能满足时可分段进行; 2. 相间、相对地及断口的耐压值相同
3	辅助回路和控制回路交流耐压试验	试验电压为2 kV	
4	导电回路电阻	1. 大修后应符合制造厂规定; 2. 运行中自行规定,建议不大于出厂值的1.2倍	用直流压降法测量,电流不小于100 A
5	断路器的合闸时间和分闸时间,分、合闸的同期性,触头开距,合闸时的弹跳过程	应符合制造厂规定	在额定操作电压下进行
6	操作机构合闸接触器和分、合闸电磁铁的最低动作电压	1. 操作机构分、合闸电磁铁或合闸接触器端子上的最低动作电压应在操作电压额定值的30%～65%间,在使用电磁机构时,合闸电磁铁线圈通流时的端电压为操作电压额定值的80%(关合峰值电流大于或等于50 kA时为85%)时应可靠动作; 2. 进口设备按制造厂规定	
7	合闸接触器和分、合闸电磁铁线圈的绝缘电阻和直流电阻	1. 绝缘电阻不应小于2 MΩ 2. 直流电阻应符合制造厂规定	采用1 000 V兆欧表
8	真空灭弧室真空度的测量	自行规定	有条件时进行
9	检查动触头上的软连接夹片有无松动	应无松动	

二、SF_6 断路器试验

SF_6 断路器试验项目和要求见表3-3。

表3-3　SF_6 断路器试验项目和要求

序号	项　　目	要　　求	备　　注
1	SF_6 气体泄漏试验	年漏气率不大于1%或按制造厂要求	1. 按GB/T 11023方法进行; 2. 对电压等级较高的断路器以及GIS,因体积大可用局部包扎法检漏,每个密封部位包扎后历时5 h,测得的 SF_6 气体含量(体积分数)不大于 3.0×10^{-5}
2	辅助回和控制回绝缘电阻	绝缘电阻不低于2 MΩ	采用500 V或1 000 V兆欧表

续上表

序号	项　目	要　求	备　注
3	耐压试验	交流耐压或操作冲击耐压试验电压为出厂试验电压值的 80%	1. 试验在 SF_6 气体额定压力下进行； 2. 对 GIS 试验时不包括其中的电磁式电压互感器及避雷器，但在投运前应对它们进行试验电压值为 U_m 的 5 min 耐压试验； 3. 罐式断路器的耐压试验方式：合闸对地；分闸状态两端接地。建议在交流耐压试验的同时测量局部放电； 4. 对瓷柱式定开距型断路器只作断口间耐压
4	辅助回路和控制回路交流耐压试验	试验电压为 2 kV	耐压试验后的绝缘电阻值不应降低
5	断口间并联电容器的绝缘电阻、电容量和 tan δ	瓷柱式断路器各断口同时测量，测得的电容值和 tan δ 与原始值比较，应无明显变化	大修时，对瓷柱式断路器应测量电容器和断口并联后整体的电容值和 tan δ，作为该设备的原始数据
6	合闸电阻值和合闸电阻的投入时间	1. 除制造厂另有规定外，阻值变化允许范围不得大于±5%； 2. 合闸电阻的有效接入时间按制造厂规定校核	罐式断路器的合闸电阻布置在罐体内部，只有解体大修时才能测定
7	断路器的时间参量	除制造厂另有规定外，断路器的分、合闸同期性应满足下列要求： (1)相间合闸不同期不大于 5 ms； (2)相间分闸不同期不大于 3 ms； (3)同相各断口间合闸不同期不大于 3 ms； (4)同相各断口间分闸不同期不大于 2 ms	
8	断路器的速度特性	测量方法和测量结果应符合制造厂规定	制造厂无要求时不测
9	分、合闸电磁铁的动作电压	1. 操动机构分、合闸电磁铁或合闸接触器端子上的最低动作电压应在操作电压额定值的 30%～65% 之间； 2. 在使用电磁机构时，合闸电磁铁线圈通流时的端电压为操作电压额定值的 80%(关合电流峰值等于或大于 50 kA 时为 85%)时应可靠动作； 3. 进口设备按制造厂规定	
10	导电回路电阻	敞开式断路器的测量值不大于制造厂规定值的 120%	用直流压降法测量，电流不小于 100 A
11	分、合闸线圈直流电阻	应符合制造厂规定	
12	SF_6 气体密度监视器(包括整定值)检验	按制造厂规定	

续上表

序号	项　目	要　求	备　注
13	压力表校验(或调整),机构操作压力(气压、液压)整定值校验,机械安全阀校验	按制造厂规定	对气动机构应校验各级气压的整定值(减压阀及机械安全阀)
14	操作机构在分闸、合闸、重合闸下的操作压力(气压、液压)下降值	应符合制定厂规定	
15	液(气)压操作机构的泄漏试验	按制造厂规定	应在分、合闸位置下分别试验
16	油(气)泵补压及零起打压的运转时间	应符合制造厂规定	
17	液压机构及采用差压原理的气动机构的防失压慢分试验	按制造厂规定	
18	闭锁、防跳跃及防止非全相合闸等辅助控制装置的动作性能	按制造厂规定	

第四节　断路器常见故障与处理

一、真空断路器应用中常发生的故障及处理方法

真空断路器具有很多优点,所以在变电站上应用很多。由于采用了特殊的真空元件,随着近年来制造水平的提高,灭弧室部分的故障明显降低。真空灭弧室无须检修处理,当其损坏时,只能采取更换。真空断路器运行中发生的故障以操作机构部分所占比重较大,其次为一次导电部分,触头导电杆等。下面对真空断路器常发生的故障进行分析和处理,有如下几个方面:

(一)真空度降低

运行中真空断路器灭弧室的真空度不低于 6.6×10^{-2} Pa,真空断路器在真空泡内开断电流并进行灭弧。由于真空断路器本身没有定性、定量监测真空度特性的装置,所以真空度降低,故障不易被发现,其危险程度远远大于其他显性故障。出现真空度降低的主要原因有:真空泡内波形管材质或制作工艺存在问题,随着真空灭弧室使用时间的增长和开断次数的增多,其真空度逐步下降,下降到一定程度将会影响其开断能力和耐压水平。多次操作后出现漏点,真空灭弧室漏气。

真空灭弧室内部金属材料含气释放,这种情况是在真空灭弧室最初几次放电过程中使真空度在一段时间内下降,微量气体排尽后,真空度就维持在一定水平上。分体式真空断路器在操作时,由于操作连杆的距离比较大,直接影响真空断路器的同期、弹跳、超行程等特性,使真空度降低的速度加快。真空度降低将严重影响真空断路器开断电流的能力和使用寿命,在真空度比较低时还会引起真空断路器的爆炸,所以在进行真空断路器定期检修时,必须使用真空测试仪对真空泡进行真空度的定性测试,确保真空泡具有一定的真空度;当真空度降低时,必

须更换真空泡，并做好行程、同期、弹跳等特性试验。真空断路器运行时，正常情况下，其灭弧室的屏蔽罩颜色应无异常变化，真空度正常。若运行中或合闸之前（一端带电压）真空灭弧室出现红色或乳白色辉光，说明真空度下降，影响灭弧性能，应更换灭弧室。

真空灭弧室真空度的测定主要有以下几种方法，见表 3-4。

表 3-4　真空灭弧室真空度的测定方法

方　法	判断依据	备　注
火花计法	这种方法简单，只可做定性检查，让火花计触丝在开关管表面移动，观察管内发光情况，若是淡青色，可判定真空度合格，若为红蓝色，可判断灭弧室已失效	此种方法不适用于陶瓷外壳灭弧室
外观察法	如果真空灭弧室的外壳是玻璃的，则可根据涂在玻璃内壁表面上的钡吸气剂薄膜颜色的变化来判断真空度：真空度良好时，吸气剂薄膜呈镜面状态；真空度变差时，吸气剂薄膜呈乳白色	这种用肉眼观察真空度的方法不太准确，只能作为参考
工频耐压法	将真空断路器置于分闸状态下，在真空灭弧室的触头间加工频电压来判定真空度。如果真空灭弧室能耐受工频电压 10 s 以上，可认为真空度满足要求。如果随着电压升高，电流也增大，且超过 5 A，则认为真空度不合格	这种方法简单易行，现场使用方便
磁控放电法	磁控真空度测试仪通常在触头之间施加一次或数次高压脉冲，脉冲宽度为数十到上百毫秒，磁场线圈中则通以同步脉冲电流，产生与高压同步的脉冲磁场来测量真空度	

对于真空度不满足要求，已接近或高于国家标准 6.6×10^{-2} Pa 气压时，应及时进行真空灭弧室的更换，对于真空度有较大幅度降低，但仍在合格范围内的真空断路器，应适当缩短测试周期，并结合历次测量情况进行分析，判断真空度下降的趋势，据此决定真空断路器是否继续进行。

（二）灭弧室触头电磨损

真空灭弧室触头接触面经过多次开断电流后，会逐渐被磨损烧灼（通常称为电磨损），触头厚度减小波纹管行程变大，接触电阻增大，这对开关的灭弧性能和导电性能会产生不利影响，在检修中开关超行程的变化就是触头的电磨损。当电磨损值达到厂家规定时，灭弧室就不能继续使用。电磨损可用检查灭弧室动导电杆伸出导相板长度的变化情况，如果变化量超出了 3 mm，即磨损严重，也可用定性的方法即测量接触电阻，一般要求测量值不大于出厂值的 1.2 倍。处理方法：触头电磨损严重，达到或超过规定值时，必须更换真空管。如未超规定或接触电阻明显增大但未超规定值时，可对触头间隙进行调整后继续使用。但应测灭弧室的真空度，如灭弧室不满足要求，也应该更换。

（三）真空断路器拒分的原因及查找方法

故障现象为：断路器远方遥控不能分闸；就地手动不能分闸；外部回路或设备故障时继电保护动作，但断路器不能分闸。其原因有：分闸操作回路断线；分闸线圈断线；操作电源电压降低；分闸线圈短路，分闸能力降低；分闸顶杆变形，分闸时存在卡涩、不灵活现象，分闸动力降低等。如果分闸失灵发生在事故时，将导致事故的扩大。所以运行人员若发现分合闸指示灯不亮，应及时检查分合闸回路是否断线；检查分闸线圈是否断线；测量分闸线圈电阻值是否合格；检查分闸顶杆是否变形；检查操作电压是否正常；改铜质分闸顶杆为钢质，以避免顶杆变形；调整分闸顶杆及铁芯的长度，保证动作可靠；分闸线圈固定架应保证紧固，防止铁芯动作时分闸线圈固定架也随之上下窜动。必须进行低电压分合闸试验，以保证真空断路器性能可靠。

(四)真空断路器拒合的原因及处理方法

发生“拒合”情况，基本上是在合闸操作和重合闸过程中。拒合的原因主要有两方面：一是电气方面故障；二是机械方面原因。

1. 判断断路器“拒合”的原因及处理方法一般可分以下三步：

(1)用控制开关再重新合一次，目的检查前一次拒合闸是否因操作不当引起的(如控制开关放手太快等)。

(2)检查电气回路各部位情况，以确定电气回路是否有故障。方法是：

①检查合闸控制电源是否正常；

②检查合闸控制回路熔丝和合闸熔断器或者空开是否良好；

③检查合闸接触器的触点是否正常(如电磁操动机构)；

④将控制开关板至“合闸时”位置，看合闸铁芯是否动作(液压机构、气动机构、弹簧机构的检查类同)，若合闸铁芯动作正常，则说明电气回路正常。

(3)如果电气回路正常，断路器仍不能合闸，则说明为机械方面故障，应停用断路器，报告有关部门及人员安排检修处理。经以上初步检查，可判定是电气方面，还是机械方面的故障。

2. 电气回路故障

(1)电气回路故障可能有：若合闸操作前红、绿指示灯均不亮，说明控制回路有断线现象或无控制电源。可检查控制电源和整个控制回路上的元件是否正常，如：操作电压是否正常，防跳继电器是否正常，断路器辅助触点是否良好，有无闭锁等。

(2)当操作合闸后红灯不亮，绿灯闪光且事故喇叭响时，说明操作手柄位置和断路器的位置不对应，断路器未合上。其常见的原因有：

①合闸回路熔断器的熔丝熔断或接触不良；

②合闸接触器未动作；

③合闸线圈发生故障。

(3)当操作断路器合闸后，绿灯熄灭，红灯亮，但瞬间红灯又灭绿灯闪光，事故喇叭响，说明断路器合上后又自动跳闸。其原因可能是断路器合在故障线路上造成保护动作跳闸或断路器机械故障不能使断路器保持在合闸状态。

(4)若操作合闸后绿灯熄灭，红灯不亮，但电流表计已有指示，说明断路器已经合上。可能的原因是断路器辅助触点或控制开关触点接触不良，或跳闸线圈断开使回路不通，或指示灯泡损坏。

(5)操作手把返回过早。

(6)分闸回路直流电源两点接地。

3. 机械回路故障

弹簧操作机构合闸储能回路故障的现象有：合闸后无法实现分闸操作；储能电机运转不停止等。其原因主要是行程开关安装位置的偏上或偏下，以及行程开关是否损坏。在合闸储能不到位的情况下，若线路发生事故，而真空断路器拒分闸，将会导致事故越级，扩大事故范围；如储能电机损坏，则真空断路器无法实现分合闸。运行人员在倒闸操作时，应注意观察合闸储能指示灯，以判断合闸储能情况。如出现上述故障时，应调整行程开关的位置，实现电机准确断电或更换已损坏的行程开关。检修人员在检修工作结束后，应就地进行 2 次分合闸操作，以确定真空断路器在良好状态。

传动机构连杆松动脱落；合闸铁芯卡涩；断路器分闸后机构未复归到预合位置；跳闸机构脱扣；弹簧操动机构合闸弹簧未储能；分闸连杆未复归；分闸锁钩未钩住或分闸四连杆机构调整未越过死点，因而不能保持合闸；机构卡死，连接部分轴销脱落，使机构空合；有时断路器合闸时多次连续做合分动作，此时系开关的辅助动断触点打开过早。掉闸顶杆卡劲或脱落；合闸缓冲偏移、滚轮及缓冲杆卡劲。查找方法：电动掉闸失灵时，应先判断是电气回路故障还是机械回路故障，当顶杆铁芯不动，则说明是掉闸回路，否则是机械回路故障，然后再进一步找出原因。当发现开关掉闸失灵时应以手动托开。

(五)弹簧储能开关合不上闸

1. 合闸簧功率不够，应更换合闸簧。

2. 开关合闸时处于半分半合状态，调整凸轮与滚轮间隙使之增大，调整超程使之减小。

(六)真空断路器分合闸弹跳数值大

此故障为隐性故障，必须通过特性测试仪的测量才能得出有关数据。出现这种故障的原因有：真空断路器本体机械性能较差，多次操作后，由于机械原因导致弹跳数值偏大；分体式断路器由于操作杆距离较大，分闸力传到触头时，导致弹跳数值偏大。合闸冲击刚性过大，致使动触头发生轴向反弹；动触杆导向不良，晃动过大；触头平面与中心轴垂直度不好，碰合时产生横向滑动等。如果弹跳数值偏大，都会严重影响真空断路器开断电流能力，影响真空断路器的使用寿命，严重时能引起断路器爆炸。

处理方法：在保证行程、超行程的前提下，通过调整绝缘拉杆的长度使弹跳测试数据在合格范围内；提高配件的连接精度，使绝缘支座与轴、钢销等紧密配合，减小空程间隙。在真空断路器装配过程中，注意安装合理，不使真空灭弧室受到额外的力；调整导向管的位置，使灭弧室动触头的运动轨迹通过灭弧室的轴心，真空灭弧室动触头活动自如，无任何卡涩现象；适度加大触头超程弹簧预压力。

通过采取以上措施，可以有效地控制真空断路器合闸弹跳。如果通过调整无法实现，则必须更换数据不合格相的真空泡，并重新调整到数据合格。

由于分体式真空断路器存在诸多故障隐患，在更换真空断路器时应使用一体式真空断路器；定期检修工作时必须使用特性测试仪进行有关特性测试，及时发现问题。通过对真空断路器的常见故障分析及处理经验总结，可以更好地做好真空断路器运行、维护、检修等工作，保证真空断路器的安全、可靠运行。

(七)断路器分合闸线圈烧毁故障分析

跳、合闸线圈设计时都是按短时通电而设计的。跳、合闸线圈的烧毁，主要是由于跳、合闸线圈回路的电流不能正常切断，致使跳、合闸线圈长时间通电造成的。

1. 分闸线圈长时间通电的原因

(1)分闸电磁铁机械故障

线圈松动造成断路器分闸时电磁铁芯位移，使铁芯卡涩，造成线圈烧毁。或是由于铁芯的活动冲程过小，当接通分闸回路电源时，铁芯顶不动脱扣机构而使线圈长时间通电烧毁。

(2)断路器拒分

控制回路正常时，断路器出现拒分的故障均为连杆机构问题，顶点调整不当，使断路器分闸铁芯顶杆的力度不能使机构及时脱扣，使线圈过载，造成分闸线圈烧毁。

(3)辅助开关分合闸状态位置调整不当

在断路器分合闸状态时,应调整辅助开关使其指示到标示的范围内,然而实际调整断路器开距和超行程等参数时,会改变断路器分合闸的初始状态,而辅助开关分合位置的初始状态未做相应的调整,将导致辅助开关不能正常切换分合闸回路而使分闸线圈烧毁。

(4)分闸控制回路辅助开关接点使用不当

分闸控制回路上接有一对延时动合接点,该延时目的是保证断路器在合闸过程中出现短路故障时能完成自由脱扣。然而,当断路器合闸时间极短,远小于断路器的分闸时间,断路器未来得及脱扣时就已合闸到位,此时,分闸控制回路的延时接点的延时作用将失去意义。相反,该延时接点在分闸过程中,由于辅助开关动静触头绝缘间隙较小,经常出现拉弧现象,频繁拉弧,久而久之使辅助开关的触头烧毁,继而引起分闸线圈烧毁。

(5)分闸回路电阻偏大

分闸线圈回路绝缘降低,或是线路过细造成电阻偏大,使得分闸回路电压有衰减,导致控制电压达不到线圈分闸电压动作值,分闸线圈长期带电,线圈烧毁。

2. 防止分闸线圈烧毁的措施

(1)将分闸回路的延时动合接点改接为一对普通的常开接点,经常检查辅助开关的接点及辅助开关的拐臂螺栓,正确调整辅助开关的位置,使辅助开关与断路器分合闸位置正确、有效地配合。

(2)固定好分闸线圈,经常检查分闸线圈的铁芯有无卡滞。

(3)在检修工作中,正确调整好断路器的连杆机构,经常检查断路器的自由脱扣是否正常,断路器的低电压动作试验是否在额定电压的30%～65%时可靠跳闸。

3. 合闸线圈长时间通电的原因

(1)断路器机构故障

当断路器合闸控制回路正常时,断路器本体的内导电杆、传动连杆等卡涩,或是因为断路器操作机构连板配合不好,死点调得偏高,导致断路器拒合闸,使合闸铁芯过载,引起线圈烧坏。

(2)辅助开关位置不当

正常合闸时,断路器的合闸接触器的线圈回路与辅助开关的常闭延时接点串联,断路器合闸后,辅助开关接点自动切断合闸回路,辅助接点打不开或拉弧,合闸接触器通过重合闸回路或绿灯回路自保持,合闸线圈长时间带电而被烧毁。

(3)合闸电源容量下降,或者合闸回路电阻偏大,使合闸瞬间合闸线圈两端电压低于额定电压的80%。

4. 合闸线圈烧毁的预防措施

(1)加强合闸接触器的检查、维护。每次开关小修、周期大修都要对其进行检查动、静触头表面接触面积、接触压力等。

(2)正确调整辅助开关的位置。

(3)在许可工作前,除必须断开控制回路空开外,还应将重合闸退出,避免检修、试验工作中造成烧合闸线圈的可能。

以上分合闸线圈烧毁的原因和防范措施,都是在正常操作和设备检修过程中发现总结出来的,只要对此类问题高度重视和加强管理,就可以减少此类事故发生的概率。

二、SF_6 高压电气设备在运行中的故障现象与处理(表 3-5)

表 3-5　SF_6 高压电气设备在运行中的故障现象与处理

故障现象		处理方法及步骤
异常声音分析判断	放电声	SF_6 高压电器设备内部放电声类似小雨点落在金属壳上的声音，由于局部放电声频率比较低，且音质与其噪声也有不同之处，有时必须将耳朵贴在外壳上才能听到；如果是放电声微弱，分不清放电声来自 SF_6 电器内部还是外部，或者无法判断是否放电声，可通过局部放电测量、噪声分析方法，定期对设备进行检查
	励磁声	在巡视 GIS 六氟化硫高压设备时，如果发现励磁声不同于平时听到的类似变压器励磁的声音，说明存在螺栓松动等情况，应进一步检查
部件发热、异常气味		SF_6 高压电器内外导体接触不良、振动过大(部件松动)，会导致过热，并使相邻外壳出现温度异常升高。因此巡视检查时注意辨别外壳、扶手、传动部件处温升是否正常，有无异常气味。温度异常时，应测量温度分布，查明发热部位，同时将发热部位的温度与入厂试验值或其他相关的温升值比较来判断是否正常
外部零件巡视检查		主要巡视检查金属外壳、台架、法兰、接地导体等连接部分，箱体密封情况、电机等发热器件、防潮用加热器具投入使用情况

第四章　高压隔离开关

第一节　高压隔离开关概述

一、隔离开关的基本功能

高压隔离开关是没有灭弧装置的开关电器，合闸情况下能可靠地通过线路的额定电流和短路电流，在分闸时有明显的断口。常用于将带电运行的电气设备与停电检修或处于备用的设备隔离开来，有明显可见的、足够大的间断点，以确保运行检修的安全。

隔离开关也用来作为设备和电路的切换装置，由于没有灭弧装置，不能开断负荷电流和短路电流。常用来开闭电压互感器、避雷器、母线和直接与母线相连设备的电容电流。因为高压隔离开关不具备灭弧功能，所以一般与高压断路器配合使用，在断路器和电动隔离开关的自动控制电路中，必须设置接点闭锁，避免隔离开关带负荷操作。

二、隔离开关的实际应用

(一)开合电气设备

电气设备通过隔离开关与母线相连，当设备需检修或故障时，可分开隔离开关，形成明显断开点，可靠地停电检修。牵引变电所内 110/220 kV 电压互感器、避雷器常通过隔离开关与母线直接相连。27.5 kV 母线压互、所用变常通过隔离开关与熔断器配合挂接在母线上，通过熔断器弥补隔离开关无法切断故障电流的短板。

(二)开合母线

隔离开关与断路器配合可灵活地改变运行方式，确保不间断供电。牵引变电所内Ⅰ、Ⅱ号系之间跨条，27.5 kV 高压室母排通过隔离开关相连，以满足不同情况下供电要求。当进线电源停电、主变故障等特殊情况时，可通过跨条隔开实现交叉供电。当高压室部分设备故障时，可通过切断母排隔开实现分段供电。

(三)检修要求

为满足安全检修要求，同时最大限度地保证可靠供电，在回路中常增设部分隔离开关满足分断要求。变电所内常见的有主变高低压侧隔离开关、馈线隔离开关。高压侧设在流互之前，用以隔离进线电源；低压侧设在断路器与母排之间，用来隔离母排电源(网栅式断路器、开关柜采用将手车拖到试验位实现隔离，GIS 柜采用三工位隔离开关实现隔离)；馈线隔离开关用来满足日常接触网天窗检修。

三、高压隔离开关的类型与结构

(一)隔离开关的类型

隔离开关主要是根据装设地点、电压等级、极数和构造进行分类的，有以下几种类型：

1. 按装设地点分为户内式和户外式两种。

2. 按极数可分为单极、双极、三极。

3. 按支柱数目分为单柱式、双柱式、三柱式三种。

4. 按闸刀动作方式分为闸刀式、旋转式、插入式三种。

5. 按所配操作机构分为手动、电动、气动、液压四种。

常见的高压隔离开关主要有手动和电动两种。电动操作机构的作用:可实现远程操作,提高操作人员的安全性;可实现自动控制,便于实现无人值班;易于实现开关间的电气闭锁,提高操作人员的安全性,防止误操作。

高压隔离开关有带接地刀闸和不带接地刀闸两种。高压隔离开关的接地刀闸相当于临时挂接的地线,高压隔离开关及其接地刀闸,一般设机械闭锁,在实际使用中一般采用手动操作的方式。高压隔离开关在GIS组合电气与开关柜中常与接地开关融为一体,称为三工位开关。

(二)隔离开关的结构

隔离开关主要由下述几个部分组成,如图4-1所示。

图4-1　隔离开关

1. 支持底座

该部分的作用是起支持固定的作用,其将导电部分、绝缘子、传动机构、操作机构等固位一体,并使其固定在基础上。

2. 导电部分

导电部分包括触头、闸刀、接线座,该部分的作用是传导电路中的电流。

3. 绝缘子

绝缘子包括支持绝缘子、操作绝缘子,其作用是将带电部分和接地部分绝缘开来。

4. 传动机构

传动机构的作用是接受操动机构的力矩,并通过拐臂、连杆、轴齿或是操作绝缘子将运动传动给触头,以完成闸刀的分、合闸动作。

5. 操动机构

通过手动、电动、气动、液压向隔离开关的动作提供能量。

(三)隔离开关的设备型号含义

1. 产品名称:G表示隔离开关,J表示接地开关。

2. 安装场所：N 为户内式，W 为户外式。

3. 设计系列序号：用数字表示。

4. 额定电压：单位为 kV。

5. 补充工作特性：D 表示带接地倒闸，G 表示改进型，K 表示快分型，T 表示统一设计，W 表示防污型。

6. 额定电流：单位为 A。

例如：GN2-10/400，表示额定电压为 10 kV、额定电流为 400 A、序列号为 2 的户内隔离开关。

第二节　高压隔离开关的检修与维护

一、隔离开关巡视检查

1. 红外热成像检测，运行状态下检测开关触头等电气连接部位，红外热成像图显示应无异常温升、温差或相对温差。判断时，应考虑检测前 3 h 内的负荷电流及其变化情况。

2. 支持绝缘子应清洁，无破损(必要时采用超声探伤检测，当有此类家族缺陷，隐患尚未消除前或经历了 5 级以上地震)，无放电现象。

3. 闸刀位置正确，分闸角度或距离应符合规定。

4. 触头应接触良好，无严重烧伤。

5. 电气连接紧固，无断股或散股现象。接地连接紧固，无松动或脱落现象。接线端子、线夹无松动、变形、开裂或严重发热痕迹。

6. 机构箱密封良好，部件完好无锈蚀。

7. 电动操作机构分合闸指示器应与实际状态相符。

8. 闭锁电磁锁无异常，手动操作机构应加锁。

9. 运行环境正常，无搭挂杂物。

二、检修内容及标准

(一)开关主导电回路

1. 触头接触面光滑，无烧伤和锈蚀，镀银层无脱落，接触良好。

2. 分合闸角度、分合闸止钉间隙及多相不同期值应符合出厂说明书的规定。分闸时分闸角度和接地闸刀与带电部分的距离符合规定。三极隔离开关，三极不同期接触不应大于 10 mm。

3. 电气连接部分应连接牢固，接触良好，无过热、烧伤痕迹。

4. 检修方法：

(1)检查触头接触面是否光滑，有无烧伤或锈蚀，镀银层有无脱落，接触是否良好。若触头有烧伤清洁触头，用什锦锉修整烧斑；若触头有锈蚀，用 120 号砂纸打磨非镀银触头接触表面的锈蚀；对接触不好的触头进行调整；必要时更换触头。对触头接触表面涂抹一层电力复合脂。

(2)高压引线接线板，设备线夹连接牢靠，螺栓紧固。

(二)支持绝缘子及底座支架

1. 瓷体应清洁、无破损或裂纹、无放电痕迹，瓷釉剥落面积不超过 300 mm^2。

2. 设备安装应牢固,无锈蚀,接地良好。

3. 检修方法:

(1)外观检查瓷瓶,使用卷尺测量瓷釉剥落面积,瓷釉剥落面积不超过 300 mm^2时,剥落部分用瓷釉漆修补。

(2)检修金属底座构架,对锈蚀的铁质部件除锈涂漆。对下引接地线本体除锈涂漆。

(3)清洁瓷体上的污垢和灰尘,必要时使用清洁剂。

(三)操作传动机构

1. 电气连接部分应连接牢固,接触良好,无过热、烧伤痕迹。

2. 零部件完好,连接牢固;转动灵活,联锁、限位器作用良好可靠。

3. 检修方法:

(1)全面检查传动机构底座及其各连接、紧固件螺栓、销钉等是否锈蚀、松动、缺失、变形、开裂。

(2)测量分合闸角度是否符合出厂说明书的规定,不符合则适当调节主刀闸传动杆的长度。

(3)调整多相不同期值是否符合出厂说明书的规定,三极、两极隔离开关,三极不同期接触不应大于 10 mm,两极不同期接触不应大于 3 mm。若多相联动的隔离开关触头接触时的不同期值超标时,可通过调节相间拉杆的长度来解决。

(4)检查接地刀闸与带电部分的距离是否超标,若超标则可通过调节接地刀传动杆长度和接地刀触头方向来解决。

(5)对机构进行分合闸操作,应灵活、可靠无卡滞。对有卡滞现象的部件进行调整,并给传动关节注油。

(6)调整分合闸止钉间隙至符合产品规定。

(7)检查地刀闭锁功能。主刀闭合的情况下,地刀不能操作。

(四)操作机构箱

1. 二次接线端子接触良好,连接可靠,无过热、烧伤痕迹。

2. 箱体应密封良好。

3. 检修方法:

(1)检查操作机构箱内机构传动,应无卡滞。

(2)检查端子排及线缆连接部分接触良好,无松脱断、过热、烧伤痕迹,松动时用螺丝刀进行紧固。

(3)检查加热器状态应良好;机构箱密封良好,手动操作机构应加锁。

第三节 高压隔离开关的试验

一、预防性试验

为了发现运行中设备的隐患,预防发生事故或设备损坏,对设备进行的检查、试验或监测。隔离开关预防性试验主要包括:主导电回路红外测温、测量绝缘电阻、二次回路绝缘电阻、交流耐压试验、二次回路耐压试验、导电回路电阻测量、操动机构试验、电机绝缘电阻。

二、工程交接试验

电气装置安装工程竣工后，投入运行前应进行电气设备交接试验，确保设备状态可靠。

隔离开关的交接试验应包括：测量绝缘电阻、测量导电回路的电阻、交流耐压试验；检查操动机构线圈的最低动作电压、操动机构的试验。

三、试验项目

(一)测量绝缘电阻

1. 测量方法

40.5 kV 及以下设备采用 2 500 V 兆欧表测量，二次回路采用 1 000 V 兆欧表测量。

2. 试验标准

用兆欧表测量胶合元件分层电阻，有机材料传动提升杆的绝缘电阻值不得低于表 4-1 中的数值。

表 4-1　有机材料传动提升杆的绝缘电阻试验要求

试验类别	有机材料传动提升杆的绝缘阻值	
	额定电压＜24 kV	额定电压为 24～40.5 kV
大修后	≥1 000 MΩ	≥2 500 MΩ
运行后	≥300 MΩ	≥1 000 MΩ

3. 二次回路的绝缘电阻不低于 2 MΩ。

(二)测量直流电阻

1. 测试方法

采用直流电阻测试仪测量，宜采用电流不小于 100 A 的直流压降法。

2. 试验标准

直流电阻与同型号设备相比不应有明显差别，不超过产品技术条件规定，一般不大于出厂值的 1.5 倍。

(三) 交流耐压试验

1. 测试方法

采用工频耐压试验装置试验变压器进行加压。用单个或多个元件支柱绝缘子组成的隔离开关进行整体耐压有困难时，可对各胶合元件分别做耐压试验，35 kV 及以下电压等级的隔离开关可在母线安装完毕后一起进行，试验电压一般按出厂值的 80%加压。

2. 试验标准

在交流耐压试验前、后应测量绝缘电阻；耐压后的阻值不得降低。

(四)检查操作机构线圈的最低动作电压

最低动作电压一般在操作电源额定电压的 30%～80%范围内。

(五) 操作机构的试验

1. 操作机构的分合闸操作，当其电压或气压在下列范围内时，应保证隔离开关的主闸刀或接地闸刀可靠地分闸和合闸。

(1)电动机操作机构：当电动机接线端子的电压在其额定电压的 80%～110%范围内时。

(2)压缩空气操作机构:当气压在其额定气压的85%～110%范围内时。

(3)二次控制线圈和电磁闭锁装置:当其线圈接线端子的电压在其额定电压的85%～110%范围内。

2. 隔离开关的机械或电气闭锁装置应准确可靠。

第四节　高压隔离开关常见故障与处理

一、外绝缘闪络

原因:表面脏污,造成爬电距离和对地绝缘距离不够。

处理:擦洗绝缘子,保证绝缘子的清洁度;更换新的绝缘子。

二、接触部分过热

原因:导流部分的压紧零件松动,导致接触压力不足;刀口未合严,接触面偏小及触头表面氧化或烧伤,引起接触电阻增大;过负荷,造成过热或刀口熔焊。

处理:在采取措施前,加强监视,发热剧烈时,转移负荷,退出运行,进行检修;退出运行时造成停电或损坏严重时,可临时将刀闸短接。

三、转动、传动部位的锈蚀

原因:操作机构主轴与铜套锈蚀,主导电杆与固定板之间锈蚀,底座轴承锈蚀,轴承泡在水中引起锈蚀。

处理:加强巡视,改进防尘、防雨措施,加强补油填满空腔,防止轴承内发生无油锈蚀现象。

四、操作费力、转动不平稳

原因:水平转动拉杆与接头未焊接在同一中心线上,或水平传动杆弯曲,或相间的传动杆三相不在同一中心线上,造成传动时三相不同步。接地刀闸操作费力的原因是三相间的联动水平转动轴不在同一中心线上,或转轴上的扭力弹簧拧得太紧,或转动部分严重缺润滑油。

处理:安装时保证三相间的水平传动拉杆在同一水平内,相间的传动拉杆在同一中心线上,接头与连杆在同一中心线上。保证接地刀闸的三相间水平转动轴的固定支撑板的轴孔和接头在同一中心线上,适当调整转动轴上的扭力弹簧,使操作力为最小。当支持瓷柱弯曲时,应用垫片进行调整。适时添加润滑油。

五、机械联锁失灵

原因:主隔离开关和接地刀闸之间的机械联锁失灵;未按照联锁的操作顺序进行操作,强行操作接地刀闸,导致联锁板损坏变形;接地刀闸的联锁板与主隔离开关的联锁板之间有间隙,或接地刀闸的联锁板固定螺钉松动,使闭锁角度变化而导致联锁失灵。

处理:严格操作顺序,加强巡视,对损坏的元件要及时更换,对隐患要及时安排处理。

六、拒动

原因：传动部分原因；导流部分的压紧零件压力过大或烧伤；二次回路故障；电机故障。

处理：采取安全措施，退出拒动的隔离开关。对隔离开关进行检查，若为传动部分原因或导流部分的压紧零件压力过大、烧伤，对故障部位进行调整处理。若为二次回路故障，逐步检查排除。

七、隔离开关二次回路故障分析

隔离开关电动控制回路主要包含控制回路和电机回路两个部分。控制回路通过分合闸接触器的吸合接通电机回路使电机正反转，以达到分合闸目的。电机回路是给电机供电的回路，包含电机本体。

(一)分合闸控制过程分析

1. 主要接点、元器件注释(图 4-2 中，从左至右)：

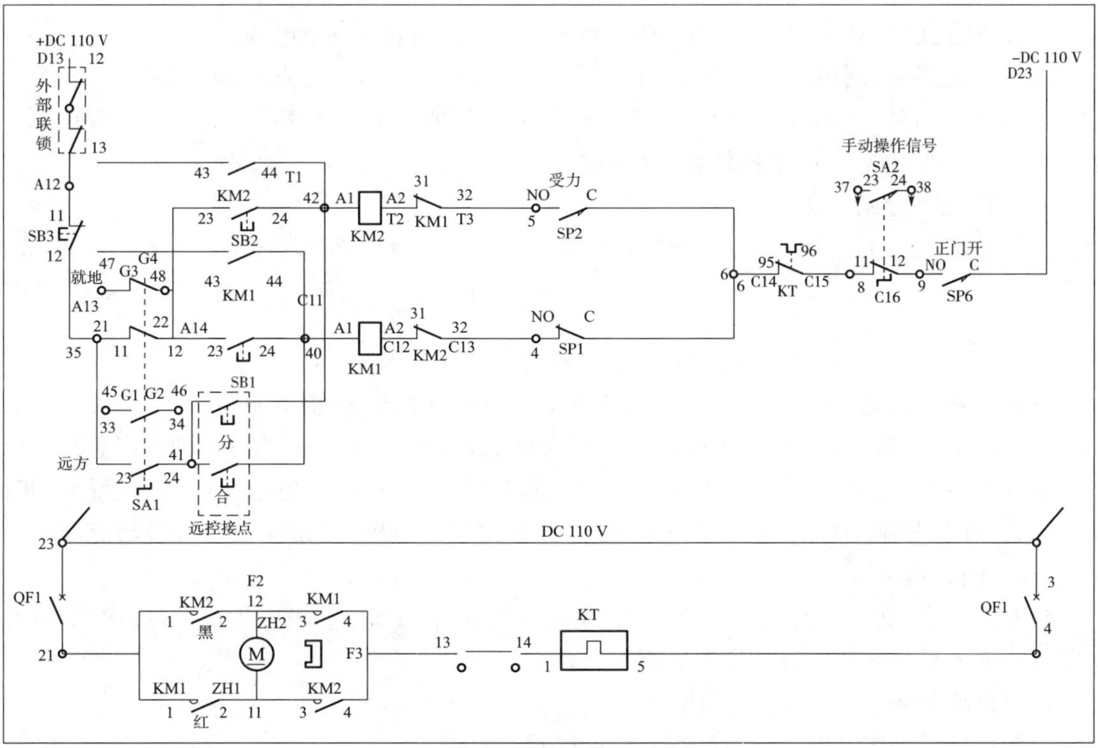

图 4-2　隔离开关电动控制原理

(1)外部联锁：本隔离开关与其他开关之间的闭锁，操作前务必确认闭锁条件。

(2)SB3：急停按钮，发生误操作时可紧急停止，分合闸均适用。

(3)SA1：远方/当地转换开关，此远方是指屏上或远动操作，当地指机构箱本体操作。

(4)SB1、SB2：分别为合闸、分闸按钮，按下时短时接通。

(5)KM1、KM2：分别为合闸、分闸接触器，其中(A1，A2)为线圈接点，(31，32)为常闭接点，(1，2)、(3，4)、(43，44)为常开接点，当线圈受电时接触器吸合，接点变位。

（6）SP1、SP2：分别为合位、分位限位开关，当开关分合闸动作到位后，转轴上的凸轮会压住对应的限位开关，从而切断控制回路，使电机停止。

（7）KT：时间继电器，可设置一定的延时（需比正常分合闸所需时间略长），用于电机双重保护，延时时间后切断电路，防止电机因机构故障等原因，隔开迟迟不到位，使电机长时受电损坏，该继电器断电后自动复位为闭合状态。

（8）SA2：手动/电动转换开关，与摇把插孔联动，转换为手动操作时，摇把孔打开，电动控制回路切断，防止冲突。

（9）SP6：机构箱内控制面板门行程开关，当柜门打开时会切断电路。

（10）QF1、QF2：控制电源、电机电源空气开关。

2. 本体电动合闸过程：

控制回路：正电源→闭锁接点→SA1（11，12）→SB1（23，24）→KM1（A1，A2）→KM2（31，32）
（SB1（23，24）并联 KM1（43，44））

→SP1→KT（95，96）→ SA2（11，12）→SP6→负电源。

电机回路：正电源→KM1（1，2）→KM1（3，4）→KT（1，5）→负电源。

当 SB1 按下时，回路瞬间接通，KM1 线圈受电，KM1（43，44）接点闭合，回路自保持受电，KM1（1，2）（3，4）触点接通，电机正转，带动隔离开关合闸，合闸到位后，SP1 受压力接点断开，KM1 失电，电机回路断开，电机停止，合闸过程结束。

3. 本体电动分闸过程：

控制回路：正电源→闭锁接点→SA1（11，12）→SB2（23，24）→KM2（A1，A2）→KM1（31，32）
（SB2（23，24）并联 KM2（43，44））

→SP2→KT（95，96）→ SA2（11，12）→SP6→负电源。

电机回路：正电源→KM2（1，2）→KM2（3，4）→KT（1，5）→负电源。

隔开处于合闸状态下，SP2 不受压处于闭合状态，当 SB2 按下时，回路瞬间接通，KM2 线圈受电，KM2（43，44）接点闭合，回路自保持受电，KM2（1，2）（3，4）触点接通，电机反转，带动隔离开关分闸，分闸到位后，SP2 受压力接点断开，KM2 失电，KM2（1，2）（3，4）触点断开，电机停止，分闸过程结束。

4. 屏上操作、远动操作则由屏上按钮、装置接点代替 SB1 给正电触发（结合二次原理图查回路），后续依靠自保持完成分合闸过程。

（二）故障分析

根据现场试操作情况，故障现象初步判断故障范围。

1. 远动操作失效，后台机遥控操作正常，可判断为远动通信装置或通道异常。
2. 后台遥控操作失效，屏上操作正常，可判断为装置插件故障。
3. 屏上操作失效，机构箱内操作正常，可判断为屏上至机构箱间回路故障。
4. 本体机构箱操作无效，可判断为机构箱内回路存在故障。
5. 分合闸均不能进行，则故障在分合闸共用回路上。
6. 能分不能合或能合不能分，则故障在分合闸对应支路上。
7. 分合闸接触器吸合正常，电机无反应，则可判断为电机回路或电机本体故障。

8. 电机转动正常，传动杆不动，则为内部机械机构故障。

9. 确认故障支路后可对照图纸逐接点采用对地电位法测量。

10. 当各转换开关位置正确，在机构箱预操作时，分闸或合闸按钮两端会分别带正、负电位，分别测量能直观判断故障是在正电源侧还是负电源侧，确定方向后沿着回路逐点测量，找到电位突变点即为故障点。

第五章　避　雷　器

第一节　避雷器概述

避雷器通常接在导线与地之间，与被保护设备并联，如图 5-1 所示。当被保护设备在正常工作电压下运行时，避雷器不动作，即对地视为断路。如果出现过电压，且危及保护设备绝缘时，避雷器立即动作，将高压冲击电流导向大地，从而限制电压幅值，保护电气设备绝缘。当过电压消失后，避雷器迅速恢复原状，使系统能够正常供电。所以它是用于保护电气设备免受雷击时瞬间的过电压危害，并限制续流时间，也常限制续流幅值的一种电器。避雷器有时也称为过电压保护器、过电压限制器。

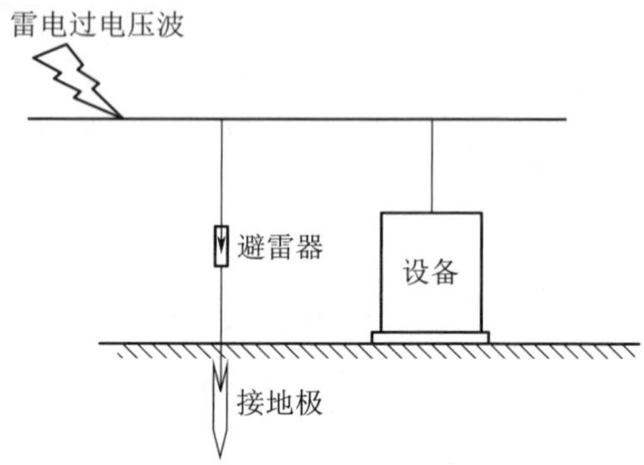

图 5-1　避雷器原理

一、应用

避雷器具有优异的非线性伏安特性，响应特性好、无续流、通流容量大、残压低、抑制过电压能力强、耐污秽、抗老化、不受海拔约束、结构简单、无间隙、密封严、寿命长等特点。

因此，避雷器的主要作用是通过并联放电间隙或非线性电阻的作用，对入侵流动波进行削幅，降低被保护设备所受过电压值，从而起到保护通信线路和设备的作用。

避雷器不仅可用来防护雷电产生的高电压，也可用来防护操作高电压。避雷器的作用是保护电力系统中各种电气设备免受雷电过电压、操作过电压、工频暂态过电压冲击而损坏的一个电器。避雷器的类型主要有保护间隙、阀型避雷器和氧化锌避雷器。保护间隙主要用于限制大气过电压，一般用于配电系统、线路和变电所进线段保护。阀型避雷器与氧化锌避雷器用于变电所和发电厂的保护，在 500 kV 及以下系统主要用于限制大气过电压，在超高压系统中还被用来限制内过电压或作内过电压的后备保护。避雷器在我国电气化铁路普遍运用。

二、型号的含义及分类

(一)避雷器型号标识(图 5-2)

避雷器分为很多种，有金属氧化物避雷器、线路型金属氧化物避雷器、无间隙线路型金属氧化物避雷器、全绝缘复合外套金属氧化物避雷器、可卸式避雷器。

避雷器的主要类型有管型避雷器、阀型避雷器和氧化锌避雷器等。每种类型避雷器的主要工作原理是不同的，但是它们的工作实质是相同的，都是为了保护设备不受损害。

(二)避雷器型号的分类

1. 管型避雷器

管型避雷器(图 5-3)实际是一种具有较高熄弧能力的保护间隙，它由两个串联间隙组成，

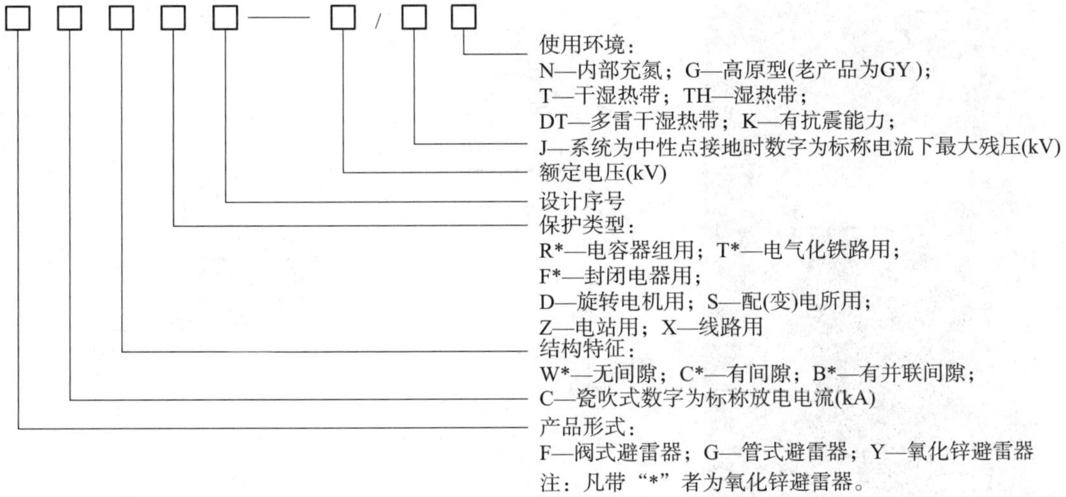

图 5-2　避雷器型号标识

一个间隙在大气中，称为外间隙，它的任务就是隔离工作电压，避免产气管被流经管子的工频泄漏电流所烧坏；另一个装设在气管内，称为内间隙或者灭弧间隙，管型避雷器的灭弧能力与工频续流的大小有关。这是一种保护间隙型避雷器，大多用在供电线路上作避雷保护。

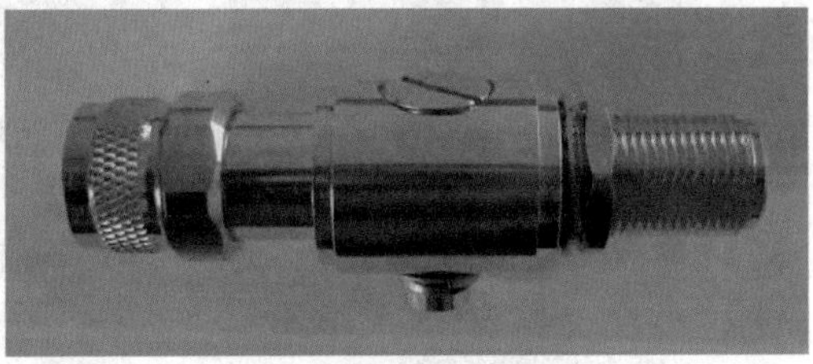

图 5-3　管型避雷器

2. 阀型避雷器

阀型避雷器(图 5-4)由火花间隙及阀片电阻组成，阀片电阻的制作材料是特种碳化硅。利用碳化硅制作的阀片电阻可以有效地防止雷电和高电压，对设备进行保护。当有雷电高电压时，火花间隙被击穿，阀片电阻的电阻值下降，将雷电流引入大地，这就保护了线缆或电气设备免受雷电流的危害。在正常的情况下，火花间隙不会被击穿，阀片电阻的电阻值较高，不会影响线路的正常运行。

3. 氧化锌避雷器

氧化锌避雷器(图 5-5)是一种保护性能优越、质量轻、耐污秽、性能稳定的避雷设备。它主要利用氧化锌良好的非线性伏安特性，使在正常工作电压时流过避雷器的电流极小(微安或毫安级)；当过电压作用时，电阻急剧下降，泄放过电压的能量，达到保护的效果。这种避雷器和传统避雷器的差异是它没有放电间隙，利用氧化锌的非线性特性起到泄流和开断的作用。

三、氧化锌避雷器的优点

现阶段铁路系统采用氧化锌避雷器较多，其优点如下：

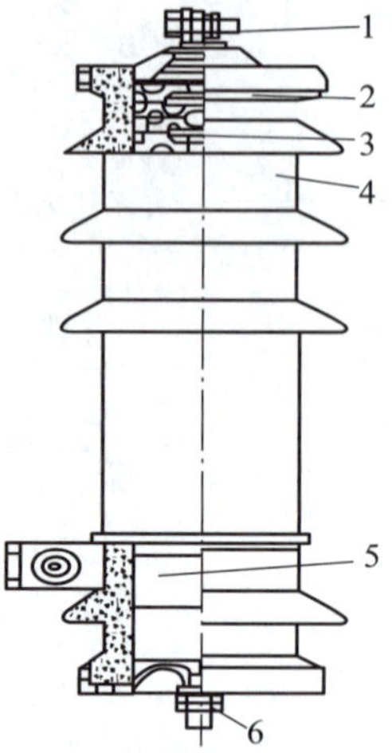

(a)FS4-10型

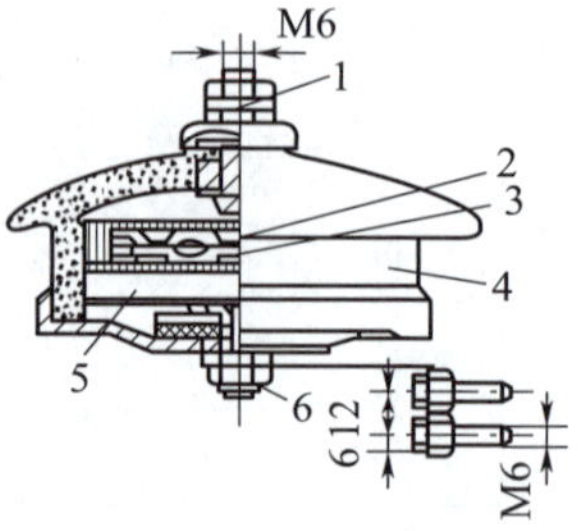

(b)FS-0.38型

1—上接线端；2—火花间隙；3—云母片垫片；
4—瓷套管；5—阀片；6—下接线端。

图 5-4　阀型避雷器(单位:mm)

图 5-5　氧化锌避雷器

非线性好，系数小，一般为 0.01～0.04，故可不用串联间隙，具有结构降低，体积小等特点。

一般避雷器内的串联间隙有一定的放电延时，氧化锌避雷器没有串联间隙，从而改善了避雷器的陡度响应特性，提高了对设备保护的可靠性。

无工频续流，使能量大为减少，可承受多重雷，延长了工作寿命。通流能力大，提高了动作负载能力，可对大电容组进行保护。由于无续流，制作直流避雷器。

氧化锌阀片具有理想的伏安特性，在雷冲击电流作用下迅速动作呈现小电阻，使其残压足够低，从而保护电气设备不受雷击过电压损坏。而当冲击电流过后，在工频电压作用下，避雷器阀片呈现大电阻，使工频续流趋于零。

氧化锌阀片与碳化硅阀片的伏安特性比较如图 5-6 所示。

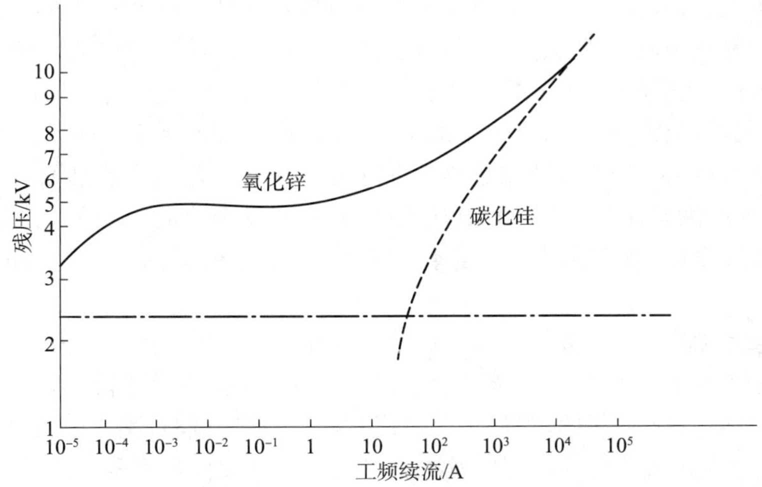

图 5-6　氧化锌阀片与碳化硅阀片的伏安特性比较

第二节　避雷器安装与维护

一、避雷器的安装

1. 首先固定避雷器底座，然后由下而上逐级安装避雷器各单元（节）。

2. 避雷器在出厂前已经装配试验并合格，现场安装应严格按制造厂编号组装，不能互换，以免使特性改变。

3. 带串、并联电阻的阀式避雷器，安装时应进行选配，使同相组合单元间的非线性系数互相接近，其差值应不大于 0.04。

4. 避雷器接触表面应擦拭干净，除去氧化膜及油漆，并涂一层电力复合脂。

5. 避雷器应垂直安装，垂度偏差不大于 2%，必要时可在法兰面间垫金属片予以校正。三相中心应在同一直线上，铭牌应位于易观察的同一侧，均压环应安装水平，最后用腻子将缝隙抹平并涂上油漆。

6. 拉紧绝缘子串，使之紧固，同相各串的拉力应均衡，以免避雷器受到额外的拉力。

7. 放电计数器应密封良好，动作可靠，三相安装位置一致，便于观察。接地应可靠。计数器指示恢复零位。

8. 氧化锌避雷器的排气通道应通畅，安装时应避免其排出气体，引起相间短路或对地闪络，并不得喷及其他设备。

二、检查与维护

（一）日常检查

在日常运行中，应检查避雷器的瓷套表面的污染状况，因为当瓷套表面受到严重污染时，将使电压分布很不均匀。在有并联分路电阻的避雷器中，当其中一个元件的电压分布增大时，通过其并联电阻中的电流将显著增大，则可能烧坏并联电阻而引起故障。此外，也可能影响阀型避雷器的灭弧性能。因此，当避雷器瓷套表面严重污秽时，必须及时清扫。

检查避雷器的引线及接地引下线，有烧伤痕迹和断股现象以及放电记录器是否烧伤通过这方面的检查，最容易发现避雷器的隐形缺陷；检查避雷器上端引线处密封是否良好，避雷器密封不良会进水受潮易引起事故，因而应检查瓷套与法兰连接处的水泥接合缝是否严密，对 10 kV 阀型避雷器上引线处可加装防水罩，以免雨水渗入；检查避雷器与被保护电气设备之间的电气距离是否符合要求，避雷器应尽量靠近被保护的电气设备，避雷器在雷雨后应检查记录器的动作情况；检查泄漏电流，工频放电电压大于或小于标准值时，应进行检修和试验；放电记录器动作次数过多时，应进行检修；瓷套及水泥接合处有裂纹；法兰盘和橡皮垫有脱落时，应进行检修。

避雷器的绝缘电阻应定期进行检查。测量时应用 2 500 V 绝缘兆欧表，测得的数值与以前一次的结果比较，无明显变化时可继续投入运行。绝缘电阻显著下降时，一般是由密封不良而受潮或火花间隙短路所引起的，当低于合格值时，应作特性试验；绝缘电阻显著升高时，一般是由于内部并联电阻接触不良或断裂以及弹簧松弛和内部元件分离等造成的。

为了能及时发现阀型避雷器内部隐形缺陷，应在每年雷雨季节之前进行一次预防性试验。

(二)运行维护

1. 避雷器投入运行时间，应根据当地雷电活动情况确定，一般在每年 3 月初到 10 月投入运行。

2. 避雷器每年投入运行前，应进行检查试验，试验项目为：

(1)用 1 000～2 500 V 兆欧表测量绝缘电阻，测量结果与前一次或同型号避雷器的试验值相比较，绝缘电阻值不应有显著变化；

(2)测量工频放电电压，对于 FS 型避雷器，额定电压为 3 kV、6 kV、10 kV 时，其工频放电电压分别为 8～12 kV、15～21 kV、23～33 kV；

(3)FZ 型避雷器一般不做工频放电试验，但应做避雷器的泄漏电流测量。

三、避雷器巡视

(一)日常巡视项目

1. 瓷套应清洁，无裂纹，破损，放电痕迹。

2. 避雷器内部无响声。

3. 引线无松股，断股，烧伤痕迹。

4. 均压环应平正，无松动，歪曲。

5. 接地应良好，无锈蚀。

6. 在线监测仪的动作记录器密封应良好，动作记录有无变化，全电流指示数与初始值无大变异。

(二)特殊巡视项目

1. 天气异常，雷雨后巡视项目：瓷套无裂纹、破损、放电痕迹；在线监测仪的动作记录器密封良好；抄录指示数读数。

2. 过电压运行巡视项目：瓷套无裂纹、破损、放电痕迹；上部和底部的压力释放装置应完好；无异常声音；在线监测仪的动作记录器密封良好；指示数与初始值无大变异。

3. 有严重缺陷巡视项目：检查母线电压正常；瓷套裂纹或破损处无放电痕迹；在线监测仪

的动作记录器密封良好，指示数与初始值无大变异；缺陷无加速发展的趋势。

4. 节假日：按日常巡视项目进行。

(三)故障后巡视

避雷器在运行中应与配电装置同时进行巡视检查，雷电活动后巡视检查项目如下：

1. 瓷套是否完整。

2. 导线与接地引线有无烧伤痕迹或断股现象。

3. 水泥接合缝及涂刷的油漆是否完好。

4. 10 kV 避雷器上帽引线处密封是否严密，有无进水现象。

5. 瓷套表面有无严重污秽。

6. 动作记录器指示数有无变化，判断避雷器是否动作并做好记录。

第三节　避雷器试验

一、在线监测器试验

1. 检查监测器托架安装是否牢固，接地是否良好。紧固在线监测器与避雷器接地引下线间松动的螺栓。用钢丝刷打磨避雷器引下线与在线监测器连接处的锈蚀触面及连接螺栓，锈蚀严重应更换新的螺栓，如图 5-7 所示。

图 5-7　在线监测器

2. 对在线监测器与避雷器引下线连接面进行打开检查，用 120 号砂纸将接触面打磨干净，均匀涂抹一层电力复合脂，重新连接，并在螺栓上涂抹润滑脂。

3. 检查避雷器监测器玻璃罩外壳有无破损、裂纹，密封是否良好。

4. 检查数码电磁动作计数器动作是否灵敏、可靠，泄漏电流监测指示是否正常(正常指示应为 0.5 mA)。检查当泄漏电流超过 1.5 mA 达到红色区域时报警指示灯是否由白变红，正常发出报警指示。

5. 监测器高压接线端引线拉力适当，承受拉力不得大于 100 N。监测器地线连接牢固，接触良好，检查安装孔上端油漆应刮去，以保证导电良好。用万用表高阻挡对监测器高压接线端和法兰接地端进行测量。其电阻值应大于数千欧至兆欧(注：不能使用兆欧表测试)，否则应视为有漏电现象存在，应及时更换。

6. 对在线监测器进行更换：

(1)当监测器泄漏电流，偏大达到报警指示时，或泄漏电流指针卡滞，监测器内部气化时，则需要更换新的监测器。

(2)更换故障的监测器,首先应用直径不小于 2.5 mm 的导线将避雷器计数器的底座上下端牢固接地。

(3)先接底座下端,再接底座上端,使监测器的下端可靠接地,如图 5-8 所示。

图 5-8　在线监测器更换操流程

(4)短接接地后,将监测器安装孔端面上的漆层刮去,以保证接触良好,先连接好接地母线,再将监测器高压接线端用螺栓和母线连接在避雷器接地端上。

(5)拆除避雷器底座上、下端间的短接线,使监测器串接在避雷器与地之间,即避雷器通过监测器接地。

二、接地端检修

1. 检查避雷器接地是否良好(避雷器接地与放电计数器或监测器的高压端连接,通过放电计数器接地)。检查避雷器低压端的连接螺栓的紧固性,以保证过电压时通过避雷器泄入大地的可靠性,如图 5-9 所示。

图 5-9　避雷器接地

2. 检查经动作计数器接地的避雷器,其低压端引线的位置应与杆头抱箍保持足够距离,不得接触杆体接地线,造成计数器故障。

3. 对接地线连接点锈蚀的处理:拆下接地扁钢;对连接端头除锈打磨至露出金属光泽,涂抹焊锡膏，将其放入熔锡罐，30 s 以后取出扁钢，用干净的抹布轻轻擦除多余的熔锡使其镀锡均匀，表面平滑，恢复连接。

4. 对接地线本体除锈涂漆。

5. 室内连接的避雷器，除检查本体的接地线外，还需检查引自墙体扁钢的接地线，如图 5-10 所示。

图 5-10　室内避雷器接地

三、避雷器试验

(一)试验内容及标准

1. 测量避雷器及底座绝缘电阻：

(1)35 kV 以上，绝缘电阻不低于 2 500 MΩ；

(2)35 kV 及以下，绝缘电阻不低于 1 000 MΩ；

(3)底座绝缘电阻，不小于 5 MΩ。

2. 直流 1 mA 电压 $U_{1\,mA}$ 及 0.75 $U_{1\,mA}$ 下的泄漏电流测量：

(1)不低于 GB/T 11032 规定值。

(2)$U_{1\,mA}$ 实测值与初始值相比，变化不应大于±5%。

(3)0.75 $U_{1\,mA}$ 下的泄漏电流不应大于 50 μA。

3. 测量避雷器及底座绝缘电阻：

(1)接线：110 kV 及以下电压等单节绝缘子分别测量避雷器绝缘和底座绝缘的绝缘电阻的接线如图 5-11 所示。220 kV 两节绝缘子的测量接线如图 5-12～图 5-14 所示。

①当拆除一次连接线时，可以分别对上、下两节避雷器进行试验接线，如图 5-12 所示。

②当不拆开一次连线时(避雷器顶部接地)，试验接线如图 5-13 所示。

③测量底座的绝缘电阻试验接线如图 5-14 所示。

(2)试验：按兆欧表操作程序进行操作，测量前后应充分放电。

(3)读取数据：在试验过程中读取 1 min 的绝缘电阻值。

4. 直流 1 mA 电压 $U_{1\,mA}$ 及 0.75 $U_{1\,mA}$ 下的泄漏电流测量：

(1)110 kV 及以下电压等单节绝缘子的测量如图 5-15 所示。

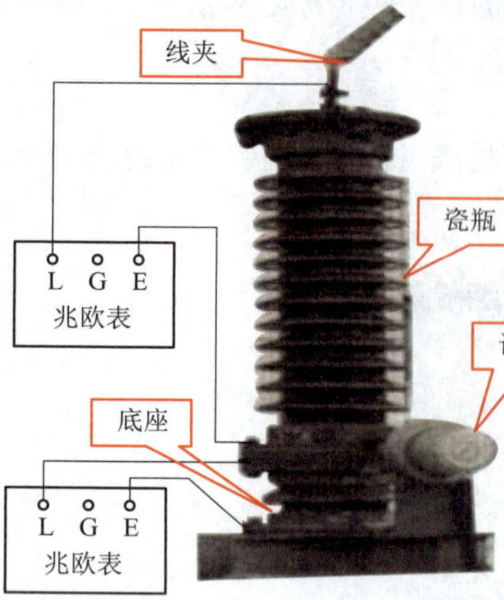

图 5-11　避雷器试验接线

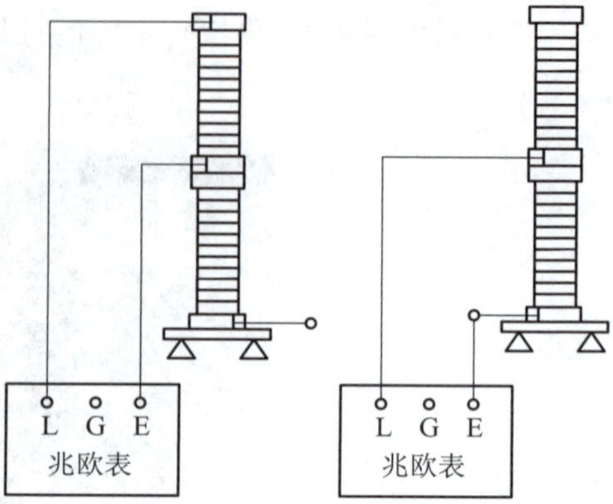

图 5-12　避雷器上、下两节试验接线

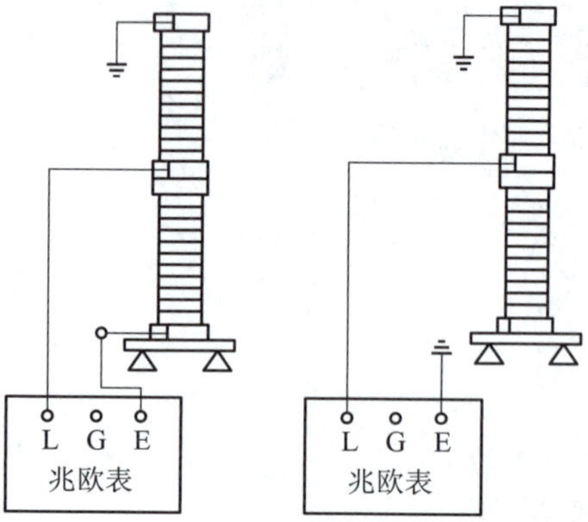

图 5-13　避雷器不拆开一次连线试验接线

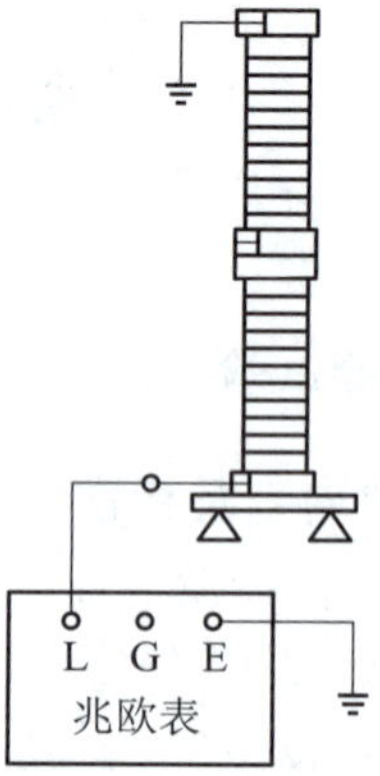

图 5-14　避雷器底座绝缘电阻试验接线

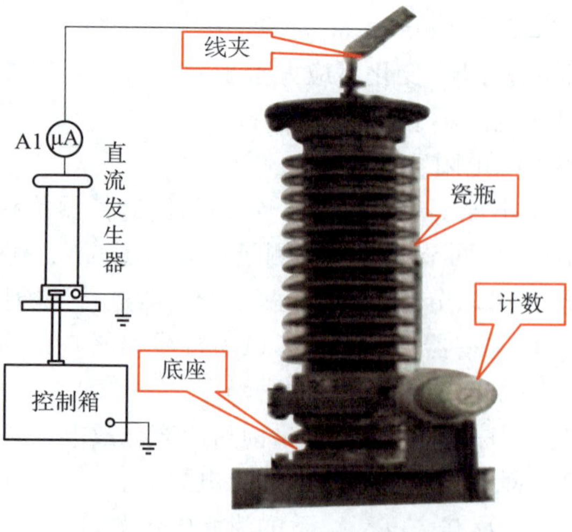

图 5-15　110 kV 及以下电压等级单节绝缘子试验接线

(2)220 kV 两节绝缘子组成的避雷器接线如图 5-16 所示。

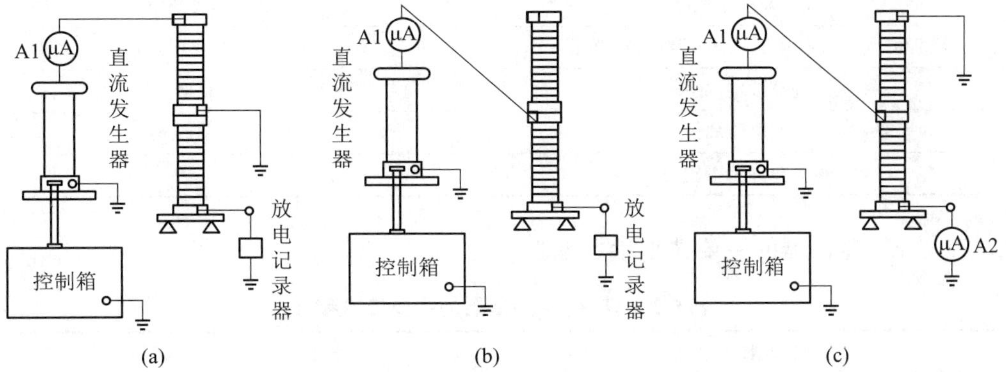

图 5-16　220 kV 两节绝缘子试验接线

能拆除引线条件下接线如图 5-16 所示，测量上节如图 5-16(a)所示接线；测量下节如图 5-16(b)所示接线；未能拆除引线条件下接线如图 5-16(c)所示接线。

(3)试验：按直流发生器的操作说明书要求进行操作。

(4)读取数据：平缓调节升压旋钮，注意观察直流微安表的读数，当电流表读数为 1 mA 时，记录直流高电压值 $U_{1\,mA}$(测量上节和下节时电流读取 A1 表的数值，测量中节时读取 A2 表的数据)；计算 0.75 $U_{1\,mA}$ 的数值，将电压升到 0.75 $U_{1\,mA}$。

记录泄漏电流值。图 5-16(a)和(c)接线图：测量上节和下节时电流读取 A1 表的数值，测量中节时读取 A2 表的数据。图 5-16(c)：在测量上节时，可用双微安表法，以高压侧微安表 A1 的读数(总电流)减去微安表 A2 的读数(下节避雷器的电流)作为上节避雷器的泄漏电流。而下节避雷器可以直接读取 A2 表的读数。

(二)避雷器的主要技术参数

1. 220 kV 避雷器的主要技术参数见表 5-1。

表 5-1　220 kV 避雷器的主要技术参数

设备及技术性能	参数及要求
安装方式	户外
系统标称电压	220 kV
系统最高电压	252 kV
额定频率	50 Hz
避雷器额定电压有效值	204 kV
持续运行电压有效值	159 kV
标称放电电流	10 kA
2 ms 方波通流容量	800 A
陡波冲击电流下残压峰值	不大于 594 kV
雷电冲击电流下残压峰值	不大于 532 kV
操作冲击电流下残压峰值	不大于 452 kV
直流 1 mA 参考电压	不小于 296 kV

续上表

设备及技术性能	参数及要求
无线电干扰电压(在1.05倍持续运行电压下)	不大于2 500 μV
局部放电水平	≤50 pC
爬电距离	7 812 mm
最大允许水平拉力	980 N

2. 27.5 kV避雷器的主要技术参数见表5-2。

表5-2 27.5 kV避雷器的主要技术参数

设备及技术性能	参数及要求
安装方式	户外
系统标称电压有效值	27.5 kV
额定频率	50 Hz
避雷器额定电压有效值	42 kV
持续运行电压有效值	34 kV
标称放电电流	10 kA
陡波冲击电流下残压峰值	不大于138 kV
雷电冲击电流下残压峰值	不大于120 kV
操作冲击电流下残压峰值	不大于98 kV
直流1 mA参考电压	不小于65 kV
局部放电水平	≤50 pC
爬电距离	1 400 mm
最大允许水平拉力	294 N

3. 正常使用寿命为30年。

4. 每台避雷器应有铭牌,内容应是去不掉的刻印,铭牌的材料不受气候的影响,并应安装在明显可见的位置,铭牌上所标志的项目内容应保证避雷器寿命周期内清晰可见,铭牌内容至少应包含直流1 mA电压、持续运行电压、标称放电电流等重要技术参数。

5. 避雷器均应配备带计数功能的在线监测仪,可以实时显示泄漏电流大小。

第四节 避雷器常见故障与处理

一、避雷器常见故障

在铁路供电系统中,安装氧化锌避雷器运用比较普遍,针对这一现象这里以氧化锌避雷器为例,介绍避雷器容易故障的五大因素:

(一)老化问题

通过多年运行统计分析,国内氧化锌避雷器因为老化造成的损坏很少,而进口避雷器爆炸的主要原因是阀片质量差。其质量差主要是老化特性不太好;其次是阀片的均一能力差,使电位差分布不匀称，运行过段时间后，一部分阀片会先老化，造成避雷器参照电压降低，阻性电流量和输出功率耗损提升，因为电网电压不会改变，则跌落式避雷器内其他正常的阀片因荷电率升高，承担加重，造成老化速率加速，并产生两极化，造成该跌落式避雷器产生热崩溃。

（二）受潮问题

跌落式避雷器受潮主要是密封不良或漏气，使潮气或水分侵入。某电瓷厂对 1991 年 5 月生产制造运行中损坏的 9 相跌落式避雷器的事故剖析统计分析，其中 78%是因密封性不良侵入潮气造成的，另一个 22%则是因装配前干燥不彻底造成阀片受潮。

密封性不良的主要原因有：

1. 跌落式避雷器的密封剂圈缩小形变的指标值达不到设计方案规定，装进跌落式避雷器后，易造成密封性无效，使潮气或水分侵入。

2. 跌落式避雷器的两边盖板生产加工不光滑，有毛刺，将防爆型板戳破造成潮气或水分侵入。

3. 组装时漏装密封剂圈或将防潮剂袋压在密封环上，或者密封剂圈偏移，或者没有将充氮气的孔封死等。

（三）结构设计不合理

结构设计不合理主要有：

1. 一些避雷器生产厂家片面追求质量轻，造成瓷套的干闪、温闪电压太低。

2. 固定阀片的支撑架绝缘性能不良，有的甚至用青壳纸卷阀片，复合型绝缘层的击穿电压抗压强度无法符合要求。

3. 阀片方波通流容积较小，应用在一些场所不相互配合。

（四）操作不当

供电运行部门操作不当都是造成跌落式避雷器损坏或爆炸的一个原因。操作工作人员一不小心造成操作失误，将中性点接地系统变成部分不接地系统，导致释放到某一跌落式避雷器两边的电压大大地超出其不断运行电压而将跌落式避雷器损坏。如某总降压站操作工作人员在变电器与系统分离、中性点不接地装置的状况下，没有合中性点接地刀闸就开展系统操作，造成变电器中性点跌落式避雷器损坏。

（五）电网工作电压波动

变配电电网的工作电压波动范围很宽，对金属氧化锌避雷器，如规定在稳态下吸收大量的能量，可能造成热崩溃。用无空隙金属氧化锌避雷器时必须确认系统工作电压波动范围，否则，因为稳态电压过高，损坏的并不是一个避雷器，而会同时损坏多个避雷器。

二、避雷器故障处理

（一）简单避雷器故障处理

1. 避雷器支架或避雷器不稳固处理方法为对其安装螺栓部件进行紧固。

2. 避雷器线路侧和接地端因各类天气环境原因导致电线脱落或产生电火花等造成电线熔断，其处理方法为对其端子进行紧固。

3. 瓷套管表面污损严重或瓷套管有裂缝引起绝缘降低，造成事故，处理方法为应进行拆除更换。

4. 在线路侧和接地侧的端子及密封部件上由于过电压或避雷器绝缘性能下降导致避雷器动作，处理方法为，首先若密封结构的金属上有熔孔，应将避雷器拆除；其次如果有不正常的变色，应拆除避雷器。

(二)运行中避雷器故障与处理

1. 运行中避雷器瓷套裂纹

(1)天气正常，可停电将避雷器退出运行，更换合格的避雷器，无条件更换而又不致威胁安全运行时，为了防止受潮，可临时采取在裂纹处涂漆或黏结剂，随后再安排更换。

(2)在雷雨中，避雷器尽可能先不退出运行，待雷雨过后再进行处理，若造成闪络，但未引起系统永久性接地时，在可能的条件下，应对故障相避雷器停用。

2. 运行中的避雷器有异常响声

运行中的避雷器有异常响声并引起系统接地时，值班或检修人员应避免靠近，应断开断路器，让故障避雷器退出运行。

3. 运行中避雷器突然爆炸

运行中的避雷器爆炸若未造成系统接地和系统安全运行时，可拉开隔离开关，退出避雷器，若爆炸后引起系统接地，不允许拉开隔离开关，只能断开断路器。

4. 避雷器接地引下线有烧熔痕迹

运行中的避雷器接地引下线连接有烧熔痕迹时，可能是内部阀片电阻损坏而引起工频续流增大，应退出避雷器，进行电气试验。

出现以下情况，避雷器故障需要更换处理：

1. 电极严重烧伤。

2. 云母垫片严重受潮，膨胀分层。

3. 阀片击穿，闪络或严重受潮。

4. 非线性并联严重老化，泄漏电流超过运行规程规定范围。

5. 橡胶密封件严重老化龟裂、变形、失去弹性。

6. 瓷套碎裂。

避雷器爆炸尚未造成接地时，在雷雨过后拉开相应的刀闸，将避雷器停用更换。如果已接地，则必须停电更换。禁止用隔离开关刀闸停用故障的避雷器。

第六章　牵引变电所接地系统

第一节　牵引变电所接地系统概述

一、接地的基本概述及变电所接地网、接地的要求

通常认为接地是将电气系统的某些节点或电气设施的某些部分与大地相连接。电气设备、杆塔或者过电压保护装置用接地线与接地体连接，称为接地。

(一)牵引变电所接地网作用

电气化铁路采用的是工频交流 25 kV 供电，牵引变电所输出的额定电压为 27.5 kV。变电所内接地网采用为 TN-S 接地系统，所有的设备以及各种功能的接地都共用同一个地网。现行牵引变电所中地网多采用铜绞线布置成水平长方形网孔结构，并根据所在地的土壤结构和电阻率决定地网的大小以及网孔的尺寸，在设备集中的地方设置垂直接地体以加强散流效果。牵引变电所接地网(图 6-1)的作用主要有四点：一是为铁路牵引供电电流提供地回流收集网；二是为变电所提供防雷接地；三是为变电所中设备外壳、电缆铠装、各种屏柜以及防护网栅提供保护接地；四是为所内弱电系统电源提供工作和保护接地。

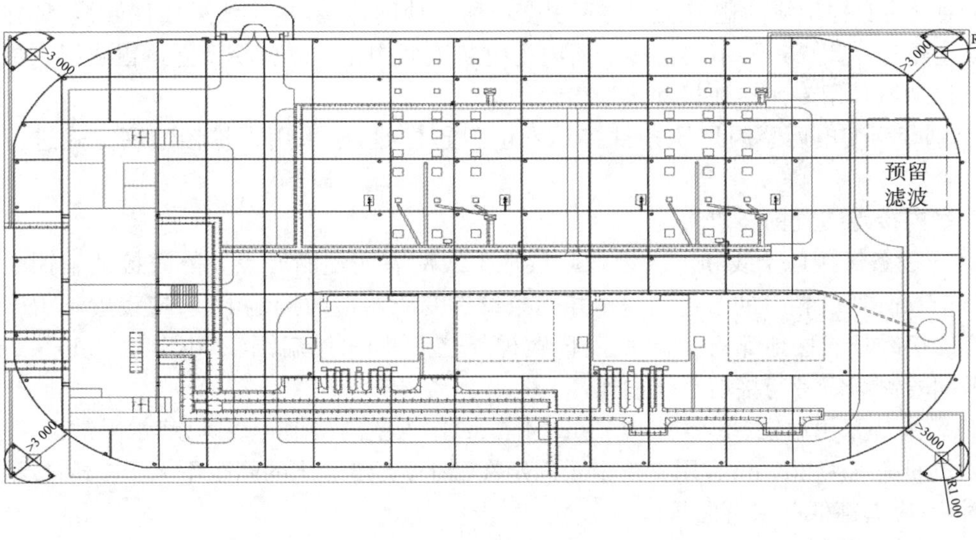

图 6-1　牵引变电所接地网(单位：mm)

牵引变电所采用的主变压器多为三相变压器，采用 Y/ V 的接线方式，二次侧两相负责供应铁路的不同供电臂；而第三相则与回流回路相连形成完整的电路。直供方式中，电流主要通过钢轨与大地回流，因此通过大地回流的电流很大，这部分电流全部通过变电所的地网回到主变压器。BT 供电方式中，由于架设了专用的回流线，并利用吸流变强制牵引电流从回流线返

回变电所，所以通过大地回流的电流就很小，利用变电所地网收集的电流也就大幅度减少。

（二）变电所接地网的要求

1. 水平接地体的埋设深度不小于 0.8 m，人行道处不小于 1 m；当接地网与电缆沟交叉时，接地网应在电缆沟底面 0.8 m 以下埋设，严禁从电缆沟内穿过。电缆沟、竖井、夹层接地母线应单独敷设。

2. 接地体之间或接地引线与接地体之间均采用热熔焊接，热熔焊接头表面应平滑，所有外露接地引线应作热防锈处理。放热焊接各种接头示意如图 6-2 所示。

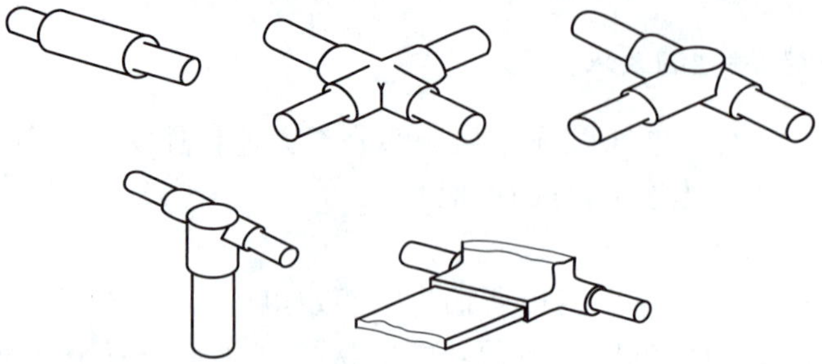

图 6-2　放热焊接各种接头示意

3. 接地网敷设完成后，接地网沟回填宜采用电动机具分层回填，夯实回填土中不应夹杂石块、建筑垃圾或腐蚀性物体，必要时更换导电率较高的回填土。

4. 设备接地引下线、室内外预留接地端子应导通良好，接地阻值应符合设计要求。

5. 根据《牵引变电所二次系统防强电侵入优化技术方案指导意见》（运供设备函〔2016〕325 号），供电线支柱架设的避雷线应与牵引变电所主地网连接，连接线采用裸导线，埋在地中的直线长度不应小于 15 m，不得直接与所内配电装置架构相连。应在架空避雷线引入馈线侧围墙附近接地网预留专用接地极和接地检查沟。

6. 个别牵引变电所亭因地质条件接地网电阻超标时，应采用外扩接地网方式进行达标整改。

（三）室内接地装置的要求

1. 高压设备区接地干线和二次设备区接地干线应有明显断开点。外露接地扁铜表面应涂以 10～15 cm 宽度相等的黄色和绿色相间条纹。变压器室的接地干线，应设置不少于 2 个供接地用的接线柱或接地螺栓。金属栏杆、爬梯、门窗等均采用扁铜（不小于 40 mm×4 mm）或同等截面的铜编织带与接地干线相连。

2. 电缆夹层采用扁铜（不小于 40 mm×4 mm）作为室内接地干线，沿墙水平敷设，距电缆夹层室内地面高度为 200 mm，用支持卡子固定在墙上，支持卡子的间距不大于 1 m；接地干线在敷设时，不应有高低起伏弯曲等现象。

3. 二次设备室、高压室屏柜的接地支线采用扁铜（不小于 40 mm×4 mm），预埋在地面装修层内，扁铜一端应与设备基础预埋件可靠焊接，另一端穿过楼板沿墙垂直引下，用支持卡子固定在墙上与电缆夹层中接地干线扁铜可靠焊接。

4. 接地干线穿墙、接地支线穿楼板时，应加钢管保护，钢套管应与接地线做电气连通，其管的两端口应用防火堵料和建筑密封膏封堵严密；接地线之间的连接采用搭接法焊接，焊接必须牢固、无虚焊，焊接的部位必须作防腐处理。

5. 高压室 GIS 开关柜基座下钢筋混凝土中的钢筋焊接成网，并引出不少于 2 个接头，与接地干线可靠连接；开关柜内一次接地母排应采用两根 1×50 mm、1 kV 铜芯电力电缆直接与电缆夹层接地干线相连，接地不少于 2 处，沿墙引下穿钢管敷设。

6. 接地线敷设位置不妨碍设备的拆卸与检修；当沿建筑物墙壁水平敷设时，距地面高度 250～300 mm；与建筑物墙壁间的间隙 10～15 mm；明敷接地引下线及室内接地干线的支持件间距应均匀，水平直线部分 0.5～1.5 m；垂直直线部分 1.5～3 m，弯曲部分 0.3～0.5 m。

二、牵引变电所的接地装置

(一)牵引变电所接地的目的

牵引变电所接地装置是牵引供电系统中电气装置由于绝缘损坏有可能带电，为防止其危及人身和设备安全而设置的安全设施，它对雷电、静电和故障电流起着泄流和均压的作用。

(二)变电所设备接地涉及的两个主要方面

1. 一则是为满足电气设备正常工作需要而采取的工作接地，如所用电变压器、并联补偿装置中电抗器和电压互感器的二次接地等，同时在牵引变电所对接触网供电时也有部分电流经过地网流回牵引变压器。

2. 二则是将电气装置外露可导电部分起保护作用的保护接地。

(三)保护接地的主要作用

1. 降低预期接触电压。

2. 提供等电位连接。

在正常工作状态下，各种电气设备的外壳是不带电的。如果设备绝缘受到破坏，设备的外壳就将带电，如不将外壳可靠接地，那么有人接触到外壳就会触电。如果将电气设备外壳可靠接地，当设备绝缘受到破坏，外壳与大地沟通，故障电流即流入地中，人接触到设备的外壳时，流经人体的电流很小，因此保障了人身安全。在牵引变电所巡视、检修及维护过程时，良好的接地对人身的安全提供了可靠的保证。

(四)接地电阻的要求

在牵引变电所接地设计时，接地电阻应满足

$$R_{jd} \leqslant 2\,000/i_d$$

式中，R_{jd} 为接地装置的接地电阻，Ω；i_d 为经接地装置注入大地的短路电流，A。

当 $i_d \geqslant 4\,000$ A 时，可得 $R_{jd} \leqslant 0.5$ Ω。因此，在牵引变电所接地设计中，一般接地电阻均按 $R_{jd} \leqslant 2\,000/i_d$ 的设计。

三、牵引变电所接地的目的及几种接地方式

牵引变电所接地的目的主要是保障牵引供电系统能够安全可靠地运行以及保障人身和设备的安全。

1. 防雷接地是为了将雷电流导入大地，消除产生的过电压对设备的危害而设置的接地，如避雷针、避雷器、避雷线的接地，如图 6-3 所示。

2. 工作接地是为了保证电气设备在正常和事故状态下能够可靠工作并满足系统运行的需要而设置的接地，如避雷器、PT、所用变中性点、接地刀闸的接地，如图 6-4 所示。

图 6-3　防雷接地

图 6-4　工作接地

3. 保护接地是为了防止电气设备因绝缘损坏带电危及人身安全而设置的接地，如所有电气设备外壳的接地，如图 6-5 所示。

图 6-5　保护接地

第二节　牵引变电所接地系统检修与维护

一、变电所接地系统的检修规定

接地系统在运行的过程中存在各种问题，为了保证接地装置的运行质量，应该制定检修周期，加强接地装置的检修力度：一是变电所应该每年对接地装置进行一次检修；二是根据变电所的实际运行状况，每年对接地线进行 1～2 次检修；三是在每年的雷雨季节到来之前，都应该对接地装置进行一次检测；四是每年对接地装置的接地电阻进行一次检测。

二、变电所接地系统的要求

在接地网起着工作接地和保护接地的作用，当接地电阻过大时，可能会产生危害。首先在发生接地故障时，使中性点电压过高，超过绝缘要求的程度而造成设备损坏。其次就是在雷击或雷电波袭击时，因为电流很大，会产生很高的残压。使邻近的设备遭到侵袭，并降低接地网本身保护(架空输电线路及变电所电气设备)带电导体的耐雷电水平，达不到设计的要求而损坏设备。故根据不同作用的接地网，对其维护的测量要求也不相同：

1. 有效接地系统电力设备接地电阻，一般不大于 0.5 Ω。
2. 非有效接地系统电力设备接地电阻，一般不大于 10 Ω。
3. 1 kV 以下电力设备的接地电阻，一般不大于 4 Ω。
4. 独立避雷针接地网接地，一般不大于 10 Ω。
5. 对每个接地端子进行测量，接地电阻应不大于 1 Ω。

按设计文件设置了接地端子，接地连接导线及其线鼻，采用不锈钢或镀锡铜制造，接地端子塑料塞齐全；电缆槽未预制前，检查裸露的引接线与贯通地线同截面、同材质；与接地极的连接以及距接触网带电体 5 m 范围内轨旁设备、设施的接地连接导线截面为 50 mm^2 带绝缘护套镀锡铜缆或 200 mm^2 不锈钢，其他接地和等电位连接导线的截面为 16 mm^2 带绝缘护套镀锡铜缆或 50 mm^2 不锈钢。

三、变电所接地系统日常检查

1. 直观检查接地端子的结构、表面是否存在变形、开裂、锈蚀。
2. 直观检查接地端子与地线引接线的连接是否牢固。
3. 检查接地极长度及预埋方法是否满足技术要求。

做好接地装置的防腐工作。在对于在空气以及接近地面的接地引下线，应该套上绝缘管，这样能够有效地避免腐蚀对接地线造成的损害。如果土壤为酸性，应该在接地装置的周围涂撒石灰，以此调整周围土壤的 pH 值，避免对接地装置造成腐蚀损害。同时，还可以改变接地体的材料，例如铜材料，既能够降低腐蚀损害，又能够提高接地效果。此外，在安装接地电网时，应该把主网干线的接地材料使用镀锌扁钢，并且为了更进一步降低锈蚀速度，应该采用竖直放置(竖直埋放有助于减小与土壤的接触面积，从而降低腐蚀的可能性)。遇到绝缘材料烧焦的气味，应该及时地采取措施进行处理；维护人员通过眼睛观察判断是否存在故障，观察是否存在不正常动作、冒火花、烧焦、磨损以及腐蚀等问题。

第三节　牵引变电所接地系统试验

根据接地装置的试验要求每 3 年进行一次检修试验。

一、变电所接地电阻的检修方式

(一)作业内容及标准

1. 地网电阻测试。
2. 不超过设计值。主地网接地电阻一般小于 0.5 Ω，避雷针接地电阻小于 10 Ω。

(二)试验方法

1. 通常有“5D/0.5 法”“夹角法”“0.618 法”，各方法的试验接线如图 6-6～图 6-8 所示。下列图中符号及代号的说明如下：

D:接地网对角线长度(单位:m);

1:接地网中心点为 1;

2:电位探测针的位置为 2;

3:电流探测针的位置为 3;

d_{12}:接地网中心至电位探测针的距离;

d_{13}:接地网中心至电流探测针的距离;

θ:d_{12} 与 d_{13} 之间的夹角。

2.“5D/0.5 法”测试接线(图 6-6)

5D/0.5 法接地网接地电阻测量时,从接地网中心算起,至电流探针的距离为 $d_{13}=5D$;至电位探针的距离为 d_{12} 约为 $0.5d_{13}$。测量时将电位探测针沿电流探测针的方向移动三次,每次移动距离约为 d_{13} 的 5%,如三次测得的值相近,即认为电位探测针的位置选择是合适的。

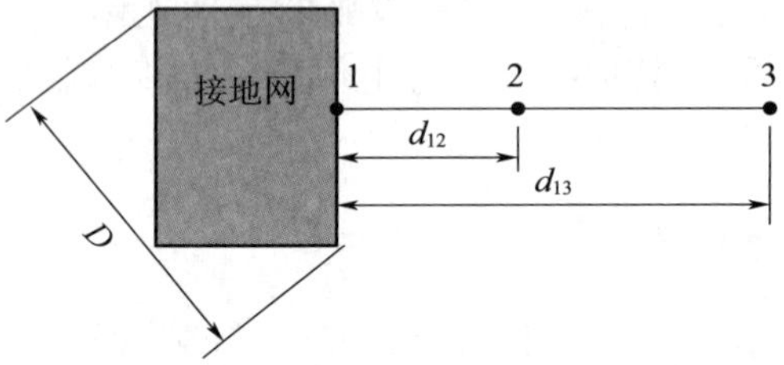

图 6-6　5D/0.5 法测试接地电阻测量探针布置法

3.“28°夹角法”测试接线(图 6-7)

d_{12} 与 d_{13} 夹角取 28°,被测接地网中心、电流探针和电位探针三点按等腰三角形布置,从 $d_{13}\geqslant 2D$ 开始,逐步加长测量引线长度,直到测得稳定值为准。

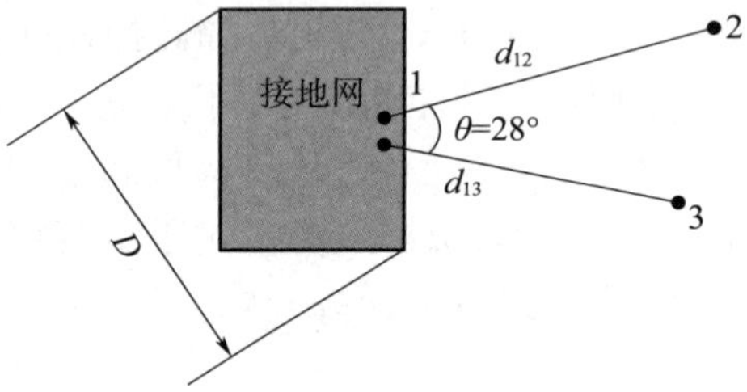

图 6-7　28°夹角法测试接地电阻测量探针布置法

4.“0.618”测试接线(图 6-8)

$d_{12}/d_{13}=0.618$,从 $d_{13}\geqslant 2D$ 开始逐步加大 d_{12} 与 d_{13},直到测得稳定值为准。

(1)按照所采用的试验方法准确将连线接于探测针上。

①将导线根据所有仪器的要求接于仪表相应的端钮上。

②将仪表放置水平位置,检查检流计的指针是否指于中心线上(即“0”线),否则调整零位指针指于中心线。

③将“倍率”置于最大倍数,慢慢转动发电机的手柄,同时旋动“测量盘”使检流计指针指于中心线。

④当检流计指针接近平衡时,加快发电机手柄的转速,使之达到 120 r/min 以上,调整测

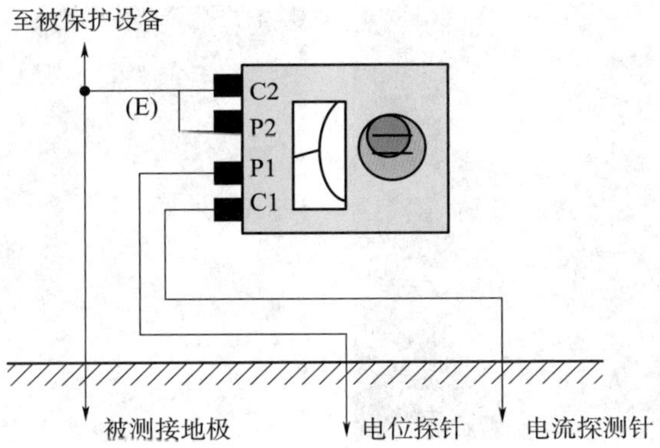

图 6-8　“0.618”测试接线

量盘使指针指于中心线上。

⑤随着测量值的大小，调整“倍率”和“测量盘”以得到准确读数，测量结果为“测量盘”读数乘以“倍率”即为所测的接地电阻值。

⑥测量复杂接地体电阻，应多选几点(5 点以上)。

⑦测试完毕后，回收引线和仪器，由工作负责人检查确认。工作负责人应对原始记录进行审核，内容包括：记录内容是否漏项；测试数据有效数字；单位是否正确；记录人；试验人签字是否完整。

(2)操作注意事项：

①接地电阻的测量应选择在土壤干燥时进行，即土壤电阻系数最高时进行。如北方在夏季最干燥时和冬季土壤冰冻最甚时进行；南方可在春秋季比较干燥的时候进行，由于土壤的湿度对接地电阻的影响很大，因此雨后不宜测量。

②当用 0/10/100 Ω 四端钮仪表测量小于 1 Ω 的接地电阻时，应将 C2 与 P2 间的连片打开，分别将导线连接到被测接地体上，以消除连接导线造成的测量误差。

③测量时检流计的灵敏度过高时，可将电位探测针插入浅一些，当检流计的灵敏度不够时，可沿电位探测针和电流探测针注水使其所接触的土壤湿润。

④在选择地形时需考虑土质不均匀的影响，例如地表水和地下水的影响。

⑤注意周围环境的影响主要是电磁场的干扰，应尽量避免架空线路及漏磁较大的电气设备的影响。

⑥注意地下环境的影响，如尽量避开地下金属管道、地下电缆、其他接地等。

⑦避免其他的影响，如放置的导线不能绞在一起，电流极和电压极要分开，导线接头要牢固，探测极周围要填实等。

⑧接地体测量点的选择主要有：主接地网、主变压器、高压断路器、等接地点。

⑨被测量点应清除干净，必要时用锯条或砂布打磨光洁，将导线牢固地接好。

二、接地体与接地线检修

(一)接地体

1. 检查水平接地体及垂直接地体应无锈蚀、烧伤或断裂。对已锈蚀、烧伤及断裂的接地体，重新敷设焊接，如图 6-9 所示。

图 6-9　水平接地体及垂直接地体

2. 检查水平接地体与垂直接体连接处有无锈蚀、开断，防腐层良好。对开焊的部位重新焊接，并进行除锈涂漆。

3. 检查接地体搭接部位的焊接长度及焊接面应满足要求。对搭接时焊接面不够，应进行补强，其圆钢搭接长度为直径的 6 倍；扁钢搭接长度为两倍宽度且三面焊接。

4. 检查接地网的接地电阻应满足要求。牵引变电所接地装置的接地电阻不能大于 0.5 Ω。独立避雷针接地装置的接地电阻不宜大于 10 Ω。

(二)接地线

1. 检查设备接地线、电缆沟内的接地线等，完整无锈蚀、烧伤、断裂或其他异状。对缺少、断裂的设备接地线进行重新连接，同时对生锈部位进行除锈涂漆，并对脱漆或未刷黑漆的部位进行刷漆，如图 6-10 所示。

图 6-10　设备接地线、电缆沟内接地线

2. 检查设备接地应牢固，接触良好。对开断、漏焊、点焊的接地线应进行重新焊接；同时对搭接时焊接面搭接长度不符合要求的要重新进行补强；其中圆钢搭接长度为直径的 6 倍；扁钢搭接长度为两倍宽度且三面焊接。

3. 检查接地端子应焊接牢固、无锈蚀。对接地螺栓开断、漏焊、点焊的重新进行焊接，并将其生锈的螺栓切除，重新焊接热镀锌螺栓，如图 6-11 所示。

4. 检查接地线应与接地体相连，无断开现象。用万用表测量各设备接地间的导通状态，对不导通的设备接地要查明原因，并进行处理。

图 6-11 接地端子

(三)轨、地回流

1. 检查接地箱安装是否牢固,应无锈蚀,箱内密封应良好。对安装不稳的接地箱重新焊接或紧固其固定螺栓,并进行除锈涂漆,同时用防火泥对其进行封堵,图 6-12 中一根螺杆穿了两根电缆,需要更换。

图 6-12 接地箱内部问题

2. 检查轨回流电缆及地回流接地扁钢与母排连接应牢固,无发红、发热现象。对各连接螺栓进行紧固,并涂抹黄油。对连接处有发热时,应查明原因,重新连接,必要时增加轨回流电缆根数或地回流接地体的数量。

第四节 牵引变电所接地系统常见故障与处理

一、接地系统处理方法

牵引变电所接地电阻不符合规范要求,可能造成从业人员的人身安全及设备运行安全隐患,故提出一些解决的方法。

(一)利用低电阻系数的土壤(即换土法)

利用黏土、泥炭、黑土及砂质黏土等代替原有较高电阻系数的土壤,必要时也可使用焦炭、木炭等。置换的范围是在接地体周围 1～2 m 的范围内和近地面侧大于等于接地极长的 1/3 区域内。这样处理后,接地电阻可减小为原来的 3/5 左右。

(二)采用加食盐等人工处理法

在接地体周围土壤中加入食盐、煤渣、炭末、炉灰、焦灰等,以提高土壤的导电率,其中最常用的是食盐,因食盐对于改善土壤电阻系数的效果较好,受季节性变动较小,且价格低廉。处理方法是,在每根接地体的周围挖直径为 0.5～1.0 m 左右的坑,将食盐和土壤一层隔一层地依次填入坑内。通常食盐层的厚度为约 1 cm,土壤的厚度大约为 10 cm,每层盐都要用水湿润,一根管形接地体的耗盐量约为 30～40 kg;这种方法对于砂质土壤可把接地电阻降为原来的 1/8～1/6 左右,而砂质黏土中则可降为原来的 1/3～2/5 左右。如果再加入 10 kg 左右的木炭,效果会更好。因木炭是固体导电体,不会被溶解、渗透和腐蚀,故其有效时间较长。对于扁钢、圆钢等平行接地体,采用上述方法处理也能得到较好的结果。但是,该法也有缺点,如对岩石及含石较多的土壤效果不大;降低了接地体的稳定性;会加速接地体的锈蚀;会因为盐的逐渐溶化流失而使接地电阻慢慢变大。所以在人工处理后 2 年左右即需进行一次处理。

(三)采用外引式接地

尤其在山丘地区,当接地电阻值要求较小而原地又难以达到时,若附近不远处有水源或者电阻系数低的土壤,则可利用该处制作接地极或敷设水下接地网。然后再利用接地线(如扁钢带)引接过来作为外引式接地。但应注意,外引接地装置要避开人行通道,以防跨步电压触电;穿过公路时,外引线的埋深应大于等于 0.8 m。

(四)采用导电性混凝土

在水泥中掺入碳质纤维来作为接地极使用。如在 1 m^3 水泥中掺入约 100 kg 的碳质纤维,制成半球状(直径为 1 m)的接地极。经测定,其工频接地电阻(与普通混凝土相比)通常可降低 30%左右。此法常用于防雷接地装置。为了能够进一步降低冲击接地电阻值,还可以同时在导电性混凝土中埋入针状接地极,使放电电晕能够从针尖连续地波及碳质纤维,这对降低冲击接地电阻值有明显的作用。

(五)采用降阻剂的化学处理法

用碳粉和生石灰等作为主要原料的阻降剂,因不含电介质,故能在土壤中长期使用,也不会因地下水而流失,所以能得到长期既无公害且又稳定地降低接地电阻(约可比采用减阻剂处理土壤前降低 1/2)。对于坚硬岩盘地带,采用埋设接地线和降阻剂并用的方法相当有效,其接地电阻比只埋接地线时约能降低 40%。且此法只要在挖掘好并敷上接地线的沟内撒上粉状降阻剂或长效降阻剂,再将旧土壤回填就可取得良好的效果。

(六)钻孔深埋法

该法在国外早有报道,并在实际使用中取得了良好的效果。近年来,我国也已经开始采用这种降阻的新方法。此法所采用的垂直接地体长度,视地质条件一般为 5～10 m,再长时则效果不明显且给施工也带来困难。接地体通常采用 ϕ20～75 mm 的圆钢。不同直径的圆钢对接地电阻值的影响很小。该法适用于建筑物拥挤或敷设接地网的区域狭窄等场合。这些场合采用传统方法很难找到埋设接地极的适当位置,且安全距离无法保证。虽可通过在接地体上覆盖沥青绝缘层等措施来保证安全,但增加了施工工作量和装设成本。深埋法对含砂土壤最为有效，因其含砂层大都处在 3 m 以内的表面层，而地层深处的土壤电阻系数较低。此外，该法也适用于多石的岩盘地区。

在施工时，可采用 ϕ50 mm 及以上的小型人工螺旋钻或钻机打孔。在打出的孔穴中埋设 ϕ20～75 mm 圆钢接地体，再灌入碳粉浆(用碳纤维拌水浆)或泥浆。最后将同样处理的数个接地体并联，就成了完整的接地体。采用本法施工的接地体，受季节影响小，可获稳定的接地电阻值。同时由于深埋，也可使跨步电压显著减小，这对保障人身安全很有利。该法施工方便，成本不高，效果显著，势将得到推广和运用。

二、牵引变电所接地系统常见故障

(一)电阻问题

变电站系统接地装置的电阻不能超过 0.5 Ω，但是由于技术、设备等因素的限制，经常出现接地装置电阻过大的问题，进而导致变电站系统电压增加的问题，一旦超过绝缘水平，将会损坏接地装置以及其他设备，当接地装置被损坏后将会失去保护功能，引发各种危害，影响变电站系统运行的安全性和稳定性。

1. 牵引变电所接地网工频接地电阻值

牵引变电所属有效接地系统，其接地装置的接地电阻应符合

$$R_j \leqslant \frac{2\ 000}{I_j}$$

式中，R_j 为考虑到季节发化的接地装置的最大接地电阻，Ω；I_j 为计算用的流经接地装置的入地短路电流，A。

计算用的流经接地装置的入地短路电流，是指在接地装置内、外短路时，经接地装置流入地中的最大短路电流(稳定值)，该电流应按 5～10 年发展后的系统最大运行方式确定，并应考虑系统中各接地中性点间的短路电流分配，以及避雷线中分走的接地短路电流[入地短路电流按《交流电气装置的接地设计规范》(GB/T 50065)附录 B 的规定确定]。

牵引发电所、开闭所、分区所及自耦发压器所接地网的接触电位差和跨步电位差不应大于下列数值

$$E_j = 174 + 0.17\rho_b C_b / \sqrt{t}$$

$$E_k = 174 + 0.17\rho_b C_b / \sqrt{t}$$

式中，E_j 为接触电位差，V；E_k 为跨步电位差，V；ρ_b 为人脚站立处地表面的土壤电阻率，Ω · m；C_b 为表层衰减系数，按 GB/T 50065《交流电气装置的接地设计规范》附录 C 的规定；t 为接地短路电流的持续时间，s。

2. 牵引发电所接地网工频接地电阻值的要求处理建议

(1)电网系统容量增强，尤其是高铁牵引发电所的进线电源主流电压等级采用 220 kV，系统的短路容量较大(如京沪高铁××牵引发电所的系统短路容量为 12 000 MV · A)，220 kV 侧的短路电流较大，牵引发电所接地要求越来越高。

(2)变电所的接地网不仅要考核工频接地电阻值，还要校验接触电位差和跨步电位差。或者当接触电位差和跨步电位差符合要求时，再反算符合要求的工频接地电阻值。

(二)接地体埋设问题(图 6-13)

接地体埋深直接影响接地装置的性能和水平，尤其是接地装置的水平接地体，应该将其埋

在地面以下 0.6 m 左右，如果埋深小于 0.6 m，土壤的干湿变化会对接地体的性能产生影响，导致出现接地装置电阻不稳定的现象。尤其是当变电站接地装置出现短路故障时，会导致出现跨步电压，如果没有采取有效的措施进行处理，将会危及运维人员的生命安全。

接地体截面不够，接地材料的截面、材质的选择应满足工程需要(载流和机械强度)。接地线截面积的计算公式为

$$S \geqslant I_{jd} \cdot \sqrt{t} / C$$

式中，I_{jd} 为流过该接地线的短路电流，A；t 为保护动作时间，s；C 为材料的热稳定系数。

图 6-13　接地体埋设问题

(三)腐蚀问题

接地装置在变电站系统具有连接地下、地表以及地上部分的重要作用，地下部分离子会对接地装置造成腐蚀，如图 6-14 所示，地表的机械力破坏、自然力影响以及空气中腐蚀性物质的影响，都会对接地装置产生一定的腐蚀作用，严重地影响接地装置的性能、缩短其使用寿命，增加其接地电阻，导致接地装置出现雷击电力下泄速度慢、电面位差异过大等问题，不能够发挥接地装置应用的作用，严重影响变电站系统运行的稳定性和安全性。

图 6-14　接地体腐蚀问题

(四)维护问题(图 6-15)

运行维护是保证变电站系统安全运行的重要手段，接地装置也不例外，通过合理、规范的维护，能够始终保持接地装置处于最佳运行状态。但是，许多变电站在安装了接地装置之后，并不重视接地装置的运行和维护管理，没有制定科学、规范的检查与运维制度或者方案，导致

许多接地装置处于带病运行或者故障运行状态，不能够发挥接地装置应有的功能，影响变电站系统的整体功能。

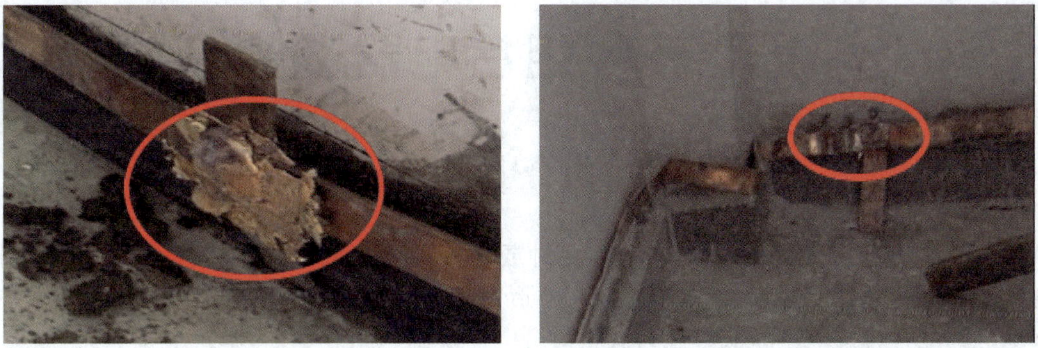

图 6-15　接地体维护问题

第七章　组合电器设备

第一节　组合电器设备概述

组合电器(composite apparatus)是将两种或两种以上的电器,按接线要求组成一个整体而各电器仍保持原性能的装置。结构紧凑,外形及安装尺寸小,使用方便,且各电器的性能可更好地协调配合。按电压高低可分为低压组合电器及高压组合电器,本章节重点讲述 GIS 组合电器的相关内容。

一、高速铁路牵引供电运用组合电气的情况

目前我国的高速铁路牵引变电所因受到地形、环境等影响,较为广泛地采用组合电器供电,很大程度上减少了地形、环境等因素对供电的限制。按照现行 TB 10009《铁路电力牵引供电设计规范》的有关规定:在地形困难或重污秽的地区及重要城市,可采用 GIS 组合电器。时速 300 km 及以上高速铁路的 27.5 kV 配电装置宜采用 GIS 开关柜,均宜采用室内布置。

二、高压组合电器的分类

高压组合电器按绝缘结构分为敞开式及全封闭式两种。前者以隔离开关或断路器为主体,将电流互感器、电压互感器、电缆头等元件与之共同组合而成。后者是将各组成元件的高压带电部位密封于接地金属外壳内,壳内充以绝缘性能良好的气体、油或固体绝缘介质,各组成元件(一般包括断路器、隔离开关、接地开关、电压互感器、电流互感器、母线、避雷器、电缆终端等)按接线要求,依次连接和组成一个整体。

高压组合电器按电压等级(牵引供电范围)分为:220 kV、110 kV、27.5 kV。

敞开式开关设备(air insulated switchgear,简称 AIS),它靠空气和绝缘子使带电部分与地、相与相之间绝缘,其母线裸露,直接与空气接触,断路器可用瓷柱式或罐式,以瓷套作为设备外壳及外绝缘,其特点是外绝缘距离大,占地面积大。

气体绝缘金属封闭开关设备(gas insulated switchgear,简称 GIS),是指全部或部分地采用气体(一般采用 SF_6 气体作为绝缘介质)而不采用处于大气压下的空气作为绝缘介质的金属封闭开关设备。以优质环氧树脂绝缘子作支撑的封闭式成套高压电器。

三、AIS 和 GIS 组合电器的比较

(一)结构对比

AIS 结构简单,为敞开式,对绝缘距离要求较小。

GIS 按结构分为以下几种:

1. 分相式。主回路分别装在独立的金属圆筒外壳内,由环氧树脂浇注绝缘子支撑,内充 SF_6 气体。

2. 主母线三相共筒。仅三相主母线共用一个外壳，利用绝缘子将三相母线均匀支撑在圆筒内，其他元件均为分相结构。

3. 全三相共筒。每个元件的三相集中安装于一个圆筒外壳内，用环氧浇注件支撑和隔离，外壳数量少，外形尺寸小，密封环节少，外壳电流小，但相间相互影响大。

(二)优缺点对比

AIS价格较便宜，安装及测试方便、灵活性较好、检修扩建较方便。但占地面积大且因设备外露部件多，易受气候环境条件的影响，不利于系统的安全及可靠运行。

GIS与传统敞开式配电装置相比主要由于其具有以下几个方面的优点：

1. GIS具有占地面积小、体积小，质量轻、元件全部密封不受环境干扰，220 kV GIS占地面积仅为AIS的10%。

2. 操作机构无油化，无气化，具有高度运行可靠性。

3. GIS采用整块运输，安装方便，周期短，安装费用较低；检修工作量小时间短。共箱式GIS全部采用三相机械联动，机械故障率低。

4. 优越的开断性能——断路器采用新的灭弧原理为基础的自能灭弧室(自能热膨胀加上辅助压气装置的混合式结构)，充分利用了电弧自身的能量。

5. 损耗少、噪声低——GIS外壳上的感应磁场很小，因此涡流损耗很小，减少了电能的损耗。弹簧机构的采用，使得操作噪声很低。

但由于配置大量的金属封闭母线，使得造价昂贵，且扩建麻烦。

四、GIS组合电器

GIS由断路器、隔离开关、接地开关、互感器、避雷器、母线、连接件和出线终端等组成，这些设备或部件全部封闭在金属接地的外壳中，在其内部充有一定压力的SF_6绝缘气体，故也称SF_6全封闭组合电器。

(一)GIS的特点

1. 小型化：因采用绝缘性能卓越的六氟化硫气体做绝缘和灭弧介质，所以能大幅度缩小变电站的体积，实现小型化。

2. 可靠性高：由于带电部分全部密封于惰性SF_6气体中，大大提高了可靠性。此外具有优良的抗地震性能。

3. 安全性好：带电部分密封于接地的金属壳体内，因而没有触电危险。SF_6气体为不燃烧气体，所以无火灾危险。

4. 杜绝对外部的不利影响：因带电部分以金属壳体封闭，对电磁和静电实现屏蔽，噪声小，抗无线电干扰能力强。

5. 安装周期短：由于实现小型化，可在工厂内进行整机装配和试验合格后，以单元或间隔的形式运达现场，因此可缩短现场安装工期，又能提高可靠性。

6. 维护方便，检修周期长：因其结构布局合理，灭弧系统先进，大大提高了产品的使用寿命，因此检修周期长，维修工作量小，而且由于小型化，离地面低，因此日常维护方便。

(二)GIS 的结构

1. 根据安装地点可分为户外式和户内式两种,牵引供电均采用室内安装结构,如图 7-1 所示。

(a) 110 kV GIS组合电器

(b) 27.5 kV GIS组合电器

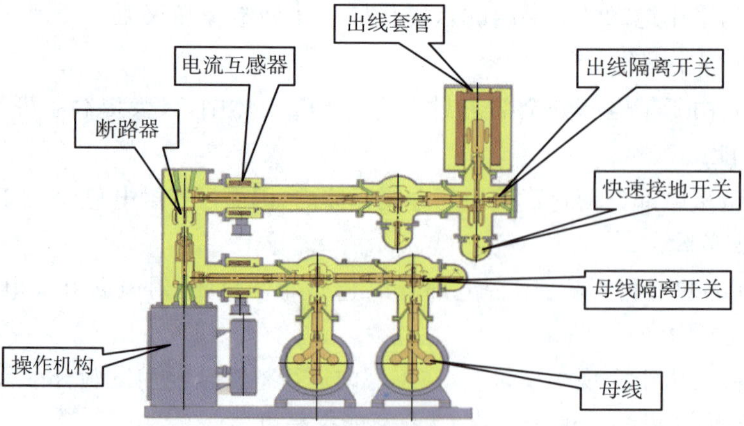

(c) GIS组合电器结构

图 7-1　GIS 结构

2. GIS一般可分为单相单筒式和三相共筒式两种形式。110 kV电压等级及母线可以做成三相共筒式，220 kV及以上采用单相单筒式。

3. GIS设备根据各个元件不同作用，分成若干个气室，用绝缘部件做隔离。

第二节 组合电器设备检修与维护

GIS主要元件除断路器、隔离开关、接地开关等动作元件外，基本上都在SF_6气体中处于静态，检查维护基本按元件所处介质不同（SF_6中和空气中）分别考虑其维护检查要点。GIS检修要点见表7-1。

表7-1 GIS检修要点

分 类	SF_6气体中部分	大气中部分
动作元件	断路器、隔离开关/接地开关（实施短路开断，操作次数的管理，同时以12年为1次检修周期的详细维修；隔离开关和接地开关可进行全数或抽样维修）	操作机构（实施操作次数的管理，同时以6年为1次检修周期的详细维修，其维修是以操作试验为主，并进行详细检查的维修）
不动作元件	母线，出线电缆或套管，避雷器，电压互感器，电流互感器进行相关项目的检查	法兰结合部位，箱体，接线等主要进行外观检查和维护

一、GIS组合电器的检修分类

GIS的维护检修可划分为以下四个部分：

1. 巡视检查

以日常巡视为基础，重点检查SF_6气体密度，操作机构的压力，开关的动作次数，避雷器的放电计数器等工作。

2. 定期检查

每4～6年进行1次，或按实际情况而定，以操作试验为主，并进行机构的详细检查维护，除操作机构外不对GIS设备进行分解工作。

3. 分解检修

根据GIS设备的运行时间，状态或累计动作次数值，依据制造厂的运行维护检查项目和要求，对GIS设备进行解体大修工作。

4. 临时检修

GIS在运行中发现异常或缺陷，必须对GIS设备进行必要的临时性检查；具体内容与范围应根据运行中所发生的问题而定（可参考分解检修内容）。

二、GIS组合电器巡视

（一）巡视周期

1. GIS投运后的第一个月，每天巡视一遍。

2. 如果无异常，从第二个月到第四个月，每周巡视一遍。

3. 如果一切正常，从第五个月到一年，每月巡视一遍。

4. 如果一切正常，以后每隔一年巡视一遍，另外增加定期维护。

(二)巡视内容

1. 查看 GIS 外壳表面是否出现局部漆膜颜色加深、焦黑起泡。

2. 查看环氧树脂胶注的绝缘子外露部分有无颜色异常焦黑、剥落、裂纹。

3. 查看是否从 GIS 内部发出的异常声响，机构内是否有烧焦气味或痕迹。

4. 查看 GIS 本体上各个高压开关(断路器、隔离开关、接地开关)分合指示是否正确到位。

5. 查看操作机构外露传动装配上的卡圈或开口销是否脱落；紧固件有无松懈。

6. 查看操作机构的门、盖是否关严密封；瓷套有无破损、开裂。

7. 查看 GIS 的钢构件和底架锈蚀情况，绝缘子外表面漆脱落情况。

8. 查看汇控柜内是否有烧焦的气味；二次线和电缆是否有烧焦痕迹；线头是否脱落。

9. 汇控柜面板上模拟线上各高压开关分合指示(或信号灯)是否与 GIS 相对应开关的实际状态相符；带电显示信号是否正常。

10. 检查汇控柜报警装置是否正常；加热器是否按规定投切。

11. 记录断路器与操作机构动作次数和当时日期。

12. 记录避雷器的动作次数。

13. 查看 GIS 本体是否有漏气声；压力释放装置有无异常。

14. 记录每个气室的气压值及当时日期。

巡视重点如图 7-2 所示。

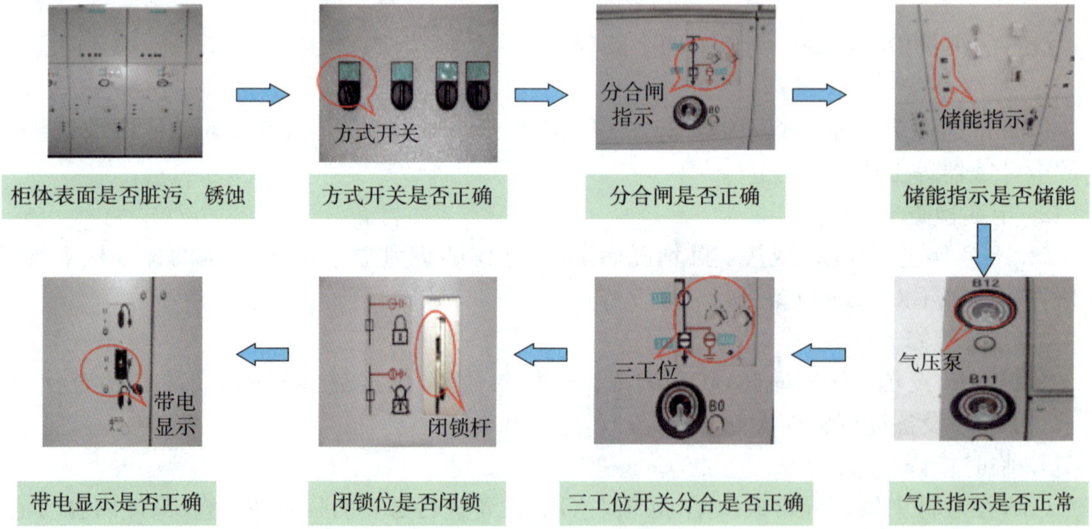

图 7-2 GIS 组合电器巡视重点

三、GIS 组合电器维护

(一)维护周期

1. 投运后第一年和再隔 1～2 年进行一次一般维护和气室的水分测量，断路器运行时，最大允许 0.03%(V/V)；其他气室运行时最大允许 3.1%(V/V)。

2. 如情况正常，以后每隔 3～4 年进行一次一般维护，同时进行 GIS 气室的水分测量。必要时，校验密度继电器动作压力值，进行 GIS 本体 SF_6 气体检漏。

3. 如果 GIS 经过检修，则检修过的部分，按投运时间重新安排巡视和维护。

(二)一般维护内容

1. 外观检查记录，同巡视 GIS 内容。

2. 清除 GIS 表面灰尘和污垢。

3. 气室的 SF_6 气压检查与补气，运行中如果某气室的密度继电器发出补气信号，应按照本章的相关要求，立即给气室补充 SF_6 气体至额定气压。

4. SF_6 气体检漏如发现 GIS 某气室的密度继电器发出补气报警信号，或接近补气信号，可以对该气室进行 SF_6 气体检漏，具体方法按照本章的相关要求进行，并将结果进行记录存档。

5. 检查机构汇控柜是否有积水。

6. 断路器动作时间测量必要时，对退出运行的断路器进行动作时间的测量。

7. 除锈补锈。

四、GIS 组合电器的维修检查

(一)断路器的检修

1. 检修条件

断路器的开断次数、累计开断电流、断路器的操作次数、断路器的运行时间任何一项达到表 7-2 要求时，断路器就必须进行分解检修。断路器进行分解检修时，分解检修项目应根据实际运行状况并与制造厂协商后确定。分解检修工作由制造厂负责或在制造厂指导下协同进行。

表 7-2　GIS 组合电器断路器维修检查规定

设备名称	工作状态	规定操作次数	备　注
SF_6 断路器	开断额定短路电流	20	如果产品运行未达到规定次数要求，运行12 年后也应根据情况进行分解检修
	开断 50%额定短路电流	40	
	开断负荷电流	2 000	
	空载分合闸操作	3 000	

2. 检修内容

(1)检查弧触头烧损程度，并根据检查结果处理或更换。

(2)检查喷口烧损程度，并根据检查结果处理或更换。

(3)检查触指磨损程度，并根据检查结果处理或更换。

(4)检查绝缘件，如有裂痕或其他异常情况，应予以更换。

(5)检查主回路导体(压气缸，中间触头)镀银面状态。

(6)检查调整相关尺寸。

(7)检查并清洁灭弧室，更换吸附剂及密封圈。

GIS 组合电气器断路器如图 7-3 所示。

(a) GIS组合电气器断路器结构示意

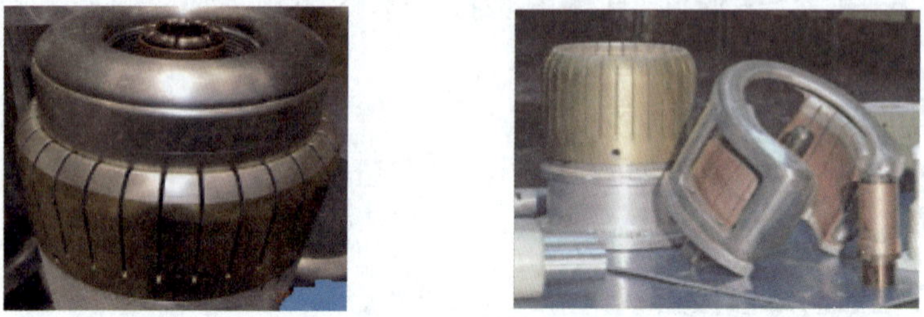

(b) GIS组合电气器断路器动触头、静触头及绝缘支撑

图 7-3　GIS组合电气器断路器

3. 断路器操动机构检修

(1)弹簧操动机构详细检修内容：

①检查分合闸线圈和脱扣尺寸及磨损情况，必要时应进行调整或更换。

②检查辅助开关切换情况，必要时应进行调整或更换。

③检查储能电机，储能位置状态开关。储能时间符合技术要求，必要时应处理或更换。

④检查轴、销、锁扣等易损部位，复核机构相关尺寸，必要时应处理或更换。

⑤转动、传动部位检查润滑。

(2)液压操动机构详细检修内容：

①检查分合闸线圈，必要时应更换。

②检查辅助开关切换情况，必要时应处理或更换。

③清洗并检查操作阀，更换密封圈，必要时应更换损坏部件。

④检查油泵、安全阀是否正常工作，必要时更换损坏部件。

⑤校核各级压力接点设定值并检查压力开关，必要时应处理或更换。

⑥液压弹簧机构应检查弹簧储能前、后尺寸。

⑦清洗油箱、更换液压油后排气。

图 7-4 为 GIS 组合电器弹簧操动机构断路器；图 7-5 为 GIS 组合电器液压机构断路器。

(二)隔离开关(DS)的检修

1. 检修条件

GIS 组合电器隔离开关在操作次数或运行时间达到要求时就需进行分解检修，由于隔离开关数量较大，所以检修可以进行抽检。符合以下条件的隔离开关进行检修：

(1)要检修的隔离开关应具有代表性,是操作次数最多的隔离开关或母线隔离关。

图 7-4　GIS 组合电器弹簧操动机构断路器

图 7-5　GIS 组合电器液压机构断路器

(2)GIS 设备前期发生过问题的隔离开关,应进行检修。

(3)达到制造厂规定的操作次数隔离开关应进行检修。

(4)隔离开关检修时,由制造厂负责或在制造厂指导下协同进行,如果没有问题其他隔离开关可不再检修。

GIS 组合电器隔离开关维修检查规定见表 7-3。252 kV GIS 隔离开关如图 7-6 所示;GIS 隔离开关操作机构示意如图 7-7 所示。

表 7-3　GIS 组合电器隔离开关维修检查规定

设备名称	工作状态	规定操作次数	备　注
母线隔离开关	切母线环流	100	如果产品运行未达到规定次数要求,运行12 年后也应根据情况进行分解检修
隔离/接地开关	空载分合闸操作	3 000	

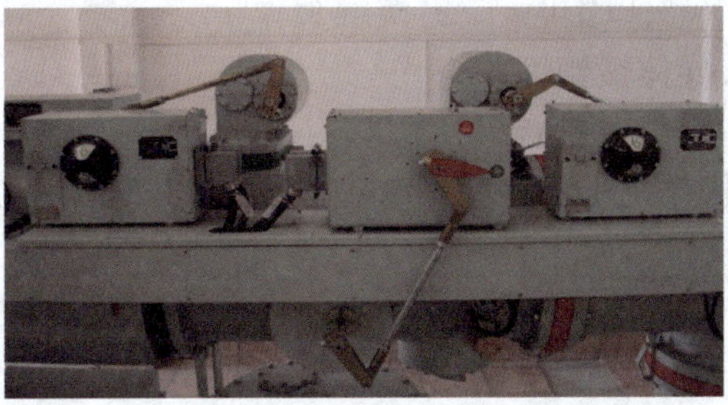

图 7-6　252 kV GIS 隔离开关

2. 检修内容

(1)对隔离开关进行解体,检查内部有无异常情况及动、静触头的磨损情况。

(2)检查触指磨损程度,并根据检查结果处理或更换。

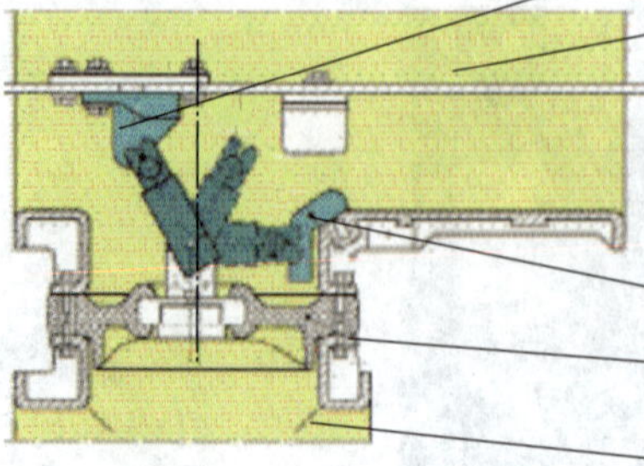

图 7-7　GIS 隔离开关操作机构示意

(3)操作次数大于 3 000 次或切额定环流 100 次以上时,应更换触头。

(4)检查绝缘拉杆,如有裂痕或其他异常情况,应更换。

(5)检查主回路导体镀银面状态。

(6)清理隔离开关罐体内部,更换吸附剂及密封圈。

(三)接地开关(ES)的检修

1. 检修条件

接地开关在操作次数或运行时间达到要求时就需进行分解检修,由于接地开关数量较大,所以检修可以进行抽检。符合以下条件的接地开关应进行检修:

(1)要进行检修的接地开关应具有代表性,是操作次数最多的接地开关。

(2)以前出过问题的接地开关,应重点检查产品状态。

(3)达到制造厂规定的操作次数接地开关应进行检修。

(4)检修用接地开关的检查,最好和要解体的同一个气室的隔离开关一起进行。接地开关进行检修时,由制造厂负责或在制造厂指导下协同进行,如果没有问题其他接地开关可不再进行检修。

2. 检修内容

(1)对接地开关进行解体,检查内部有无异常情况及动、静触头的磨损情况。

(2)检查触指磨损程度,并根据检查结果处理或更换。

(3)操作次数大于 3 000 次以上时,应更换触头。

(4)检查接地开关触头导体镀银面状态。

(5)清理接地开关罐体内部,更换密封圈。

252 kV GIS 接地开关操作机构示意如图 7-8 所示;252 kV GIS 接地开关接地刀闸如图 7-9 所示。

(四)快速接地开关(FES)

1. 检修条件

快速接地开关在操作次数或运行时间达到要求时就需进行分解检修,由于快速接地开关数量较大,所以检修可以进行抽检。符合以下条件的接地开关进行检修:

(1)要进行检修的接地开关应具有代表性,是操作次数最多的。

(2)接地开关以前出过问题的接地开关,应重点检查产品状态。

(3)达到制造厂规定操作次数的接地开关应进行检修,检修用接地开关的检查,最好和要

图 7-8　252 kV GIS 接地开关操作机构示意

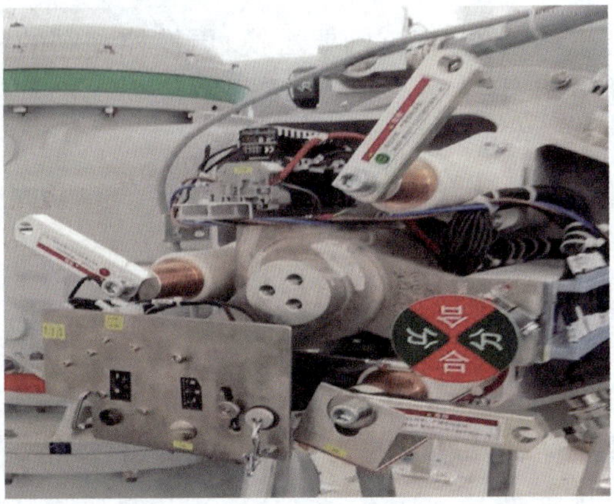

图 7-9　252 kV GIS 接地开关接地刀闸

解体的同一个气室的隔离开关一起进行。

(4)接地开关进行检修时,由制造厂负责或在制造厂指导下协同进行,如果没有问题其他接地开关可不再进行检修。

2. 检修内容

(1)当故障接地开关进行故障关合操作后,必须对触头进行更换。

(2)当故障接地开关操作次数大于 3 000 次以上时,必须对触头进行更换。

(3)对故障接地开关进行解体,检查内部有无异常情况及动、静触头的磨损情况。

(4)检查触头磨损程度,并根据检查结果处理或更换。

(5)检查接地开关触头镀银面状态。

(6)罐体内部有无金属残屑。

(五)隔离开关及接地开关操作机构的检修

1. 隔离开关、接地开关在操作次数或运行时间达到要求时就需进行分解检修,由于机构在定期检修里进行常规维护,所以分解检修可以进行抽检。符合以下条件的接地开关进行检修:

(1)要进行检修的机构应具有代表性,是操作次数最多的。

(2)机构以前出过问题,应重点检查产品状态。

(3)达制造厂规定的操作次数的机构应进行分解检修机构进行检修时,在制造厂指导下进行。

2. 对隔刀(DS)、地刀(ES)、快速地刀(FES)的操作机构 2 检修的详细内容：

(1)对连接部位进行润滑处理，对存在生锈的零部件进行处理或更换。

(2)检查辅助开关、微动开关切换情况，必要时应处理或更换。

(3)气动操作机构检查清洗电磁阀，必要时应处理或更换。

(4)检查轴、销、锁扣等易损部位，转动、传动部位检查润滑。复核机构相关尺寸，必要时应处理或更换。

(5)联锁线圈的检查，对有缺陷的线圈必须予以更换。

(6)隔离开关、接地开关和快速接地开关间的联锁功能试验。

(7)检查连接机构螺母和挡圈，对螺母和挡圈必须进行防松检查，重新紧固。拆卸过的挡圈必须全部进行更换。

(8)检查控制阀是否有生锈现象，若有则要更换，更换控制阀的密封圈。

(9)检查控制回路对地电阻，用 500 V 兆欧表测量每个二次线圈对地绝缘电阻必须大于 1 MΩ。

(10)检查端子排的紧固螺栓，连接螺栓和机械压接端子的紧固螺钉是否拧紧。导线是否有损伤。

(11)对手动机构，应进行分合操作，并测试机械特性。

(六)母线的检修

GIS 母线结构示意如图 7-10 所示；GIS 母线三相母线同管如图 7-11 所示。检修内容：

(1)检查盆式绝缘子外观情况及局放的变化情况，根据具体情况判断是否更换盆子。

(2)检查导体的镀银面状态。

(3)复查主母线导体间隙。

(4)清洁导体、盆子的表面及壳体内表面。

(a)三相　　(b)单相

图 7-10　GIS 母线结构示意

(七)其他设备的检修

1. 互感器、避雷器、补偿器、空压站

电压互感器、避雷器、补偿器及空压站是外购元件，按各自的生产厂家提出意见维修。

2. 其他附件

GIS 的其他外装附件，如电线管、支架等，也应检查其紧固情况，看有无松动，应使其与

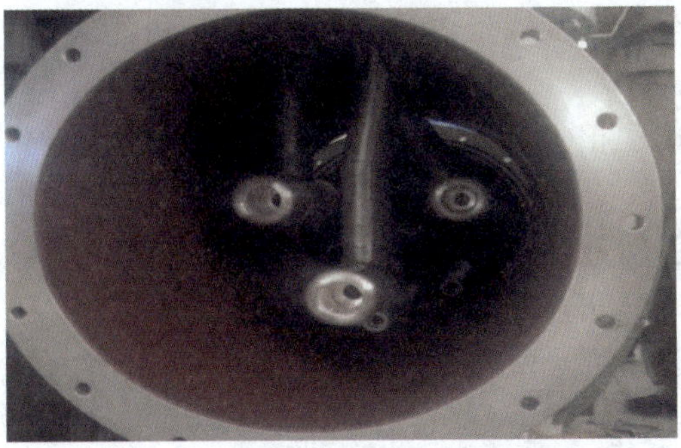

图 7-11　GIS 母线三相母线同管

GIS 本体连接牢靠。

(八)对运行中的 GIS 补气

1. 如果 GIS 某气室的密度继电器发出或接近补气报警信号，可以在主回路带电的情况下对该气室进行补气，方法如下：

(1)拆下该气室 D 型接头上的所有 M6 螺栓，将盖取下。假如发现当中的孔轻微漏气，可马上把新轴顶正，使之不漏气；假如发现当中的孔严重漏气，则立即将盖装回去。如果没发生这些情况，可以进行下一步工作。

(2)将充气装置与 C 型接头接好，与 D 型接头对接，拧上 M6 螺栓。充气过程中，人不能离开，注意观察压力表的读数，充到额定值即可。

(3)完成后马上把盖装好，以便产生漏气。同时避免接头端部暴露在空气中时间过长而吸附水分。

2. 注意事项：

(1)充气之前应对每瓶新的 SF_6 气体进行微水测量。

(2)充气之前，当 C 型接头与充气管、减压阀、SF_6 气瓶连接好以后，应让气管内先充点气，然后顶开 C 型接头中心孔的阀门，让气管内可能含水分高的气体放出来。一般放 2～3 次，在这过程中可以用电吹风对接头和气管进行烘热，以便水分蒸发出来，再与 D 型接头对接。

(3)充气时应缓慢进行，使液态气体充分汽化后进入气室，这样就保证了气室中的气体压力为其真实压力。另外，由于压缩的气体从气瓶中流出汽化过程中，需吸收外界大量热量，使充气管路、接头和充气装置温度大幅下降，若充气太快，会引起上述部件表面结霜，胶皮管变硬。因此充气时不宜过快。

(4)装充气接头的盖之前，应确认接头中心孔 O 形密封圈完好，数量不少。

(5)由于采用了有温度补偿的指针式密度继电器，因此无论在什么环境温度下其指示值都表示 20 ℃时压力值，可不加修正。

第三节　组合电器设备试验

GIS 组合电器的试验可以分为三种：检修后的检查试验、故障预防性试验、验收试验。

一、检修后的检查试验

1. 外观检查：对装配状态、零件松动情况、接地端子配置、气体管路和电缆台架进行检查。

2. 接线检查：检查所有二次接线是否符合图纸要求，可用万用表或电铃检查，同时检查接线端子的松紧及端子标记。

3. 绝缘电阻测定：在端子板上测量每一根线的绝缘电阻值。判定标准：主回路 100 MΩ 以上；控制回路 1 MΩ 以上。

4. 手动分合：对设备手动分合各 5 次，电动分合各 10 次，观察设备必须正常动作，在此过程中，直观检查操作机构，转换开关等部件必须操动作正常。

5. 主回路电阻测量：现场测量值应不超过工厂试验测量值的 20%。

6. 空气储气系统泄漏测试：12 h 空气泄漏量<5%。

7. 联锁试验：必须满足电气控制原理图所规定的联锁条件。

8. CT 试验：用 500 V 兆欧表测量每个二次线圈对地绝缘电阻必须大于 1 MΩ。

9. 主回路工频耐压试验：80%出厂耐压值，1 min 无异常。

10. 控制回路工频电压试验：耐受试验电压 2 kV，1 min 无异常。

检查及试验全部完成后，方能投入运行。

二、故障预防性试验

1. GIS 设备处于不停电状态下进行如下试验：

(1)SF_6 气体漏气量测量：保证年漏气量≤1%，保证 GIS 密封工况对 SF_6 气室水分的影响。

(2)SF_6 气体含水量测量：断路器气室小于 0.03%、其他气室小于 0.1%。GIS 设备水分大小不仅影响气体绝缘性能，而且对 GIS 设备性能，寿命都有相当大影响。

(3)用 SF_6 电气设备故障检测仪检查各气室 SO_2 及 H_2S 气体含量，以判定有无局部微量放电现象。

(4)使用局放检测仪，将探头放在产品外壳上对产品进行测试，根据测试结果判断内部是否异常。

(5)外部端子接触检查(包括套管的引出端子和接地排端子)：

通过红外线成像在线监测技术，及时有效地发现设备的发热位置，找出 GIS 设备发热原因。

2. GIS 设备处于停电状态下进行如下试验：

(1)机械特性测量：与设备运行前检验报告进行比较。

(2)回路电阻测量：与设备运行前检验报告进行比较。

三、交接试验

(一)机械操作试验

机械特性必须对断路器、隔离开关和接地开关的机械特性进行调试，其主要项目如下，测试电流从接地开关导电杆注入。

1. 电动/人力操作电气联锁，必须相互闭锁。

2. 手动储能，手动分合闸操作各 2 次断路器无异常。

3. 额定电压下，分合各 30 次：分—0.3 s—合分—180 s—合分各 5 个循环，断路器无异常。

4. 85%和110%额定电压下，合闸操作各5次；30%额定电压下，分闸操作各3次，断路器不动作。

5. 机械防跳试验5次。

6. 85%和110%额定电压下，储能试验有3次，动作无异常，储能时间≤15 s。

注意：测速在开关同步合格后，额定操作油压、气压和电压下进行，数据符合要求。GIS组合电器开关特性试验参数见表7-4。

表7-4　GIS组合电器开关特性试验参数

断路器机械特性试验（在额定气压下进行）	
分闸时间：(28±4) ms	合闸时间：(80±10) ms
分闸速度：5 m/s	合闸速度：2.5 m/s
重合闸操作：分—合时间≤3 s	重合闸操作：合—分时间≤60 s
三极合闸同期性≤5 s	三极分闸同期性≤3 s
隔离开关机械特性	
分闸速度：(1.5±0.5)m/s(普通隔离开关)	
分闸时间：<6 s	合闸时间：<6 s
分、合同期性≤5 s(普通隔离开关)	
接地开关(普通、快速)	
分、合闸速度：(1.5±0.5) m/s(普通接地开关)	分、合闸速度：(2.5±0.5) m/s(快速接地开关)
分、合同期性≤5 s(普通接地开关)	分、合同期性≤5 ms (快速接地开关)

(二)控制和辅助回路工频耐压

如果对GIS汇控柜作了较大的更换，则对其二次回路作耐压，内容如下：

1. 导电部分对地，耐压2 000 V，加压时间为1 s。

2. 电机绕组、继电器线圈和接触器线圈对地，耐压1 000 V，加压时间1 s。

3. 辅助回路的电子元件试验前，电流互感器的二次绕组应短路并与地断开，电压互感器的二次绕组应断开。试验后恢复。

(三)主回路电阻测量

检修过程中每对接完一段，在封盖之前，及时测量主回路接触电阻的电阻，数值应不大于已对接完的间隔或筒体的主回路电阻的代数和。测量前，回路上对应的开关应至少分合两次；主回路导体上应预先把与测量电压线接触表面的氧化皮擦掉，保证电接触良好。测量结果做好记录。

回路电阻的测量 GIS设备安装完毕后，在元件调试之前应测量主回路电阻，以检查主回路中的联结和触头接触情况，并采用直流压降法测量，测试电流不小于100 A，断路器合闸后测其回路电阻(含CT)<150 μΩ，合格后方可进行下面的试验，试验原理如图7-12所示。

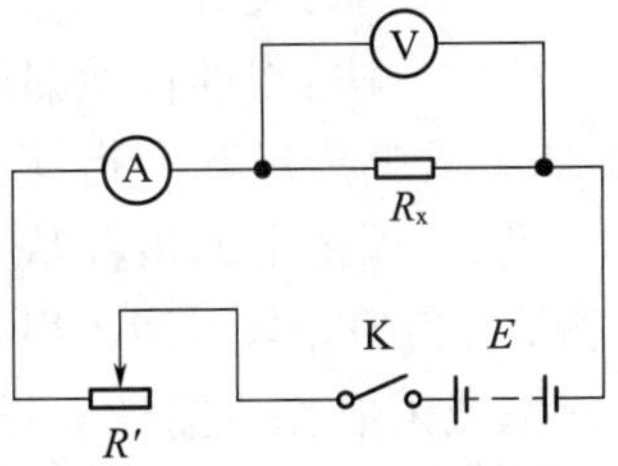

图7-12　GIS组合电器回路电阻测试原理

(四)CT试验

检修过程中如果对CT进行更换或重装，则根据主接线对CT的要求，并按照国标规定，进行二次绕组对地的绝缘耐压试验、极性试验、变比测量等,将结果作好记录。

检查互感器的铁芯质量,通过鉴别磁化曲线的饱和程度,以判断互感器的绕组有无匝间短路等缺陷。同时检验互感器的励磁特性,为10%误差分析提供数据。

电流互感器的伏安特性试验,只对继电保护有要求的二次绕组进行。测量伏安特性时必须注意加压要平稳,如不平稳,应将电压平稳降至零然后再重新加压开始试验,试验原理如图7-13、图7-14所示。

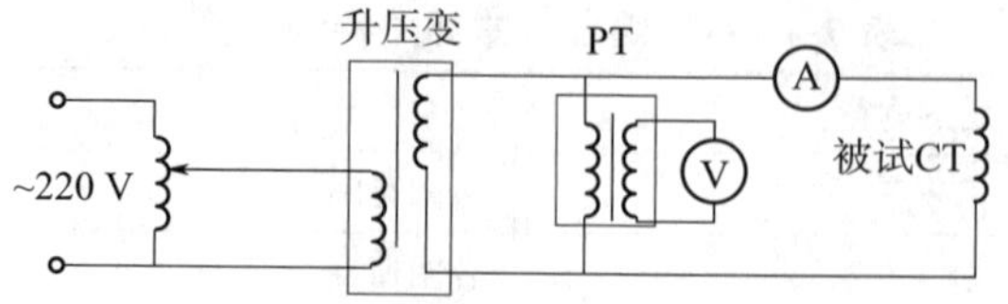

图7-13　GIS组合电器电流互感器特性试验原理

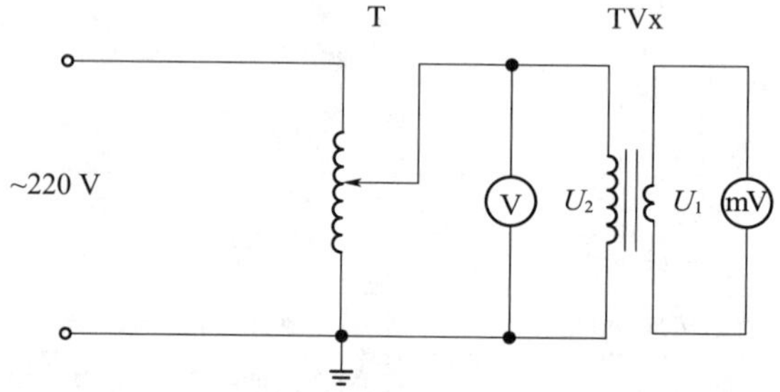

图7-14　GIS组合电器电流互感器变比测试原理

(五)PT试验

如果要更换新的电压互感器,按国标规定,可做电压互感器的极性、变比测量;伏安特性测量;一次耐压试验;二次绕组和剩余绕组对地耐压试验;直流电阻测量;误差测定等。测试方法基本同电流互感器。

PT和包装帽或者三通筒体都要充额定气压的SF_6气体,做好实验记录。

(六)气室气体检漏、水分测量

1. 定性检漏

(1)定性检漏是初步查找GIS漏气处的简单办法,也是定量检漏前必经阶段。要求被测部分周围环境无风,同时不得有SF_6气体,如有需吹拂掉。

(2)检漏仪检漏

所用仪器:灵敏度不低于1×10^{-8},推荐LF-1型检漏仪。

检测方法:将准备检漏的部位表面清理干净。用检漏仪探枪离被测点1～2 mm缓慢移动,听报警响声或观看指针。

判据:探枪上的指针基本不动,说明密封良好。如果指针偏转较大,又怀疑产品表面局部残留有SF_6气体,可用风扇吹拂产品表面后继续测量。否则说明该处漏气率超标,应进行定量检漏或采取相应措施。

2. 抽真空检漏

一个气室抽真空达133 Pa,再继续抽0.5 h后停泵,0.5 h后读取真空度A,再5 h后读真

空度 B。若 $B-A \leqslant 133$ Pa,则认为该气室密封良好。

3. 定量检漏

一般情况下,对经过定性检漏发现漏气超标的部位或者怀疑漏气的气室可进行定量检漏。没有检漏孔的密封面可以用包扎法检漏。

4. 包扎法检漏

对待检测的部位可以用塑料薄膜和不干胶带包好,形成可以测量计算容积 V_2 的几何形状。该处产品的外形体积 V_1,经过一定的时间 t(s),例如 180 s,检测塑料薄膜围起的空间内,累计漏出的 SF_6 气体浓度 C(ppm 值)。C 值是根据监测是检漏仪的表读数查曲线得到。此处漏气率 $f=0.1C(V_2-V_1)/t$。

压降法检漏 $F_y=36\ 500\Delta P/\Delta t\ (P+0.1)$,年漏气率不大于 1%。

(七)避雷器试验

如果更换新避雷器,需对新避雷器进行如下试验:直流 1 mA 参考电压测量、75%直流参考电压下漏电流测量、主绝缘和接地端绝缘电阻、密封试验、局部放电测量等。避雷器充入额定 SF_6 气体。做好记录。

(八)现场 GIS 工频耐压试验

断开/拆除避雷器、电压互感器、架空线(或高压电缆),电流互感器二次绕组短路并接地,各气室充额定 SF_6 气体,断路器、隔离开关合闸,接地开关分闸。耐压值为出厂试验值的80%,以 110 kV 电压等级 GIS 为例,加压方法为:72.5 kV,5 min—126 kV,3 min—184 kV,1 min,如试验过程中发生放电,允许再试一次。假如又放电,但电压升高了允许再试。184 kV 加压时出现放电,则试验未通过。将试验结果做好记录,试验原理如图 7-15 所示。

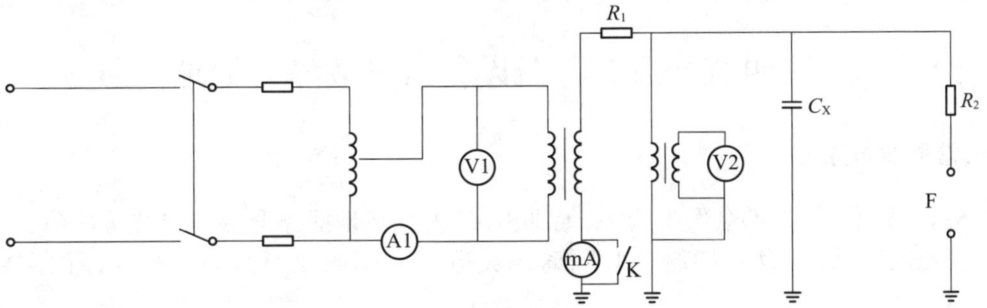

图 7-15　GIS 组合电器耐压试验原理

(九)气室微水的测量

GIS 气室微水按国标规定:断路器运行时最大允许 0.03%;其他气室运行时最大允许 0.1%。

被检修的气室经过水分处理,充 SF_6 气体 24 h 后,进行检漏和水分测量。

(十)密度继电器动作压力值校验

如果条件具备,对检修时更换新的密度继电器进行压力值校验。利用拆下来的 GIS 气路连通,把密度继电器装上,充入氮气,用万用表对其过压报警、补气或低压闭锁信号进行测量,记录动作压力值,密度继电器应是带有温度补偿的,做好记录,密度继电器如图 7-16 所示。

(十一)注意事项

1. 耐压试验尽可能局限在检修过的部分,还要避免同一绝缘件多次耐压。

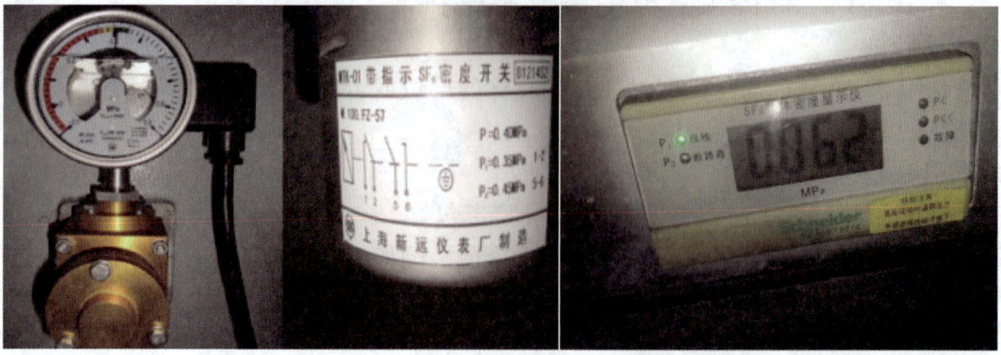

图 7-16　GIS 组合电器密度继电器

2. GIS 现场工频耐压应在 GIS 检修完毕；二次电缆恢复结束。

3. 涉及的高压开关调试完成操作无误、断路器动作特性在正常范围。

4. 涉及的气室检漏和水分测量合格，主回路电阻不超过规定数值。

5. 涉及的 CT 的极性变比和伏安特性都符合技术要求，二次回路工频耐压通过之后进行。

6. PT、避雷器和电缆头是不参加现场工频耐压的。耐压前应检查有关气室 SF_6 气体压力应为额定压力。

7. CT 二次出线端子用铜导线短路并接地；断路器、隔离开关合闸，接地开关分闸。用兆欧表检查 GIS 对地绝缘电阻大于 5 000 MΩ。

8. 试验结束后，CT 二次端子的短接线应拆除，二次接线恢复正常。

第四节　组合电器设备常见故障与处理

一、常见故障原因

GIS 投入运行后，内部会发生闪络、绝缘击穿、内部接地短路和导体过热等故障。根据目前 GIS 设备运行情况，盆式绝缘子和隔离开关造成故障的比率最高。究其原因主要有两方面：

1. 制造厂家方面

制造车间清洁度差造成金属微粒、粉尘和其他杂物残留在 GIS 内部；装配的误差大造成元件摩擦产生金属粉末遗留在零件隐蔽部位；不遵守工艺规程造成零件错装、漏装现象；材料质量不合格。

2. 安装方面

安装现场清洁度差，导致绝缘件受潮、被腐蚀，外部的尘埃、杂物侵入 GIS 内部；不遵守工艺规程造成零件错装、漏装现象；与其他工程交叉作业造成异物进入 GIS 内部。

二、常见故障举例及处理

(一)异常响声

当 GIS 内部出现局部放电时，会通过 SF_6 气体和外壳传出具有某些特征的声音。由于电流通过导体产生的电磁力、静电力而出现的微振动、螺母松动等，都会从外壳传出的声音变化反映出来。巡视检查时，应留心辨别音质特性的变化、持续时间的差异，并判别出是否有异常声音。当出现明显放电声时应采取停电措施。

总结日前异常现场原因最多的为隔离开关触头频繁操作后，触头表面金属（镀银）粉尘脱落在绝缘件上，形成高压带电母排与 GIS 柜内壁绝缘距离减小，造成高压母排经过金属粉尘对 GIS 柜壁放电，发出响声。由于金属粉尘受磁场的影响，会移动，造成异常放电声为间断性响。当粉尘量大时可能会使得 GIS 气室内的绝缘距离缩短，导致母线对外壳放电或对盘式绝缘子放电，严重者直接击穿。GIS 柜内隔离开关故障图片如图 7-17 所示。

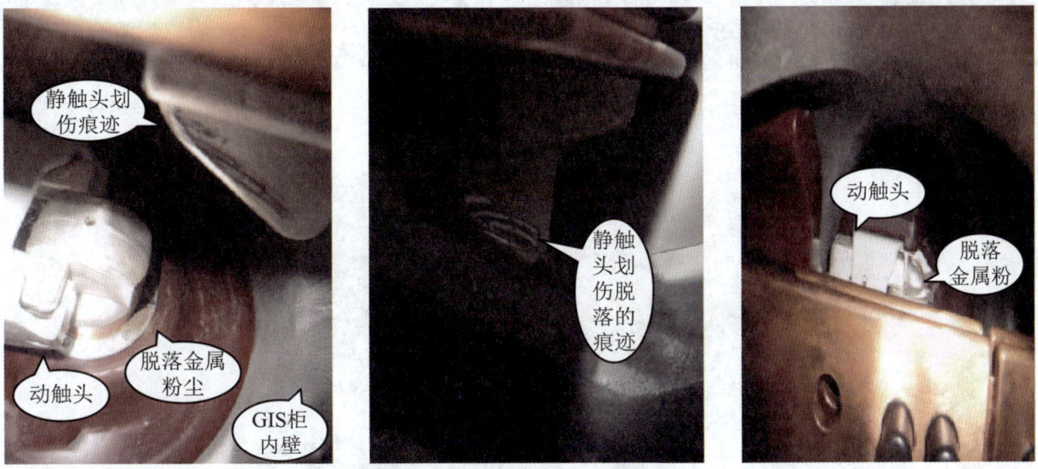

图 7-17　GIS 柜内隔离开关故障

（二）设备防爆膜破裂

设备防爆膜破裂说明内部出现严重的绝缘问题，电弧使设备部件损坏，引起内部压力超过标准，因此，必须进行停电处理。防爆膜故障如图 7-18 所示。

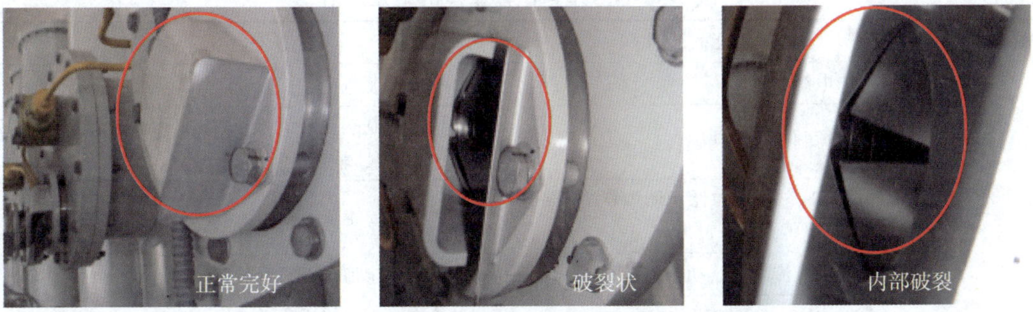

图 7-18　防爆膜破裂

（三）SF_6 气体泄漏低压告警

GIS 柜 SF_6 气体泄漏多为密封圈老化，加之紧固螺栓未达规定力矩，导致密封不严而引起的泄漏，这一般是由于安装工艺不良而引起的；二是 GIS 气室存在沙眼，这普遍由厂家的设备铸造工艺不良引起；三是 GIS 电缆仓经外力导致由破损，导致气体泄漏。

遇到此类气体泄漏缺陷除了紧固螺栓外，其他无论是沙眼修补还是更换密封圈都必须在停电的条件下将套管内气体放尽再进行相应的处理，工作量很大。在未能完全处理前，应先及时充填气体，使得气体压力在规定范围之内。气体泄漏故障如图 7-19～图 7-21 所示。

图 7-19　GIS 母线室绝缘堵头老化漏气

图 7-20　GIS 气室铸件沙眼漏气

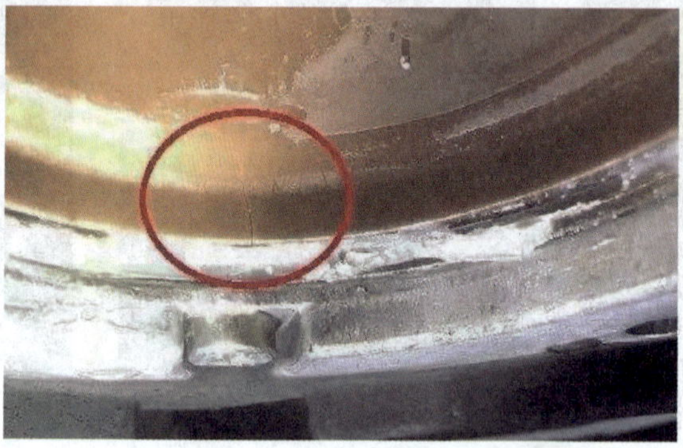

图 7-21　GIS 电缆仓经外力破损漏气

(四)其他故障及处理(表 7-5)

表 7-5　GIS 组合电器常见故障及应对

故障现象	可能的原因	检查问题及对应测量
不能电动合闸	操作电源电压低	检查控制电压
	电气控制系统有问题	检查控制接线有无端子脱落，检查合闸线圈，SF_6 气体压力开关，辅助开关
	由于 SF_6 气体压力低于闭锁压力，机构不动作	将 SF_6 气体压力补到额定压力
	电动机过流继电器动作不正常	检查整定值是否符合技术要求
	其他原因	检查是否可以进行手动操作
不能手动合闸	合闸电磁铁机械故障	调整或更换
不能电动分闸	操作电源电压低	检查控制电压
	电气控制系统有问题	检查控制接线有无损坏，有无端子脱落，检查合闸线圈，SF_6 气体压力开关，辅助开关
	由于 SF_6 气体压力低于闭锁压力，机构不动作	将 SF_6 气体压力补到额定压力

续上表

故障现象	可能的原因	检查问题及对应测量
SF_6压力降低	漏气	补气到额定压力，可以在运行中补气，在停电时检修漏气部位
	SF_6压力开关故障	调整或更换
电动操作不动作	控制或电机回路电压降低或失压	提供正常电压
	控制或电机回路接线松动或断线	接好线，拧紧接线螺钉，更换断线的导线
	控制或电机回路的开关、接触器的触头接触不良或烧坏	清理、检修或更换有故障的触头或开关
	接触器线圈断线或烧坏	检修或更换线圈
	热继电器动作，切断了接触器线圈回路	卸下热继电器手动复位孔孔盖，按动热继电器复位按钮，必要时检查其动作原因并采取措施
	外部联锁回路不通	检查有关设备、组件的状态是否满足外部联锁条件；检查外部联锁回路及有关设备、组件的联锁开关及其触头是否完好，动作正常
	闭锁杆处于闭锁位置	释放闭锁
手动操作不能进行	闭锁杆处于闭锁位置	释放闭锁
	控制回路电压降低或失压，联锁电磁铁不动作	提供正常电压
	外部联锁回路不通，联锁电磁铁不能通电动作	检查有关的设备、组件的状态是否满足外部联锁条件；检查外部联锁回路及有关设备、组件的联锁开关及其触头是否完好、动作正常
	联锁电磁铁线圈断线或烧坏；该回路联锁开关有故障；接线松动或断线	检修或更换线圈或开关，检修该线路
	操作手柄转动方向不对	按指示标牌规定的方向操作
分闸或合闸不到位或卡滞	定位器调整不当或松动，使得指示盘上小槽与指示针未对准	调整定位器调节螺杆，使得指示盘上小槽与指示针对准，拧紧锁紧螺母
	机构或配用开关机械故障	慢动合、分检查，检修排除故障
手动操作，止挡杠杆复位不到位	取出操作手柄牵联锁电磁铁已经断电	不插入手柄，转动挡板使联锁电磁铁吸合后释放，或者重新插入手柄随即快速抽出

第八章　综合自动化系统

第一节　综合自动化系统概述

牵引供电综合自动化系统(简称综自)是将变电所二次设备(包括测量仪表、信号系统、继电保护、自动装置和远动装置等)经过功能的组合和优化设计,利用先进的计算机技术、现代电子技术、网络通信技术、信号处理技术、控制及继电保护原理,实现对牵引变电站主要设备、接触网的故障保护、远程及当地监控、正常及故障信息监视,数据采集的一种综合自动化系统。

一、综合自动化系统的构成及特点

随着微计算机技术、通信技术、网络技术以及集成电路技术的不断发展,牵引变电所综合自动化系统的结构也不断发生变化,目前,我国牵引变电所综合自动化系统普遍采用(结构)分层(功能)分布式形式,可分散安装,也可集中安装,其功能和可靠性也得到了进一步提高,如图 8-1 所示。

图 8-1　牵引变电所综合自动化系统

(一)牵引变电所综合自动化系统的结构(图 8-2)

综合自动化系统采用分层分布式结构,整个系统分为三层,包括站控层、网络通信层和间隔层,间隔层设备由站控管理层设备管理,并通过所内通信网络实现所内集中监控、数据集中处理及远程通信功能。

1. 站控管理层

站级管理层协调间隔层设备完成所内自动化控制功能,并实现与远程控制中心的“四遥功能”。设备主要包括:计算机、通信设备、音响报警等设备,在通信设备上设置与控制中心的接口、管理维护计算机接口。

2. 网络通信层

网络通信层完成站内各间隔单元、当地后台、远方调度、其他智能设备的通信功能。主要

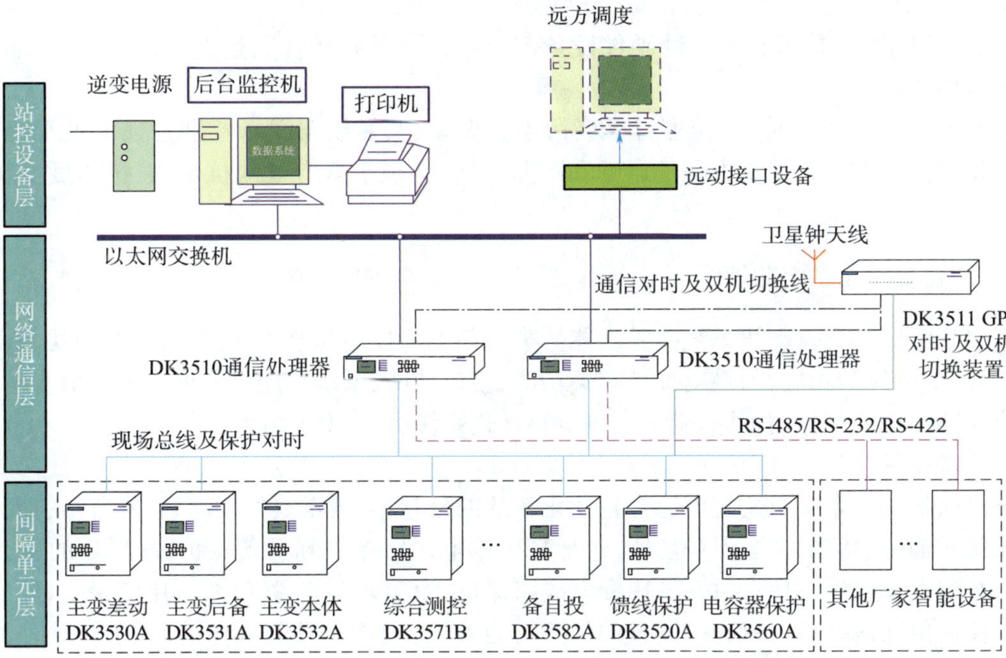

图 8-2　牵引变电所自动化系统结构示意

包括通信管理单元、通信切换设备、网络设备等。

3. 间隔设备层

间隔层是整个系统与一次设备的接口，大多采用保护测控一体化设备。保护测控一体化设备不仅减少了保护与监控之间的接口，减少了故障点，而且系统集成度高，可靠性也较好，同时简化了与一次设备之间的接口，实现了数据信息共享、减少硬件重复配置。

(二)牵引变电所综合自动化系统的基本特点

1. 综合自动化系统的信息流是数字量信息，取代了传统二次系统的模拟量信息。各种功能的实现是在微机硬件支持下，由软件和人机联系设备、输入和输出电路等协调完成的。

2. 在当地信息资源(模拟量、开关量、脉冲量等)综合利用，具备监控、保护功能的前提下，综合自动化系统提供了人机对话、操作画面监视、智能化运行管理等多种功能，增强了变电所整体功能。

3. 设备操作、故障状态采用屏幕监视，值班人员面对大屏幕显示器进行变电所所有设备的全面监视与操作。例如用监控后台画面实时显示主接线运行状况；由监控后台远动操作来完成断路器分合闸操作；采用监控后台画面闪烁、文字提示和报警音响取代常规中央信号盘、控制盘的有关设备等。

4. 运行管理智能化、自动化。智能化、自动化功能首先表现在事件顺序记录、自动报表、自动录波、事故判别与处理等一般任务，进一步的智能化则可构建各种专家系统，执行故障诊断、防误操作等复杂任务，为无人值班创造良好条件。

5. 综合自动化系统工作的可靠性、精确性大大提高，依靠各种抗干扰和数字滤波技术、冗余技术，特别是在线自检、自诊断技术，能及时诊断发现系统各组成单元硬件或软件的故障并向主控端报警，使可靠性比常规二次线系统大为提高，数字量控制和保护动作值计算严格按数学模型进行，极大地提高了控制、保护、检测的精确度。

6. 经济上合理，能节省重复性硬件设备，节约大量控制电缆（数量少、截面减小）、缩小控制室建筑面积。

7. 变电所的工作环境，如温度、湿度、污染和振动（紧靠铁路线），特别是强电磁干扰对综合自动化多微机系统带来多方面的影响和不利因素，必须采取有效的抗干扰、抗温度变化、抗振等措施。

二、综合自动化系统功能

牵引变电所综合自动化系统按其功能分类可归纳为控制与监视功能、自动控制功能、测量表计功能、继电保护功能、与继电保护有关功能、接口功能、系统功能等 7 种。随牵引变电所在电气化铁路的地位和作用不同，牵引变电所自动化系统有不同的功能。

（一）微机保护

微机保护功能是牵引变电所综合自动化系统的最基本、最重要的功能，它具备牵引变电所的主设备和输电线路的全套保护功能，包括高压输电线路保护和后备保护；变压器的主、后备保护以及非电量保护；母线保护；低压配电线路保护；无功补偿装置保护；所用变保护等。

各保护单元，除应具备独立、完整的保护功能外，还应具备以下事件记录、系统对时、实时通信、故障自诊断等附加功能。

各保护单元满足上述功能要求的同时，还应满足保护装置的可靠性、快速性、选择性和灵敏性要求。

（二）监控子系统的功能

监控子系统取代常规的测量系统；改变常规的操作机构和模拟盘，取代常规的告警、报警、中央信号、光字牌等；取代常规的远动装置等。监控子系统应具备以下功能，如图 8-3 所示。

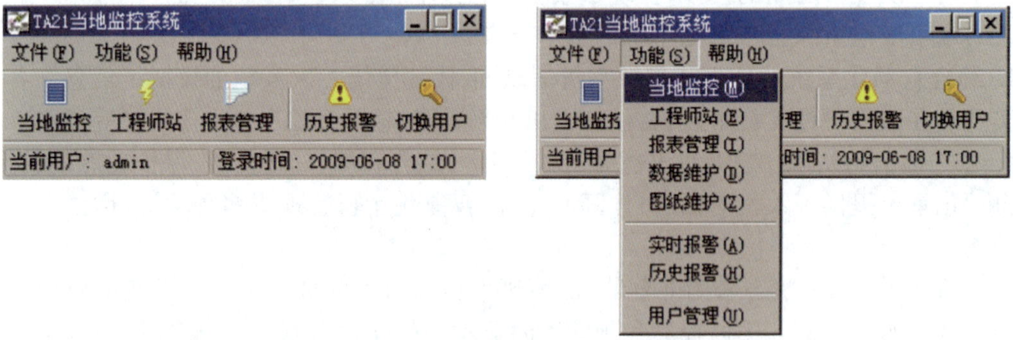

图 8-3　牵引变电所综自监控系统

1. 数据采集功能

从数据来源划分，牵引变电所的数据有两种：一种是牵引变电所原始数据，原始数据直接来自一次设备，如电压互感器、电流互感器的电压和电流信号，变压器温度以及断路器辅助触点，一次设备状态信号；另一种是牵引变电所自动化系统内部数据交换或采集，例如电能量数据、直流母线电压信号、保护动作信号等。

从数据物理特性划分，牵引变电所的数据有三种：模拟量、开关量和电能量。

(1)牵引变电所需采集的数字模拟量包括各段母线电压、线路电压、电流等,如图 8-4 所示。

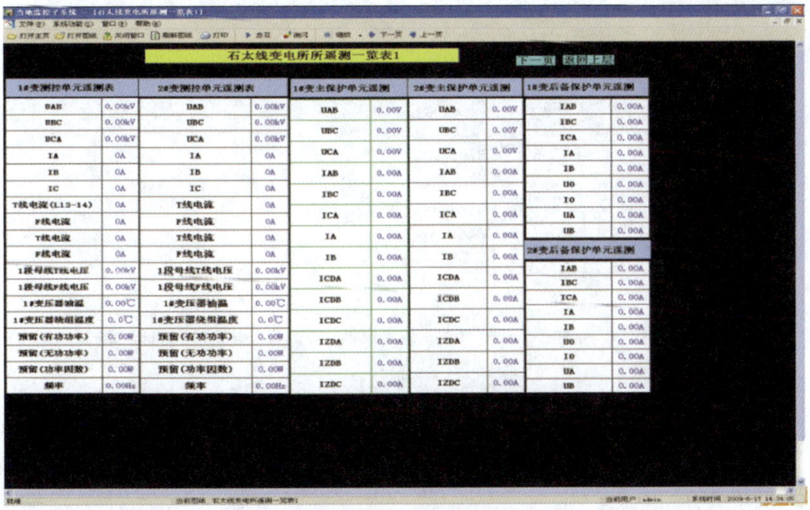

图 8-4　遥测列表

(2)开关量也称为状态量,包括断路器状态,隔离开关状态,事故跳闸总信号、预告信号等。目前这些信号大部分采用光电隔离方式输入系统,也可通过通信方式获得,如图 8-5 所示。

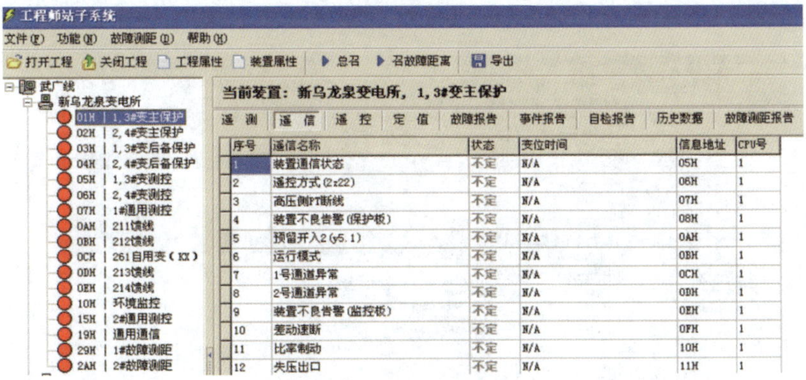

图 8-5　遥信列表

(3)电能计量指对电能(包括有功和无功电能)的采集,并能实现分时累加、电能平衡等功能。

2. 数据库的建立与维护功能

监控子系统建立实时数据库,存储并不断更新来自 I/O 单元及通信接口的全部实时数据;建立历史数据库,存储并定期更新需要保存的历史数据和运行报表。

3. 事件顺序记录功能(图 8-6)

事件顺序记录包括断路器跳合闸记录、保护动作等顺序记录。微机保护或监控系统采集有足够的内存,能存放足够数量的事件顺序记录,确保后台监控系统或远方集中控制主站通信中断时,不丢失事件信息,并记录事件发生的时间(精确至毫秒级),具备事故追忆功能。

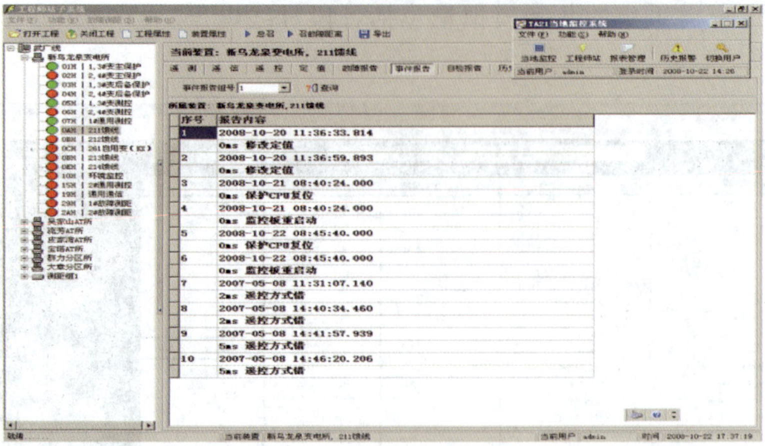

图 8-6　事件顺序记录

4. 故障记录、录波和测距功能(图 8-7)

牵引变电所的故障录波和测距可采用两种方法实现:一种方法是由微机保护装置兼作故障记录和测距,这种方法可节约投资,减少硬件设备,但故障记录的量有限;另一种方法是采用专用的故障测距装置,该装置具备通信功能,可以与监控系统直接通信。

故障记录是记录继电保护动作前后与故障有关的电流量、母线电压开关动作时间等信息,记录时间一般考虑保护启动前 2 个周波和保护启动后 10 个周波,以及保护动作和重合闸等全过程的情况。

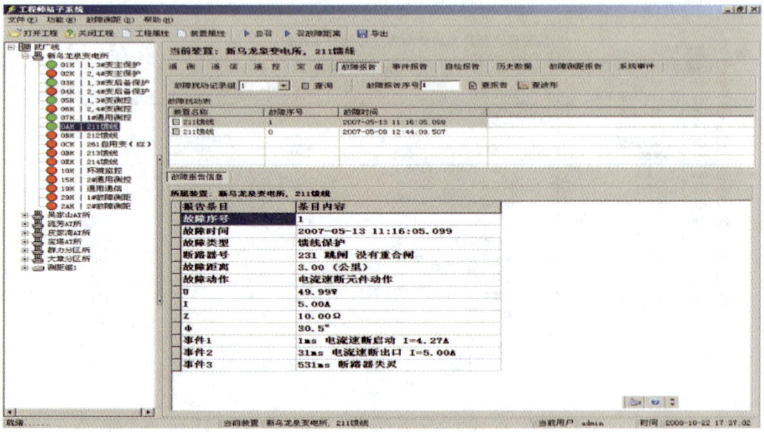

图 8-7　故障报告记录

5. 控制和操作功能(图 8-8)

所有实现综合自动化的变电所亭,都能够接受遥控操作命令,由电调远程进行高压开关的分合闸控制、变压器分接开关挡位调节控制等操作,在此功能基础上也远程可对保护定值、越限值等参数进行修改,运行检修人员也可通过监控后台实现遥控操作功能。

6. 安全监视功能

监控系统在运行过程中,对采集的电流、电压、主变压器温度、频率等量,要不断进行越限监视,如发现越限,立刻发出告警信号,同时记录和显示越限时间和越限值。另外,还要监视保

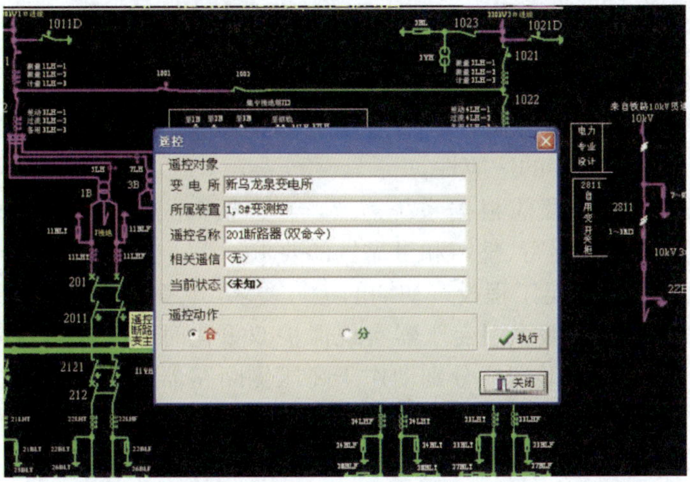

图 8-8　监控后台遥控

护装置是否失电，自控装置工作是否正常等。

7. 人机联系功能

操作人员或调度员面对监控后台显示器的屏幕，通过操作鼠标或键盘，可随时调取实时主接线图、时间顺序记录、越限报警、历史趋势以及故障记录等数据，掌握对全所的运行工况和运行参数。

8. 数据处理和记录功能

在监控系统中，数据处理和记录也是很重要的环节，历史数据的形成和存储是数据处理的主要内容。根据需要，该功能可在变电所全部实现，也可在电力调度中心实现。

9. 报警处理

报警处理内容包括设备状态异常、故障，测量值越限，计算机监控系统的软/硬件、通信接口及网络故障等。

除上述功能外还具有打印、电能量处理、运行管理、谐波分析与监视、在线计算及制表、画面生成及显示、时钟同步、防误闭锁、同步系统自诊断与恢复以及与其他设备接口等功能。

第二节　综自保护装置整定与维护

一、保护装置的整定

当牵引供电设备在不正常运行状态时会出现相应的电量波动，主要表现为负荷越限致使电流升高、线路压损过大致使末端电压降低及再生制动或谐振致使电压升高等三个特征，此时继电保护应能及时反应，发出预告信号，通知值班值守人员予以处理。

当牵引供电系统发生短路接地故障时会出现电压迅速降低、电流急剧增大的特征，极易损坏设备，此时继电保护应能自动、迅速、有选择地将故障元件切除，使故障元件免受损坏，保证其他无故障设备继续正常运行。

为满足保护装置快速性、可靠性、选择性、灵敏性的要求，需根据设备运行工况、安装位置及保护特性对各保护装置进行整定。

(一)整定原则

1. 牵引供电系统的保护配置及整定计算应以保证系统安全运行和可靠供电为根本目标。

2. 牵引供电系统设计阶段应做好一、二次设备选型的协调,主接线方式、互感器配置及变比等选择应充分考虑继电保护的适应性。

3. 牵引供电系统设计阶段应根据系统需要,合理选择电流互感器的安装位置、容量、变比、特性,确定满足保护装置运行、整定和可靠性的要求。

4. 继电保护的配置应满足工程投产初期的运行要求,并考虑远期运行要求。

5. 220 kV 及以上电压等级牵引变压器实现保护双重化时应配置两套完整的、独立的、主后一体的保护装置,每套保护装置应分别动作于高压侧断路器的一组跳闸线圈,交流电流、装置电源、高压侧断路器直流电源回路应相互独立,应具备独立的断路器失灵信号接点。

6. 牵引变压器未按双重化保护配置时应采用主后分离的保护装置。

7. 牵引供电系统继电保护宜采用远后备方式,即当主保护或断路器拒动时,由相邻上级变压器或线路的保护实现后备。后备保护的配合关系优先考虑完全配合。

8. 继电保护装置能否实现牵引供电系统的安全运行和可靠供电,与系统运行方式的安排密切相关。若继电保护对某些运行方式无法同时满足速动性、选择性和灵敏性要求,则宜限制此类运行方式。

9. 牵引供电系统继电保护装置应充分考虑电气化铁路供电产生的不对称分量、冲击负荷、谐波分量等影响因素,并采取可靠有效的措施防止保护不正确动作、频繁启动等情况的发生。

10. 牵引供电系统的继电保护配置及整定计算应满足可靠性、选择性、灵敏性和速动性的要求。当灵敏性与选择性难以兼顾时,应首先考虑以保证灵敏度为主,防止保护拒动。

11. 上下级保护配合的时限级差 Δt 宜取 0.2 s。

12. 不要求投入的保护,保护定值宜根据欠量最小、过量最大的原则按保护装置定值范围整定。

(二)保护配置

1. 单线直供

单线直供牵引网正常供电和越区供电示意分别如图 8-9、图 8-10 所示,保护功能应按表 8-1 配置。

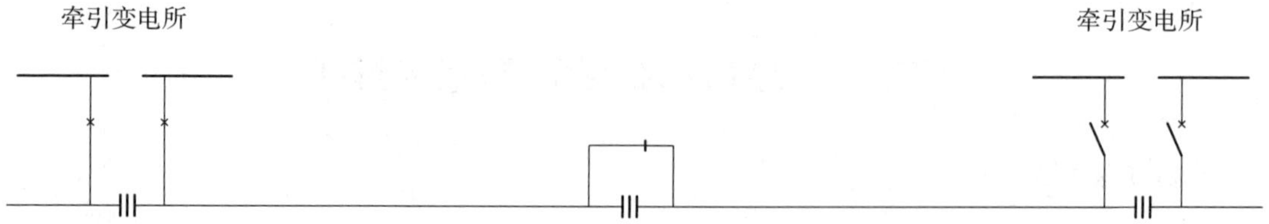

图 8-9 单线直供牵引网正常供电示意

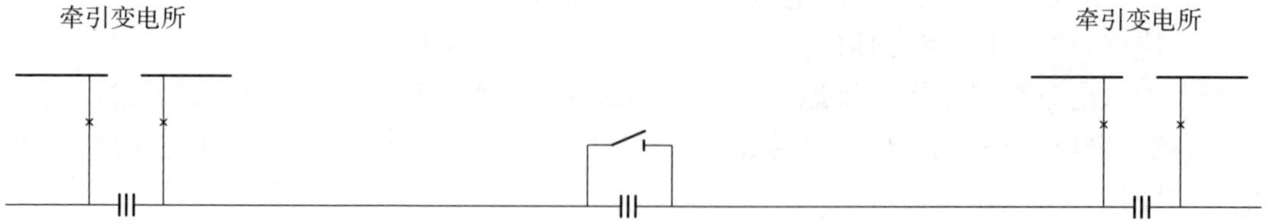

图 8-10 单线直供牵引网越区供电示意

表 8-1　单线直供牵引网保护配置

位　置	运行方式	
	正常供电(定值 0 区)	越区供电(定值 1 区)
变电所	距离Ⅰ段、电流速断、低压启动过电流、电流增量、重合闸	距离Ⅰ段、电流速断、低压启动过电流、电流 增量、重合闸

(1)正常供电整定计算

距离Ⅰ段电抗定值按保护正常供电时的线路全长整定,为保证短线路故障可靠跳闸,电抗定值的一次值一般不应小于 2;电阻定值按躲过最小负荷阻抗整定;动作时限一般整定为 0.1 s。

电流速断动作电流按躲过最大负荷电流和末端最大短路电流整定;按变电所馈线断路器处最大短路电流校验灵敏度,若灵敏度不满足可不投入电流速断;动作时限:一般整定为 0.1 s。

低压启动过电流动作电压按躲过最低运行电压整定;动作电流按躲过馈线最大负荷电流并保证末端故障有足够灵敏度整定;动作时限与距离Ⅰ段动作时限相同。

电流增量动作电按躲过线路负荷电流一个工频周期内最大增量整定,一般按单列电力机车或动车组额定电流估算;动作时限一般与距离Ⅰ段动作时限相同。

重合闸时限一般整定为 2 s;复归时限一般整定为 20 s。

(2)越区供电整定计算

距离Ⅰ段电抗定值按保护越区供电时的线路全长整定;电阻定值按躲过最小负荷阻抗整定;动作时限一般整定为 0.1 s。

电流速断动作电流按躲过最大负荷电流和分区所最大短路电流整定;按变电所馈线断路器处最大短路电流校验灵敏度,若灵敏度不满足可不投入电流速断;动作时限一般整定为 0.1 s。

低压启动过电流动作电压按躲过最低运行电压整定;动作电流按躲过馈线最大负荷电流并保证末端故障有足够灵敏度整定;动作时限与距离Ⅰ段动作时限相同。

电流增量动作电流按躲过线路负荷电流一个工频周期内最大增量整定,一般按单列电力机车或动车组额定电流估算;动作时限与距离Ⅰ段动作时限相同。

重合闸时限一般整定为 2 s;复归时限一般整定为 20 s。

2. 复线直供

复线直供牵引网正常供电和越区供电示意分别如图 8-11、图 8-12 所示,保护功能应按表 8-2 配置。

表 8-2　复线直供牵引网保护配置

位　置	运行方式	
	正常供电(定值 0 区)	越区供电(定值 1 区)
变电所	距离Ⅰ段、距离Ⅱ段、电流速断、低压启动过电流、电流增量、重合闸	距离Ⅰ段、距离Ⅱ段、电流速断、低压启动过电流、电流增量、重合闸
分区所	正反向距离Ⅰ段、过电流、电流增量、检双侧有压重合闸	正反向距离Ⅰ段、过电流、电流增量、检双侧有压重合闸

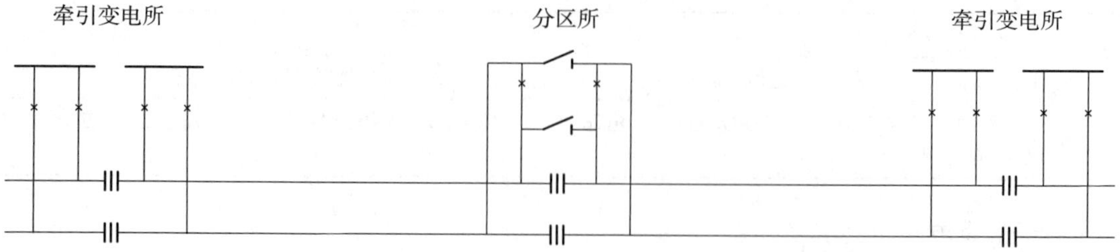

图 8-11　复线直供牵引网正常供电示意

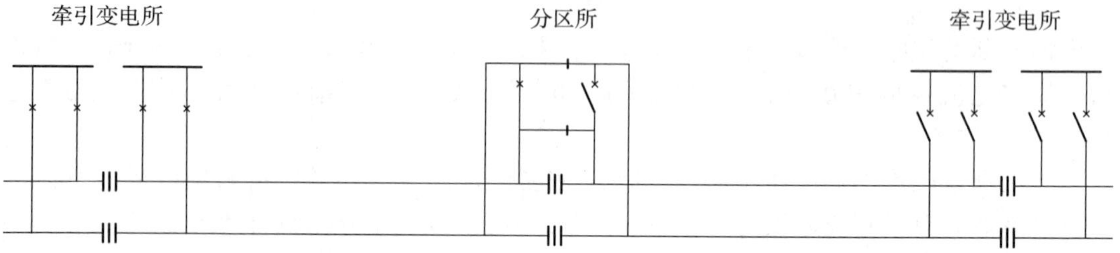

图 8-12　复线直供牵引网越区供电示意

(1)正常供电整定计算

①变电所馈线保护

距离Ⅰ段电抗定值按保护范围不超过分区所断路器整定;电阻定值按躲过最小负荷阻抗整定;动作时限:一般整定为 0.1 s。

距离Ⅱ段电抗定值按保护上下行全长整定;电阻定值与距离Ⅰ段电阻定值相同;动作时限与分区所距离Ⅰ段时限配合,整定为分区所距离Ⅰ段时限加上 Δt。

电流速断动作电流按躲过最大负荷电流和末端最大短路电流整定;按变电所馈线断路器处最大短路电流校验灵敏度,若灵敏度不满足可不投入电流速断;动作时限一般整定 0.1 s。

低压启动过电流动作电压按躲过最低运行电压整定;动作电流按躲过馈线最大负荷电流并保证末端故障有足够灵敏度整定;动作时限:与距离Ⅱ段动作时限相同。

电流增量动作电流按躲过线路负荷电流一个工频周期内最大增量整定,一般按单列电力机车或动车组额定电流估算;动作时限与距离Ⅱ段动作时限相同。

重合闸时限一般整定为 2 s;复归时限:一般整定为 20 s。

②分区所馈线保护

正反向距离Ⅰ段电抗定值按保护上下行线路全长整定;电阻定值按躲过最小负荷阻抗整定;动作时限一般整定为 0.1 s。

过电流动作电流按躲过流经分区所断路器的最大负荷电流整定;动作时限与距离Ⅰ段动作时限相同。

电流增量动作电流按躲过线路负荷电流一个工频周期内的最大增量整定,一般按电力机车或动车组额定电流估算;动作时限与距离Ⅰ段动作时限相同。

检双侧有压重合闸动作电压一般整定为 70 V;动作时限一般整定为 4 s。

(2)越区供电整定计算

①变电所馈线保护

距离Ⅰ段电抗定值按保护范围不超过分区所断路器整定；电阻定值按躲过最小负荷阻抗整定；动作时限一般整定为 0.1 s。

距离Ⅱ段电抗定值按保护迂回供电时全长或保护越区供电时的全长中的最大值整定；电阻定值与距离Ⅰ段电阻定值相同；动作时限与分区所距离Ⅰ段时限配合，整定为分区所距离Ⅰ段时限加上 Δt。

电流速断动作电流按躲过最大负荷电流和分区所断路器处最大短路电流整定；按变电所馈线断路器处最大短路电流校验灵敏度，若灵敏度不满足可不投入电流速断；动作时限：一般整定为 0.1 s。

低压启动过电流动作电压按躲过最低运行电压整定；动作电流按躲过馈线最大负荷电流并保证末端故障有足够灵敏度整定；动作时限与距离Ⅱ段动作时限相同。

电流增量动作电流按躲过线路负荷电流一个工频周期内最大增量整定，一般按单列电力机车或动车组额定电流估算；动作时限与距离Ⅱ段动作时限相同。

重合闸时限一般整定为 2 s；复归时限一般整定为 20 s。

②分区所馈线保护

正反向距离Ⅰ段电抗定值按从分区所到变电所的线路全长或保护从分区所到越区段末端的线路全长中的最大值整定；电阻定值按躲过最小负荷阻抗整定；动作时限一般整定为 0.1 s。

过电流动作电流：按躲过流经分区所断路器的最大负荷电流整定；动作时限与距离Ⅰ段动作时限相同。

电流增量动作电流按躲过线路负荷电流一个工频周期内的最大增量整定，一般按电力机车或动车组额定电流估算；动作时限与距离Ⅰ段动作时限相同。

检双侧有压重合闸电压定值一般整定为 70 V；动作时限一般整定为 4 s。

3. 全并联 2×25 kV AT 供电

全并联 2×25 kV AT 供电系统的分区所一般采用两种主接线方式，分别称为Ⅰ型和Ⅱ型分区所。采用Ⅰ型分区所的全并联 2×25 kV AT 供电牵引网在正常供电、越区供电、断路器 1 带 2 三种运行方式时的示意分别如图 8-13、图 8-14、图 8-15 所示，采用Ⅱ型分区所的全并联 2×25 kV AT 供电牵引网在正常供电、越区供电、断路器 1 带 2 三种运行方式时的示意分别如图 8-16、图 8-17、图 8-18 所示。保护功能应按表 8-3 配置。

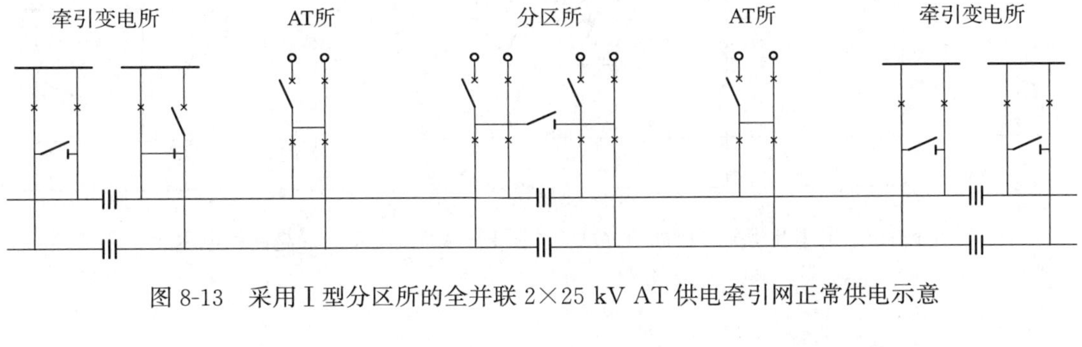

图 8-13　采用Ⅰ型分区所的全并联 2×25 kV AT 供电牵引网正常供电示意

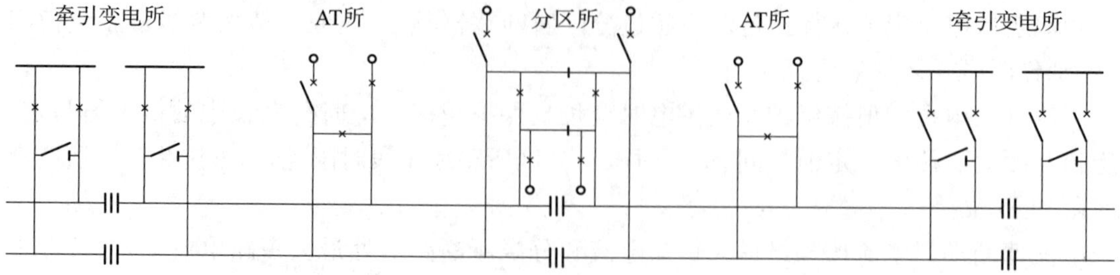

图 8-14　采用Ⅰ型分区所的全并联 2×25 kV AT 供电牵引网越区供电示意

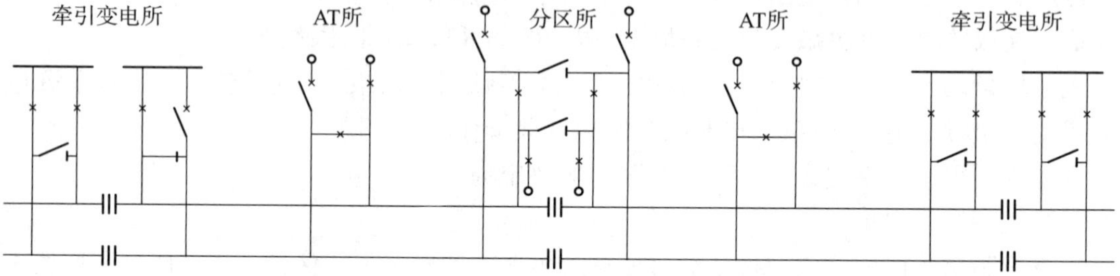

图 8-15　采用Ⅰ型分区所的全并联 2×25 kV AT 供电牵引网断路器 1 带 2 示意

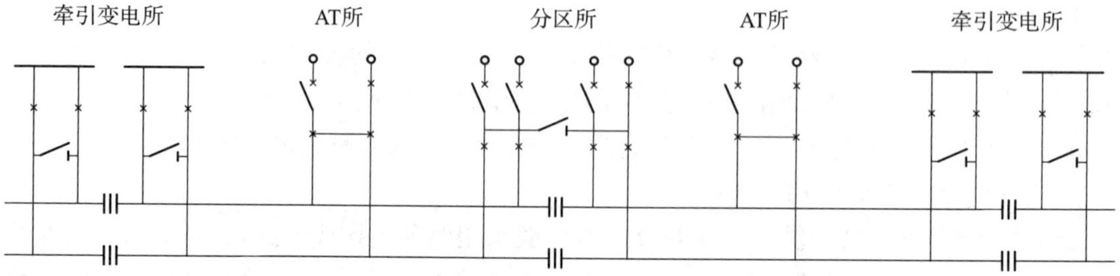

图 8-16　采用Ⅱ型分区所的全并联 2×25 kV AT 供电牵引网正常供电示意

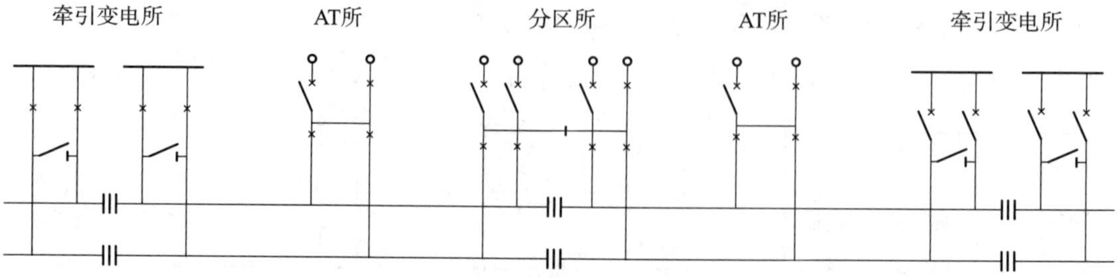

图 8-17　采用Ⅱ型分区所的全并联 2×25 kV AT 供电牵引网越区供电示意

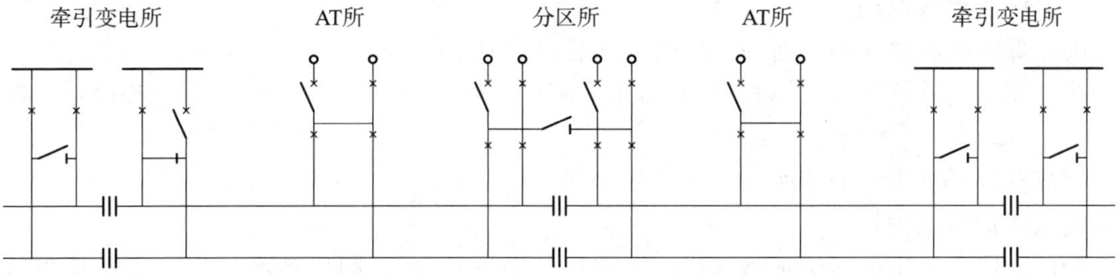

图 8-18　采用Ⅱ型分区所的全并联 2×25 kV AT 供电牵引网断路器 1 带 2 示意

表 8-3　全并联 2×25 kV AT 供电牵引网保护配置

<table>
<tr><th colspan="2" rowspan="3">位　置</th><th colspan="4">运行方式</th></tr>
<tr><th rowspan="2">正常供电(定值 0 区)</th><th colspan="2">越区供电(定值 1 区)</th><th rowspan="2">断路器 1 带 2 运行(定值 2 区)</th></tr>
<tr><th>Ⅰ型分区所</th><th>Ⅱ型分区所</th></tr>
<tr><td colspan="2">变电所</td><td>距离Ⅰ段、电流速断、低压启动过电流、电流增量、重合闸</td><td>距离Ⅰ段、电流速断、低压启动过电流、电流增量、重合闸</td><td>距离Ⅰ段、距离Ⅱ段、电流速断、低压启动过电流、电流增量、重合闸</td><td>距离Ⅰ段、电流速断、低压启动过电流、电流增量、重合闸</td></tr>
<tr><td colspan="2">AT 所</td><td>失压保护、检有压重合闸</td><td>失压保护、检有压重合闸</td><td>失压保护、检有压重合闸</td><td>失压保护、检有压重合闸</td></tr>
<tr><td rowspan="2">分区所</td><td>供电侧</td><td>失压保护、检有压重合闸</td><td>失压保护、检有压重合闸</td><td>失压保护、检有压重合闸</td><td>失压保护、检有压重合闸</td></tr>
<tr><td>越区侧</td><td>—</td><td>失压保护、检有压重合闸</td><td>距离Ⅰ段、低压启动过电流、电流增量、重合闸</td><td>—</td></tr>
</table>

(1)正常供电整定计算

①变电所馈线保护

距离Ⅰ段电抗定值按保护正常供电线路全长整定;电阻定值按躲过最小负荷阻抗整定;动作时限一般整定为 0.1 s。

电流速断动作电流按躲过最大负荷电流和分区所处最大短路电流整定;按变电所馈线断路器处最大短路电流校验灵敏度,若灵敏度不满足可不投入电流速断;动作时限一般整定为 0.1 s。

低压启动过电流动作电压按躲过最低运行电压整定;动作电流按躲过馈线最大负荷电流并保证末端故障有足够灵敏度整定;动作时限与距离Ⅰ段动作时限相同。

电流增量动作电流按躲过线路负荷电流一个工频周期内最大增量整定,一般按单列电力机车或动车组额定电流估算;动作时限与距离Ⅰ段动作时限相同。

重合闸时限一般整定为 2 s;复归时限一般整定为 20 s。

②AT 所馈线保护

失压保护动作电压整定为 50 V;动作时限整定为 1 s。

当采用单台并联断路器模式,检有压重合闸应同时检测上下行双侧电压,动作电压一般整定为 70 V;动作时限整定为 3 s。

③分区所馈线保护

失压保护动作电压整定为 50 V;动作时限整定为 1 s。

当采用单台并联断路器模式,检有压重合闸应同时检测上下行双侧电压,动作电压一般整定为 70 V;动作时限整定为 4 s。

(2)越区供电(Ⅰ型分区所)

变电所馈线保护:

距离Ⅰ段电抗定值按保护越区供电时的线路全长整定;电阻定值按躲过最小负荷阻抗整定;动作时限一般整定为 0.1 s。

电流速断动作电流按躲过最大负荷电流和分区所断路器处最大短路电流整定;按变电所馈线断路器处最大短路电流校验灵敏度,若灵敏度不满足可不投入电流速断;动作时限一般整定为 0.1 s。

低压启动过电流动作电压按躲过最低运行电压整定;动作电流按躲过馈线最大负荷电流并保证末端故障有足够灵敏度整定;动作时限与距离Ⅰ段动作时限相同。

电流增量动作电流按躲过线路负荷电流一个工频周期内最大增量整定,一般按单列电力机车或动车组额定电流估算;动作时限与距离Ⅰ段动作时限相同。

重合闸时限一般整定为 2 s;复归时限一般整定为 20 s。

采用Ⅰ型分区所的线路越区供电时 AT 所与分区所馈线保护参照正常供电进行整定计算。

(3)越区供电(Ⅱ型分区所)

①变电所馈线保护

距离Ⅰ段电抗定值按保护范围不超过分区所断路器整定;电阻定值按躲过最小负荷阻抗整定;动作时限一般整定为 0.1 s。

距离Ⅱ段电抗定值按保护迂回供电时全长或保护越区供电时的全长中的最大值整定;电阻定值与距离Ⅰ段电阻定值相同;动作时限:与分区所距离Ⅰ段时限配合,整定为分区所距离Ⅰ段时限加上 Δt。

电流速动作电流按躲过最大负荷电流和分区所断路器处最大短路电流整定;按变电所馈线断路器处最大短路电流校验灵敏度,若灵敏度不满足可不投入电流速断;动作时限:一般整定为 0.1 s。

低压启动过电流动作电压:按躲过最低运行电压整定;动作电流:按躲过馈线最大负荷电流并保证末端故障有足够灵敏度整定;动作时限:与距离Ⅱ段动作时限相同。

电流增量动作电流按躲过线路负荷电流一个工频周期内最大增量整定,一般按单列电力机车或动车组额定电流估算;动作时限与距离Ⅱ段动作时限相同。

重合闸时限一般整定为 2 s;复归时限一般整定为 20 s。

采用Ⅰ型分区所的线路越区供电时 AT 所及分区所供电侧馈线保护参照正常供电进行整定计算。

②分区所馈线保护(越区侧馈线断路器)

距离Ⅰ段电抗定值按保护越区段线路全长整定;电阻定值按躲过最小负荷阻抗整定;动作时限一般整定为 0.1 s。

低压启动过电流动作电压:按躲过最低运行电压整定;动作电流按躲过馈线最大负荷电流

并保证末端故障有足够灵敏度整定;动作时限与距离Ⅰ段动作时限相同。

电流增量动作电流按躲过线路负荷电流一个工频周期内最大增量整定,一般按单列电力机车或动车组额定电流估算;动作时限与距离Ⅰ段动作时限相同。

重合闸时限一般整定为 2 s;复归时限一般整定为 20 s。

(4)断路器 1 带 2 运行整定计算

变电所馈线保护:

距离Ⅰ段电抗定值按保护正常供电线路全长整定;电阻定值按躲过最小负荷阻抗整定;动作时限一般整定为 0.1 s。

电流速断动作电流按躲过最大负荷电流和分区所断路器处最大短路电流整定;按变电所馈线断路器处最大短路电流校验灵敏度,若灵敏度不满足可不投入电流速断;动作时限一般整定为 0.1 s。

低压启动过电流动作电压按躲过最低运行电压整定;动作电流按躲过馈线最大负荷电流并保证末端故障有足够灵敏度整定;动作时限与距离Ⅰ段动作时限相同。

电流增量动作电流按躲过线路负荷电流一个工频周期内最大增量整定,一般按单列电力机车或动车组额定电流估算;动作时限与距离Ⅰ段动作时限相同。

重合闸时限一般整定为 2 s;复归时限一般整定为 20 s。

变电所馈线断路器 1 带 2 运行时 AT 所与分区所馈线保护参照正常供电进行整定计算。

4. 经 1 级开闭所供电

经 1 级开闭所供电示意如图 8-19 所示,保护功能应按表 8-4 配置。

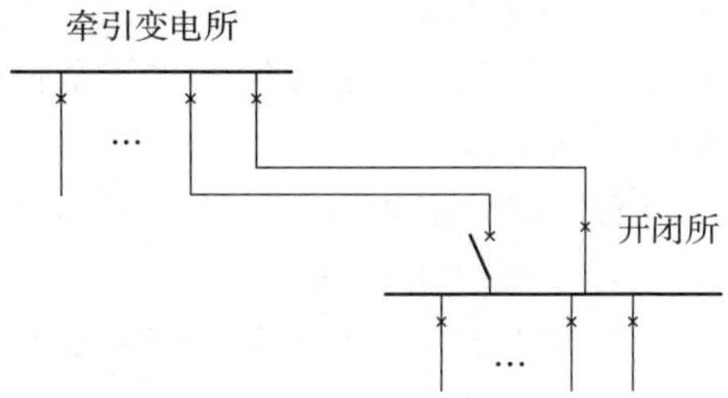

图 8-19 经 1 级开闭所供电示意

表 8-4 经 1 级开闭所供电牵引网保护配置

位置			正常供电(定值 0 区)
变电所馈线			距离Ⅰ段、距离Ⅱ段、电流速断、低压启动过电流、电流增量、重合闸
开闭所	馈线		距离Ⅰ段、低压启动过电流、电流增量、重合闸
	进线	单进线运行	失压自投
		双进线并联	距离Ⅰ段、检有压重合闸

表 8-4 为馈线为单线时的保护配置。对于馈线为复线的线路,保护配置参照复线直供执行,参照复线直供正常供电和越区供电整定计算进行整定。

(1)变电所馈线保护整定计算

距离Ⅰ段电抗定值按保护范围不超过开闭所整定;电阻定值按躲过最小负荷阻抗整定;动作时限一般整定为 0.1 s。

距离Ⅱ段电抗定值按为开闭所馈线提供远后备整定;电阻定值与距离Ⅰ段电阻定值相同;动作时限与开闭所馈线距离Ⅰ段时限配合,整定为开闭所馈线距离Ⅰ段时限加上 Δt。

电流速断动作电流按躲过开闭所馈线出口处最大短路电流整定;按馈线断路器处最大短路电流校验灵敏度,若灵敏度不满足可不投入电流速断;动作时限一般整定为 0.1 s。

低压启动过电流动作电压按躲过最低运行电压整定；动作电流按躲过馈线最大负荷电流并保证末端故障有足够灵敏度整定；动作时限与距离Ⅱ段动作时限相同。

电流增量动作电流按躲过线路负荷电流一个工频周期内最大增量整定，一般按单列电力机车或动车组额定电流估算；动作时限与距离Ⅱ段动作时限相同。

(2)开闭所馈线保护整定计算

距离Ⅰ段电抗定值按保护线路全长整定；电阻定值按躲过最小负荷阻抗整定；动作时限一般整定为 0.1 s。

低压启动过电流动作电压按躲过最低运行电压整定；动作电流按躲过馈线最大负荷电流并保证末端故障有足够灵敏度整定；动作时限与距离Ⅰ段动作时限相同。

电流增量动作电流按躲过线路负荷电流一个工频周期内最大增量整定，一般按单列电力机车或动车组额定电流估算；动作时限与距离Ⅰ段动作时限相同。

(3)开闭所进线保护整定计算

①单进线运行

失压自投的电压定值一般整定为 50 V；动作时限一般整定为 3 s。

②双进线并联

距离Ⅰ段电抗定值按保护进线全长整定；电阻定值按躲过最小负荷阻抗整定；动作时限一般整定为 0.1 s。

检有压重合闸动作电压整定为 70 V；动作时限整定为 3 s。

5. 经 2 级开闭所供电

经 2 级开闭所供电示意如图 8-20 所示，保护功能应按表 8-5 配置。

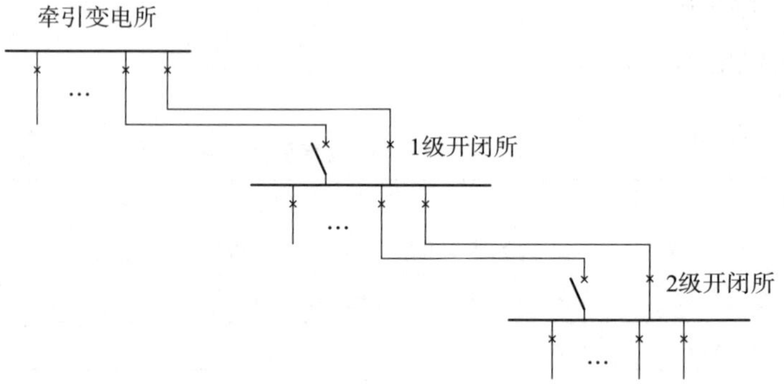

图 8-20　经 2 级开闭所供电示意

表 8-5　经 2 级开闭所供电牵引网保护配置

位　　置			正常供电(定值 0 区)
变电所馈线			距离Ⅰ段、距离Ⅱ段、距离Ⅲ段、电流速断、低压启动过电流、电流增量、重合闸
1 级开闭所	馈线		距离Ⅰ段、距离Ⅱ段、电流速断、低压启动过电流、电流增量、重合闸
	进线	单进线运行	失压自投
		双进线并联	距离Ⅰ段、检有压重合闸
2 级开闭所	馈线		距离Ⅰ段、低压启动过电流、电流增量、重合闸
	进线	单进线运行	失压自投
		双进线并联	距离Ⅰ段、检有压重合闸

表 8-5 为馈线为单线直供给出的保护配置，对于馈线为复线直供的线路，保护配置和整定计算参照复线直供执行。

(1)变电所馈线保护整定计算

距离Ⅰ段电抗定值按保护范围不超过 1 级开闭所整定；电阻定值按躲过最小负荷阻抗整定；动作时限一般整定为 0.1 s。

距离Ⅱ段电抗定值按保护范围不超过 1 级开闭所馈线距离Ⅰ段整定；电阻定值与距离Ⅰ段电阻定值相同；动作时限与 1 级开闭所馈线距离Ⅰ段时限配合，整定为 1 级开闭所馈线距离Ⅰ段时限加上 Δt。

距离Ⅲ段电抗定值按为 1 级开闭所馈线提供完全远后备整定；电阻定值与距离Ⅰ段电阻定值相同；动作时限：与 1 级开闭所馈线距离Ⅱ段时限配合，整定为 1 级开闭所馈线距离Ⅱ段时限加上 Δt。

电流速断动作电流按躲过 1 级开闭所馈线出口处最大短路电流整定；按变电所馈线断路器处最大短路电流校验灵敏度，若灵敏度不满足可不投入电流速断；动作时限一般整定为 0.1 s。

低压启动过电流动作电压按躲过最低运行电压整定；动作电流按躲过馈线最大负荷电流并保证末端故障有足够灵敏度整定；动作时限与距离Ⅲ段动作时限相同。

电流增量动作电流按躲过线路负荷电流一个工频周期内最大增量整定，一般按单列电力机车或动车组额定电流估算；动作时限与距离Ⅲ段动作时限相同。

重合闸时限一般整定为 2 s；复归时限一般整定为 20 s。

(2)1 级开闭所馈线保护整定计算

距离Ⅰ段电抗定值按保护范围不超过 2 级开闭所整定；电阻定值按躲过最小负荷阻抗整定；动作时限一般整定为 0.1 s。

距离Ⅱ段电抗定值按保护范围不超过 1 级开闭所馈线距离Ⅰ段整定；电阻定值与距离Ⅰ段电阻定值相同；动作时限与 2 级开闭所馈线距离Ⅰ段时限配合，整定为 2 级开闭所馈线距离Ⅰ段时限加上 Δt。

电流速断动作电流按躲过 2 级开闭所馈线出口处最大短路电流整定；按 1 级开闭所馈线断路器处最大短路电流校验灵敏度，若灵敏度不满足可不投入电流速断；动作时限一般整定为 0.1 s。

低压启动过电流动作电压按躲过最低运行电压整定；动作电流按躲过馈线最大负荷电流并保证末端故障有足够灵敏度整定；动作时限与距离Ⅱ段动作时限相同。

电流增量动作电流按躲过线路负荷电流一个工频周期内最大增量整定，一般按单列电力机车或动车组额定电流估算；动作时限与距离Ⅱ段动作时限相同。

重合闸时限一般整定为 2 s；复归时限一般整定为 20 s。

(3)2 级开闭所馈线保护整定计算

距离Ⅰ段电抗定值按保护线路全长整定；电阻定值按躲过最小负荷阻抗整定；动作时限一般整定为 0.1 s。

低压启动过电流动作电压按躲过最低运行电压整定；动作电流按躲过馈线最大负荷电流并保证末端故障有足够灵敏度整定；动作时限与距离Ⅰ段动作时限相同。

电流增量动作电流按躲过线路负荷电流一个工频周期内最大增量整定，一般按单列电力机车或动车组额定电流估算；动作时限与距离Ⅰ段动作时限相同。

重合闸时限一般整定为 2 s；复归时限一般整定为 20 s。

(4)开闭所进线保护整定计算

①单进线运行

失压自投的电压定值一般整定为 50 V；动作时限一般整定为 3 s。

②双进线并联

距离Ⅰ段电抗定值按保护进线全长整定；电阻定值按躲过最小负荷阻抗整定；动作时限一般整定为 0.1 s。

检有压重合闸动作电压整定为 70 V；动作时限整定为 3 s。

6. 牵引变压器

牵引变压器保护功能应按表 8-6 配置。

表 8-6　牵引变压器保护配置

电量保护	主保护	差动保护(包括差动速断和比率差动)
	后备保护	零序过电流保护[a]、高压侧低压启动过电流保护、低压侧低压启动过电流保护、失压保护、过负荷保护、过励磁保护[b]
非电量保护[c]		瓦斯保护、温度保护、压力释放保护、油位异常告警
安全自动功能		备自投

[a] 仅高压侧有中性点的变压器配置该保护功能。

[b] 仅 330 kV 变压器配置该保护功能。

[c] 非电量保护定值由设备厂家给出参考值。

(1)差动保护整定计算

差动电流正方向高压侧以指向变压器为正，低压侧以指向 27.5 kV 母线为正。电流互感器二次侧应采用星接方式，若需要求差值及由此产生的接线系数应由保护装置内部实现。差动保护电流平衡系数由保护装置内部根据变压器接线型式、变压器变比以及高低压侧电流互感器变比实现。三相变压器差动保护应以 B 相做公共相。不等容变压器各相差动保护定值应分别计算。

①差动速断

差动速断电流按躲过变压器最大励磁涌流整定。

②比率制动差动保护

比率制动差动保护采用如图 8-21 所示的“三折线”动作特性，动作电流 I_{dz} 按 $0.5I_{e.h}/n_{CT.h}$ 整定，1 段制动电流 I_{zd1} 按 $I_{e.h}/n_{CT.h}$ 整定，2 段制动电流 I_{zd2} 也按 $3I_{e.h}/n_{CT.h}$ 整定，1 段制动比率 S_1 取 0.3，2 段制动比率 S_2 取 0.5。

比率制动差动保护应投入二次谐波闭锁判据，二次谐波闭锁系数一般按 0.15 整定。三相变压器一般采用“或门制动”方案，只要有一相差动电流的二次谐波含量满足判据条件就闭锁三相差动保护。

差动保护宜具备差流越限告警功能，差流越限定值取 $0.2I_{e.h}/n_{CT.h}$。

(2)零序过电流保护整定计算

牵引变压器高压侧存在接地中性点时，应配置零序过电流保护；动作电流一次值按 $0.5I_{e.h}$ 整定，动作时限按 1 s 整定。

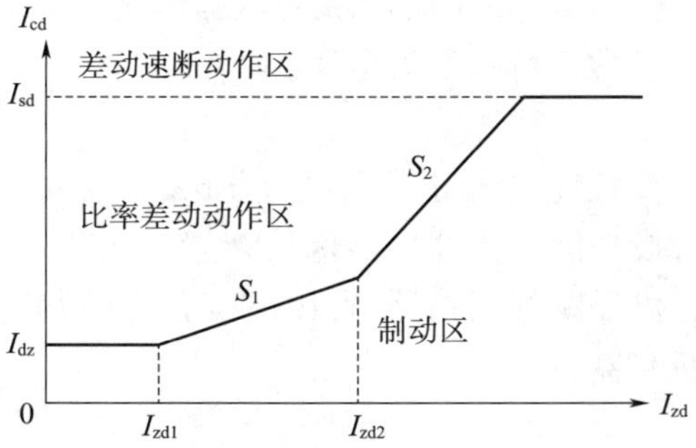

图 8-21　变压器差动保护“三折线”动作特性

(3)低压启动过电流保护整定计算

牵引变压器高低压侧都应配置低压启动过电流保护。

①高压侧低压启动过电流保护

动作电压按躲过变压器低压侧最低运行电压整定；高压侧动作电流按躲过高压侧额定电流整定，各相动作电流应分别计算。

②低压侧低压启动过电流保护

动作电压按躲过变压器低压侧最低运行电压整定；低压侧动作电流按躲过低压侧额定电流整定，AT 供电方式低压侧取 T、F 电流之和(相量差)，各相动作电流应分别计算。

动作时限：低压侧整定为馈线最长动作时限加上 Δt(上下级保护配合的时限级差 Δt 宜取 0.2 s)，高压侧整定为低压侧动作时限加上 Δt。

③PT 断线

PT 断线电压定值按躲过低压侧最低运行电压整定；PT 断线延时 2 s 发出告警信号。

低压启动过电流保护应具备 PT 断线自动放大电流定值功能。当采用 2×25 kV AT 供电方式时，T 线 PT 断线一旦检出应采用 F 线电压计算低压判据，若 T 线和 F 线电压都判为 PT 断线，则应无延时放大动作电流定值；对于其他供电方式，PT 断线一旦检出应无延时放大动作电流定值。高压侧和低压侧的放大倍数根据各相最大负荷电流整定。

(4)失压保护

失压保护应在进线失压或缺相运行时可靠动作。失压保护的高压侧电压按相间电压判断，低压侧电压按相地电压判断。动作电压一般整定为 50 V；动作时限：按躲过外电重合闸失败整定，一般整定为 4～5 s。

(5)过负荷保护

过负荷保护设置于变压器高压侧。其中过负荷Ⅰ段动作于发出告警信号，过负荷Ⅱ段动作于跳闸。过负荷Ⅰ段应投入运行，过负荷Ⅱ段可根据需要投入，可选用定时限动作特性和反时限动作特性。

(6)过励磁保护

过励磁保护设置于变压器高压侧，包括定时限过励磁保护和反时限过励磁保护。

定时限过励磁保护设置为告警，过励磁倍数整定为 1.1～1.2 倍，动作时间整定为 100 s。反时限过励磁保护可设置为告警或跳闸，其动作特性应根据变压器制造厂提供的变压器允许的过励磁能力曲线整定，一般采用分段线性化的方法模拟反时限曲线，分段数小于或等于 10。

整定时从动作时间上考虑保护裕度，整定时间取变压器制造厂提供曲线时间的60%～80%，且最小定值应可靠躲过系统正常运行的最大电压。

(7)备自投

进线备自投和主变备自投宜优先设置为倒直列方式。

进线备自投和主变备自投功能应由变压器保护装置发出信号触发，发出进线备自投信号的条件是失压保护动作且已可靠跳开断路器，发出主变备自投信号的条件是差动保护或非电量保护动作且已可靠跳开断路器。

7. 自耦变压器

自耦变压器保护功能应按表8-7配置。

表8-7　自耦变压器保护配置

电量保护	主保护		差动保护(包括差动速断和比率差动)
	后备保护	单台并联断路器模式	失压保护、检有压重合闸、过负荷保护
		双台并联断路器模式	过负荷保护
非电量保护			瓦斯保护、温度保护、压力释放保护、油位异常告警
安全自动功能			备自投

注：非电量保护定值由设备厂家给出参考值。

(1)差动保护

①差动速断

差动速断电流按躲过AT自耦变压器最大励磁涌流整定。

②比率制动差动保护

比率制动差动保护采用如图8-21所示"三折线"动作特性，动作电流I_{dz}按$0.5I_{e.T}$整定，1段制动电流I_{dz1}按$I_{e.T}$整定，2段制动电流I_{dz2}按$3I_{e.T}$整定，1段制动比率S_1为0.3，2段制动比率S_2为0.5。比率制动差动保护应投入二次谐波闭锁判据，二次谐波闭锁系数一般按0.15整定。

(2)过负荷保护

过负荷保护设置于自耦变压器T绕组，动作于发出告警信号，采用定时限动作特性；动作电流按$2.5I_{e.T}$整定；动作时限按120 s整定。

(3)失压保护

对于AT所或分区所采用单台并联断路器模式，应将同侧的单台自耦变压器投入运行，并配置失压保护功能，其他方式不宜配置该功能，动作电压一般整定为50 V；动作时限一般整定为1 s。

(4)检有压重合闸

当自耦变压器投入失压保护时，应同时投入检有压重合闸功能。该功能由失压保护出口信号启动，当时限满足且本侧电压判据满足时自动重合跳开的断路器；当时限满足且本侧电压判据不满足但对侧电压判据满足时发出备自投信号将备用自耦变压器投入运行。动作电压一般整定为70 V；动作时限第1个AT所整定为3 s，其他所动作时限为上一级自耦变压器重合时限加上1 s。

(5)备自投

保护装置应具有备自投功能，当差动保护或非电量保护动作且已可靠跳开断路器后将备用自耦变压器投入。

8. 并联补偿电容器保护

并联补偿电容器保护功能应按表 8-8 配置。

表 8-8　并联补偿电容器保护配置

电量保护	主保护	电流速断保护、差电压保护、差电流保护
	后备保护	过电流保护、全电流过电流保护、过电压保护、失压保护

电流速断保护动作电流按躲过电容器装置的最大涌流整定；动作时限：考虑电容器装置投入过渡过程的影响；一般整定为 0.1 s。

差电压保护动作电压按 1 台电容器被熔断器切除计算；动作时限：一般整定为 0.1 s。

差电流保护动作电流按躲过电容器装置最大涌流产生的不平衡电流进行整定；动作时限一般整定为 0 s。

过电流保护动作电流一般按 1.5 倍电容器装置的额定电流整定；动作时限：一般整定为 0.5 s。

全电流过电流保护动作电流按电容器装置允许的长期最大电流整定；动作时限：一般整定为 120 s。

过电压保护动作电压按电容器端电压不长时间超过 1.1 倍电容器额定电压整定；动作时限：一般整定为 5 s。

失压保护动作电压一般整定为 50 V；动作时限应小于外电重合闸时限并大于馈线保护最长动作时限，一般整定为 1 s。

二、系统数据库维护

正常情况下，为了使调度主站实时掌握设备运行工况，信号电源及高压开关智能监控装置处于运行状态的同时，其所监控的高、低压远动开关控制方式应置远方位置，由调度主控站直接监视和控制。特殊情况下，由调度命令将高、低压远动开关控制方式置当地位置，实现当地控制，调度端监视。

当地/远方位置的含义及操作：所有可见远程控制的高、低压开关都有当地和远方两种操作方式，其实现实形式是转换开关或按钮或壳体上的盖子的打开和闭合。当置当地时，开关只能在当地操作，进行当地分闸或合闸，调度端无法进行远动操作，只能监视。当置远方位时，开关只能在调度端操作，进行远动分闸或合闸，当地无法进行分闸或合闸操作。

三、日常巡视

(一)调度主站的巡检

交接班时要完成以下遥巡：

1. 检查核对时钟。
2. 对每个被控站做试验遥控，检查通道情况。
3. 检查被控回路电压、电流、相序、运行方式。
4. 检查所有高、低压远动开关位置状态、控制方式。
5. 查阅各被控站的负荷曲线。

6. 及时确认报警信息，并调取故障曲线、故障录波。

(二)智能监控装置巡检

智能监控装置要定期开展巡检工作，巡检要求如下：

1. 按巡视周期对监控装置箱体进行清扫检查。

2. 打开智能监控装置柜门，检查柜内有无异味，端子排是否松动、过热，电源及控制电缆有无损伤。

3. 检查两路交流电源及电池是否正常；检查交流接触器工作是否正常。

4. 检查充电回路是否正常；检查通信设备是否正常。

5. 检查开关电源或电源板、主控板、遥信板、遥测板、遥控板工作是否正常，有无接线松动、发热、变色等现象。

6. 检查各出口继电器是否正常，连接是否紧密，有无松动。

7. 检查装置电源熔断器及各采样熔断器是否正常，有无熔断，连接是否紧密。

第三节　综自保护装置试验

一、牵引变压器试验

牵引变压器单元试验项目主要有差动速断保护试验、比率差动保护试验、非电量保护试验、高压侧过电流保护试验、低压侧过电流保护试验、失压保护试验、零序过流保护试验、定时限或反时限过负荷保护试验、PT 断线试验等。

(一)差动保护的试验

1. 差动速断保护的试验

确定差动速断保护动作电流整定值，将比率差动保护退出运行，将微机保护测试仪电流输出线分别接在差动保护高、低压侧交流电流输入端子处。使微机保护测试仪有电流输出，调整微机保护测试仪使电流逐渐增大到差动速断保护动作电流整定值，差动速断保护应立即动作，试验时要求动作电流误差不超过±2%。

2. 比率差动保护的试验

(1)最小差动动作电流试验

调整比率差动保护的动作电流整定值为 0.01 A，将比率差动保护比率制动系数调为零，将微机保护测试仪电流输出线同时接在差动保护高、低压侧交流电流输入端子处。调整微机保护测试仪使高压侧电流为 3 A，低压侧电流为(3 A×高、低平衡系数)，并使高、低压侧电流相位相差为 180°。使微机保护测试仪有电流输出，调整微机保护测试仪使高压侧电流从 3 A 逐渐增大，直至比率差动保护动作。该电流为比率差动保护的最小动作电流。

(2)差动电流整定值动作试验

确定比率差动保护的正常动作电流整定值，将比率差动保护比率制动系数调为零，将微机保护测试仪电流输出线同时接在差动保护高、低压侧交流电流输入端子处。调整微机保护测试仪使高压侧电流为 3 A，低压侧电流为(3 A×高、低平衡系数)，并使高、低压侧电流相位相差为 180°。使微机保护测试仪有电流输出，调整微机保护测试仪使高压侧电流从 3 A 逐渐增大，直至比率差动保护动作。试验时要求动作电流误差应不超过±2%。

将微机保护测试仪电流输出线分别接在差动保护线圈 I_A、I_B、I_C 和 I_a、I_b 端子处，并将微机保护测试仪设在自动测试位，也可以检测出差动电流的整定值。

(3)比率制动系数检查试验

确定比率差动保护的正常动作电流整定值，将比率差动保护比率制动系数调为 0.5，比率制动起始电流为 3 A，将微机保护测试仪电流输出线同时接在差动保护高、低压侧交流电流输入端子处。

调整微机保护测试仪使高压侧电流 I_1 为 3 A，低压侧电流 I_2 为[3 A×高、低平衡系数(K_{ph})]，并使高、低压侧电流相位相差为 180°。使微机保护测试仪有电流输出，调整微机保护测试仪使高压侧电流从 3 A 逐渐增大，直至比率差动保护动作，记录差动保护动作电流 I_{d1} 和计算出制动电流 $I_{Z1}=0.5\times|I_1+(1/K_{ph})\times I_2|$；在上面参数的基础上，调整微机保护测试仪使高压侧电流为 5 A，低压侧电流为(5 A×K_{ph})。使微机保护测试仪有电流输出，调整微机保护测试仪使高压侧电流从 5 A 逐渐增大，直至比率差动保护动作，记录差动保护动作电流 I_a 和计算出制动电流 I_{Z2}。

利用上面测量和计算的两组数计算出比率制动系数[比率制动系数$=(I_{d2}-I_{d1})(I_{Z2}-I_{Z1})$]，比率制动系数计算结果与整定值误差不大于±5%。

将微机保护测试仪电流输出线分别接在差动保护线圈 I_A、I_B、I_C 和 I_a、I_b 端子处，并将微机保护测试仪设在测比率制动系数自动测试位，也可以检测出差动保护的比率制动系数。只是测量值与实际值偏差很大。

(4)二次谐波制动特性试验

确定比率差动保护的正常动作电流整定值，二次谐波制动系数整定为 0.2，将微机保护测试仪电流输出线接在差动保护高压侧交流电流输入端子处。调整微机保护测试仪使高压侧基波电流为 3 A，加入二次谐波量为基波电流 16%。使微机保护测试仪有电流输出，差动保护应不动作；加入二次谐波量为基波电流 14%。使微机保护测试仪有电流输出，差动保护应动作。试验时要求可靠闭锁误差应不超过±2%。

(5)保护动作时间的测定

确定比率差动保护的正常动作电流整定值，测试时用保护出口继电器 TJ 接点作为保护动作反馈接点接好线，将微机保护测试仪电流输出线接在差动保护高压侧交流电流输入端子处。调整微机保护测试仪使高压侧基波电流为整定值的 2 倍，使微机保护测试仪有电流输出，差动保护动作，微机保护测试仪将显示出动作时间。这里动作时间为：保护固有动作时间，要求保护固有动作时间不大于 30 ms，动作时间准确度不超过±2%。

(二)非电量保护试验

非电量保护接空触点进入装置，其重瓦斯、温度Ⅱ段、压力释放这些非电量保护跳闸，其他非电量如轻瓦斯、温度Ⅰ段发信号。

(三)低压过电流保护试验

低压启动过电流保护动作原理如图 8-22、图 8-23 所示。

试验前确定三相过流保护的电流整定值和单相过流保护的电流整定值。将微机保护测试仪电流输出线分别接在保护线圈 I_A、I_B、I_C 和 I_a、I_b 端子处，电压输出线分别接在保护线圈 U_a、U_b 端子处。U_a、U_b 不加电压，分别给过流保护一次侧保护线圈 I_A、I_B、I_C 加电流，并使其逐渐增大，使三相过电流保护动作；分别给二次侧保护线圈 I_a、I_b 加电流，并使其逐渐增大，使

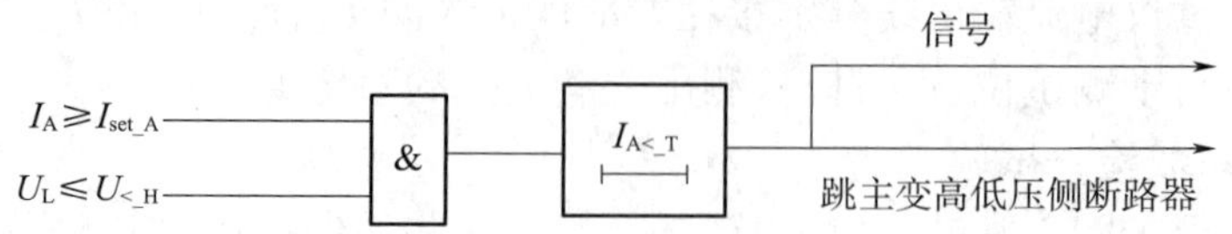

图 8-22　高压侧 A 相低压启动过电流保护原理

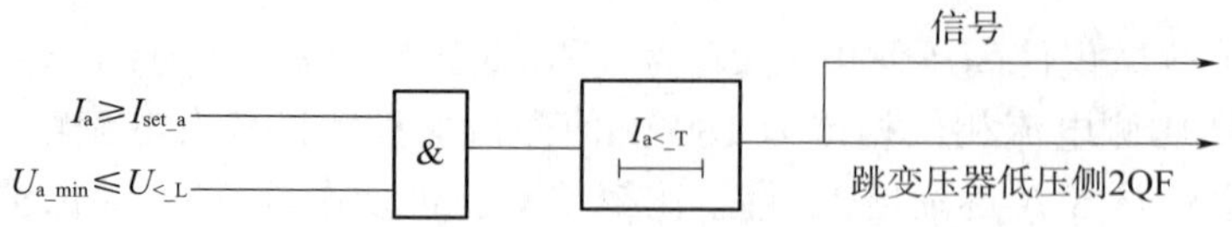

图 8-23　低压侧低压启动过电流保护原理

单相过流保护动作。试验时要求动作电流误差应不超过±2%。在过电流保护每次动作后，缓慢降低电流值使其返回。记录过电流保护动作值和返回值，并计算其返回系数（返回值/动作值）。

（四）低电压闭锁试验

调整 U_a、U_b 电压整定值为 60 V，给 U_a、U_b，加电压 70 V，I_A 加大于整定值的电流，缓慢降低 U_a，测试 U_a 闭锁的临界动作值；给 U_a、U_b 加电压 70 V，I_A 加大于整定值的电流，缓慢降低 U_b，测试 U_b 闭锁的临界动作值。给 U_a 加电压 70 V，给 I_a 加大于整定值的电流，缓慢降低 U_a，测试 U_a 闭锁的临界动作值；给 U_b 加电压 70 V，给 I_b 加大于整定值的电流，缓慢降低 U_b 测试 U_b 闭锁的临界动作值。试验时要求闭锁电压误差应不超过±2%。在低电压闭锁保护每次动作后，缓慢升高电压值使其返回。记录电压值动作值和返回值，并计算其返回系数。

（五）过负荷保护试验

1. 定时限过负荷保护试验

确定三相过负荷保护电流整定值，将微机保护测试仪电流输出线分别接在保护线圈 I_A、I_B、I_C 端子处。分别给一次侧保护线圈 I_A、I_B、I_C 加电流，使三相过负荷保护动作。试验时要求动作电流误差应不超过±2%。在过负荷保护每次动作后，缓慢降低电流值使其返回。记录过负荷保护动作值和返回值，并计算其返回系数。

2. 反时限过负荷保护试验

调整三相过负荷保护电流整定值均为 5 A，将微机保护测试仪电流输出线分别接在保护线圈 I_A、I_B、I_C 端子处，用保护出口继电器 TJ 接点作为保护动作反馈接点接好线。分别给一次侧保护线圈 I_A、I_B、I_C 加 5 个大于整定值的电流（5 个电流依次为 5.5 A、6 A、8 A、10 A、15 A），使三相过负荷保护动作，记录每次动作时的时间。

修改定值将过负荷Ⅰ段、Ⅱ段保护时间特性分别设置为一般反时限、非常反时限和极端反时限，按上述方法进行分别试验，测试出动作时限。参考技术说明书过负荷动作时间公式计算出施加电流对应的动作时间，试验时要求动作时间误差应不超过±3%。

（六）变压器失压保护试验

变压器高低压侧失压保护动作原理如图 8-24、图 8-25 所示。

修改定值并将失压保护投入，确定 U_{AB}、U_{BC}、U_{CA}、U_a、U_b。失压保护整定值均为 65 V。将微机保护测试仪电压输出线分别接在失压保护电压线圈 U_{AB}、U_{BC}、U_{CA}、U_a、U_b 端子处。给

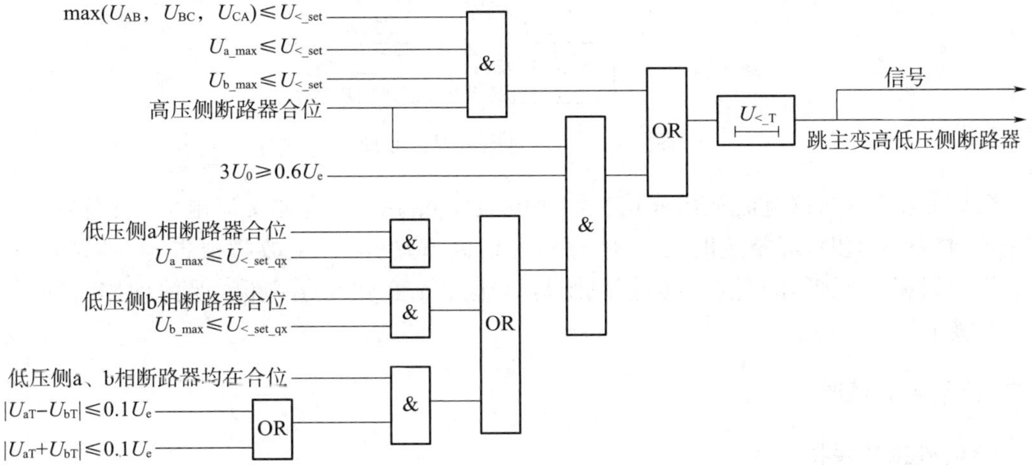

图 8-24　三相变压器失压原理

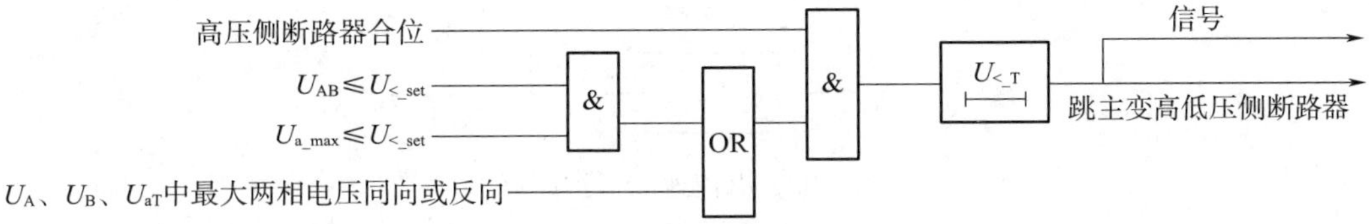

图 8-25　单相变压器失压原理

U_{AB}、U_{BC}、U_{CA}、U_a、U_b 同时加 70 V 电压，将高压侧断路器位置开入接入，同时级慢降低 5 种电压，使失压保护动作，试验时要求动作电压误差应不超过±2%。在失压保护动作后，缓慢升高电压值使其返回。记录电压值动作值和返回值，并计算其返回系数。

(七)PT 断线试验

变压器高低压侧 PT 断线动作原理如图 8-26、图 8-27 所示。

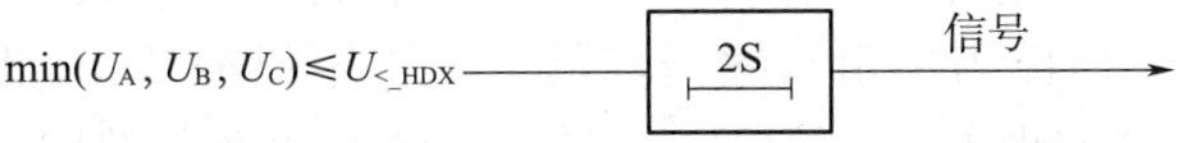

图 8-26　高压侧 PT 断线原理

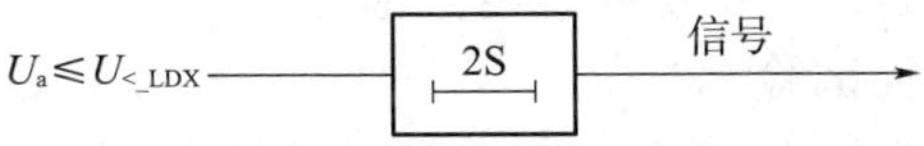

图 8-27　低压侧 a 相 PT 断线原理

修改定值并将 PT 断线检测投入，确定 U_{AB}、U_{BC}、U_{CA}、U_a、U_b 失压整定值均为 65 V。将微机保护测试仪电压输出线分别接在电压线圈 U_{AB}、U_{BC}、U_{CA}、U_a、U_b 端子处。给 U_{AB}、U_{BC}、U_{CA}、U_a、U_b 同时加 70 V 电压，将高压侧断路器合位、低压侧 a 和 b 相断路器均处合位，将高、低压侧断路器开入均接入，将任一路电压降低到低于 65 V，则报相应的 PT 断线告警，呼唤灯亮，电压恢复则 PT 断线告警消失。

(八)零序过流保护试验

变压器零序过流保护动作原理如图 8-28 所示。

将“牵引变压器联结组”整定为“YNd11”，投入“零序过电流”控制字，确定“电流、时限”整

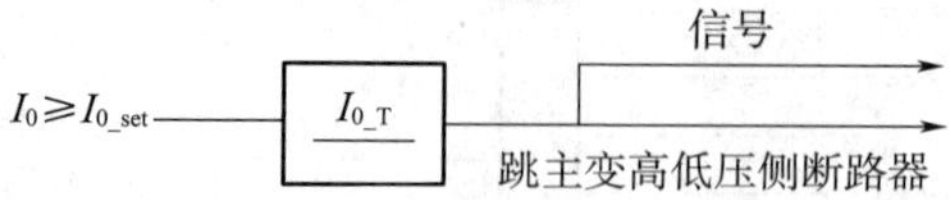

图 8-28　零序过电流保护原理

定值，将微机保护测试仪电流输出线接在零序电流模入端子上施加交流电流，当电流大于“零序过电流”电流定值时，经整定时延后，零序过电流元件动作，产生故障报告，液晶界面中光标自动移至“故障”并闪烁，同时点亮面板跳闸灯。施加 1.2 倍定值电流，保护动作时间误差不大于 1%整定值或 40 ms。

二、馈线单元试验

(一)电流速断保护

馈线电流速断保护动作原理如图 8-29 所示。

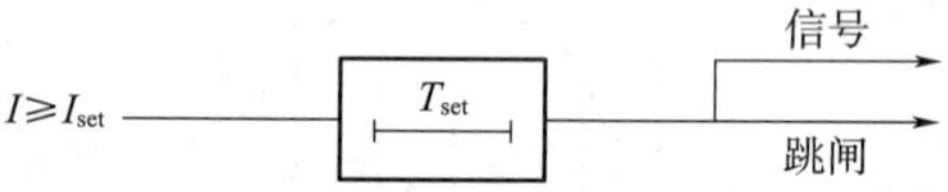

图 8-29　电流速断保护原理

退出其他所有的保护元件，只投入电流速断保护元件，在电流速断定值范围($0.2I_n \sim 10I_n$，0.03～1 s)整定，给装置施加 1.025 倍的整定值电流，装置应可靠动作，施加 0.975 倍整定值电流，装置应可靠不动作。在 1.2 倍的整定值下测动作时间，误差不应超过±2.5%。

(二)距离保护

距离保护一般分为Ⅰ—Ⅲ段。以Ⅰ段为例介绍试验方法。通过修改定值(系统参数)φ_1、φ_2(根据每个厂家实际情况设置该角度)可以调节阻抗四动形的动作特性，退出所有的其他保护元件，只投入阻抗Ⅰ段 Z_1，给装置施加 2 A、100 V 交流激励量，其中电压超前电流相角 φ_L(φ_L 就是阻抗Ⅰ段整定的线路阻抗角)，缓慢降低电压直至保护动作，此时电压与电流的比值与阻抗Ⅰ段线路阻抗的整定误差不应超过±5%。同样方法做负荷阻抗的定值误差。在 0.7 倍的整定值下测动作时间，误差不应超过±2.5%。试验中注意距离保护中每一项定值的含义(如定值是一次值还是二次值，是电抗值还是阻抗值等)。

(三)阻抗保护四边形特性试验

试验时投入试验的某段阻抗保护，退出其他所有保护，确定阻抗保护的阻抗整定值。将微机保护测试仪电流输出线接在阻抗保护电流输入端子处，电压输出线接在阻抗保护电压输入端子处，调电流 I_1 与电压 U 相位角分别为−15°、−10°、0°、10°、20°、30°、40°、45°、50°、55°、60°、70°、80°、85°。电流 I_1 加基波电流 5 A，加基波电压 U 为 100 V，调电流 I_1 与电压 U 相位角为 70°(线路阻抗特性角为 70°时)。将微机保护测试仪置输出状态，逐渐降低电压 U 的值，即可测出阻抗保护的电压动作值 u_d，依此计算出动作阻抗值(u_d/I_1)。试验时要求动作电压误差应不超过±3%。测出阻抗保护的动作电压值和计算出动作阻抗值。记录上述测试点故障报告上的动作电压、动作电流、动作阻抗。

绘制四边形特性图：建立坐标系，先用细实线按对应角度的整定值画出四边形特性图，然后根据角度将测试计算得出的各点阻抗值在特性图进行逐点标注，用直线连接形成四边形特性图，如图 8-30 所示。

将微机保护测试仪设定为四边形特性自动测试方式，即可自动绘制出阻抗保护四边形特性曲线。由于测试时间配合和步长配合不合理，自动测试时实际试验误差较大。

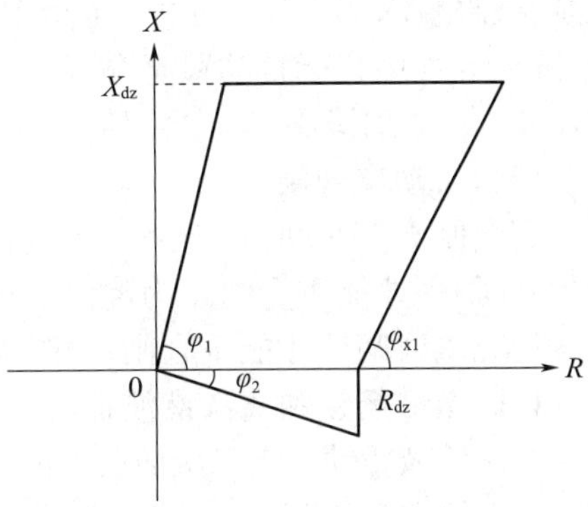

图 8-30　距离保护四边形特性

(四)低压启动过电流保护

馈线低压启动过电流保护动作原理如图 8-31 所示。

投入“低压启动过电流”控制字，确定低压启动过电流保护“电流、电压、时限”整定值，按低压启动过电流原理同时施加交流电压及电流，当电流大于“低压启动过电流”电流定值且电压小于“低压启动过电流”电压定值时，经整定时延后，低压启动过电流元件动作，产生故障报告，液晶界面中光标自动移至“故障”并闪烁，同时点亮面板跳闸灯；缓慢减小电流或增大电压，当电流小于 0.98 倍“低压启动过电流”电流定值或电压大于 1.02 倍“低压启动过电流”电压定值，低压启动过电流元件应可靠返回。当满足 2 次谐波闭锁条件时，应可靠闭锁低压启动过电流元件，反之应可靠不闭锁。

(五)电流增量保护

馈线电流增量保护动作原理如图 8-32 所示。

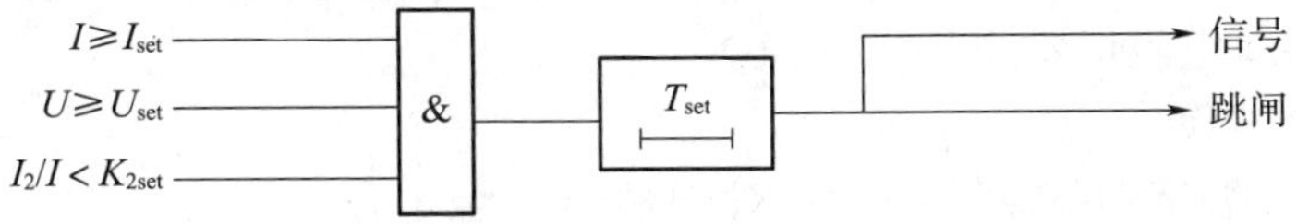

图 8-31　低压启动过电流保护原理

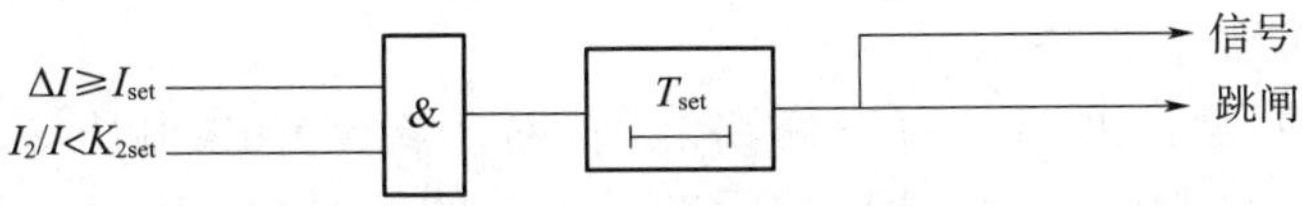

图 8-32　电流增量保护原理

退出其他所有保护，只投入电流增量保护，确定电流增量保护整定值，给装置施加 1.075 倍整定值突变电流量，装置应可靠动作，给装置施加 0.925 倍的整定值电流，装置应可靠不动作，动作值误差不应超过±7.5%，在 1.2 倍的动作值下测试动作时间，动作时间误差不应超过±2.5%。

(六)失压保护

馈线失压保护动作原理如图 8-33 所示。

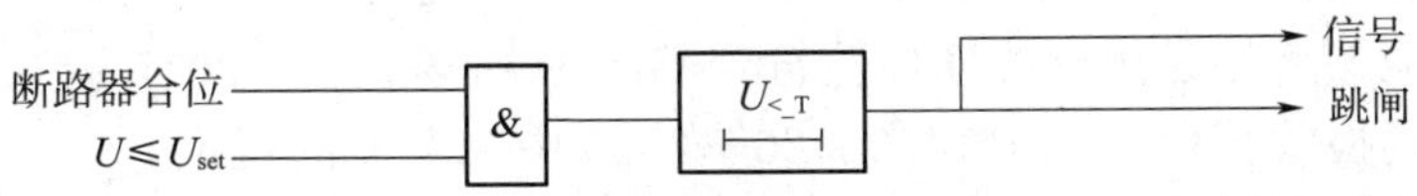

图 8-33　失压保护原理

投入“失压”控制字，确定失压保护整定值，使“断路器位置”信号处于“合位”，按失压原理施加交流电压，当电压小于“失压动作电压”定值时，经整定时延后失压元件动作，产生故障报告，液晶界面中光标自动移至“故障”并闪烁，同时点亮面板跳闸灯；缓慢增大电压值，当电压大于1.02倍“失压动作电压”定值时，失压元件应可靠返回。

（七）自动重合闸

重合闸充电时间：指断路器在重合闸动作一次后，需要等待充电时间（断路器处于合位时开始计时）后才能重合闸。为确保手动合闸在故障线路时保护不重合闸，所以手动合闸后也需要等待充电时间后才能重合闸。建议整定时间为20 s。

（八）谐波闭锁和高次谐波抑制

二次谐波闭锁。当二次谐波电流占基波的含量大于二次谐波闭锁整定值时，闭锁距离保护。建议整定值20%，当施加18%二次谐波时应可靠不闭锁，施加22%二次谐波时应可靠闭锁。

高次谐波抑制。综合谐波含量（一般为I_2、I、I含量总和占基波的百分比）大于综合谐波抑制定值时抑制距离保护动作，并测试其抑制效果（四边形改变范围是否正确）。

（九）PT断线闭锁

按照PT断线条件（一般输入电压低于定值，电流高于定值）使装置发出PT断线信号测试是否可靠闭锁距离保护。

三、保护测控装置本体试验

（一）绝缘试验

各带电导电回路分别对地之间，无电气联系的各带电导电回路之间，用开路电压为500 V的兆欧表测定其绝缘电阻值不小于100 MΩ。

（二）介质强度试验

各导电回路对地、各导电回路之间，对于额定绝缘电压63～250 V的回路能承受工频2.0 kV或直流2.8 kV的耐压试验，对于额定绝缘电压≤63 V的回路能承受工500 V或直流710 V的耐压试验，历时1 min，装置无击穿，闪络及元器件损坏现象。

（三）冲击电压试验

各导电回路对地、交流回路与直流回路之间，对于额定绝缘电压63～250 V的回路能承受1.2/50 μs、开路试验电压为5 kV的标准雷电波的短时冲击电压试验，对于额定绝缘电压≤63 V的回路能承受1.2/50 μs、开路试验电压为1 kV的标准雷电波的短时冲击电压试验，装置允许闪络，但不出现绝缘击穿或损坏现象。

（四）抗电气干扰能力试验

1. 静电放电抗扰度检验符合GB/T 14598.26—2015中7.2.3的规定。
2. 射频电磁场辐射抗扰度检验符合GB/T 14598.26—2015中7.2.4的规定。
3. 电快速瞬变/脉冲群抗扰度检验符合GB/T 14598.26—2015中7.2.5的规定。
4. 慢速阻尼震荡波抗扰度试验符合GB/T 14598.26—2015中7.2.6的规定。
5. 浪涌抗扰度检验符合GB/T 14598.26—2015中7.2.7的规定。
6. 射频场感应的传导骚扰抗扰度检验符合GB/T 14598.26—2015中7.2.8的规定。
7. 工频抗扰度检验符合GB/T 14598.26—2015中7.2.9的规定。
8. 工频磁场抗扰度试验符合GB/T 14598.26—2015中7.2.10的规定。
9. 脉冲磁场抗扰度检验符合GB/T 17626.9—2011第8章的规定。
10. 阻尼振荡磁场抗扰度检验符合GB/T 17626.10—2017第8章的规定。

11. 辐射发射限值检验符合 GB/T 14598.26—2015 中 5.1 的规定。

12. 传导发射限值检验符合 GB/T 14598.26—2015 中 5.2 的规定。

13. 直流电源输入端口电压智降、短时中断、电压纹波合缓降/缓升试验符合 GB/T 14598.26—2015 中 7.2.11～7.2.13 的规定。

(五)机械特性试验

1. 装置能承受 GB/T 11287—2000 中 3.2.1 规定的严酷等级为Ⅰ级的振动响应试验。

2. 装置能承受 GB/T 11287—2000 中 3.2.2 规定的严酷等级为Ⅰ级的振动耐久试验。

3. 装置能承受 GB/T 14537—1993 中 4.2.1 规定的严酷等级为Ⅰ级的冲击响应试验。

4. 装置能承受 GB/T 14537—1993 中 4.2.2 规定的严酷等级为Ⅰ级的冲击耐久试验。

5. 装置能承受 GB/T 14537—1993 中 4.3 规定的严酷等级为Ⅰ级的碰撞试验。

(六)耐湿热性能试验

1. 装置能承受 GB/T 2423.3—2016 规定的恒定湿热试验

试验温度为+40 ℃±2 ℃，相对湿度为(93±3)%，试验持续时间为 48 h。在试验结束前 2 h 内，用 500 V 兆欧表，测量各带电导电回路分别对地之间，无电气联系的各带电导电回路之间的绝缘电阻值不小于 1.5 MΩ，介质强度不低于初始介质强度试验电压值的 75%。

2. 装置能承受 GB/T 7261—2016 中 10.5 规定的交变湿热试验

试验温度为+40 ℃±2 ℃，相对湿度为(93±3)%，试验持续时间为 24 h，每一周期历时 2 h。在试验结束前 2 h 内，用 500 V 兆欧表，测量各带电导电回路分别对地之间，无电气联系的各带电导电回路之间的绝缘电阻值不小于 1.5 MΩ，介质强度不低于初始介质强度试验电压值的 75%。

第四节　故障测距技术

接触网作为牵引供电系统的唯一无后备的部分，对铁路运输供电安全稳定运行起着举足轻重的作用。由于采用受电弓滑动取流，接触网故障概率非常高，并且故障发生基本不可避免，而且沿线地势复杂多变，难以查找，故障后严重影响行车。因此线路故障尤其是 AT 供电线路故障后迅速而精确测距故障点，始终是困扰牵引供电系统安全稳定运行的一大难题。

接触网故障可分为瞬时性故障和永久性故障。瞬时性故障通过重合闸可恢复供电，但故障点往往是薄弱点，需用尽快找到加以处理，以免二次故障而危及电力系统的安全稳定运行；永久性故障则需迅速查明故障并及时排除，排除时间的长短直接影响到供电系统送电保障和运输安全，排除时间越长，则停电所造成的损失越大。故障发生后，排除故障的前提是找到故障点的确切位置，而精准定位实际存在线路输电距离长；沿线地理环境复杂，人工徒步寻线困难；瞬时性故障痕迹易消失无法复现等问题，用常规巡视的方法很难查到故障点位置。

故障测距(以下简称故测)装置就是牵引供电系统自动化需求下的产物，通过故障测距装置的精确测距，可以克服上述种种的困难，实现简易、快速地发现故障、排除故障，为牵引供电系统可靠安全运行提供技术保障。

一、故障测距系统构成

故障测距系统以一个供电臂为测距单元，变电所、AT 所、分区所均配备一套故障测距装置，每套分别由故测装置、GPS 对时装置、通信管理机等三部分组成。故测装置负责馈线电压、电流、AT 变吸上电流、馈线及 AT 变开关位置信号采集。GPS 对时装置负责同步各测距装置的时钟授时，保证数据同步性。通信管理机负责故标装置经通信管理机接入故标通道。各所之间故标数据通过故标专用通道或综自通道进行传输和交换，最终所有的数据汇总到牵引变电所通信管理机，进行故测分析，测距系统结构如图 8-34 所示。

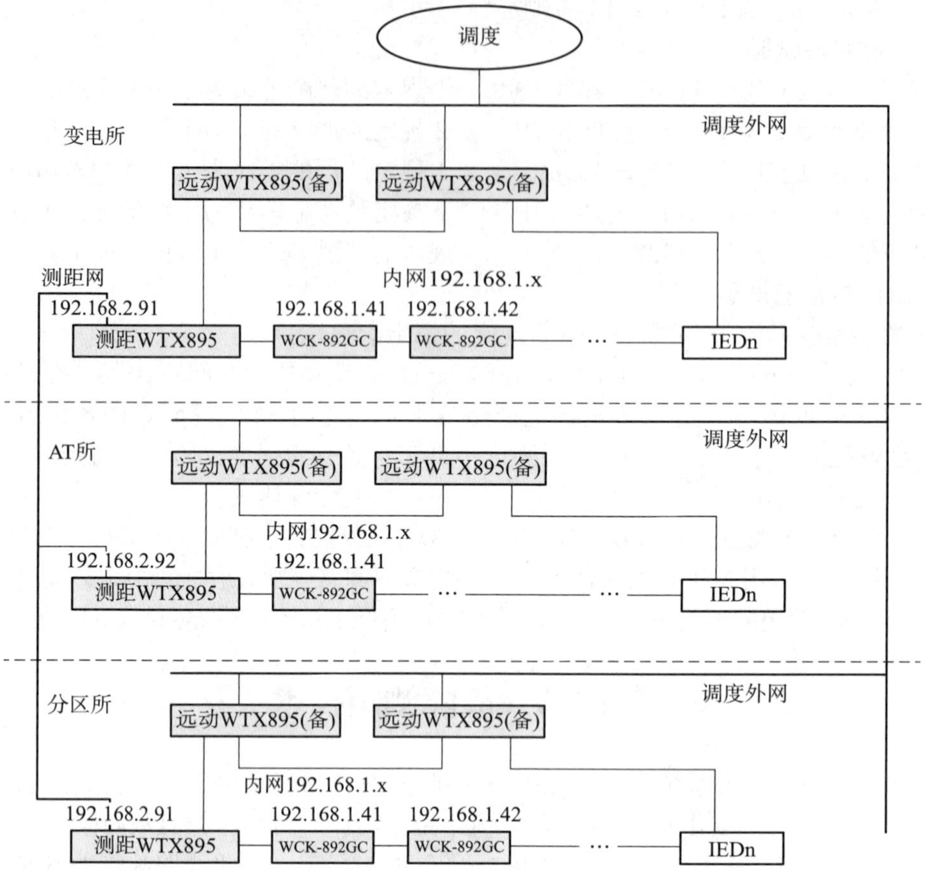

图 8-34　故障测距系统构成

二、故障测距动作流程

接触网发生短路接地故障后，变电所相应的馈线断路器发生保护跳闸，故障测距装置检测到故障状态并启动相应的保护元件，同时向该供电臂的 AT 所、分区所发送带时标的召唤数据命令；AT 所、分区所接收到召唤数据命令后，故测装置启动将保存在数据缓冲区中故测数据上传到牵引变电所；变电所接收到子所故测数据后，故测装置对三个所的故测数据进行分析，判断供电臂运行方式、故障区段、故障类型及故障方向，然后根据供电臂运行方式采用相应的测距计算方法来计算故障距离和相应故障公里标，并将测距计算结果以故障报告的形式呈现，故障测距动作流程如图 8-35 所示。

三、运行方式判别

(一)变电所、AT 所/分区所主接线图

典型 AT 变电所主接线如图 8-36～图 8-40 所示。

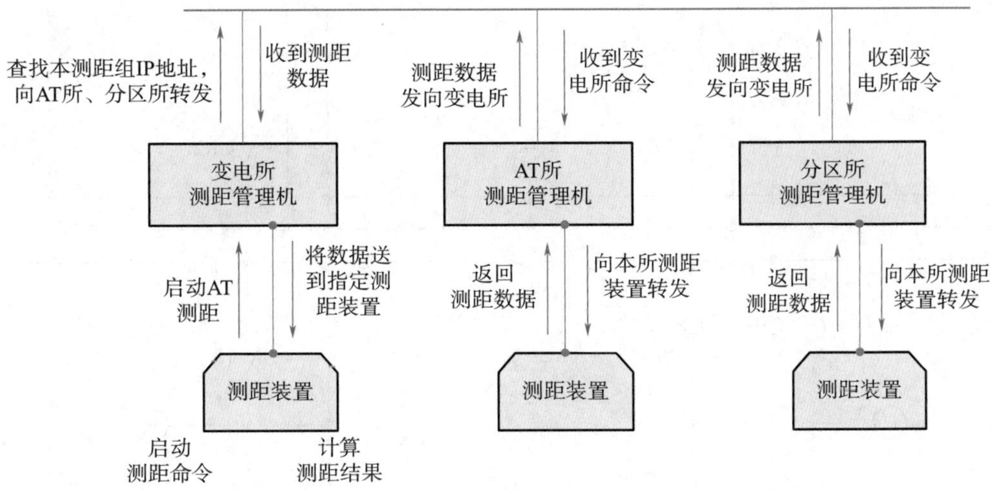

图 8-35　故障测距动作流程

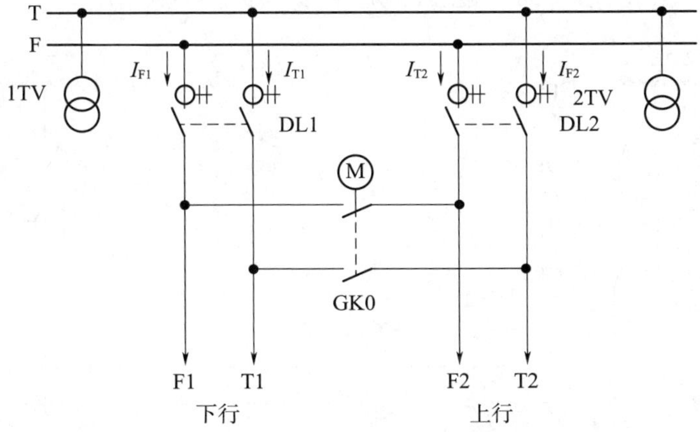

图 8-36　典型客运专线 AT 变电所馈线接线（武广模式）

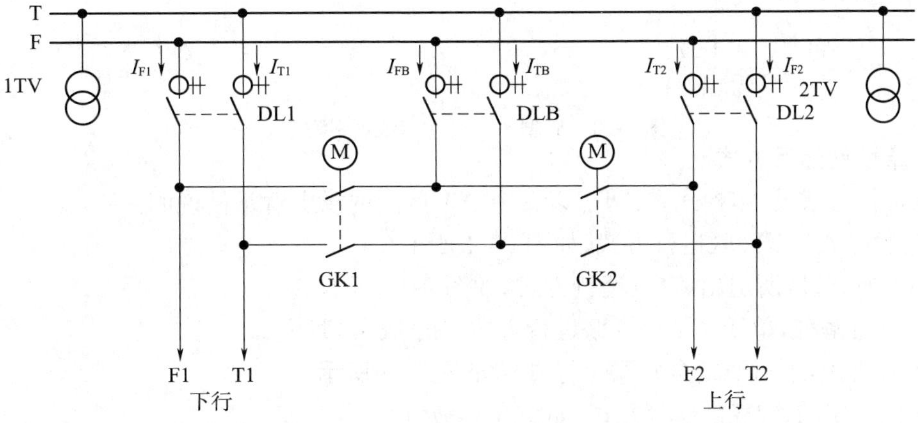

图 8-37　典型 AT 变电所馈线接线（南同蒲模式）

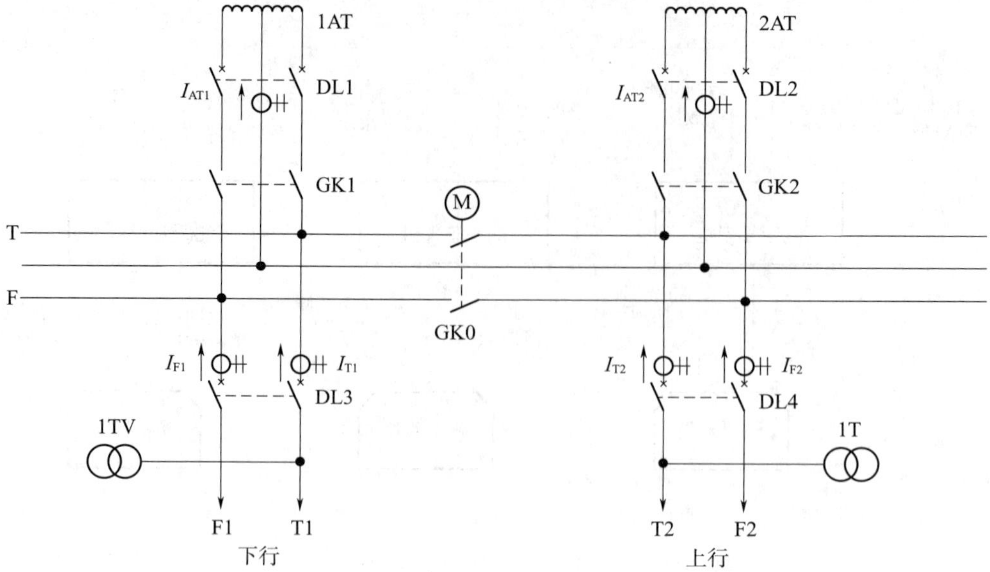

图 8-38　典型 AT 所主接线(合武、武广模式)

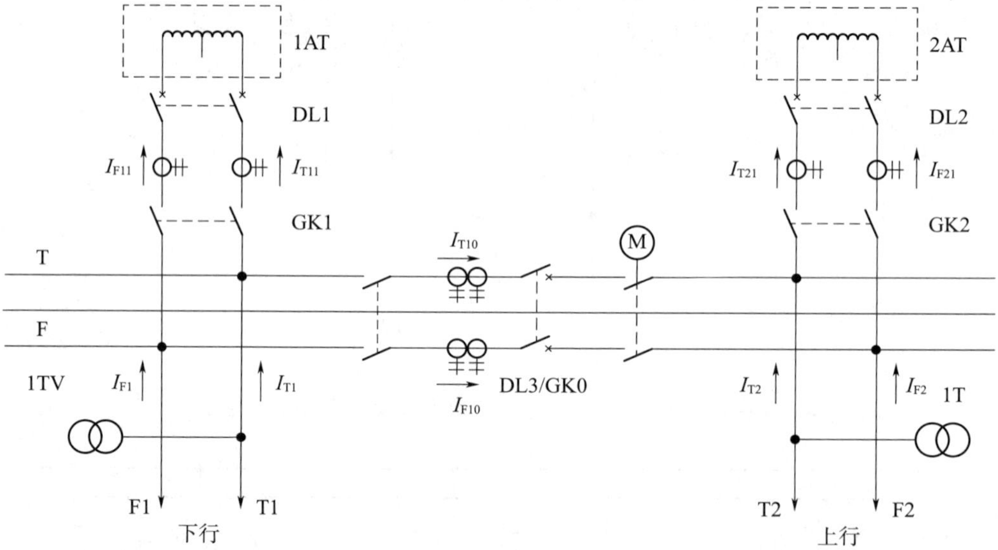

图 8-39　典型 AT 所主接线(福厦模式)

(二)牵引网运行方式

高铁运行方式灵活,模式多样化,以两个 AT 区间的供电臂举例说明。

1. 上下行 AT 全并联运行方式,如图 8-41 所示。
2. AT 所、分区所退出,直供运行方式,如图 8-42 所示。
3. 上下行解列,单线 AT 全并联运行方式,如图 8-43 所示。
4. 上行直供,下行 AT 全并联运行方式如图 8-44 所示。
5. 上行 AT,下行直供运行方式,如图 8-45 所示。
6. AT 所不并联,末端分区所并联运行方式,如图 8-46 所示。
7. AT 所退出,末端分区所并联运行方式,如图 8-47 所示。

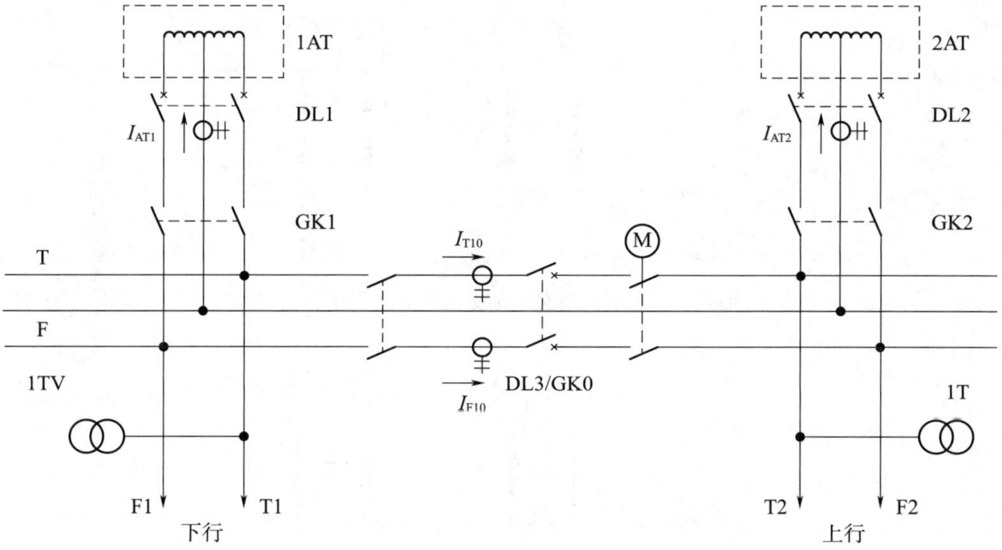

图 8-40　典型 AT 所主接线(南同蒲模式)

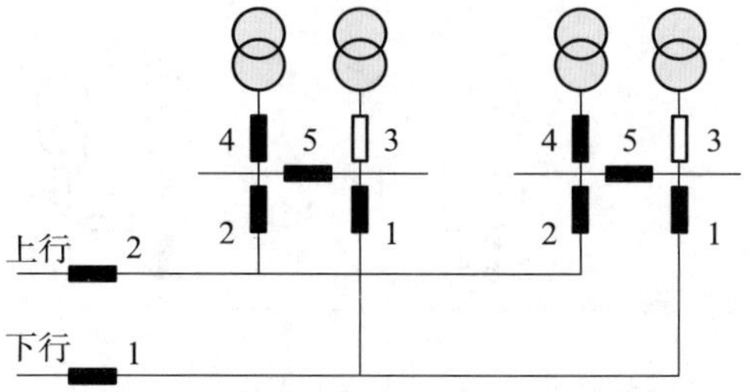

图 8-41　上下行 AT 全并联运行方式

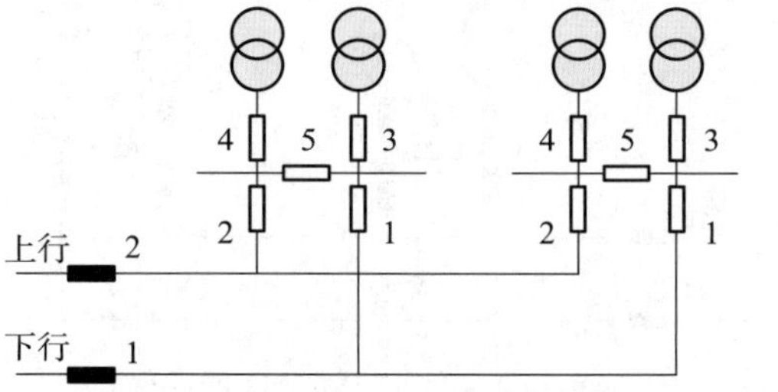

图 8-42　AT 所、分区所退出,直供运行方式

8. AT 所并联,分区所退出的运行方式,如图 8-48 所示。

9. 变电所一侧退出,另一侧环供运行方式,如图 8-49 所示。

(三)故障测距判断及计算

1. 故障区段判断

故障区段的判别可以通过吸上电流、分区所馈线电流和变电所馈线电流分布来判断。

(1)通过吸上电流判断

找到变电所、AT 所、分区所三个所吸上电流的最大值和次大值,最大值与次大值之间的

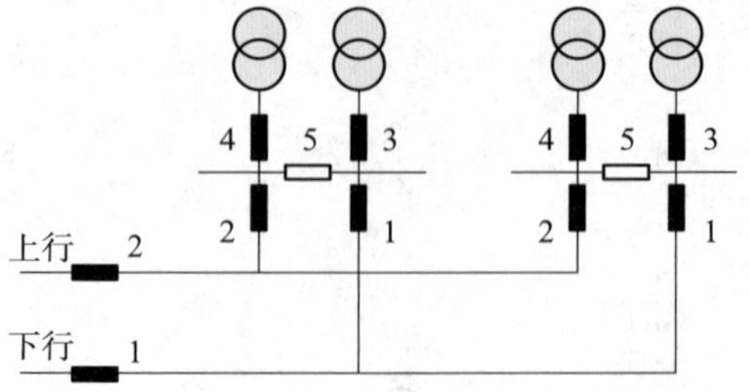

图 8-43　上下行解列，单线 AT 全并联运行方式

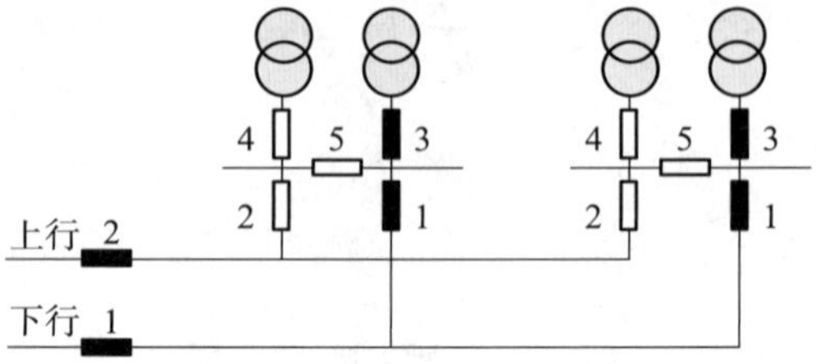

图 8-44　上行直供，下行 AT 全并联运行方式

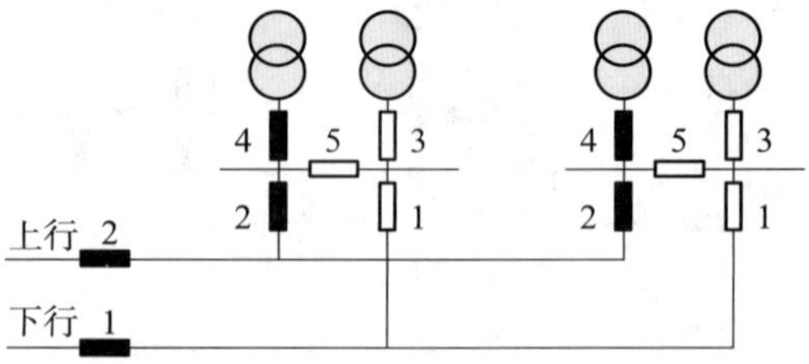

图 8-45　上行 AT，下行直供运行方式

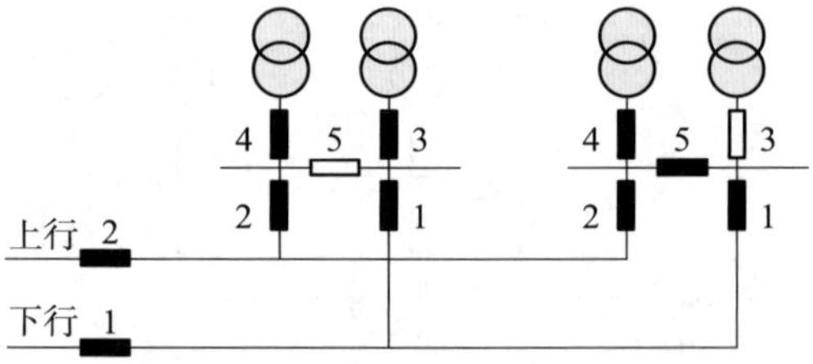

图 8-46　AT 所不并联，末端分区所并联运行方式

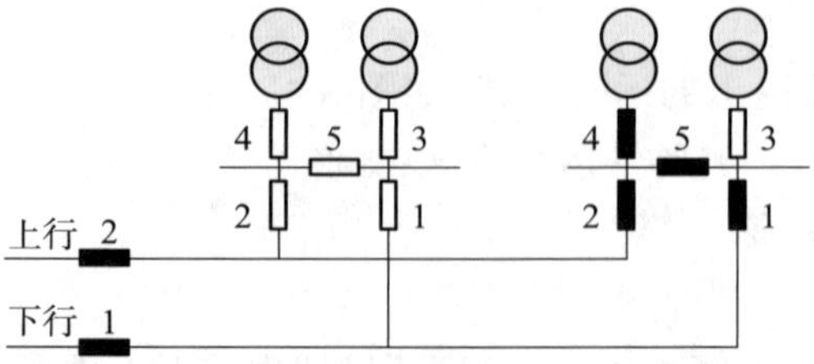

图 8-47　AT 所退出，末端分区所并联运行方式

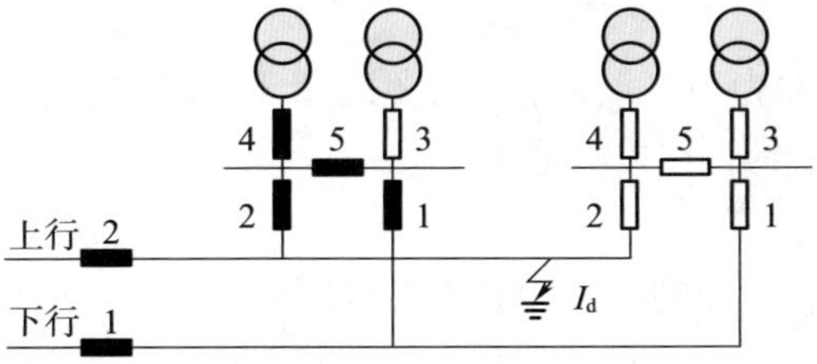

图 8-48　AT 所并联，分区所退出的运行方式

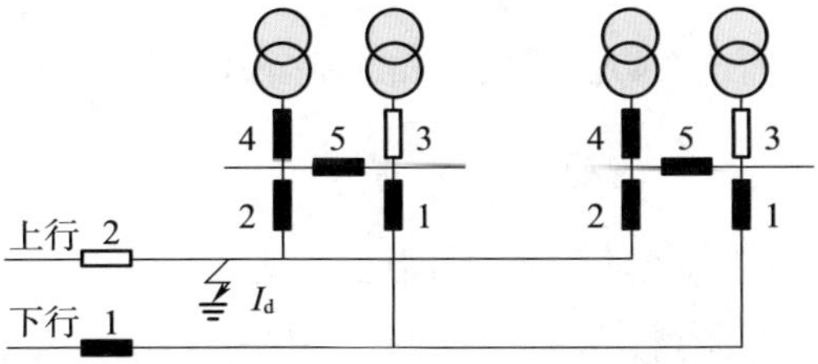

图 8-49　变电所一侧退出，另一侧环供运行方式

区段即为故障 AT 段。需要特别注意的是，当故障点在 AT 所附近时，应结合变电所、分区所的馈线电流分布进行综合分析判断。

(2)通过分区所馈线电流分布判断

对分区所故障测距数据中的电流分布进行分析，如果分区所各馈线电流大小均衡，上下行馈线电流大小之和等于分区所的吸上电流。则一般可判断故障点在第一 AT 段，否则在第二 AT 段。

(3)通过变电所馈线电流分布判断

对变电所故障测距数据中的馈线电流进行分析，如果上下行电流分布均衡，则故障点在第二 AT 段，反之在第一 AT 段。

2. 故障类型判断

首先应通过吸上电流判断故障是否为 TF 型，如果最大吸上电流小于 1 000 A，则可判断故障为 TF 型短路。在此需要特别指出的是 TF 型短路故障 TF 相直接短路及 TR-FR 间接短路等多种形式。

如果判断故障类型为非 TF 型，则需要取吸上电流最大处的所亭馈线电流中的进行判断，选取四个馈线电流中的最大值判断故障为 TR 或 FR 型，例如吸上电流最大值在分区所处，其上行 T 线电流(I_{t2})最大，则判为上行 T 线故障，F 线判断方法相同。

3. 故障行别判断

当故障为 TR 或 FR 型时，取吸上电流最大处所亭的馈线的四个电流中的最大值进行判断，确定上行还是下行。例如：吸上电流最大值在分区所处，其上行 F 线电流(I_{f2})最大，则判断为上行 F 线故障。

当故障为 TF 型故障时，则取上下行馈线电流大小进行比较，故障点在电流大的馈线上。

4. 故障测距计算

由于 AT 供电方式与其他供电方式的特殊性，其故障测距法也与常规测距方式有显著不同，通常采取吸上电流比法、上下行电流比、横联比测距、电抗测距法相结合的方法，并在现场得到了较广泛的应用。

吸上电流比测距法也称为 AT 测距法，主要适用于带 AT 自耦变运行时故障测距；电抗测距法则在 AT 解列，采用直供电方式时适用。

(1)吸上电流比法

变电所、AT 所、分区亭三处的吸上电流分别为

$$\begin{cases} I_{\text{at0}} = I_{\text{t1}} + I_{\text{f1}} + I_{\text{t2}} + I_{\text{f2}} \\ I_{\text{at1}} = I_{\text{at1}} + I_{\text{at2}} \\ I_{\text{at2}} = I_{\text{at1}} + I_{\text{at2}} \end{cases}$$

故障 AT 段判断方法为：确定故障区段后，取故障区段两端所亭的吸上电流计算吸上电流比。

$$Q = \frac{I_{\text{at}(n+1)}}{I_{\text{at}(n)} + I_{\text{at}(n+1)}}$$

再通过吸上电流比计算实际故障位置，测距公式为

$$L = \sum_{i=0}^{n-1} D_i + x_k + \frac{Q - Q_k}{Q_{k+1} - Q_k}(x_{k+1} - x_k)$$

式中，n、$n+1$ 为故障 AT 段两端的吸上电流编号；k、$k+1$ 为故障 AT 段两端的吸上电流编号；D_i 为各 AT 段长度；x_k、x_{k+1} 为各分段点距离；Q_k 为各分段点出故障时的吸上电流比。

图 8-50 为 3 个测距装置、2 个 AT 段示意。

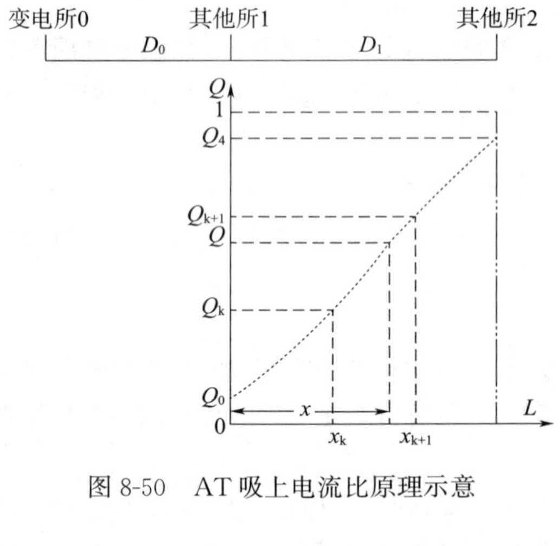

图 8-50　AT 吸上电流比原理示意

(2)上下行电流比法

当判断故障发生在变电所和 AT 所之间，无论是 T、F、TF 故障，均可采用上下行电流比测距原理，如图 8-51 所示，计算公式为

$$L = \frac{\min(|I_{\text{TF1}}|, |I_{\text{TF2}}|)}{|I_{\text{TF1}}| + |I_{\text{TF2}}|} \times 2D_0$$

式中，$I_{\text{TF1}} = I_{\text{T1}} - I_{\text{F1}}$，$I_{\text{TF2}} = I_{\text{T2}} - I_{\text{F2}}$，$I_{\text{T1}}$、$I_{\text{F1}}$、$I_{\text{T2}}$、$I_{\text{F2}}$ 为变电所馈线电流。

(3)横联线电流比原理

无论是 T、F、TF 故障，均可采用横联线电流比测距原理。横联线电流比测距原理与 AT 吸上电流比原理类似，要获取 3 个处所的横连线电流，找到最大的两个，确认故障的 AT 段。

变电所横联线电流为

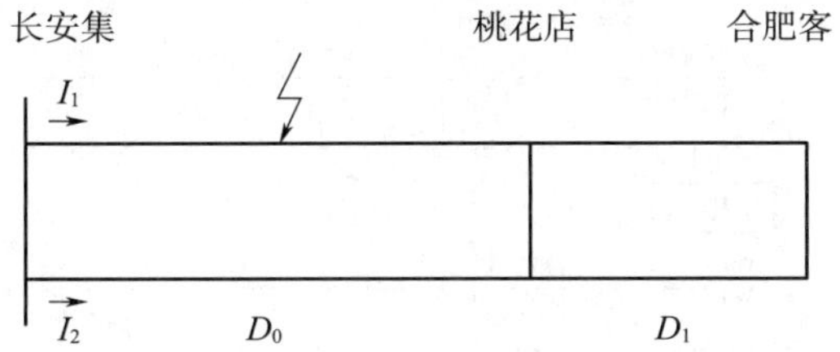

图 8-51　上下行电流比原理示意

$$I_{HL0}=\frac{|I_{TF1}|-|I_{TF2}|}{2}$$

在 AT 所和分区所，横联电流分别为

$$I_{HL1}=|I_{T1}-I_{F1}|$$
$$I_{HL2}=|I_{T2}-I_{F2}|$$

式中，$I_{HL}=I_{T1}-I_{F1}$，I_{T1}、I_{F1} 为 AT 所、分区所馈线电流。

取横联线电流最大者，当 AT 所处 $-45°<\arg(U_1,I_{TF1})<135°$，判别为下行方向，反之为上行方向，根据横联线电流最大值和次大值求横联线电流比，并求出故障距离，计算公式为

$$L=\sum_{i=0}^{n-1}D_i+\frac{I_{HL(n+1)}}{I_{HL\,n}+I_{HL(n+1)}}\times D_n$$

从横联线电流比原理的公式可以知道，测距距离的计算不受 AT 漏抗及故障点短路过渡阻抗的影响，有较高的测距精度。

(4)电抗法原理

判断为直供方式或重合闸失败且整定为电抗法时，根据故障类型为 T、F 或 TF 故障，采用变电所测量电抗查表测距。电抗计算公式如下：

变电所下行电抗

$$x_1=\mathrm{imag}\left(\frac{U_{T1}}{I_{TF1}}\right)$$

变电所上行电抗

$$x_2=\mathrm{imag}\left(\frac{U_{T2}}{I_{TF2}}\right)$$

电抗法故障测距原理如图 8-52 所示。已知电抗 X，电抗距离表的正线上的 x_1、L_1、x_2、L_2。

$$x=\frac{L_2-L_1}{x_2-x_1}\times(x-x_1)+L_1$$

定值整定的时候，要考虑供电线的分段距离表，分别整定 T、F、TF 型电抗距离表。

5. 影响故障测距的因素

故障测距的准确性会受到测距通道、测距装置时间以及开关位置的信号等因素的影响。测距通道通信出现问题，子所数据无法及时准确上传至变电所，将直接影响注意故测的判断计算，因此需要时刻注意故测通道故障告警信息。如变电所与子所故测装置时间不同步，变电所下发故测数据召唤命令后，子所上传的故测数据为非故障时刻故测数据，也会影响故测的判断和计算，变电所亭一般采用 GPS 校时，需注意关注 GPS 故障告警信息。

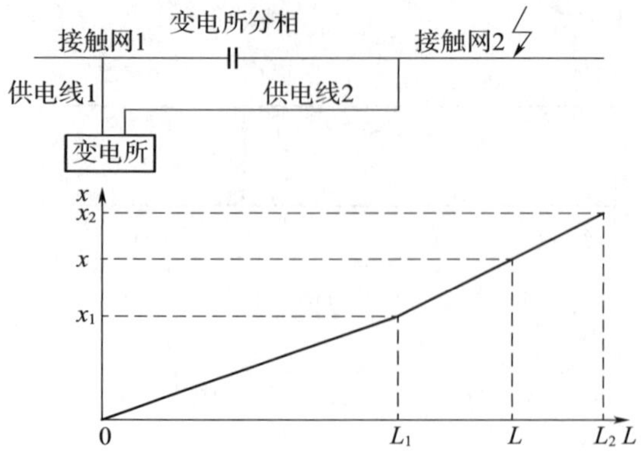

图 8-52　电抗法原理

第五节　综自保护装置常见故障与处理

综自保护装置在日常运行过程中不可避免地会出现一些问题，通过对综自保护装置调试验收及运行中出现故障进行总结整理，可将综自保护装置故障分为装置异常告警、开关误动或拒动、信号位置异常、通信异常等几种类型。

一、装置异常告警

综自保护装置面板上设有“运行”“告警”等监视装置运行正常与否的信号指示灯，可通过指示灯的状态来判断保护装置是否正常运行。正常运行时面板上的运行灯以每秒5次的频率闪动，若运行灯不动，则表示监控板存在异常；当保护装置存在内部或外部接线异常，则装置告警灯点亮，故障解除后告警灯灭；保护装置正常通信时，远动通信灯点亮并以每秒1次的频率闪动，若远动通信灯不亮则表示装置通信存在异常。

在正常运行中，若综自保护装置会发出告警信号或者出现运行指示灯不正常等情况，应做以下紧急处理：首先查看保护装置自检是否正常，若不正常可判断为保护插件故障，此时应退出该保护装置及相应的断路器，采用备用回路代替运行；然后保存该保护装置全部数据，更换保护插件并导入数据及整定值；若判断非保护插件问题则应立即检查与该保护装置有联系的二次接线和端子，进一步查找故障原因。

综自保护装置常见的异常告警的原因及处理措施可以归纳见表8-9。

表8-9　综自保护装置常见的异常告警的原因及处理措施

信号灯	显示	故障现象	故障原因	异常处理
面板运行灯	发平光	与调试软件通信中断	1. 接口程序紊乱或丢失； 2. 接口板芯片坏	1. 重新载入接口程序； 2. 更换接口板
面板告警灯	点亮	有自检报告	1. 程序不良； 2. 开出不良	1. 更换保护插件； 2. 更换接口板
面板通信灯	不亮	与后台通信不上	1. 光收发器坏； 2. 光纤有问题	1. 重新插拔光纤； 2. 换接口插件

续上表

信号灯	显示	故障现象	故障原因	异常处理
接口插件上 LED	不闪或慢闪	接口与保护通信不上	1. 接口板有问题； 2. 保护板有问题	1. 更换接口插件； 2. 更换保护插件
保护插件上 LED	不闪	无采样值	1. 带座芯片没插好； 2. 保护插件坏	1. 重新插带座芯片； 2. 更换保护板
保护插件上 LED	不闪	无采样值或不跳闸	保护插件坏	更换保护插件

各插件更换时的注意事项如下：

1. 保护插件

更换测控插件时应注意，更换完毕重新上电后要导入整定值，并核对是否与原有定值一致。除了 WBH-892C 中的保护插件和自投插件外，其余装置的保护插件硬件完全一样，可以互换，将板子更换到不同装置上时要重新下载程序，整定定值。

2. 通信插件

更换通信插件时应注意：更换后要设置装置地址号，所有装置监控插件硬件一样，可以互换，互换后要重新下载相应装置程序。

3. 交流插件

更换交流插件后装置重新上电后必须对装置重新进行刻度校正。

4. 出口插件

更换出口插件时应保证各短路块位置正确。

二、开关误动或拒动

由于运输中或长期振动，可能引发接线端子接触不良，接线松动表现为某些现象或信号时隐时现，尤其受强烈振动时更会出现接触不良现象，严重时引起开关误动或拒动。为避免此现象发生，应在每次检修时将各个端子配线紧固一次。紧固用力不应太大，避免压伤导线，而且应注意多线同孔时孔中的几根线受力要均匀。

若开关发生误动或拒动，应从保护装置、二次回路及设备本体入手进行问题查找。保护装置出现问题的概率较低，一般是二次回路或设备本体的问题，可以从控制屏往设备本体查找，也可以从设备本体往控制屏检查。

故障案例：某变电所 102 断路器远动拒合。

1. 判断是否为保护装置问题

先在控制屏进行屏控操作，若屏控操作无异常，则可判断为保护装置问题；若屏控操作依然拒动，则可判断为二次回路或设备本体问题。

2. 判断是否为控制屏内问题

先在屏端子上用＋KM 点合闸或分闸端子，若断路器正确动作，则说明是屏内部问题；若仍然不动作，则判定为控制电缆或设备本体问题。

3. 控制屏内问题

操作断路器合分转换开关，然后用万用表测量合闸回路各关键点的电平信号，从而缩小故障范围，最终查到故障点。

4. 控制屏外问题

先到设备本体的端子箱，找到从保护盘上引下来的合闸或分闸电缆处，检查电缆是否松动，用线短接+KM与合分闸端子，如果能正确动作则检查电缆回路是否正确。

三、信号位置异常

开关的信号位置代表着开关的运行状态，如果位置信号错误，可能导致开关拒动等问题的发生。信号位置错误一般是二次接线错误或辅助开关的问题，保护装置信号插件损坏也可能导致位置信号异常。

开关的位置信号由一般由开关的辅助接点给出，可以通过检查保护装置的开入元件来确定开关位置信号是否正常。

故障案例：某变电所211信号位置异常。

1. 判断是否为屏内问题

先在控制屏检查开关位置相应光耦端子是否正常，如光耦端子指示不正常，则判断为外部回路问题；如光耦端子指示正常，则判断为屏内问题。

2. 判断是否为控制电缆问题

测量开关位置信号回路控制电缆两端电压，若两端电压相同，判断为设备本体问题；若两端电压不同，则判断为控制电缆问题。

3. 控制屏内问题

使用万用表检测光耦端子低压侧电压，若电压为24 V，则判断为保护装置内部问题，需对保护装置信号插件进行更换。否则为光耦端子问题，需更换光耦端子。

4. 控制屏外问题

先到设备本体的端子箱内辅助开关，将相应的位置信号节点进行短接，若位置信号恢复正常，判断为辅助开关问题，需对辅助开关进行更换。否则为二次接线问题，采用对地电位法进行查找。

四、通信异常

变电所的网络结构采用的是双环网通信，任意断开一路不影响全所通信，但由于各个保护测控单元是串联连接，如果保护装置通信插件损坏、收发器故障或装置失电，环路上就会出现断点，当环路上同时出现两个断点，则两个断点之间的保护装置将无法通信，调度段将收不到相应开关的信息。如果通信管理机出现问题，将导致保护装置与调度段无法通信，常见通信故障及处理办法如下：

1. 开关位置不对应

先检查保护装置的开入，不正常则检查装置外回路(开关的辅助接点，装置的合、分接点，电缆连接等)，正常则先进行遥信全召；如未恢复需将保护装置重新启动；仍未恢复则需检查保护装置通信板工作情况，如果通信板工作不正常，则更换通信板。

2. 保护装置的通信灯不亮，通信异常

首先检查装置背面的光纤是否插好，顺序是否正确，如果光纤没有插好或位置错误，会有红灯亮，需将光纤重新拔插；如果还未恢复，应调换第一、二根光纤的位置，如果灯依然亮则调换第三、四根光纤的位置，检查该装置的接口板的运行灯是否正常闪烁，闪烁不正常则更换接口板。

3. 其他问题

当保护装置面板上的通信灯不闪时,除检查后台通信单元各面板的通信信号灯显示正常外,还应检查光纤是否插好。

远动倒闸时,如发现测控盘与后台机上信号的显示不一样,应首先确认实际设备的位置,然后,可通过后台机上查看开入量,细目窗口内的信息,并通过“总召”来与测控装置保持通信,以刷新后台机画面。

测控装置通信灯不亮,与后台机无通信联系,值班人员应检查测控装置的光纤是否插好,也可以在做好安全措施后,拔下光纤,重新插入,如还不能恢复,则可以断合测控装置的电源,重新启动一次。如还无通信,对通信板进行检查更换。

第九章　牵引变电所交直流系统

第一节　交直流系统概述

为保证牵引变电所二次设备的正常工作和安全运行，应设有能满足不同要求，供电可靠的交、直流自用电系统和操作电源。

操作电源是指为供给控制、信号、继电保护与自动装置、事故照明和计算机等采用不停电电源的用电设备所需要的独立电源。一般应设有可靠的直流电源做操作电源，它与直流自用电负荷馈线连接构成直流系统。

对牵引变电所交直流系统的基本要求：

1. 保证供电的可靠性：最好装设独立的直流操作电源，以免交流系统故障而影响操作电源的正常供电。

2. 具备足够的容量：满足全所事故停电时，直流电源负荷、最大冲击负荷及 2 h 事故照明等用电需要；能保证直流母线电压在规定的额定值（正常运行时，操作电源母线电压波动范围小于 5％额定值；事故时操作电源母线电压不低于 90％额定值；失去浮充电源后，在最大负载下的直流电压不低于 80％额定值）；纹波系数小于 5％。

3. 满足经济和实用的要求：使用寿命长、维护工作量小、投资省、占地面积小和噪声干扰小等。

为此，通常采用蓄电池组及相应充电设备作为直流电源。

一、交直流系统结构图（图 9-1）

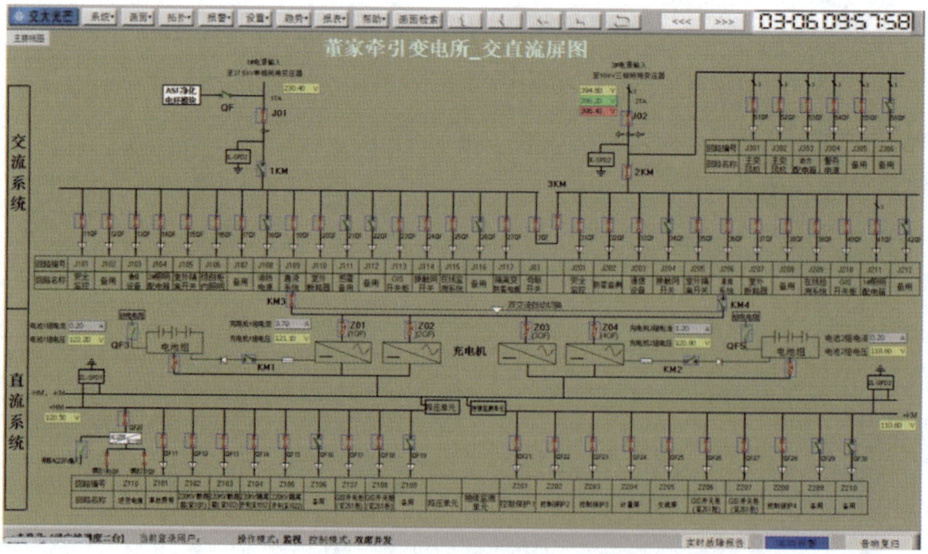

图 9-1　牵引变电所交直流系统

二、交流系统

牵引变电所交流系统通常设两路交流电源，交流牵引变电所的自用变压器一般接于25 kV母线和10 kV系统取电，也可两路均由接入10 kV系统的三相所用变压器供电。正常时，由一路电源供电，不允许并列运行。两部交流电源互为备用，并设自投装置，当一路电源因故停电时，另一路能自动投入，以保证可靠供电。

（一）交流系统接线

交流牵引变电所自用电变压器的绕组接线方式和结构随牵引变压器接线方式的不同而不同，分为以下几种情况：

1. 牵引变压器采用三相变压器接线时，自用电变压器照例使用普通的三相动力变压器，其中高压侧的一个出线端可以直接和地网相连，以取得三相对称电源。

2. 当牵引变压器采用V形接线时，自用电变压器也采用由两个单相变压器连成V形接线的方式。但是这种牵引变电所应当备有可以应急使用的单相—三相电源，例如劈相机（一种输入单相、输出三相交流电的分相电机）、劈相变压器（一种输入单相、输出三相交流电的分相变压器）。从防止牵引变电所中一旦有一相缺电时，仍可从单相电源上得三相电源。

3. 三相—两相变压器接线，可以根据具体情况，采用牵引变压器的反接线方式取得三相对称电源。

380/220 V交流自用电电源进线和自用电负荷馈线，都采用三相（四芯）或单相电缆引入和馈出，由控制室安装的交流配电屏集中进行控制操作。

（二）交流系统组屏方式

1. 交流电源柜的组屏方式

交流电源柜是由两路交流进线回路，母联回路、双电源切换装置，交流馈出回路等构成电源系统。两路进线电源均设电源自动投入装置，设有一段380 V三相负荷母线和两段220 V单相负荷母线，母线之间设有母联开关。

交流电源屏系统图有几种形式：

（1）两路三相AC 380 V进线，交流母线采用单母线分断（或单母线不分断）接线方式，每回交流进线处及母线联络处分别设置开关和接触器，开关用于设置明显的分断点，兼有对母线短路的保护作用（其采用高分断的空气开关），接触器用于实现进线自投。

（2）一路单相AC 220 V进线，一路三相AC 380 V进线。

（3）两路单相AC 220 V进线。

2. 两路电源投入操作运行方式

（1）1主2备

将一路电源、二路电源都送到两路进线开关J01、J02的进线端，合上进线开关J01、J02，将双电源切换控制开关1SA手柄置于－90°位时，第一路进线电源投入，第二路进线电源作为备用。合上母联开关3QF和通过自动合上母联接触器3KM，第一路电源向第二段母线供电，当第一路失电自动切换到第二路供电。第一路恢复，又自动切回到第一路。

（2）2主1备

将一路电源、二路电源都送到两路进线开关J01、J02的进线端，合上进线开关J01、J02，将双电源切换控制开关1SA手柄置于90°位时，第二路进线电源投入，第一路进线电源作为备用。合上母联开关 J03 和通过自动合上母联接触器 3KM,第二路电源向第一段母线供电,当第二路失电自动切换到第一路供电。第二路恢复,又自动切回到第二路。

(3)退出运行

将一路电源、二路电源都送到两路进线开关 J01、J02 的进线端,双电源切换控制开关 1SA 手柄置于 0°位时,两路都退出运行状态。

交流系统原理如图 9-2 所示;交流电源屏组屏如图 9-3 所示。

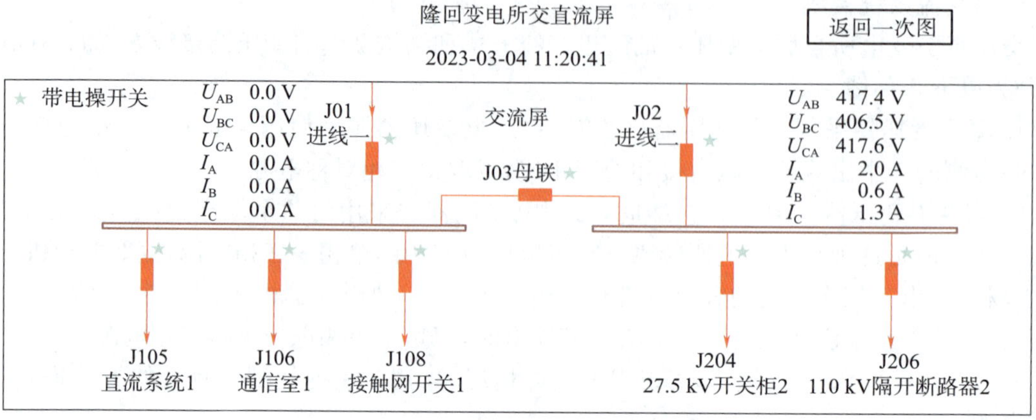

图 9-2　交流系统原理

图 9-3　交流电源屏组屏

三、直流系统

(一)直流系统优势

牵引变电所直流电源作为变电所不间断直流控制,保护电源,继电保护和电磁操作机构分合闸电源,应急灯光照明等各类设备用电。

直流系统是一个独立的电源,在外部交流电中断的情况下,由蓄电池组继续提供直流电源,保障系统设备正常运行。直流系统主要是给信号及远动设备、保护及自动装置、事故照明、断路器(开关)分合闸操作提供直流电源的电源设备。直流系统的用电负荷极为重要,对供电的可靠性要求很高,直流系统的可靠性是保障变电站安全运行的决定性条件之一。

在系统发生故障,变电所自用电中断的情况下,如果直流电源系统不能可靠地为工作设备提供直流工作电源,将会产生不可估计的损失。

高铁变电所采用直流系统,与交流系统相比的优势如下:

1. 电压稳定好,不受电网运行方式和电网故障的影响,单极接地仍可运行。

2. 单套直流系统一般有两路交流输入,能自动切换,另有一套蓄电池组,相当于有三个电源供电,供电可靠高。

3. 直流继电器由于无电磁振动、没有交流阻抗,损耗小,可小型化,便于集成。

4. 如用交流电源,当系统发生短路故障,电压会因短路而降低,使二次控制电压也降低,严重时会因电压低而使断路器跳不开!

(二) 直流系统接线原理(图 9-4)

1. 直流系统结构如图 9-5 所示。

2. 各单元功能及作用:

(1)两路交流进线电源互为备用,自动投切,为系统提供正常工作的电源。

(2)事故照明回路:事故状态下的应急照明。

(3)变流输出单元:主要通过高频充电模块将输入的交流电源变为稳定的直流电源输出,从而保证电池组和正常母线的供电。

(4)电池单元:作为备用电源,在直流系统失去交流电源时向母线供电。

(5)直流馈出单元:将母线电源分配至各用电负载。馈出回路具有故障告警信号上传功能。

(6)母线电压调节:调节母线的电压,使母线的电压满足用电负载的要求。

(7)AC 逆变电源输出单元:将母线上的直流电通过逆变电源模块将 DC 110 V 电源变为 AC 220 V 电源,给综自后台设备用。

(8)微机监控装置:对直流系统进行实时监测;传递系统信息。

(三)蓄电池组

1. 蓄电池组直流系统接线原理

牵引变电所采用蓄电池组的直流系统接线,指蓄电池组及其充放电设备和直流负荷馈电电路的连接图。其中蓄电池组的充放电方式对整个直流系统的运行方式和接线具有决定性影响。

目前,无论是采用镉镍蓄电池组或铅酸蓄电池组作为操作电源的变电所直流系统,一般都采用蓄电池组经常浮充电(小电流充电)的运行方式。

直流系统是由蓄电池组、硅整流充电机组及备用机组、汇流母线、电池开关及直流馈线等组成,采用单母线分段系统,正常时,两段母线并列运行,如一段母线发生故障,则可按单母线方式运行。电池开关的作用是在蓄电池放电时用来调节端电池的连接数量,从而改变直流系统电压。

直流系统经常处于浮充电运行方式,即在正常运行工况下,由硅整流充电机和蓄电池组并联供电的工作方式。浮充电过程中经常性直流负荷电流全部由硅整流充电机供给,同时蓄电池组还接受硅整流充电装置供给小充电电流以补充自放电的消耗(自放电是由电解液及极板

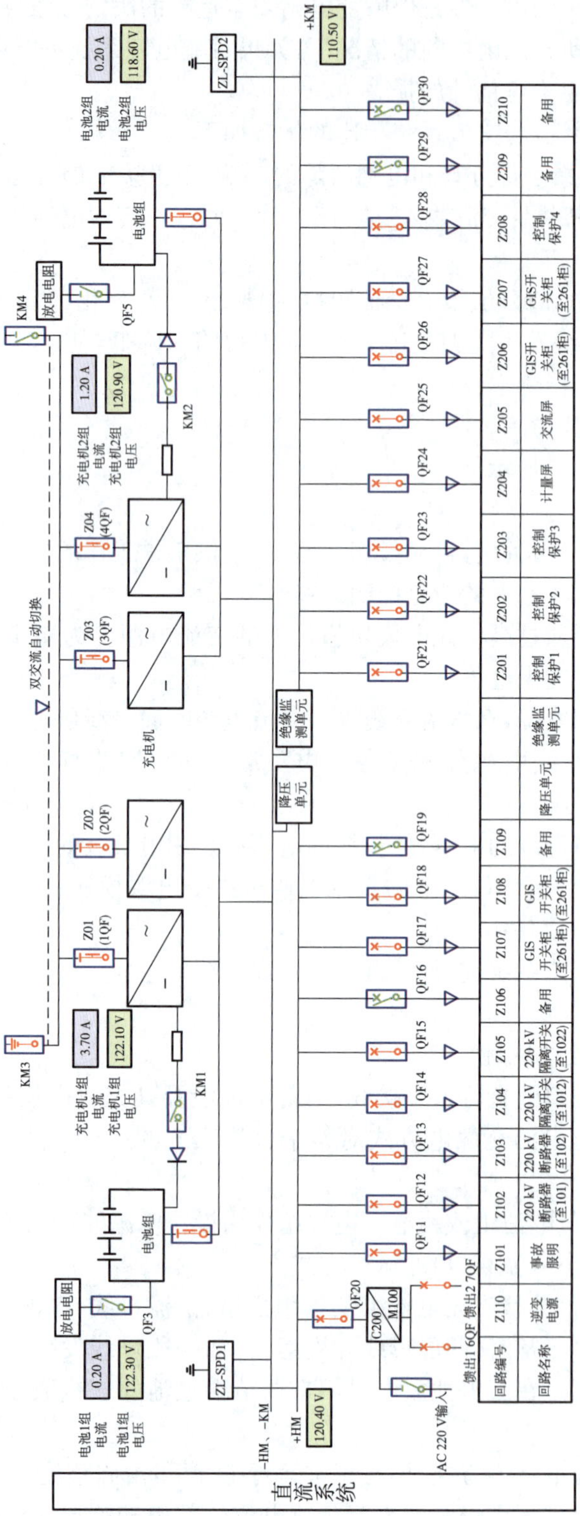
直流系统
-HM、-KM
+HM
120.40 V
+KM
110.50 V
ZL-SPD1
ZL-SPD2
电池1组电流
0.20 A
电池1组电压
122.30 V
电池2组电流
0.20 A
电池2组电压
118.60 V
放电电阻
QF3
QF5
电池组
KM1
KM2
KM3
KM4
充电机1组电流
3.70 A
充电机1组电压
122.10 V
充电机2组电流
1.20 A
充电机2组电压
120.90 V
Z01 (1QF)
Z02 (2QF)
Z03 (3QF)
Z04 (4QF)
充电机
双交流自动切换
降压单元
绝缘监测单元
AC 220 V输入
C200
M100
QF20
馈出1 6QF
馈出2 7QF
QF11
QF12
QF13
QF14
QF15
QF16
QF17
QF18
QF19
QF21
QF22
QF23
QF24
QF25
QF26
QF27
QF28
QF29
QF30
回路编号
回路名称
Z110 逆变电源
Z101 事故照明
Z102 220 kV断路器(至101)
Z103 220 kV断路器(至102)
Z104 220 kV隔离开关(至1012)
Z105 220 kV隔离开关(至1022)
Z106 备用
Z107 GIS开关柜(至261柜)
Z108 GIS开关柜(至261柜)
Z109 备用
降压单元
绝缘监测单元
Z201 控制保护1
Z202 控制保护2
Z203 控制保护3
Z204 计量屏
Z205 交流屏
Z206 GIS开关柜(至261柜)
Z207 GIS开关柜(至261柜)
Z208 控制保护4
Z209 备用
Z210 备用

图 9-4　直流系统接线

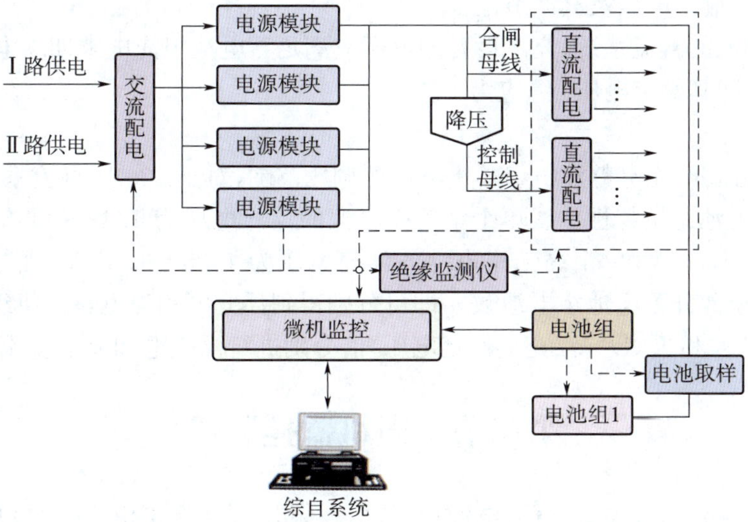

图 9-5 直流系统结构

中的杂质引起的局部放电，它随蓄电池的不断老化而加剧）。蓄电池组平时不供出电能。

当变电所的交流电源发生事故时，硅整流充电装置也停止工作，蓄电池组进入放电工作状态。这时它既要承担直流操作系统的经常性负荷，又要承担断路器合闸以及必要的事故照明等短时负荷。这时蓄电池端电压可能变动较大。当交流电源恢复后，必须向蓄电池组进行充电，充电完毕后，再转入浮充电运行方式。

按浮充电方式运行的蓄电池组，每隔一定时期应进行一次放电和充电，以避免浮充电控制不当时，蓄电池极板活性物不能充分还原。

2. 充电设备的选择

直流系统蓄电池组的充电设备，均采用硅整流或晶闸管整流装置，后者可实现自动调压。充电设备除在正常运行情况下向直流系统的经常负荷供电外，同时对蓄电池组进行浮充电，并作为事故放电后的强充电和初充电机组应用，故充电设备容量应按最大输出（强充电）选择。

（1）充电设备额定电流计算

兼作浮充电用的充电设备额定电流，按以下条件进行计算：

①按事故放电后进行充电的要求选择充电设备，其额定电流 I_C，计算公式为

$$I_C = 1.1 \times Q_{SR}/t + I_{JC}(\mathrm{A})$$

式中，Q_{SR} 为蓄电池组事故放电容量，A · h，事故放电时间为 1 h；t 为蓄电池组最长的充电时间（可由产品技术特性参数查得），h；I_{JC} 为直流系统的经常性负荷电流，A，如继电保护自动装置等的负荷。

②专用浮充电整流器的输出电流应能承担直流系统的经常性负荷 1 和蓄电池组自放电电流消耗（浮充电电流 I_{FC}），则额定电流为

$$I'_C = (I_{JC} + I_{FC}) \times 1.1(\mathrm{A})$$

式中，浮充电电流 I_{FC}，对镉镍蓄电池每单位容量（A · h）取 2.5～5 mA/(A · h)，1.1 为可靠系数。

(2)充电设备输出电压及其调节范围

对设有端电池的直流系统,充电设备的电压应满足蓄电池组充电末期端电压提高后(单个为 U_{CM})的需要,即其额定电压 U_C 应为

$$U_C = nU_{CM}(\mathrm{V})$$

按实际运行需要,充电整流机组输出电压的调压范围,对于 220 V 直流系统一般选 180~300 V。镉镍蓄电池组按特性曲线单个中倍率电池的浮充电压为 1.42~1.45 V,强(均衡)充电电压为 1.52~1.55 V,单个高倍率电池的浮充电压为 1.35~1.39 V,强(均衡)充电压为 1.47~1.50 V,据此和蓄电池组电池数 n 即可分别得到浮充电和充电整流机组的输出电压。

从而按 I_C、U_C 和 I'_C、U'_C(浮充电额定电压)值分别进行浮充电和充电整流机组的选择。

第二节 微机监控装置

微机监控系统是与各类交、直流电源柜(包括高频开关电源和相控电源)及外围设备配套的一体化电源监控系统。实现现场的无人值守和远程对现场的实时监控的职能,从而达到直流电源系统的智能化管理的目的。

监控系统在软、硬件设计上采用多种形式的保护技术和自恢复策略,形成了微机监控系统在连续运行中的多重自保护功能;另外,系统与所有的输入及输出信号进行彻底的隔离,使得系统运行的安全性和抗干扰能力大大提高。微机监控系统支持各功能模块的带电拔插,因此给系统在不间断运行条件下的维护、升级带来极大的便利。

系统采用多种接口形式与远程计算机进行"三遥"通信。微机监控系统的通信协议开放,能够支持各类综合自动化管理的需要。

系统在配置了相应的网络功能模块后可扩展为智能一体化电源监控系统。将站用电源各子系统通信网络化,实现智能电源软件平台,站用各类电源信息共享;一体化监控模块通过以太网接口、DL/T 860 规约与上位机系统通信,实现电源的智能一体化管理。

一、系统组成

监控系统的组成部分如图 9-6 所示。

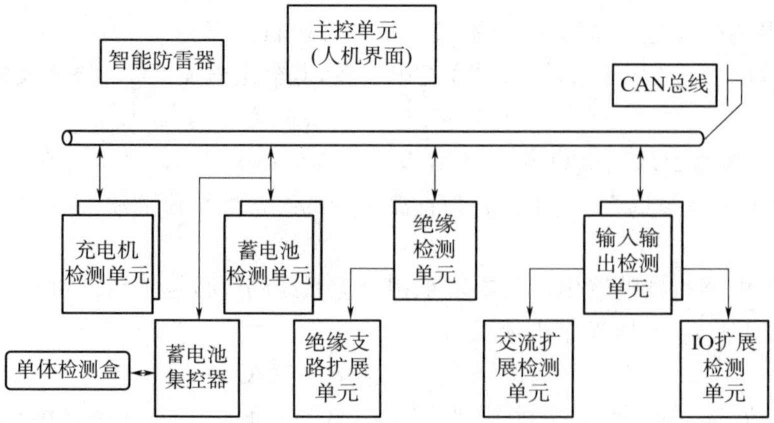

图 9-6 监控系统的组成部分

微机监控系统采用分布式结构：以 CANBUS 现场总线为架构，由主控单元、充电机检测单元、蓄电池检测单元（或蓄电池集控器＋单体电池监控盒）、输入输出检测单元、交流扩展检测单元、IO 扩展检测单元、绝缘检测单元、绝缘支路扩展单元等功能单元构成。

微机监控系统是模块化组合结构，具备良好的组态和扩展性能，根据用户和实际需要配置各功能单元。

二、直流系统主要单元介绍

（一）主控单元（图 9-7）

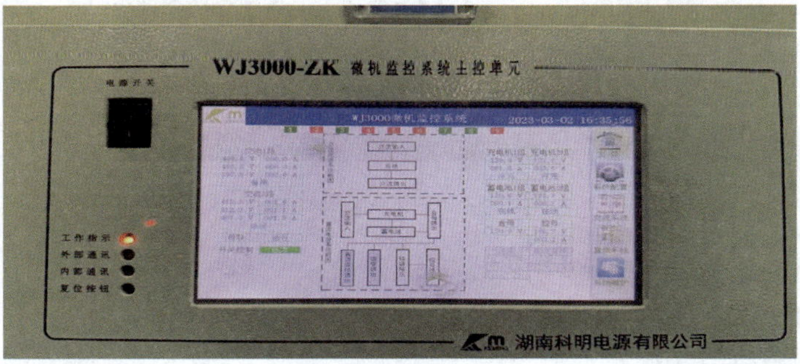

图 9-7 主控单元

主界面信息说明如图 9-8 所示。

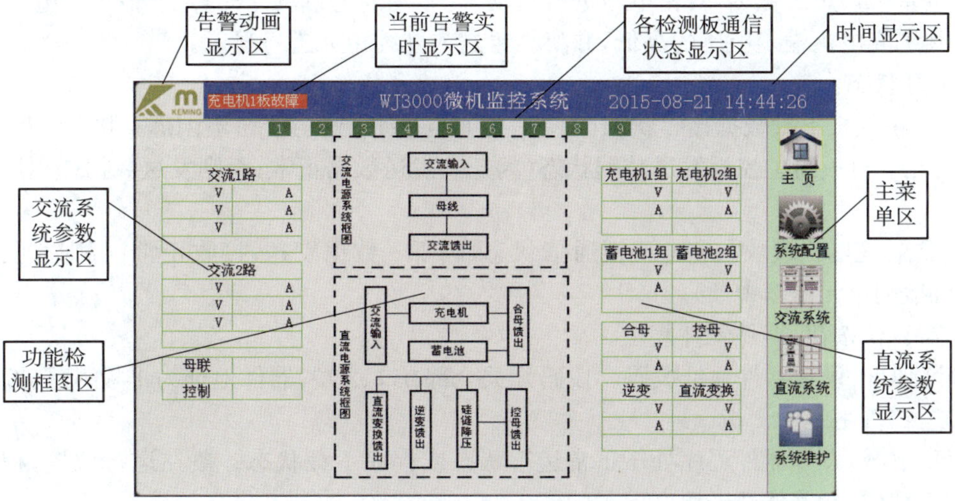

图 9-8 主控单元主界面信息

WJ3000-ZK 微机监控系统主控单元采用大屏幕液晶、现场运行数据实时显示，中文界面，易操作，系统具有看门狗软件复位功能，可声光告警，并有告警历史记录查询。

系统运行工作指示灯，提供 RS-232、RS-485 硬件接口。

指示灯功能：

WORK：主控板与液晶屏之间的通信状态（闪烁—通信正常；不闪烁—通信中断）。

TX/RX：WJ3000 系统与外部数据通信状态（闪烁—与外部通信正常；不闪烁—通信中断）。

CAN：WJ3000 系统主控板与内部检测单元板 CAN 通信状态(闪烁—主控板与至少 1 块检测单元板通信正常；不闪烁—通信中断)。

RST：复位按钮。

POWER：主控电源开关按钮。

(二)充电机检测单元(图 9-9)

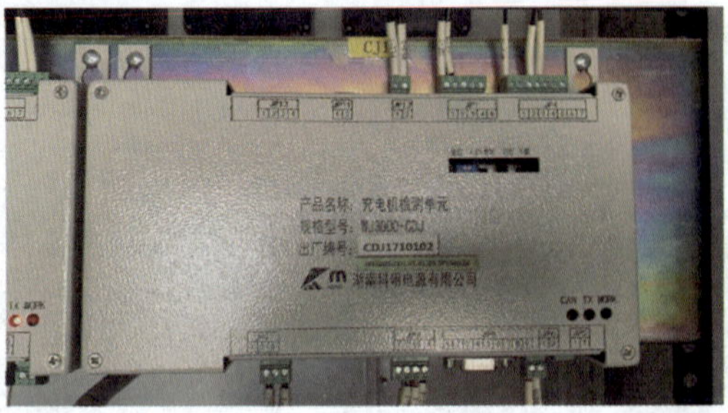

图 9-9　充电机检测单元

充电机检测单元主要功能：

1. 采集充电机当前电压及电流。

2. 采集蓄电池充电电流。

3. 采集充电机当前状态(均充、浮充、关机、故障等)。

4. 接收主控单元指令，对充电模块进行均浮充转换。

5. 按系统设定的数据，对蓄电池进行自动维护，定期进行均浮充转换，恒流充电。

6. 判别充电机输出电压的高低，并将结果送入主控单元进行显示。

指示灯状态：

CAN：主控板下发数据接收状态(闪烁—接收主控板数据正常；不闪烁—接收中断)。

TX：充电机板给主控板发送数据状态(闪烁—发送数据正常；否则发送数据或程序运行故障)。

WORK：充电机模块与充电机板通信状态(闪烁—数据发送、接收正常；否则充电机模块与充电机检测单元通信中断)。

复位：复位按钮，器件硬件复位。

CAN 地址：设置器件地址拨码。拨码开关全部在 1、2 端，器件地址为 1 板；拨码开关全部在 ON 端，器件地址为 2 板。

运行/下载：设置器件程序处于正常运行状态或程序下载状态。拨在运行位置，程序正常运行；在下载位置，器件处于程序下载状态。

(三)蓄电池检测单元(图 9-10)

蓄电池检测单元主要功能：

1. 采集蓄电池组当前电压及充放电电流，采集单只蓄电池的端电压(≤18 只)。

2. 采集蓄电池环境温度；监控蓄电池熔断器状态。

3. 计算蓄电池当前放电容量；可扩展蓄电池剩余容量检测功能。

4. 判别蓄电池组电压和单只蓄电池电压的高低，并将结果送入主控单元进行告警和显示。

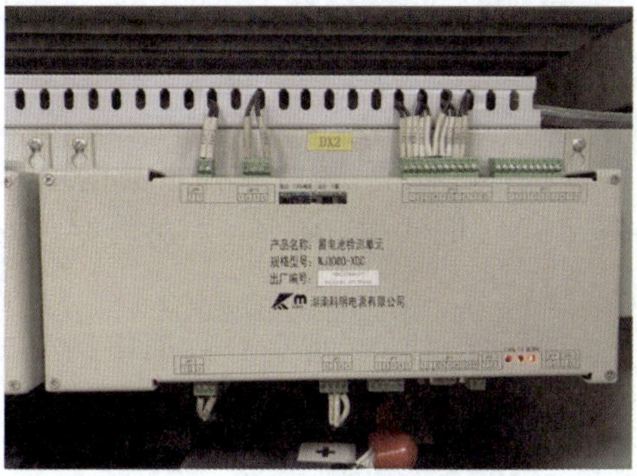

图 9-10　蓄电池检测单元

5. 接收主控下发蓄电池单元的各运行、告警参数。

指示灯状态：

CAN：主控板下发数据接收状态（闪烁—接收主控板数据正常；不闪烁—通信中断）。

TX：蓄电池集控器给主控板发送数据状态（闪烁—发送数据正常；否则发送数据或程序运行故障）。

WORK：集控器与单体电池监控盒通信状态（常亮—数据发送、接收正常；否则集控器与单体电池检测盒通信中断）。

复位：复位按钮，器件硬件复位。

CAN 地址：设置器件地址拨码。拨码开关全部在 1、2 端，器件地址为 1 板；拨码开关全部在 ON 端，器件地址为 2 板。

运行/下载：设置器件程序处于正常运行状态或程序下载状态。拨在运行位置，程序正常运行；在下载位置，器件处于程序下载状态。

（四）输入输出检测单元（图 9-11）

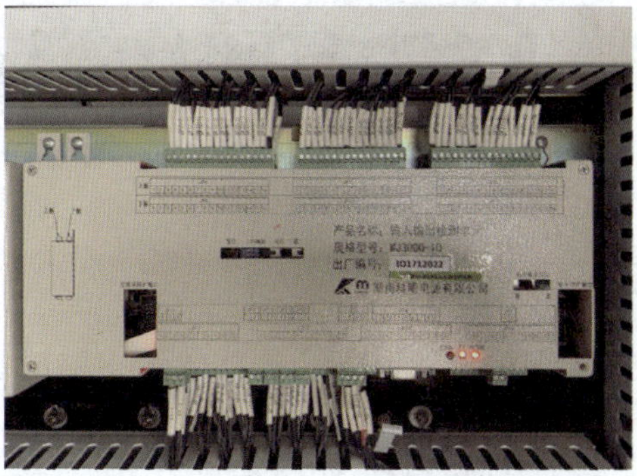

图 9-11　输入输出检测单元

输入输出检测单元主要功能：

1. 判别两路交流电压的高低（过压、欠压、缺相），并将结果送入主控单元进行显示和告警。

2. 监控 90 路数字量（如馈出状态、交流进线状态、跳闸告警信息等）。

3. 控制本体 32 路继电器无源接点输出。

4. 与交流扩展检测单元连接，可对两路交流进线的电压、电流值进行采样。

5. 接收主控下发的各运行、告警参数。

指示灯状态：

CAN：主控板下发数据接收状态（闪烁—接收主控板数据正常；不闪烁—接收数据中断）。

TX：输入输出板给主控板发送数据状态（闪烁—发送数据正常；否则发送数据或程序运行故障）。

WORK：输入输出板与主控板通信建立（常亮—数据申请完成，通信建立；否则输入输出板未申请到主控板数据，通信未建立）。

复位：复位按钮，器件硬件复位。

CAN 地址：设置器件地址拨码。拨码开关全部在 1、2 端，器件地址为 1 板；拨码开关全部在 ON 端，器件地址为 2 板。

运行/下载：设置器件程序处于正常运行状态或程序下载状态。拨在运行位置，程序正常运行；在下载位置，器件处于程序下载状态。

远控输出开关：设置远动输出开关是否允许。通位：输出继电器提供电源，正常控制；断位：输出继电器电源中断，输出继电器不能进行控制。

交流采样扩展口：与交流采样扩展单元的信号连接端口。注意：不能进行带电插拔。

输出点扩展口：与 IO 扩展检测单元的信号连接端口。注意：不能进行带电插拔。

(五)绝缘检测单元(图 9-12)

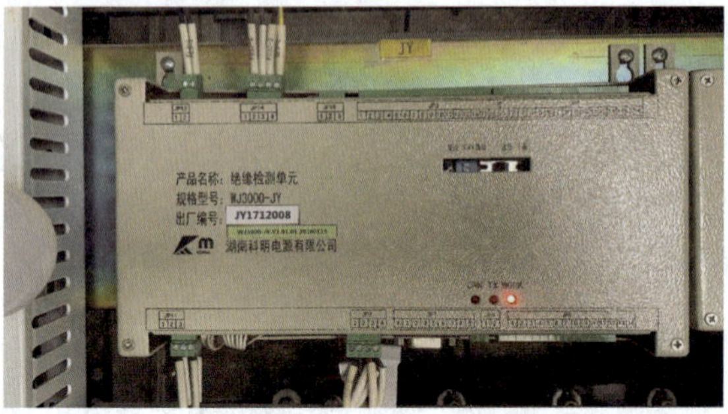

图 9-12　绝缘检测单元

绝缘检测单元主要功能：

1. 实时监测直流系统合母电压、控母电压和控母电流。

2. 监控母线绝缘和 32 路支路的绝缘状况。连接绝缘支路扩展单元，可扩展 32 路支路绝缘检测。

3. 实时运算正母线和负母线对地绝缘电阻阻值。

4. 实时采集正母线和负母线对地电压值。

5. 具有检测系统平衡及不平衡性绝缘功能。

6. 母线绝缘降低告警，自动检测支路绝缘状况，给主控上传告警支路号。

7. 绝缘检测模块无须向直流系统中注入任何信号，与直流系统完全隔离，对直流系统无任何影响。

8. 接收主控下发的各运行、告警参数。

指示灯状态：

CAN：主控板下发数据接收状态（闪烁—接收主控板数据正常；不闪烁—接收数据中断）。

TX：绝缘板给主控板发送数据状态（闪烁—发送数据正常；否则发送数据或程序运行故障）。

WORK：绝缘板与主控板通信建立（常亮—数据申请完成，通信建立；否则绝缘板未申请到主控板数据，通信未建立）。

复位：复位按钮，器件硬件复位。

CAN 地址：设置器件地址拨码。拨码开关全部在 1、2 端，器件地址为 1 板；拨码开关全部在 ON 端，器件地址为 2 板。

运行/下载：设置器件程序处于正常运行状态或程序下载状态。拨在运行位置，程序正常运行；在下载位置，器件处于程序下载状态。

第三节　交直流系统检修维护与试验

一、交直流系统日常维护保养

（一）交直流日常巡视时的维护保养

1. 观察空气开关、仪表、信号灯和按钮的状态应该良好、位置正确，并且与当时设备的运行状态保持一致。

2. 各处的端子排、光字牌及插头插座连接牢靠，标志清晰正确。

3. 注意观察 PLC 控制器的指示灯，正常运行时 CPU 故障指示灯 FAULT、输入/输出故障指示灯 FORCED I/O、电池电压低指示灯 BATTERY LOW 均应该不亮和不闪烁。

4. 注意观察 PLC 控制器和各中间继电器、接触器插接及连接牢固、状态良好、无异音、异味、温度过高等异常现象。

（二）交直流系统外部的检查维护

1. 对交流屏各部位及其上面的设备用毛刷等定期进行彻底清扫，清扫时毛刷金属部分要用绝缘胶布包住，防止二次回路短路烧坏设备，清扫端子排时要小心清扫，勿将端子撞松动。

2. 对交流屏进行全面检查，要求安装牢固端正，排列整齐，接地良好。

3. 检查交流屏是否有锈蚀，若有锈蚀应该用钢丝刷或砂布打磨后再涂漆。

4. 检查端子排、胶木头、电缆牌及各种设备标志是否齐全、正确、清楚，对不清楚或缺少的标志要重写或补齐。

5. 对盘上各种灯具、开关、继电器、接触器、熔断器、仪表、配线、端子排、连接片等装置进行外观检查。

6. 检查各设备应安装牢固，绝缘和接触良好，熔丝底座和灯泡的容量适当。若有不符合要求者要进行更换。

7. 检查端子排和配线排列齐全，标示牌、标志、信号齐全、正确、清晰。检查端子排上螺栓是否松动。对于排列不整齐的端子排要整理整齐。

8. 测量各转换开关、继电器、接触器接点的接触电阻。要求其接触电阻符合要求。

9. 检查 PLC 控制器及附件外壳应无划伤、碰伤或污损等情况；各种信号显示应与实际运行情况相符；各种按键和转换按钮应灵活、有效，无卡滞现象；指示灯脏污时应用柔软的丝绸布蘸酒精擦拭干净。各附件设备和元器件的标志应齐全完好、清晰、整洁，并与实际设备相一致。各附件设备及元器件安装位置应正确牢靠，型号、规格应图实相符。各元器件表面应无灰尘、杂物，否则应用干净的刷子或电吹风除尘去污。

10. 检查各电缆、端子排及各接线端子和各部连线、电气连接良好、无过热、断股或散股、过紧或虚接，混线及电气损伤和机械损伤。端子排标号图实相符，且清晰齐全。检查各部螺栓连接紧固、接触良好、无锈蚀、损坏、松动、变形现象。

11. 检查盘上各馈出空气开关分、合闸位置正确，安装牢固，性能良好，容量适当。

（三）交直流系统内部检查维护

在内部设备检查之前，必须办理工作票将设备退出运行，用一字或十字螺栓刀将后面板上的螺栓松开，打开后面板，将插件取出，以便检查内部插件。

1. PLC 控制器及附件检查维护

（1）拔出 PLC 控制器及附件所有插件，用柔软的毛刷或小功率的电吹风清除插件上各元器件灰尘，若有油污，应用干净的丝绸蘸酒精擦拭。

（2）检查各插件的焊接点有无虚焊、开焊、熏黑现象。

（3）各插件的元器件应无电气损伤（如击穿、闪络、放电、绝缘老化等）或机械损伤（如断线、断裂、破损、变形、螺栓滑扣等）。

（4）插拔插件时应无卡滞现象，插槽光滑、笔直、无阻碍物；各插件之间应保持一定的距离，不能相互影响。

（5）固定插件的外框应结实、牢靠、无变形，接地良好；插件本身应无变形、鼓肚、氧化或酸化现象。

2. 继电器、接触器检查维护

（1）检查继电器、接触器内部清洁无灰尘或油污。各部件安装良好，螺栓紧固，焊接头应牢固可靠，发现有虚焊、脱焊时应重新焊牢。

（2）继电器、接触器的可动部分应动作灵活，转轴的横向和纵向活动范围应适当，弹簧应无变形，当弹簧由起始位置转至最大刻度时，层间距离要均匀，整个弹簧平面与转轴要垂直。整定把手应固定在整定位置，整定螺栓插头与整定孔的接触应良好。

（3）触点的固定要牢固并无折伤或烧损。常开触点闭合后要有足够压力，即其接触后有明显的共同行程。常闭触点的接触要紧密可靠且有足够的压力。动、静触头接触时应中心相对。

（4）擦拭和修理触点时，禁止使用砂纸，锉刀等粗糙器件。烧焦处可用细油石或银粉纸打磨，并用鹿皮或绸布擦净。

（5）继电器的轴和轴承除有特殊要求外，禁止注任何润滑油。

（6）继电器底座端子板上的接线应压接得紧固可靠，并应特别注意引向相邻端子的接线鼻之间要有一定的距离，以免相碰。

二、交直流系统试验

（一）交流电源的操作及投切试验

在交流电源送电前，首先检查各部分安全技术措施应该恢复正常，各部分接线正确，测量试验合格；隔离开关、空气开关、接触器在分开位置，熔断器、继电器安装正确，状态正常。PLC

控制器运行指示灯正常。其送电操作程序如下：

1. 自用电变压器送电操作程序

空载合上自用电变压器高压侧的隔离开关，观察自用电变压器空载运行正常。在交流屏端子排处测量自用电变压器二次电压正常。

交流系统主接线示意如图 9-13 所示。图 9-13 中 27.5 kV 自用电变压器供电为 1 号进线，10 kV 自用电变压器供电为 2 号进线，下面以此进行分析。

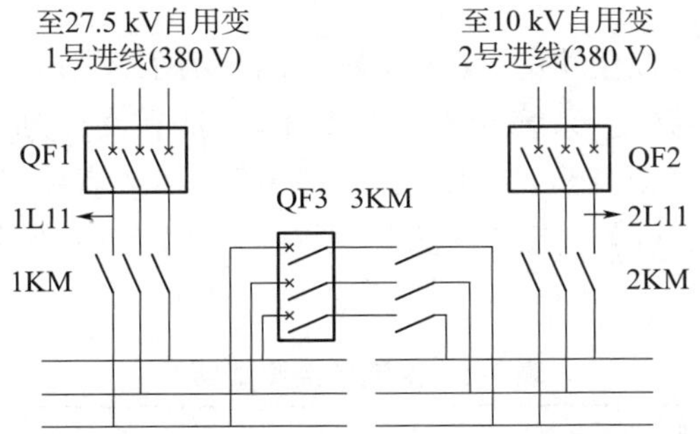

KM—接触器；QF—空气开关；1L11、2L11—接线编号。

图 9-13　交流系统主接线示意

2. 交流屏母线送电操作程序

(1)同投方式送电操作程序

将转换开关 SA 从 0°(垂直位)逆时针转 90°打到同投位或在综合自动化装置监控系统送条同投位标识。分别合上交流屏上 1 号进线空气开关 QF1 和 2 号进线空气开关 QF2，合上母联空气开关 QF3，交流屏上进线接触器 1KM 和 2KM 受电闭合，交流屏上两段母线分别受电，测量两段母线电压正常。

(2)主备方式送电操作程序

在 1 号、2 号进线处于停电状态时，将转换开关 SA 从 0°(垂直位)顺时针转 90°，打到主备位或在综合自动化装置监控系统选择主备位标识。依次合上母联空气开关 QF3 和 1 号进线空气开关 QF1、2 号进线空气开关 QF2。1 号进线接触器 1KM 和母连接触器 3KM 同时闭合，1 段母线和 2 段母线同时由 1 号交流电源供电，测量母线电压正常。

(3)从同投方式转换成主备方式(以 1 号进线运行为例)

当前状态：QF1 和 QF2、接触器 1KM 和 2KM 在闭合位，3KM 在断开位，两段母线分别受电。将转换开关 SA 顺时针转到 0°，停 3 s 再顺时针转到 90°，打到主备位；或在综合自动化装置监控系统选择主备位标识。1KM 和 2KM 瞬时断开然后又闭合，1 号、2 号两段母线分别受电。

将 QF2 断开，停 10 s 再合上，1KM 和 3KM 闭合，2KM 断开，由 1 号进线向两段母线供电。

(4)从主备方式转换成同投方式(以 1 号进线运行为例)

当前状态：QF1 和 QF2、接触器 1KM 和 3KM 在闭合位，2KM 在断开位，两段母线均受电。将转换开关 SA 逆时针转到 0°，停 3 s 再逆时针转 90°，打到同投位；或在综合自动化装置监控系统选择同投位标识。3KM 断开，1KM 瞬时断开然后又闭合，2KM 闭合，1 号、2 号两段母线分别受电。

3. 交流屏馈线送电操作程序

将交流屏馈线的各个空气开关分别送电，观察信号灯亮，观察综合自动化装置后台机各空气开关的合闸状态正确。分别测量各馈线的输出电压是否正常。

(二)交流监控测试

交流监控单元应送正确的交流信息给监控模块，并在触摸屏监控上“信息查询”的“交流信息”或液晶屏的“信息查询”的“当前信息”相应的显示。项目包括：交流一路电压、交流二路电压、交流开关状态。

交流一、二路切换：将监控模块的〈交流设置〉设置为两路供电，保存后退出。将系统正常上电后，将充电柜与电池柜并柜，系统形成一个整体，保证在交流断电的情况下监控系统仍然能正常工作。将系统的两路交流输入中的第一路断掉一相或者将第一路完全断电，此时监控系统报交流一路故障，如果此时交流二路正常，则在等待片刻后，监控系统将交流输入切换到第二路输入上，见表 9-1。

表 9-1 交流监控测试项目

交流控制	检验条件	系统正常标准
交流双路	断交流一路输入，交流二路正常	监控模块报交流一路故障，系统交流输入接触器将交流二路投上
交流双路	断交流二路输入，交流一路正常	监控模块报交流二路故障，系统交流输入接触器将交流一路投上
交流双路	调节交流一路输入电压至主监控欠压报警，交流二路正常	监控模块报交流一路故障，系统交流输入接触器将交流二路投上
交流双路	调节交流一路输入电压至主监控欠压报警，交流一路正常	监控模块报交流二路故障，系统交流输入接触器将交流一路投上
交流双路	断交流一路 A 相，交流二路正常	监控模块报交流一路故障，系统交流输入接触器将交流二路投上
交流双路	断交流二路 A 相，交流一路正常	监控模块报交流二路故障，系统交流输入接触器将交流一路投上
交流一路	投两路交流输入	交流一路输入接触器吸合
交流二路	投两路交流输入	交流二路输入接触器吸合

交流两路的工作状态由在直流屏的交流输入的切换接触器的常开辅助触点完成，其工作原理是当交流接触器投上(或断开)时，辅助触点将由常开变为常闭(或由常闭变为常开)，此时交流监控单元的工作状态检测口(J7)将检测到信号交流两路的状态，同时将此转化为交流切换的条件之一，如果两条件均符合，则进行交流切换。

(三)直流单元测试

在将直流监控单元的电源线、电压电流测量口、通信口正确接上之后，在监控模块的主界面上将有电压、电流等信息的显示。对于电池电流的显示，如果在充电情况下显示电流为负电流，则有可能为电流采样传感器的安装方向反了。在有的直流屏上，有要求母线分为两段的要求，对于此类的调试，可以进入监控模块的“系统设置”中的“直流设置”部分，在“直流设置”中将直流分段设置为两段。同时，根据现场情况设置直流的过、欠压值。

系统的温度补偿参考数据为直流单元的温度采样单元数据。

1. 开关量单元测试

将各个开关的故障辅助触点处于模拟开关故障状态，观察监控模块的“系统信息”之中的“当前故障”，应能报相应的开关故障。

在系统中没有装硅链的状态下，将监控模块的“系统设置”中的“硅链控制”部分中设置为“0”，故障输出设置一定的对应值，保存后退出，在监控报故障时，开关量故障输出接点应能对应监控模块设置故障输出；在系统装有硅链的情况下，将“硅链控制”中的硅链设置为 5 级或 7 级状态，此时，系统的故障输出的 4～6 位置为硅链控制端，仅有 1～3 为故障输出端。

系统的总故障输出端为 J1 接线端子，其为继电器的动作输出点，对于在直流屏上可采用常开或常闭接点，此故障输出点由用户自行定义。

如果系统的硅链控制由开关量完成，则在合闸母线的电压有变化时，硅链控制继电器应该有所动作，并且保持硅链控制电压的变化范围符合系统要求，如果硅链控制电压不符合要求，则应该检查硅链控制继电器的电源控制端的接线位置是否正确，如果不正确，则必须将其调整正确。其接线定义见开关量单元的接线定义。

2. 电池巡检测试(按系统要求配置)

将监控模块的“系统设置”中的“电池巡检”部分中的电池组数设置为一组电池，保存后退出。观察监控模块的“系统信息”的“电池巡检”，应报电池当前的电压，用温度传感器插入对应位置，观察监控模块的“系统信息”的“电池巡检”应有相应温度显示。

3. 绝缘监测测试

将监控模块的“系统设置”中的“绝缘设置”内的“绝缘”设置为 1，保存后退出。将绝缘检测单元的输入口设置为相应的地址位，查阅监控模块内“信息查询”中的“绝缘监测”，应有与实际母线绝缘电压一致的绝缘电压和与实际支路一致的支路绝缘故障显示；如果整个直流屏上配置有两个绝缘监测单元，则在监控模块中应该相应的将其的数量设置为两个。

4. 时间设置

进入监控模块的“系统设置”中的“时间设置”，将系统的时间设置为当地时间；重新将所有数据设置为系统配置要求的数据，保存后退出。记录调测数据。

5. 断三相输入，断负载，解下所有外接线；直流系统测试结束。

第四节　交直流系统常见故障与处置

一、交流系统缺相、失压故障与处理

(一)交流系统缺相、失压的原因

交流系统缺相、失压的原因主要有：两路电源同时瞬间失压，PLC 控制器故障或死机；中间继电器或接触器接触不良或烧毁，进线空气开关自动跳闸，检压回路发生故障等。

(二)交流系统缺相、失压故障处理

在发生交流系统缺相、失压后，首先利用看、问、嗅、触摸等方法进行直观检查，然后用万用表电压挡进行测量分析判断处理。

1. 若发现中间继电器或接触器引线接触不良，进行紧固即可恢复正常供电；若发现中间继电器与插座插接处接触不良，将中间继电器重新插接固定，即可恢复正常供电；若发现接触

器接点卡住，调整接触器接点，使之恢复正常，即可恢复正常供电；若测量发现接触器辅助接点无法接通，则短接接触器辅助接点，使电源临时恢复供电，然后更换新的接触器。

2. 若发现中间继电器或接触器接点接触不良或烧毁，更换相应的中间继电器或接触器后，即可恢复正常供电。若没有中间继电器或接触器，临时短接中间继电器或接触器相关接点，使电源临时恢复供电，然后更换新的中间继电器或接触器。

3. 若发现检压回路发生故障，更换故障检压设备后，即可恢复正常供电。若没有检压设备，临时短接启动接触器的中间继电器接点，使电源临时恢复供电，然后更换新的中间继电器或接触器。

4. 若发现进线空气开关 QF1 和 QF2、接触器 1KM 和 2KM 均分开，并没有明显故障点，应采取下面第 5、6 项的处理方法进行查找和处理。

5. 瞬时故障恢复处理

当发现空气开关 QF1 和 QF2、接触器 1KM 和 2KM 均分开后，并且其他设备没有异常。

应首先合上 QF1 空气开关，若恢复正常供电，再合上 QF2 空气开关，并进行失压自投试验，若一切正常，可以判定为两路电源同时瞬间失压或 PLC 控制器被瞬时干扰造成。

6. PLC 控制器故障或死机处理

若合上 QF1 或 QF2 空气开关，接触器 1KM 或 2KM 不能闭合，观察发现 PLC 控制器死机。首先关掉 PLC 控制器电源，停电时间大约 1 min 后再给 PLC 控制器送电。若 PLC 控制器恢复正常，即可恢复正常供电。若 PLC 控制器还是不能工作，临时短接启动接触器的中间继电器接点，使电源临时恢复供电，然后更换新的 PLC 控制器。

二、交流系统常见故障处理

（一）两路电源不能自动切换故障原因

1. 转换开关 1SA 置于退出运行位置。
2. 电压监测继电器 5KA-8KA 或 1KA、2KA 故障。
3. 熔断器 5-10FU 熔芯熔断。
4. 母联接触器 3KM 的常闭触点没恢复到位。
5. 进线接触器 1KM、2KM 故障。

（二）处置方法

1. 将转换开关 1SA 置于其他运行位置。
2. 找出故障电压监测继电器，进行更换。
3. 更换熔断器的熔芯。
4. 更换母联接触器 3KM 的常闭触点。
5. 更换进线接触器 1KM 或 2KM。

三、直流系统常见故障处理（表 9-2）

表 9-2　直流系统常见故障处理

故障名称	故障原因	故障处理
充电机板故障	充电机板与主控板之间 CAN 总线通信未连接上	检查充电机板工作电源或 CAN 通信线是否接线正常

续上表

故障名称	故障原因	故障处理
蓄电池板故障	蓄电池板与主控板之间 CAN 总线通信未连接上	检查蓄电池板工作电源或 CAN 通信线是否接线正常
绝缘板故障	绝缘板与主控板之间 CAN 总线通信未连接上	检查绝缘板工作电源或 CAN 通信线是否接线正常
输入输出板故障	输入输出板与主控板之间 CAN 总线通信未连接上	检查输入输出板工作电源或 CAN 通信线是否接线正常
充电机故障	充电机保护或内部元器件损坏	查看充电机模块故障代码和保护、故障指示灯；依据充电机模块相关说明书，对应故障代码查找排除故障
充电机通信故障	充电机检测单元板与高频模块之间的通信未连上	1. 充电机配置数量是否正确； 2. 充电机模块的地址码是否设置正确(每组地址码从 0 开始顺序设置)； 3. 充电机检测单元或高频模块通信回路及内部电路故障
充电机长时间均充状态	检测单元误控制	1. 充电机板采集蓄电池的充电电流不准，太大超过浮充转均充电流值，程序控制一直转均充； 2. 充电机设置项相关参数错误(均浮充电压值设置、均浮充转换电流值及时间设置项)
蓄电池熔断	蓄电池与直流母线连接的保险熔断	查找直流短路，蓄电池保险熔断原因，且需立即更换蓄电池保险，避免交流停电后无后备直流电源
绝缘故障	直流母线对地有绝缘下降	检查绝缘显示界面的母线绝缘对地电阻值，并查看故障编号。依据故障编号查找绝缘支路
馈出跳闸	馈出开关有跳闸现象	在馈出回路界面或远动回路界面，查找馈出开关是否有跳闸显示
界面操作、远动控制不动作	1. 远动控制开关标号错误； 2. 远动控制开关未在远方控制位； 3. 输入输出检测单元与主控之间通信中断； 4. 远动控制继电器控制回路故障； 5. 远动馈出开关本体故障	1. 输入正确的远动开关编号； 2. 将控制开关置于远方控制位； 3. 建立输入输出与主控板之间的通信连接； 4. 输入输出内部原因，更换输入输出板； 5. 更换运动控制开关
×××过压、欠压告警	1. 设备运行过程中正常告警； 2. ×××值微机采样值不正确； 3. ×××高低过欠压值参数设置不正确	1. 外部原因，引起×××值实际偏高或偏低，属于正常告警提示； 2. 查看参数补偿是否正确或采集该值的监测单元板内部器件故障； 3. 重新设置正确的过欠压值

四、直流系统接地危害

1. 直流正极接地有可能造成保护误动作。因为一般跳闸线圈(如 TQ,BCJ)均接负电源，若这些回路再发生接地或绝缘不良就会引起保护误动作。

2. 直流负极接地有可能造成保护拒动或开关拒动，使开关越级跳闸，扩大事故。因为两点接地将分闸回路或合闸回路短路，这时还可能烧坏继电器的接点或板件。

3. 直流接地发生较多设备及处所：

(1)变电所的隔离开关室外电磁锁。因为电磁锁部分密封不良，雨天或潮湿容易出现绝缘不良或接地情况。

(2)新线投入后控制电缆损坏，施工过程拖动后造成电缆破皮，使直流接地或绝缘不良。

(3)变电所设备、端子排连接时搭接接地部。

(4)事故照明回路、屏顶电源小母线灰尘较多，碰触控制屏的外壳。

4. 查找直流接地的注意事项：

(1)查找接地点禁止使用灯泡寻找的方法。

(2)用仪表检查时，所用仪表的内阻不应低于 2 000 Ω/V。

(3)当直流发生接地时，禁止在二次回路上工作。

(4)处理时不得造成直流短路和另一点接地。

(5)查找和处理必须由两人同时进行。

(6)拉路前应采取必要措施，以防止直流失电可能引起保护及自动装置的误动。

(7)切断各专用直流回路时，切断时间不得超过 3 s。

当直流接地发生在充电设备，蓄电池本身和直流母线上时，用拉路试停的方法是找不出接地点的。另外还有直流串电(寄生回路)，同极两点接地，直流系统绝缘不良，多出现虚接地点，形成很高的接地电压，在表计上出现接地指示。所以在拉路试停查找时，往往不能一下全部拉掉接地点，因而仍有接地现象的存在。因此用拉路试停的方法找直流接地有时可能找不到接地点。

第十章　高压电缆诊断技术

第一节　高压电缆基础知识

一、高压电缆的组成及载流量

(一)电缆的组成

电缆主要包括电缆本体、附件、附属设备、附属设施及电缆通道。

电缆本体:指除去电缆接头和终端等附件以外的电缆线段部分。电缆本体的基本构造由导体、绝缘层、屏蔽层和保护层四大部分组成。

电缆附件:电缆终端、电缆中间头等电缆线路组成部件的统称。

附属设备:避雷器、接地装置、护层保护器、在线监测装置等电缆线路附属设备的统称。

附属设施:电缆支架、防火设施、防水设施、标识标牌等电缆线路附属部件的统称。

电缆通道:指电缆隧道、电缆排管、电缆沟、直埋电缆管道、电缆桥架、综合管廊等电缆线路的土建设施。

(二)电缆的载流量

1. 电缆载流量的概念

在一定的适用条件下,当电缆导体流过的电流在电缆各部分所产生的热量能够及时向周围媒介散发,使绝缘层温度不超过长期规定的最高允许工作温度,这时电缆导体上所流过的电流数值称为电缆载流量。电缆载流量是电缆在最高允许工作温度下,电缆导体允许通过的最大电流。

在电缆工作时,电缆各部分损耗所产生的热量以及其他外界因素的影响使电缆工作温度发生变化,电缆工作温度过高,将加速绝缘老化,缩短电缆使用寿命。因此必须规定电缆最高允许工作温度,牵引供电常用电缆型号其运行最高温度不允许超过 70 ℃。电缆的最高允许工作温度,主要取决于所用材料热老化性能。电缆运行温度一般不超过规定值,电缆可在设计寿命年限内安全运行。反之,工作温度过高,绝缘老化加速,电缆寿命会缩短。

2. 影响电载流量的主要因素

(1)导体材料的影响

根据欧姆定律,导体材料的电阻率越大,电缆的载流量越小。为此,选用高电导率的材料有利于提高电缆的传输容量。导体截面越大,载流量越大。

(2)绝缘材料对载流量的影响

绝缘材料的耐热性能越好,电缆允许最高工作温度越高,载流量也越大。交联聚乙烯绝缘电缆比油纸绝缘允许最高工作温度高。所以同一电压等级、相同截面的电缆,交联聚乙烯绝缘电缆较油纸绝缘传输容量大。

绝缘材料热阻也是影响载流量的重要因素。选用热阻系数低、击穿强度高的绝缘材料,能降低绝缘层热阻，提高电缆载流量。

介质损耗越大，高压电缆载流量越小。绝缘材料的介质损耗与电压的平方成正比。因此，对于高压和超高压电缆，必须严格控制绝缘材料的介质损耗正切值。

(3)周围媒介温度越高，高压电缆载流量越小

电缆线路附近有热源，如与热力管道平行、交叉或周围敷设有电缆等使周围媒介温度变化，会对电缆载流量造成影响。电缆线路与热力管道交叉或平行时，周围土壤温度会受到热力管道散热的影响，只有任何时间该地段土壤与其他地方同样深度土壤的温升不超过 10 ℃，电缆载流量才可以被认为不受影响，否则必须降低电缆负荷，对于同沟敷设的电缆，由于多条电缆相互影响，电缆负荷应降低，否则对电缆寿命有影响。

(4)周围媒介热阻越大，高压电缆载流量越小

电缆直接埋设于地下，当埋设深度确定后，土壤热阻取决于土壤热阻系数。土壤热阻系数与土壤的组成、物理状态和含水量有关。比较潮湿紧密的土壤热阻系数约为 0.8 m·K/W，一般土壤热阻系数约为 1.0 m·K/W，比较干燥的土壤热阻系数约为 1.2 m·K/W。降低土壤热阻系数，能够有效地提高电缆载流量。

电缆敷设在管道中，其载流量比直接埋设在地下要小。管道敷设的周围媒介热阻，实际上是三部分热阻之和，即电缆表面到管道内壁的热阻、管道热阻和管道的外部热阻，因此热阻较大，载流量较低。

二、高压电缆的基本结构

高压电缆的基本结构包括线芯(导体)、绝缘层、屏蔽层和保护层四个部分。

线芯是高压电缆的主要部分，它是高压电缆的导电部分和输送电能的载体。

绝缘层是将线芯与外界在电气上彼此隔离的主要保护层，它承受工作电压及各种过电压长期作用，因此其耐电强度及长期稳定性能是保证整个电缆完成供电任务的最重要部分。因此，它是高压电缆结构中保证电能输送不可缺少的组成部分。

屏蔽层是电阻率较低且较薄的半导电层，一般有导体屏蔽层和绝缘屏蔽层。屏蔽层是中高压电缆采用的一项改善金属电极表面电场分布、提高绝缘表面耐电强度的重要技术措施。导体屏蔽层使导体形成了光滑圆整的表面，大大改善了导体表面电场分布，同时也能与绝缘紧密接触，克服了绝缘与金属无法紧密接触而产生气隙的弱点。绝缘屏蔽层包覆于绝缘表面，与被屏蔽层有良好的接触，与金属护套(金属屏蔽层)等电位，避免在绝缘层与护套之间发生局部放电。

保护层的作用是保护高压电缆的内部结构免受外界杂质和水分的侵入，以及防止外力对高压电缆的破坏。

高压电缆按绝缘材料可分为油浸纸绝缘高压电缆、塑料绝缘高压电缆、橡皮绝缘高压电缆。牵引供电系统 27.5 kV 电缆按电压等级划分为中低压、高压电缆，普遍采用交联聚乙烯绝缘材料制造，下面从结构和材料两个方面对其做进一步介绍。

(一)结构

牵引供电系统的高压电缆为单芯结构，27.5 kV 交联聚乙烯绝缘高压电缆常见结构示意如图 10-1 所示。

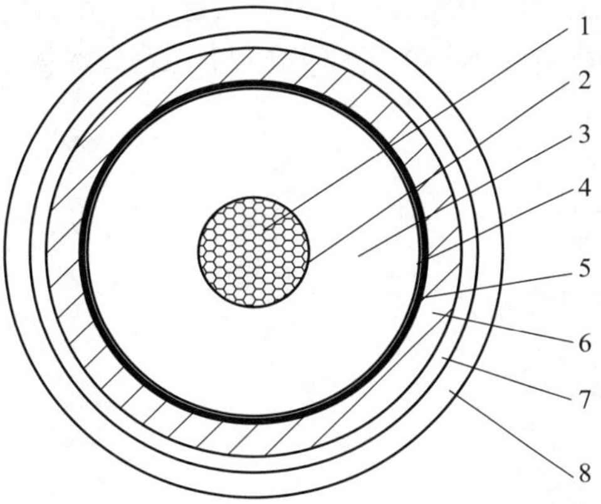

1—导体(线芯);2—内半导电屏蔽层;3—绝缘层;4—外半导体层;
5—铜屏蔽;6—内护套;7—铠装;8—外护套。

图 10-1　常见牵引供电高压电缆剖面示意

(二)材料

高压电缆导体一般采用铜单线规则绞合紧压结构。

内半导电层为导体屏蔽,应为挤包的半导电层。绝缘屏蔽应为挤包半导电层。半导电屏蔽为可交联型的,由聚乙烯和炭黑组成。

交联聚乙烯,为聚乙烯基料和交联剂及各种添加剂配好的粒状料。必须严格控制工艺,做到“超净”,严防杂质和水分浸入绝缘料内。在挤出时,内外半导电屏蔽层和绝缘层要同时挤出。交联线应采用全干式交联线,即加温交联和冷却均采用惰性气体保护和循环。

金属护层可以为电缆故障电流提供良好的导通回路并提供一个稳定的地电位,高压电缆采用皱纹铝套或钢带结构,还能起到机械保护的作用。如产品有防水要求,可根据使用场合不同,选用金属套加缓冲层的结构起到防水作用。

三、高压电缆附件组成

电缆终端和电缆接头统称为电缆附件,它们是电缆线路不可缺少的组成部分。电缆终端是安装在电缆线路的两端,具有一定的绝缘和密封性能,使电缆与其他电气设备连接的装置。电缆接头是安装在电缆与电缆之间,使两根及以上电缆导体联连通,使之形成连续电路并具有一定绝缘和密封性能的装置。

(一)高压电缆头

牵引供电 27.5 kV 电缆头按安装位置分为终端头和中间头两种。电缆终端头按安装方式分为带伞裙的户外电缆终端头以及内锥插拔式终端头;电缆中间头按接地方式分为中间直通头和中间绝缘头。

1. 户内、户外终端头,安装在电缆的端部,主要起到电缆与电气设备相连接和均匀电缆端部电场的作用,结构如图 10-2 所示。

2. 内锥插拔式终端头,安装在 GIS 柜电缆仓,主要起到电缆与 GIS 柜相连接和均匀电缆端部电场的作用,结构如图 10-3 所示。

3. 中间直通头,将两条电缆连通,使电能顺利输送到目的地。直通头根据整条电缆的接地需求，选择铠装层及屏蔽层引出接地线或不引出接地线。在制作过程中，用铜网将两端电缆的屏蔽层连接，用半导电带将电缆本体的外半导电与电缆头本体的外半导电层连接。中间直通头本体如图 10-4 所示。

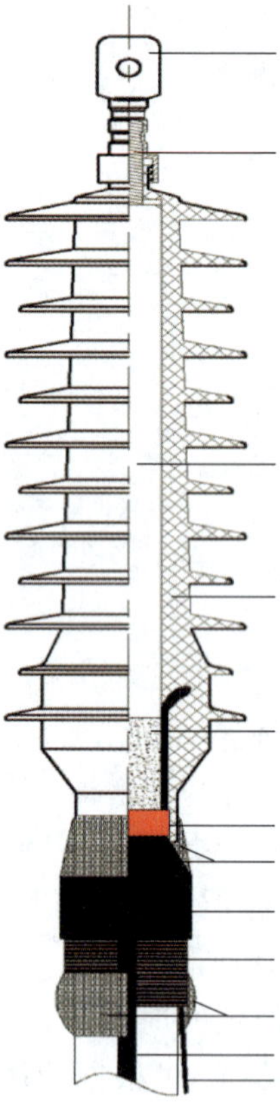

图 10-2　电缆终端头结构

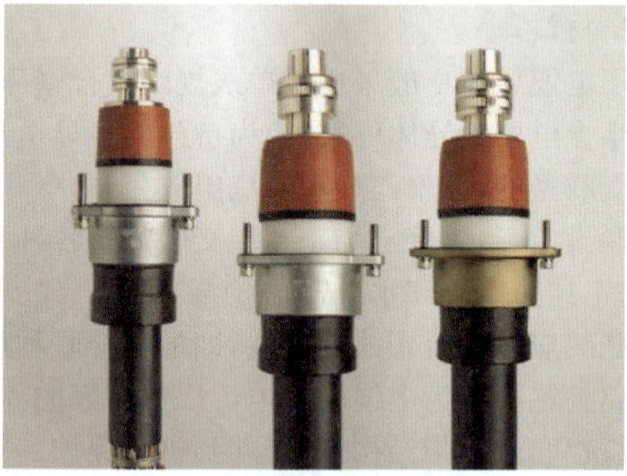

图 10-3　内锥插拔式终端头

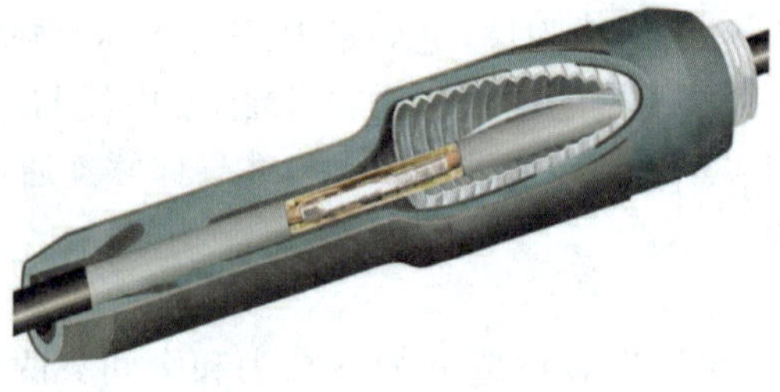

图 10-4　中间直通头

4. 中间绝缘头，将两条电缆连通，使电能顺利输送到目的地。绝缘头在制作过程中为了起到接地的分段，电缆头的金属屏蔽层采取物理分段措施，同时在电缆头本体可以看到明显的外半导电断层，绝缘头的两端分别引出铠装屏蔽接地引线。

(二)电缆护层保护器

电缆护层保护器指串接在电缆金属屏蔽(金属套)与大地之间，用来限制在系统暂态过程中金属屏蔽层电压的装置，如图 10-5 所示。

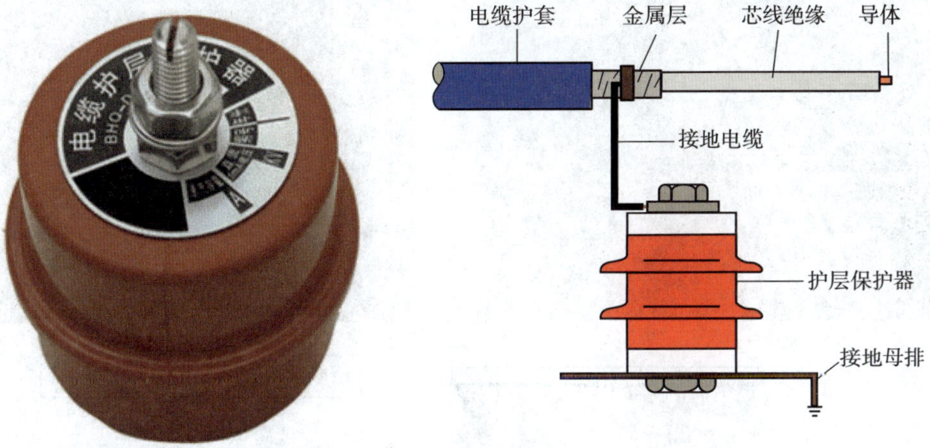

图 10-5　电缆护层保护器

当长线路高压单芯电缆运行时，由于电磁感应或设备故障，产生过电压，极易击穿电缆护外套，形成单芯电缆多点接地故障，电缆护层保护器能有效限制电缆金属屏蔽层（或金属护套）感应电压和设备故障过电压，更好地保护电缆的正常运行。接地电阻不大于 10 Ω，连接回路应尽可能短。当电缆导线通过电流时，金属保护层产生感应电压，而感应电压的大小与电缆的长度和流过导线的电流成正比。电缆采取一端接地，一端用护层保护器接地的形式运行，这样当电缆金属保护层的电压达到一定值时，护层保护器瞬间动作，释放电流，使电缆金属屏蔽层的感应电压达到安全运行的要求。

四、高压电缆敷设方式

高压电缆常见的敷设方式有直埋敷设、电缆沟（槽）敷设、穿管敷设、电缆隧道敷设、桥架敷设等，各种敷设方式的基本要求如下：

1. 直埋敷设，指电缆直接敷设于地下，如图 10-6 所示。在含有酸、碱强腐蚀或杂散电流电化学腐蚀严重影响地段不宜采用直埋敷设；挖沟的深度应使电缆埋置后的电缆外表面距地面的距离不得小于 0.7 m，当位于车道或耕地下时，不宜小于 1 m；直埋电缆上下应铺垫不小于 100 mm 厚的细沙或软土，并盖以混凝土板或砖块，覆盖宽度应超出电缆两侧各 50 mm；直埋电缆在直线区段每隔 50～100 m、电缆接头处、转弯处、进入建筑物等处所，应设置明显的方位标志或标桩。

2. 电缆沟（槽）敷设，指电缆敷设于专用电缆沟槽内，如图 10-7 所示。不同电压等级的电缆原则上应分开不同电缆沟敷设，在多层支架上进行电缆敷设时，应将电压等级高的电缆放置在上层支架，控制电缆等电压等级低的电缆放置在下层支架；在每一个金属支架都应该放置绝缘胶垫；电缆沟应采用有效的防水措施，底部应做集水井；电缆沟在进入电缆夹层等建筑物时应设置防火墙；在中间头、电缆分支、变更敷设方式时应设置电缆井。

3. 穿管敷设，指将电缆敷设于预先建好的地下排管中的安装方法，如图 10-8 所示。敷设路径，应尽可能取直线，在转弯和折角处，应增设工作井。在直线部分两工作井之间的距离不宜大于 150 m，排管连接处应设立管枕。一般每根管只穿一根电缆，且管内不得有中间头，管

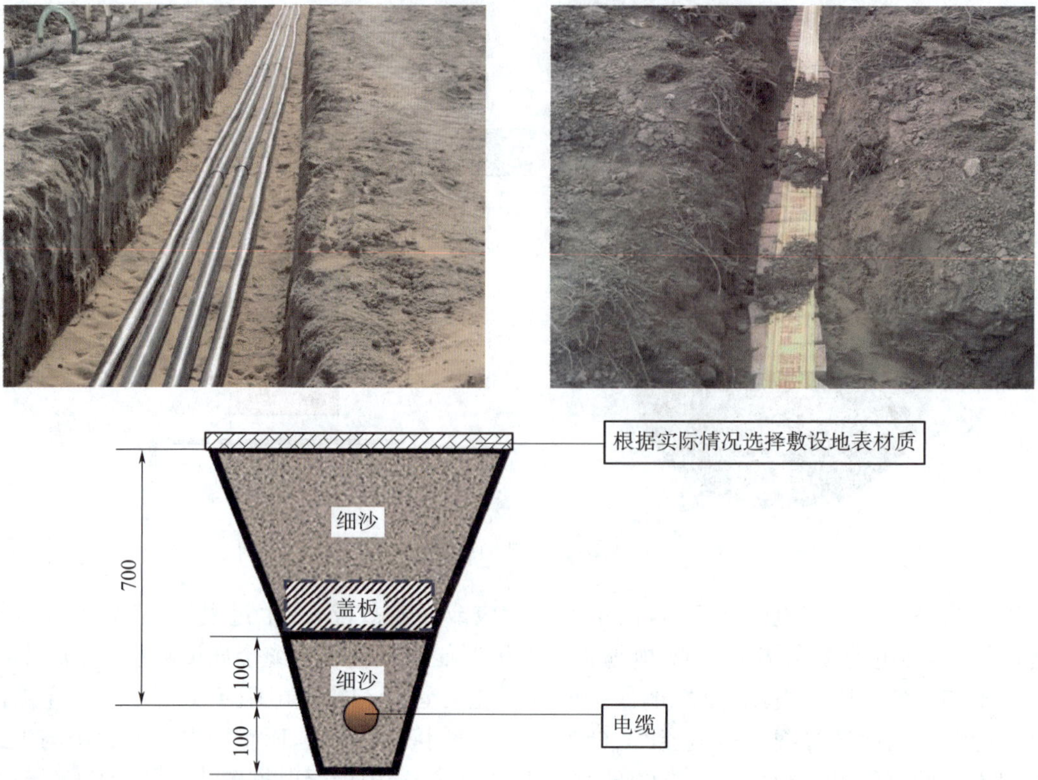

图 10-6　直埋敷设(单位:mm)

图 10-7　电缆沟(槽)敷设

图 10-8　穿管敷设

的内壁应光滑、平整,管口无能引起刮伤、割裂电缆的缺陷,管口应有防止电缆外护层受到磨损的措施;管材应选用非铁磁性材料,采用钢管等磁性金属材料时,必须分割磁路;穿管长度在 30 m 以下时,管的内径不小于电缆外径的 1.5 倍穿管长度超过 30 m 时,管的内径不小于电缆外径的 2.5 倍;地中埋管距地面深度不小于 0.5 m,与铁路交叉处距路基不小于 1 m,距排水沟底不小于 0.3 m。

4. 电缆隧道敷设,指电缆敷设于全封闭型的专用地下隧道(管廊)构筑物内,并具备人员巡视的通道,如图 10-9 所示。隧道防水等级不应低于二级,净宽不宜小于相关规程规定,排水畅通,必要时设置自动排水泵。隧道出入通行方便,照明良好,无积水、无严重渗、漏水,隧道内可燃、有害气体的成分和含量不应超标，通风良好并设有隧道配套各类监控系统。电缆敷设后各个方向通行高度不低于 1.5 m。

5. 电缆桥架敷设，指电缆为跨越空间位置，将电缆敷设在交通桥梁或专用电缆桥上的安装方式，如图 10-10 所示。电缆桥架又名电缆托架，是对由托盘或梯架的直线段、弯通、组件、托臂（悬臂支架）和吊架等构成的具有密集支撑电缆的刚性结构系统之全称。电缆桥架钢材应平直，无明显扭曲、变形，并进行防腐处理，连接螺栓应采用防盗型螺栓，桥架两侧围栏应安装到位，宜选用不可回收的材质，并在两侧悬挂“高压危险，禁止攀登”的警告牌。当直线段钢制电缆桥架超过 30 m、铝合金或玻璃钢制电缆桥架超过 15 m 时，应有伸缩缝，其连接宜采用伸缩连接板，电缆桥架跨越建筑物伸缩鐽处应设置伸缩缝。电缆桥架全线均应有良好的接地，电缆桥架转弯处的转弯半径，不应小于该桥架上的电缆最小允许弯曲半径的最大者，悬吊架设的电缆与桥梁架构之间的净距不应小于 0.5 m。

图 10-9　电缆隧道敷设

图 10-10　电缆桥架敷设

五、高压电缆接地

（一）高压电缆金属护套感应电压和感应电流的产生

1. 感应电压

对于三芯高压电缆，因三根线芯在同一个金属护层内，当三相电流基本平衡时，三相合成电流近于零，合成磁通也接近于零。此时金属护层上感应电压很小，可以忽略不计。只有在非对称短路时，破坏了三相电流的对称性，合成磁通不再等于零，金属护层上才会有不平衡感应电动势产生。对于单芯高压电缆，可以将其导体与金属保护层的关系看作一个变压器的初级绕组与次级绕组之间的关系，当电缆导体通过电流时，其周围产生的一部分磁力线将与金属保护层铰链，使金属保护层产生感应电压。

感应电压的大小与电缆流过导体的电流成正比，而随着电缆长度的增加感应电压叠加起来可达到危及人身安全的程度，在线路发生短路故障、遭受操作过电压或雷电冲击时，金属保护层上会形成很高的感应电压，甚至可能会击穿护套绝缘。为了降低电缆金属保护层的感应电压，电缆的金属保护层必须按要求接地。正常运行情况下为保障人身安全，非直接接地端护套中的感应电压不应超过 50 V。

2. 感应电流

高压电缆护层接地线上的电流主要由感应电流、电容电流、泄漏电流三部分组成。感应电流由金属护层的感应电动势作用在金属护层的自阻抗、接地点间的导通电阻、接地线的电阻等阻抗上形成，感应电流的大小与感应电动势成正比，与回路中的总阻抗成反比，当高压电缆护层仅单点接地时，感应电流为零。电容电流由工作电压作用在导体与金属护层间的电容而产生，与高压电缆长度、电缆截面尺寸、工作电压等因素有关。泄漏电流由工作电压作用在高压电缆主绝缘层的绝缘电阻而产生，绝缘正常时泄漏电流幅值极小，通常可以忽略不计。

在电缆护套上除接地点外的其他各点，随着远离接地端，金属护层的接地电压逐渐升高，离接地点最远点的金属护层电压值最高。当过电压保护器（护层保护器）动作形成接地点时，单端接地方式变为双端接地方式，高压电缆金属护套中有环流产生，在其他情况下，电缆金属护套中没有电流，不会出现因护套环流而产生过热及功率损失。

（二）27.5 kV 牵引供电电缆金属护套接地方式

当电缆长度小于 100 m 时，电缆终端应一端直接接地，另一端不接地。

当电缆长度为 100 m 及以上时，宜每隔 400 m（直供方式）或 800 m（AT 供电方式）划分区段且在每个区段应实施接地绝缘分隔。电缆终端应一端铠装层、屏蔽层直接接地，另一端铠装层、屏蔽层通过护层保护器分开接地。电缆中间绝缘头严禁采用一端接地一端经护层保护器接地，防止两端电位差造成中间绝缘头击穿短接。电缆接地示意如图 10-11 所示。

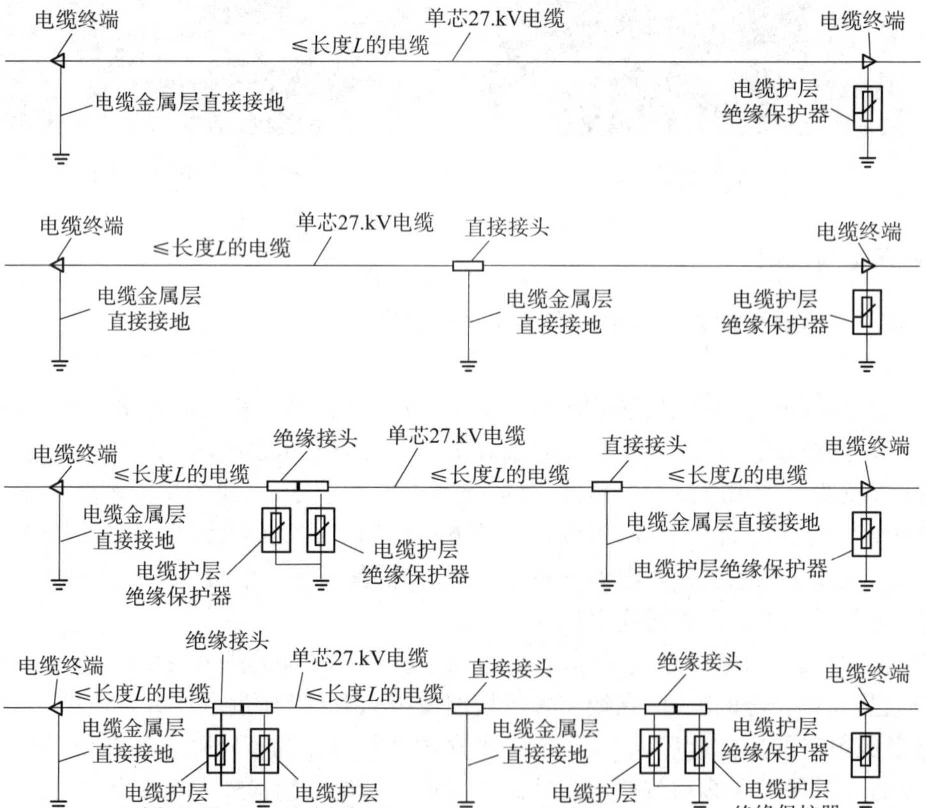

图 10-11　电缆接地方式

第二节 高压电缆诊断技术

一、红外检测技术

高压电缆红外检测是指利用红外成像技术，对电力系统中具有电流、电压致热效应或其他致热效应的带电设备进行检测和诊断高压电缆红外检测是非接触式测量，具有测温范围广、响应速度快灵敏度高等特点。但由于受被测对象的发射率影响，几乎不可能测到被测对象的真实温度，测量的只是表面温度。

检测要求及方法：

1. 检测环境温度一般不低于 5 ℃，环境相对湿度一般不大于 85%；天气以阴天、多云为宜，夜间图像质量为佳；不应在雷、雨、雾、雪等气象条件下进行，检测时风速一般不大于 5 m/s。

2. 红外检测时，电缆应带电运行，且运行时间应该在 24 h 以上，并尽量移开或避开电缆与测温仪之间的遮挡物，如玻璃窗、门或盖板等；需对电缆线路各处分别进行测量，避免遗漏测量部位；最好在设备负荷高峰状态下进行，一般不低于额定负荷 30%。

3. 在安全距离允许的范围下，红外仪器宜尽量靠近被测设备，使被测设备充满整个仪器的视场，以提高仪器对被测设备表面细节的分辨能力及测温精度。必要时，应使用中、长焦距镜头；户外终端检测一般需使用中、长焦距镜头。

4. 一般先用红外热像仪对所有测试部位进行全面扫描，重点观察电缆终端和中间接头、金属套接地点等部位，发现热像异常部位后对异常部位和重点被检测设备进行详细测量。

5. 测量完毕核算电缆导体或金属屏蔽(金属套)与外部金属连接的同部位温差或温升是否在正常数值内。

二、接地电流检测技术

高压电缆接地电流检测一般采用在线监测装置或特殊钳形电流表对电缆金属屏蔽(金属套)接地电流进行测量。该项检测可以发现安装过程中接地方式的错误、电缆护层多点接地、屏蔽层断裂等缺陷。实践证明，对高压电缆金属护层进行接地电流检测是检查高压电缆接地系统是否正常的有效手段。

接地环流应为稳定的电流值，一般不随电缆负荷电流变化而变化，环流电流值应不大于 10 A/km。

当牵引供电线路正常运行时，电缆负荷电流随时间波动过程中，若同相电缆接地电流始终在电缆实时负荷电流的 20%以下，则电缆护层绝缘状态良好。

当牵引供电线路正常运行时，电缆负荷电流随时间波动过程中，若同相电缆接地电流在电缆实时负荷电流的 20%以下，但若随负荷波动过程中接地电流无明显波动(相对标准偏差低于 1%)，则电缆护层可能存在近端故障接地，需及时排除可能存在的故障隐患。

当牵引供电线路正常运行时，电缆负荷电流随时间波动过程中，若同相电缆接地电流在电缆实时负荷电流的 20%以上，且在 50%以下，则电缆护层绝缘可能存在故障隐患，需加强观察。

当牵引供电线路正常运行时，电缆负荷电流随时间波动过程中，若同相电缆接地电流超过电缆实时负荷电流的 50%，则需对该电缆进行重点检修。

当牵引供电线路正常运行时，电缆负荷电流随时间波动过程中，若同相电缆接地电流超过 50 A 且 1 min 内监测历史数据存在异常凸起波峰，则需对该电缆进行重点检修。

当牵引供电线路正常运行时，牵引供电电缆 F 线在负荷电流随时间波动过程中，若牵引供电电缆 F 线(F1、F2、F3)的电缆的接地环流的最大、最小值的比例超过 5，则需提醒重点监测必要时及时排除可能存在的故障隐患。

当牵引供电线路正常运行时，牵引供电电缆 T 线在负荷电流随时间波动过程中，若牵引供电电缆 T 线(T1、T2、T3)的电缆的接地环流的最大、最小值的比例超过 5，则需提醒重点监测必要时及时排除可能存在的故障隐患。

检测要求及方法：

1. 测量时作业人员应与带电体保证足够的安全距离。

2. 检测前钳形电流表处于正确的挡位，量程由大至小调节。

3. 接地电流应为稳定的电流值，一般不随电缆负荷电流变化而变化，接地电流值应不大于 10 A/km。

4. 按照要求记录接地电流异常缺陷部位、接地线的接地电流。

三、局部放电检测技术

局部放电是指在电场作用下，绝缘中的某些薄弱区域由于电场强度达到击穿场强而发生放电，但没有贯穿施加电压的电极之间，即尚未击穿的现象。

电缆本体产生局部放电的原因主要有气隙、杂质、水树、突起、分层/层状缺陷等，如图 10-12 所示。

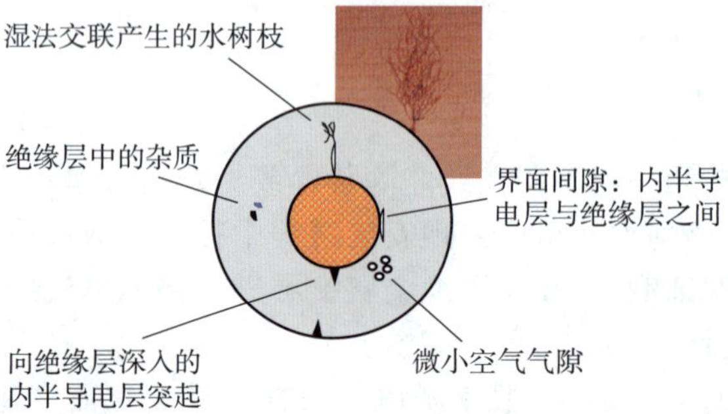

图 10-12　气隙、杂质、水树、突起、分层/层状缺陷

高压电缆接头中产生局部放电的原因主要有绝缘与导体表面的间隙、绝缘材料中的空腔与杂质及导体或半导体表面的凹陷或毛刺等。

高压电缆中的局部放电主要有电晕放电、滑闪放电、电树枝放电(内部放电)及悬浮电位放电四种。其中，电晕放电主要发生在系统外部的高电位处，对系统危害较小，而滑闪放电主要发生在系统附件内部的高电位电场集中点，对电缆系统的威胁非常大，90%以上的电缆附件故障都是由滑闪放电导致绝缘击穿引起的。内部放电一般由电缆本体或附件中的空穴或者尖端突起引起，在长时间高电压的作用下形成电树枝，造成绝缘劣化并最终导致击穿。悬浮电位放电主要是由于接地系统遭破坏产生的，对系统的危害相对较小。

震荡波局放测试步骤及要求：

1. 测试之前对目标电缆进行验电、放电，做好安全隔离。

2. 对目标电缆进行核相及绝缘摇测(被测电缆线路绝缘电阻应不小于 30 MΩ)，使用低压时域反射仪测量电缆全长确认电缆接头位置(必要时清除终端表面污秽)。

3. 连接局放设备建立测试任务，使用校准仪在 20 pC～20 nC 范围内逐挡校准，校准完后断开校准仪。

4. 加压测试前两端必须足够安全，并派人监护；加压测试一相时，另外两相保持接地。

5. 根据电缆类型，相应的测试电压及次数见表 10-1。若测试过程中发现放电量急剧增加，应停止升压测试，尝试定位排查潜在缺陷。加压测试完毕后注意放电。

表 10-1　振荡波巨擘放电试验中各测试电压及次数

电缆类型	试验电压										
	0	$0.5U_0$	U_0	$1.1U_0$	$1.3U_0$	$1.5U_0$	$1.7U_0$	$1.8U_0$	$2.0U_0$	$1.0U_0$	0
新投入电缆	1	1	3	1	1	3	3	1	3	1	1
已投运电缆	1	1	3	1	1	3	3	—	—	1	1

注：新投运电缆为敷设时间小于 1 年且未经过大修的电缆；其他情形按已投运电缆考虑。

6. 对电缆测试结果评估以及报告生成，根据电缆类型、部件及局部放电水平大小为依据开展电缆维护工作。

7. 交联聚乙烯电缆(XLPE)新投运电缆线路：最高试验电压 $2U_0$，接头局部放电超 300 pC、本体超过 100 pC 应及时进行更换；终端超过 3 000 pC 时，应及时进行更换。

8. 交联聚乙烯电缆(XLPE)已投运 1 年以上的电缆线路：最高试验电压 $1.7U_0$，接头局部放电超过 500 pC、本体超过 100 pC 应及时进行更换；终端超过 5 000 pC 时，应及时进行更换。

四、电缆故障探测

高压电缆故障点的迅速、准确定位，能够提高供电可靠性，减少故障修复费用及停电损失。随着国家城市电网改造工作的开展，高压电缆数量的增加，广大供电部门将更加重视高压电缆的故障探测工作。

高压电缆故障探测是一项技术性和实践性都比较强的工作，测试人员应了解各种性质的故障，并掌握各种故障所要使用的测试方法、测试原理和测试仪器。要做好电缆故障的测试工作，除了购买先进的仪器设备以外，还要做好测试人员的培训工作。

电缆故障的探测一般要经过准备工作、故障性质诊断、测距、定点四个步骤。

1. 准备工作

测试前要了解电缆的电压等级，以选择合适的高压脉冲电压。还要详细了解电缆的长度、绝缘材料、铺设方式、路径、接头数量、接头位置等资料。路径不详时，要用路径仪确定电缆路径。总之，电缆的资料越全，测试时间越短。

2. 故障性质诊断(按测试方式分类)

电缆故障性质的诊断，即确定故障的类型与严重程度，以便于测试人员对症下药，选择适当的电缆故障测距与定点方法。

3. 故障测距

电缆故障测距，又叫预定位，在电缆的一端使用仪器确定故障距离，现场上常用的故障测距方法有古典电桥法与现代行波法。

4. 电缆故障定点

电缆故障定点，又叫精确定位，即按照故障测距结果，根据电缆的路径走向，找出故障点的大体方位来，在一个很小的范围内，利用放电声测法或其他方法确定故障点的准确位置。一般来说，成功的电缆故障探测都要经过以上四个步骤，否则欲速则不达。例如不进行故障测距而利用放电声测法直接定点，沿着很长的电缆路径(可能有数公里长)，探测故障点放电声是相当困难的。如果已知电缆故障距离，确定出一个大体方位来，在很小的一个范围内(10 m 左右)来回移动定点仪器探测电缆故障点放电声，就容易多了。

五、电缆故障性质的诊断

所谓诊断电缆故障的性质，就是指确定：故障电阻是高阻还是低阻；是闪络还是封闭性故障；是接地、短路、断线，还是它们的混合；是单相、两相，还是三相故障。

可以根据故障发生时出现的现象，初步判断故障的性质。例如，运行中的电缆发生故障时，若只是给了接地信号，则有可能是单相接地的故障。继电保护过流继电器动作，出现跳闸现象，则此时可能发生了电缆两相或三相短路或接地故障，或者是发生了短路与接地混合故障。发生这些故障时，短路或接地电流烧断电缆将形成断线故障。但通过上述判断不能完全将故障的性质确定下来，还必须测量绝缘电阻和进行"导通试验"。

测量绝缘电阻时，使用兆欧表来测量电缆线芯之间和线芯对地的绝缘电阻；进行"导通试验"时，将电缆的末端三相短接，用万用表在电缆的首端测量芯线之间的电阻。现将一故障电缆的测量结果列于表 10-2 中。

根据表 10-2 所列绝缘电阻之测量结果，可以分析出此故障是两相接地；根据"导通试验"结果，以确定三相电缆未发生断线。故障点的状态如图 10-13 所示。

表 10-2　绝缘电阻的测量与"导通试验"

用兆欧表测量绝缘电阻(MΩ)						用万用表做"导通试验"		
线 芯 间			线芯与地			末端三相短接测电阻		
AB	BC	CA	AE	BE	CE	AB	BC	CA
2 500	8	2 500	2 500	5	3	0	0	0

由于兆欧表分辨率比较差，当指示为零时，不能以为故障电阻就是零欧姆，要用万用表测量故障电阻的精确值，以确定故障是否是属于低阻的。通过耐压试验确定高阻与闪络性故障，弄清故障点的击穿电压。

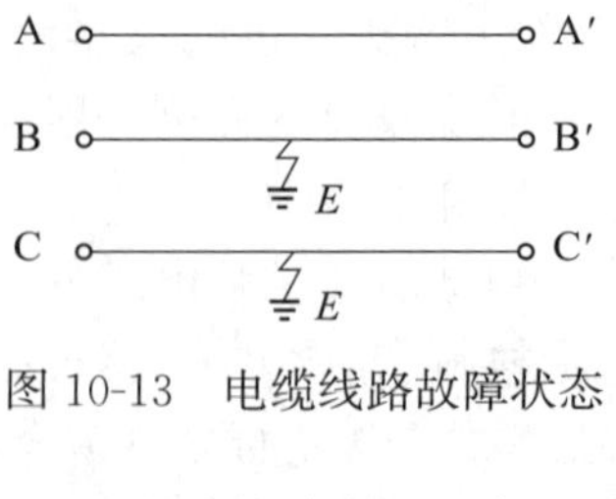

图 10-13　电缆线路故障状态

六、电缆故障探测方法的评价

长期以来，涌现出了许多测量方法与仪器，这些方法与仪器适用于不同故障情况，各有优缺点，这里就故障测距与定点仪器简单地做评价和比较。

(一)故障测距的方法

1. 电桥法

电桥法是一种经典测试方法，如图 10-14 所示。

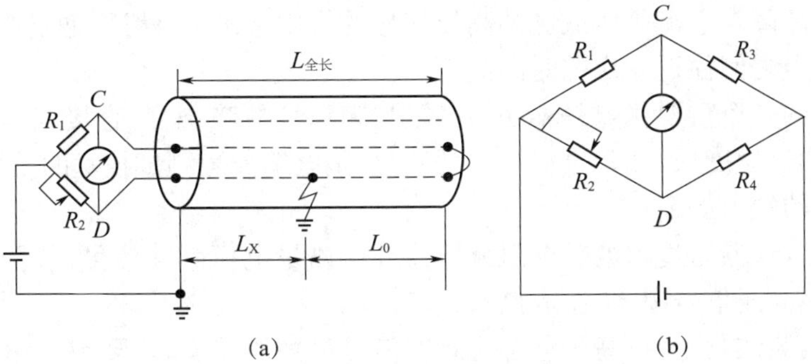

图 10-14　电桥测距原理

电桥法测试线路的连接如图 10-14(a)所示，将被测电缆终端故障相与非故障相短接，电桥两臂分别接故障相与非故障相，图 10-14(b)给出了等效电路图。

仔细调节 R_2 数值，总可以使电桥平衡，即 CD 间的电位差为 0，无电流流过检流计，此时根据电桥平衡原理可得

$$R_3/R_4=R_1/R_2$$

R_1、R_2 为已知电阻，设 $R_1/R_2=K$，则 $R_3/R_4=K$。

由于电缆直流电阻与长度成正比，设电缆导体电阻率为 ρ(单位：Ω/m)，$L_{全长}$ 代表电缆全长，L_X、L_0 分别为电缆故障点到测量端及末端的距离，则 R_2 可用$(L_{全长}+L_0)\rho$ 代替，则

$$L_{全长}+L_0=KL_X$$

由于 $L_0=L_{全长}-L_X$，所以 $L_X=2L_{全长}/(K+1)$

电缆断路故障可用电容电桥测量，原理与上述电阻电桥类似。

电桥法优点是简单、方便、精确度高，但它的重要缺点是不适用于高阻与闪络性故障，因为故障电阻很高的情况下，电桥里电流很小，一般灵敏度的仪表，很难探测，实际上电缆故障大部分属于高阻与闪络性故障。在用电桥法测量故障距离之前，需用高压设备将故障点烧穿，使其故障电阻值降到可以用电桥法进行测量的范围，而故障点烧穿是件十分困难的工作，往往要花费数小时，甚至几天的时间，十分不方便，有时会出现故障点烧断，故障电阻反而升高的现象，或是故障电阻烧得太低，呈永久短路，以至不能用放电声测法进行最后定点。电桥法的另一缺点是需要知道电缆的准确长度等原始技术资料，当一条电缆线路内是由导体材料或截面不同的电缆组成时，还要进行换算，电桥法还不能测量三相短路或断路故障。

目前现场上电桥法用得越来越少，不过一些测试人员，尤其是年长的测试人员，仍然习惯于使用该方法。特别是对一些特殊的故障没有明显的低压脉冲反射，但又不容易用高压击穿，如故障电阻不是太高的话，使用电桥法往往可以解决问题。

2. 低压脉冲反射法，适用于断线、低阻和短路故障

低压脉冲反射法，又叫雷达法，它通过观察故障点反射脉冲与发射脉冲的时间差测距。

低压脉冲反射法的优点是简单、直观、不需要知道电缆的准确长度等原始技术资料。根据脉冲反射波形还可以容易地识别电缆接头与分支点的位置。

低压脉冲反射法的缺点是仍不能适用于测量高阻与闪络性故障。

3. 脉冲电压法，适用于高阻和闪络故障(备用方法)

脉冲电压法，又称闪测法，是 20 世纪 60 年代发展起来的一种高阻与闪络性故障测试方法。国内有数家企业生产、销售该原理的电缆故障闪测仪。

首先使电缆故障在直流高压或脉冲高压信号的作用下击穿，然后，通过观察放电电压脉冲在观察点与故障点之间往返一次的时间测距。

脉冲电压法的一个重要优点是不必将高阻与闪络性故障烧穿，直接利用故障击穿产生的瞬间脉冲信号，测试速度快，测量过程也得到简化，是电缆故障测试技术的重大进步。

脉冲电压法的缺点如下：

(1)安全性差，仪器通过一电容电阻分压器分压测量电压脉冲信号，仪器与高压回路有电耦合，很容易发生高压信号串入，造成仪器损坏。

(2)在利用闪测法测距时，高压电容对脉冲信号呈短路状态，需要串一电阻或电感以产生电压信号，增加了接线的复杂性，且降低了电容放电时加在故障电缆上的电压，使故障点不容易击穿。

(3)在故障放电时，特别是进行冲闪测试时，分压器耦合的电压波形变化不尖锐，难以分辨。

4. 脉冲电流法，适用于高阻和闪络故障

脉冲电流法是20世纪80年代初发展起来的一种测试方法，以安全、可靠、接线简单等优点显示了强大的生命力。脉冲电流法与脉冲电压法的区别在于：前者通过一线性电流耦合器测量电缆故障击穿时产生的电流脉冲信号，成功地实现了仪器与高压回路的电耦合，省去了电容与电缆之间的串联电阻与电感，简化了接线，传感器耦合出的脉冲电流波形也比较容易分辨。

5. 弧反射法(二次脉冲法)，适用于高阻和闪络故障

这是目前最先进的故障测距方法，测试中应首先采用，是基于低压脉冲波形容易分析、测试精度高的情况下开发出来的一种新的测试方法。

其基本原理是：在高压脉冲发生器未给电缆施加高压脉冲前，向电缆注入一个低压脉冲信号，记录下此时的低压脉冲波形(称为无电弧波形)。此时因为故障点为高阻，低压脉冲在故障点没有反射或反射极小。再通过高压脉冲发生器给电缆施加高压脉冲，使故障点击穿，并出现弧光放电。由于弧光电阻很小，在燃弧期间原本高阻或闪络性故障变成了低阻短路故障。此时通过耦合装置向故障电缆注入一个低压脉冲信号，记录下此时的低压脉冲反射波形(称为带电弧波形)，则能够明显地看到故障点的低阻反射脉冲。把无电弧波形和带电弧波形进行比较，两个波形在故障点的位置上将明显不同，波形的明显分歧点离测试端的距离就是故障距离。

6. 对测距方法与仪器选择的建议

目前，普遍采用行波测距法。短路、低阻和断路故障采用低压脉冲反射法，它比电桥法简单直接；测量高阻与闪络性故障采用弧反射法或脉冲电流法；两者都是通过脉冲信号在故障点与测量点之间往返一次时间测距，但前者是主动向电缆发射探测电压脉冲，后者是被动记录故障击穿产生的瞬间脉冲电流信号；信号的记录与处理显示可由同一个电路完成，故可方便地使仪器同时实现两个功能。

(二)故障定点

电缆故障的精确定点是故障探测的关键。

1. 声测法

该方法是在对故障电缆施加高压脉冲使故障点击穿放电时，通过探听故障点的放电声音来找出故障点。该方法容易理解，但往往由于环境噪声比较大，甚至电缆埋设深度过深时，有

时很难分辨出真正的故障点放电的声音，而且耳朵的灵敏度有限，造成测试精度不高（一般测试误差大于 1 m）。

2. 声磁同步检测法

这种方法也需要对故障电缆施加高压脉冲使故障点击穿放电。当向电缆中施加高压脉冲信号时，在电缆的周围会产生一个脉冲磁场信号，同时因为故障点的放电又会产生一个放电的声音信号，由于磁场信号传播的速度很快（近似于光速，约 3×10^5 km/s），声音信号传播的速度较慢（约 340 m/s），它们传到地面时就会有一个时间差。用仪器的探头在地面上接收到这个磁场和声音信号，并计算出时间差。在电缆的上方移动探头，找到这个时间差最小的地方，在这个位置的正下方就是故障点。用这个方法提高了抗噪声干扰的能力，也提高了定点的精度（误差小于 0.1 m），信号容易理解、辨别。

3. 音频信号感应法

这种方法主要是路径仪采用，用来寻找电缆路径走向。也可以对故障电阻小于几十欧姆的短路故障和距离较近的断线故障进行定点：把音频信号加到故障相之间，路径仪接收机在故障点正上方接收到的信号会突然增强，过了故障点后信号会明显减弱或者消失，用这种方法可以找到故障点。

4. 跨步电压法

当对故障相和大地之间施加一个直流高压脉冲信号时，在故障点两侧跨步电压的方向相反，用这种方法可以找到故障点。这种方法的优点是可以指示故障点的方向，对测试人员的指导性较强；但这种方法只能查找直埋电缆外皮破损的开放性故障，无法查找封闭性故障和非直埋电缆的开放性故障。对于护套破损的故障电缆，由于铠装对大地之间形成多点放电通道，用跨步电压法可能会找到多个跨步电压突变点，需要加以排除。用跨步电压法查找直埋的低压电缆故障特别有效。

第三节　高压电缆诊断新技术

随着高压电缆体量的进一步增大，采取常规方法检测高压电缆健康水平的难度逐步加大。智能化、全覆盖监测装置将成为未来发展趋势，针对电缆线路薄弱环节，如电缆附件，采用内置式局部放电监测装置，可提高高压电缆状态管控水平。随着电缆线路智能管控全盘覆盖，会逐步获得高压电缆运行的多种状态量，采用大数据技术，进一步分析高压电缆运行质量，促进高压电缆管理水平逐步提高。当前，国内外出现的高压电缆健康诊断新技术如下：

一、内置式测温技术

随着城市化进程加快，城市输电线路正由传统架空式向地埋式过渡，对线路中间电缆接头状态的监测越来越重要，而传统的人工巡视或者光纤外置的测温技术已无法满足智能化建设的需要，因此采用内置式测温技术越来越有必要。内置式电缆接头导体测温技术采用无线能量传输技术和射频通信技术同步工作原理，直接测量电缆接头导体运行温度，可用于对 10～500 kV 电压等级的电缆中间接头导体运行温度进行实时监测，为高压电缆动态增容和安全管理提供数据支持。内置式电缆接头导体测温技术，可解决内置式测温传感器的电能供应和信号传输的难题，实现直接测量电缆接头导体运行温度，具有测温精度高、实时性强的优点。内置式电缆接头导体测温系统主要包括内置测温模块和外置测温中继两个部分。外置测温中继通过电磁耦合方式将能量和信号传递到电缆接头导体部位的内置测温模块；内置测温模块获得电能的同时将温度数据以无线电磁波的方式发送至外置测温中继，实现电缆导体温度精准测量，不改变电缆接头物理结构和电气特性，具有安全免维护、安装方便等优点。

二、分布式光纤振动传感技术

城市地下高压电缆在使用中时常受到人工挖掘、机械挖掘、非法入侵等第三方外力破坏，严重影响了高压电缆运行的安全性和可靠性。而高压电缆通道防外力破坏在线监测系统是专门用于保障高压电缆通道免遭外力破坏的监测系统，系统采用分布式光纤振动传感技术，结合高精度智能模式识别算法能够实现对破坏性外力的实时监测和准确识别，是实现高压电缆安全预防性维护的必要基础设施。

分布式光纤振动传感技术具有同时获取在传感光纤区域内随时间和空间变化的被测量分布信息的能力，非常适合于大型工程监测、长距离线路监控、大范围地域安防等领域。其基本特征如下：

1. 分布式光纤传感系统中的传感元件仅为光纤。

2. 一次测量就可以获取整个光纤区域内被测量的一维分布图，将光纤架设成光栅状，就可测定被测量的二维和三维分布情况。

3. 系统的空间分辨率一般在米的量级，因而对被测量在更窄范围的变化般只能观测其平均值。

4. 系统的测量精度与空间分辨率一般存在相互制约关系。

5. 检测信号一般较微弱，因而要求信号处理系统具有较高的信噪比。

6. 由于在检测过程中需进行大量的信号加法平均、频率扫描、相位跟踪等处理，因而实现一次完整的测量需较长的时间。分布式光纤振动传感技术的工作原理是利用光纤作为传感元件，将“传”和“感”合为一体。传感光纤在外界物理因素（如运动、振动和压力）的作用下，改变光纤中的光纤相位，从而对外界参数进行检测，具体来说是当外界的振动作用于光缆时，引起光缆中纤芯发生形变，使纤芯折射率与长度发生变化，导致光缆中光的相位发生变化。

分布式光纤振动传感系统是一种基于光时域反射技术（OTDR）和光纤干涉技术发展而成的先进的光纤传感技术，它同时具有光时域反射技术定位精度高和光纤干涉技术灵敏度高的特点。

当外界有振动作用于传感光缆时，引起光缆中纤芯发生形变，导致纤芯长度和折射率发生变化，导致光缆中光的相位发生变化。当光在光缆中传输时，由于光子与纤芯晶格间发生作用，不断向后传输瑞利散射光。当外界有振动发生时，背向瑞利散射光的相位随之发生变化，这些携带外界振动信息的信号光，反射回系统主机时，经光学系统处理，将微弱的相位变化转换为光强变化，经光电转换和信号处理后，进入计算机进行数据分析。系统根据分析的结果，判断入侵事件的发生，并确认入侵地点。

三、电缆局部放电在线监测技术

高压电缆绝缘故障一般由局部放电导致，局部放电检测或监测作为电缆线路状态评价的最有效手段，早已得到广泛的认可。电缆局部放电监测是电缆实时状态监测的最重要组成部分，实时掌握电缆的运行状态，提前发现故障隐患，做好预防性工作和检修准备，有利于供电可靠性的保障。

电缆局部放电在线监测系统，适用于额定电压 500 kV 及以下交联聚乙烯单芯绝缘高压电缆的线路本体、户外终端、气体绝缘终端（GIS 终端）、油浸户外终端（包括瓷套和合成绝缘套）、直通接头及绝缘接头的局部放电在线监测及智能化诊断。采用电容传感方式，能够在电缆附件带电运行条件下，对其局部放电进行检测和定位，及时发现绝缘缺陷，避免绝缘故障。广泛适用于 10 kV 至 500 kV 电压等级的单芯电缆及电缆附件设备的局部放电在线监测。

局放在线监测系统主要由局放数据采集单元（监测主机）、局放传感器、工频传感器、监控服务器、通信供电单元和通信链路构成，每组电缆附件的每相本体均安装一个电容式传感器，在其中一相电缆本体上安装一个工频信号测量传感器，每台局放数据采集单元可同时监测多个电缆附件和其中一相工频同步信号，系统示意如图 10-15 所示。

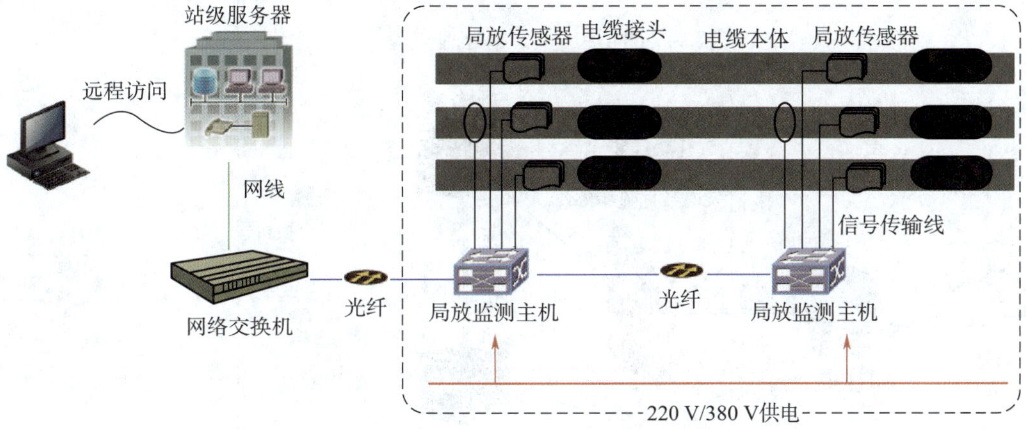

图 10-15　局放在线监测系统示意

利用光纤传输数据至远程服务器进行数据处理，基于庞大的局放专家数据库和“五联法”多标准评价手段，对接收到的监测数据进行分析处理，评估电缆的缺陷状态，判断该线路各点准确的实时局放情况和监测结果，及时发现电缆线路缺陷，智能报警并可实现与上级监控中心的数据共享，如图 10-16 所示。

局放数据采集单元，主要由采集模块、控制模块、供电模块、通信模块、设备外箱组成，是前端高速宽带采样及信号传输单元，安装在电缆线路监测点，可实时监测该监测点附近局放信号。系统一般采用大于 200 MS/s 高速数据采集模块，使每通道采样率突破到 200 MS/s 以上。

监控服务器，包括主服务器和备用服务器，两台服务器同时保持在线，数据库数据保持同步。若主服务器出现异常，备用服务器可自动切换成主服务器，以便保证系统的可靠性。另在站内还配备一台实时数据线显示终端，以便值班人员随时可查看实时监测数据和系统报警信息。服务器通过光纤网络与各监测点局放数据采集单元通信，局放数据采集单元对采集信号进行预处理后上传服务器，数据服务器对其进一步分析处理，以达到评估电缆的缺陷状态，具有智能报警系统，实现及时报警。数据可定制上传至上级监控中心。服务器系统组成示意如图 10-17 所示。

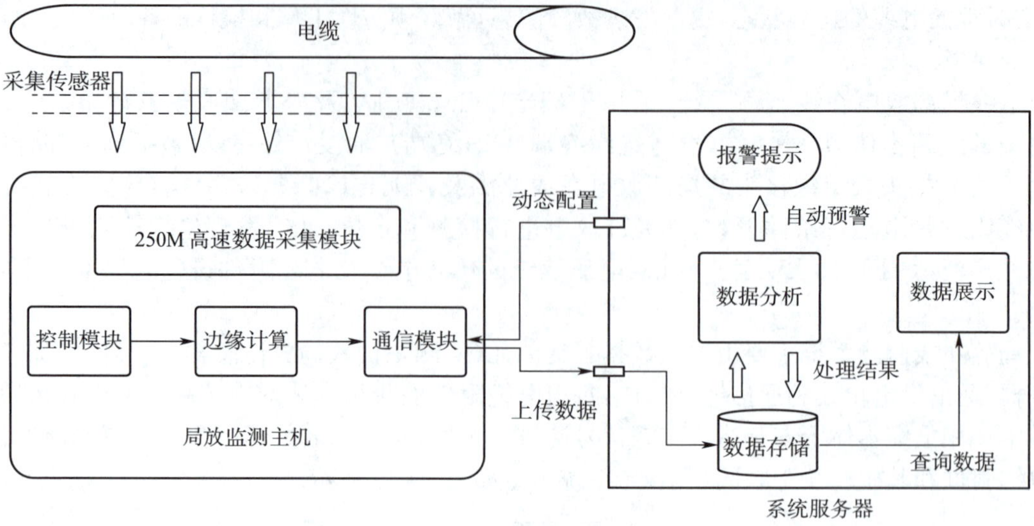

图 10-16　数据处理流程

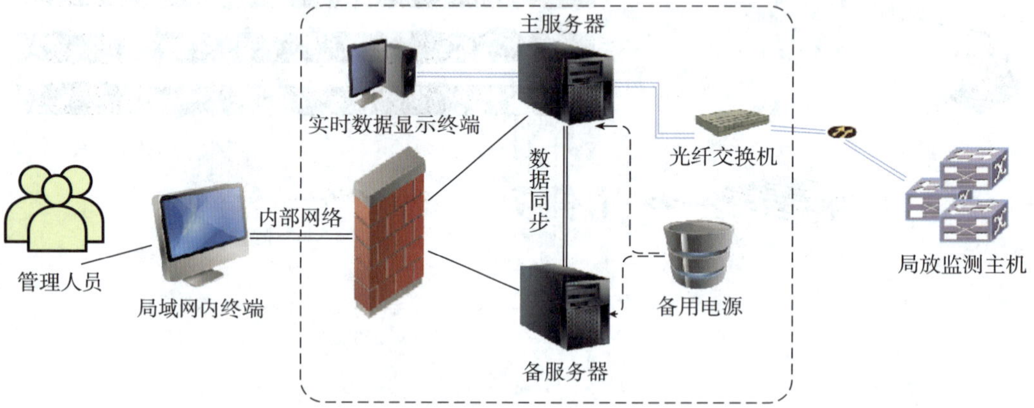

图 10-17　服务器系统组成示意

局放传感器(图 10-18),采用电容耦合式传感器,可以准确检测甚宽频带局放信号,缠绕安装在邻近电缆附件 5～10 m 内的电缆本体上,其外安装噪声屏蔽装置,实现对干扰噪声的隔离,实时感应电缆局部放电信号,提高局放监测准确性。

工频传感器(图 10-19),安装在电缆本体上,感应运行电缆的电压同步信号。

图 10-18　局放传感器

图 10-19　工频传感器

四、电缆护层接地环流在线监测技术

据电缆试验统计结果表明，由于外力破坏导致外护套损伤而发生的电缆故障占 58%。大量由于电缆外护套引发的电缆故障给供电企业造成了巨大的经济损失，电力用户也受到了不同程度的影响。在电缆的实际运行使用中，一旦电缆外护套受到外力损伤、化学腐蚀、雷电过电压或系统过电压的影响，导致护套绝缘破损甚至一点或多点接地，则会破坏高压电缆金属护套的接地系统，引起电缆金属护套感应电动势的失衡，从而导致金属护套与大地形成较大的环流，附加线损增加、电缆温度增高，长期如此还会危及主绝缘、缩短电缆线路的正常运行寿命，影响线路的安全运行。电缆护层接地环流在线监测系统，对高压电缆金属护层电流进行监测，可实现整条高压电缆线路接地环流的实时监测，确定电缆接地环流和负荷电流之间的关联性问题，从而掌握并判断电缆护套的绝缘状态，实现准确的环流报警，保证供电安全，降低电缆故障导致的经济损失。电缆护层接地环流在线监测系统能够实时监测高压电缆护层的运行状态，帮助检修维护人员及时发现问题，是目前公认的、具有实际效率的电缆运行状态监测手段。数据采集和分析全部采用数字化系统，集成度高、运行速度快，可在一个检测周期内同时采集所有被测对象的有效数据，进行数据横向与纵向的比对。系统主要由环流采集主机、数据采集传感器、服务器和通信系统构成，如图 10-20 所示。

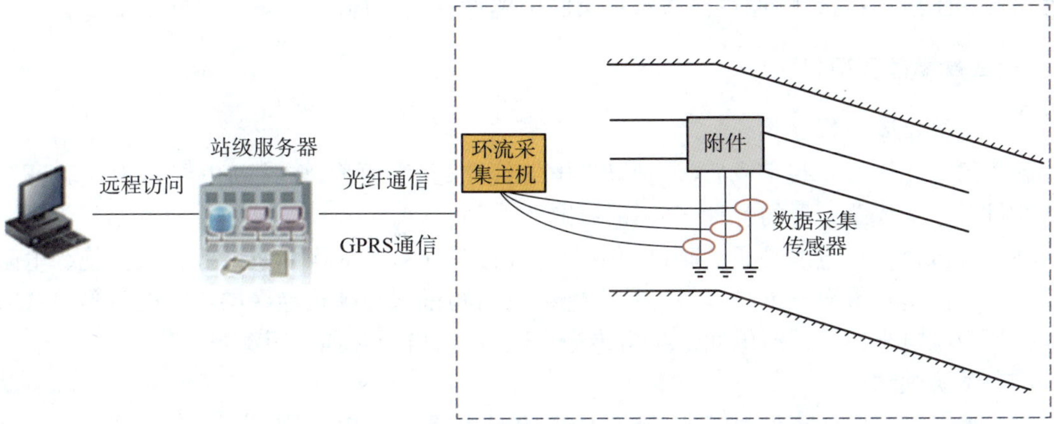

图 10-20　电缆护层接地环流在线监测系统示意

(一)接地环流和负荷监测功能

1. 环流采集单元具备高压电缆接地电流状态量的自动采集、信号调理、模数转换和数据预处理功能，可实现对 0.1～500 A 接地电流的精确测量，1～2 000 A 电缆负荷的实时精确监测。每个环流采集单元可实现 3 路接地电流和 1 路电缆负荷的监测。

2. 环流采集单元具备数据定时抄读和记录功能，将接地电流状态量就地数字化和缓存，并根据需要定期将监测信息发送至监控主机，供监控主机数据分析和处理。

(二)数据保护和管理功能

监测系统长期可靠保存数据，并且具有数据保护功能，不会因供电电压中断、快速或缓慢波动及跌落丢失已储存的监测数据，用户可根据需要浏览历史数据并可上传与下载监测数据，实时掌握设备所有情况。

(三)环流分析诊断功能

监测系统采集电缆三相接地电流和电缆本体负荷,对数据进行处理、分析与诊断,实时监测电流变化,统计环流最值、三相环流相互比值、接地环流和负荷电流比值,综合监测接地电流发展变化趋势,查看历史数据、数据变化曲线、数据对比、报警数据等,以图表、曲线、图谱等形式进行分析和展示。

(四)设备管理和数据远程控制功能

监控主机将经过处理的数据发送至综合监测分析系统,系统可对线路设备情况进行管理,高级权限人员具有远程对时、调阅参数和设置命令等功能。

(五)自诊断和自复位

监测系统具有自诊断和自复位的功能,可连续监测或定时自动启动监测,整个监测过程自动化。

第四节　牵引电缆试验

电缆线路多为隐蔽工程,制作好的电缆设备多为全封闭的,不能通过外观检查就能判定电缆的质量好坏,是否有缺陷,是否能通电运行,因此采用交接试验、预防性试验、诊断性试验、紧急性试验的手段进行检测,通过试验数据反映电缆设备的好坏。

一、试验类型及项目

(一)交接试验

新建的电缆线路安装完成后(包括既有电缆线路延长、更换,驳接新电缆),为了验证线路安装质量对电缆线路开展的各种试验和检测。

项目应包括:(1)电缆导通试验;(2)电缆分段检验;(3)主绝缘耐压试验;(4)主绝缘电阻值测量;(5)外护套直流耐压试验;(6)外护套绝缘电阻测量;(7)屏蔽绝缘层绝缘电阻测量;(8)护层保护器绝缘电阻测量;(9)中间绝缘头绝缘电阻测量;(10)接地电阻测量。

(二)预防性试验

为获得电缆线路状态量而定期进行的各种停电试验和带电检测。

项目应包括:(1)主绝缘耐压试验;(2)主绝缘电阻值测量;(3)外护套绝缘电阻测量;(4)屏蔽绝缘层绝缘电阻测量;(5)护层保护器绝缘电阻测量;(6)中间绝缘头绝缘电阻测量;(7)接地电阻测量。当外护套绝缘电阻与电缆分段长度乘积不低于 0.5 MΩ · km 时,可不进行外护套直流耐压试验。

(三)诊断性试验

通过巡检、在线监测、预防性试验等发现电缆线路状态不良,或经受了不良工况,或受家族性缺陷警示,或临近大修周期,为进一步评估电缆线路状态、查找缺陷点进行的试验。诊断性试验项目见表 10-3。

(四)紧急性试验

线路切改或故障等原因重新安装电缆附件后的电缆线路,因天窗时间不足,造成正常测试时间不够时,为确保送电安全,一般在送电前应进行紧急性试验。电缆送电投运后 10 天内应安排预防性试验,进一步判别安装质量,并明确下次试验周期。紧急性试验按表 10-4 要求进行(满足以下要求其中之一即可),试验前后主绝缘电阻值不应小 300 MΩ。

表 10-3　诊断性试验项目

缺陷类型	试验项目	备　注
主绝缘缺陷	局部放电试验	通过检测局部放电量的大小定位缺陷点位置
	交流耐压试验	通过倍于运行电压的方式将缺陷点击穿,直接暴露缺陷点位置
	振荡波试验	通过倍于运行电压的方式将缺陷点击穿,直接暴露缺陷点位置,或通过检测局部放电定位缺陷点位置
	介损试验	用于对运行时间较长的电缆整体绝缘劣化情况进行评价
外护套、屏蔽层绝缘缺陷	高压放电试验	通过高电压放电的方式将缺陷点击穿,直接暴露缺陷点位置
	红外成像仪测温	通过测量电缆线路局部温差或温升暴露缺陷点位置
	直流耐压试验	通过耐压试验将缺陷点击穿,直接暴露缺陷点位置
电缆本体及附件安装工艺缺陷	X 光射线检测	通过 X 光透视成像,无损检测电缆及附件内部金属连接及绝缘结构是否符合工艺要求

表 10-4　紧急性试验要求

试验项目	额定电压 U_0/kV	试验电压	试验时间	合格标准
串联谐振交流耐压试验	27.5	$2U_0$	15 min	无击穿放电
0.1 Hz 交流余弦波耐压试验	27.5	$2U_0$	15 min	泄漏电流小于 0.15 mA
超低频余弦方波局部放电试验	27.5	$2U_0$	不低于 15 min	无击穿放电
振荡波局部放电试验	27.5	$1.5U_0$	不少于 2 次	

(五)导通识别试验

采用万用表、兆欧表、电缆识别仪等测量电缆两端终端头之间是否导通,是否为同一根电缆,用于区分各馈线电缆 T、F 相和每根电缆的试验。

二、牵引电缆试验要求

(一)试验安全要求

对电缆的主绝缘进行耐压试验或绝缘电阻测量时,新线应对馈线的各根电缆逐根进行,既有线原则上应逐根进行,试验前后应对被试电缆进行充分放电。为确保试验安全,试验时电缆另一端须派人做好安全防护,经防护人同意后,试验人员方可进行试验。

(二)试验条件

为确保试验数据准确,耐压试验或绝缘电阻测量不宜在环境湿度大于 80%的天气下进行。雨天不宜进行耐压试验或绝缘电阻测量,确需试验时应对户外的电缆终端头加装绝缘罩或防雨罩以隔绝空气中水汽。试验前应对电缆终端头的伞裙用酒精试纸等进行清洁,内锥插入式终端头应加装绝缘套头,防止绝缘爬距不足造成对外半导体层放电。

(三)试验回路要求

1. 对电缆主绝缘做耐压试验或绝缘电阻测量时,必须确保电缆铠装层(屏蔽层)可靠接地,形成完整测量回路。有多个分段的长大电缆,要分别对中间头的金属铠装层、金属屏蔽层进行外部短接并临时接地,形成完整测量回路。严禁在耐压试验或绝缘电阻测量时,电缆的局部存在金属铠装层、金属屏蔽层悬空不接地、不导通的情况。

2. 对电缆外护套作直流耐压试验或绝缘电阻测量时，应根据电缆分段情况逐段进行，每段应形成单独的测量回路。试验前应拆开电缆金属铠装层地线、护层保护器连接引线，确保引线与地悬空。

(四)试验结束检查确认

电缆试验结束后，送电前应恢复正确的电缆分段，并逐一检查确认。

三、牵引电缆试验项目

(一)主绝缘耐压试验

电缆主绝缘耐压试验是指采用0.1 Hz交流余弦方波进行交流耐压试验，试验数据是电缆能否投运送电及健康状态判别的主要依据。

1. 试验标准及周期

试验周期：

(1)投运前或大修新作终端或接头后必须开展耐压试验；主绝缘的绝缘电阻低于要求值(1 000 MΩ)或怀疑电缆有故障时必须开展耐压试验。

(2)开展0.1 Hz耐压试验。Ⅰ类设备试验周期7年，Ⅱ类设备试验周期为4年，Ⅲ设备试验周期为1年。

(3)开展串联谐振耐压。当电缆需要紧急送电投运时，可临时采用串联谐振交流电压等试验方法对电缆线路主绝缘进行紧急性试验。

试验标准：

按照电缆主绝缘耐压试的泄漏电流大小，对电缆状态进行评估，实行等级健康管理，将电缆分为一、二、三、四类管理。列为四类的电缆严禁投入运行。电缆等级分类具体见表10-5。

表10-5 电缆健康管理等级分类

电缆分类	泄漏电流值 I_x	试验周期	备注
一类电缆	$I_x \leqslant 0.02$ mA	7年	主绝缘状态完好，没有缺陷
二类电缆	0.02 mA$< I_x \leqslant$0.05 mA	4年	主绝缘状态良好，缺陷轻微，近期对安全运行影响不大
三类电缆	0.05 mA$< I_x \leqslant$0.1 mA	1年	主绝缘状态合格，但已存在性质严重的缺陷，试验后可继续投入运行，但要加强检查，关注运行情况，或采用局放等设备查找并修复缺陷
四类电缆	$I_x >$0.1 mA或耐压试验不通过	立即查找并修复缺陷，直至耐压试验泄漏电流值达到三类电缆以上	主绝缘状态不合格，已存严重缺陷，不能投入运行。$I_x >$0.1 mA时，可延长试验时间，直接暴露缺陷点，延长试验时间不应超过60 min。如缺陷点未被击穿应采用局放等设备查找并修复缺陷

注：大于3 km单根电缆泄漏电流可适当放宽，一类电缆：$I_x \leqslant$0.05 mA。泄漏电流随时间推移波动或不稳定，采取诊断性试验排查缺陷。

电缆主绝缘耐压试验电压及耐受时间应符合表10-6要求。

2. 0.1 Hz耐压试验注意事项

(1)试验相两端悬空，保持足够的安全距离，末端派人防护。

表 10-6　电缆 0.1 Hz 交流余弦方波耐压试验电压和时间

试验种类	额定电压 U_0/kV	试验电压	时间/min
交接试验	27.5	$2U_0$	60
预防性试验	27.5	$2U_0$	30

(2)接好仪器的保护接地线,电源线,高压输出线,如图 10-21 所示。高压输出线的红色夹子接试验相,黑色夹子接金属护套并接地。

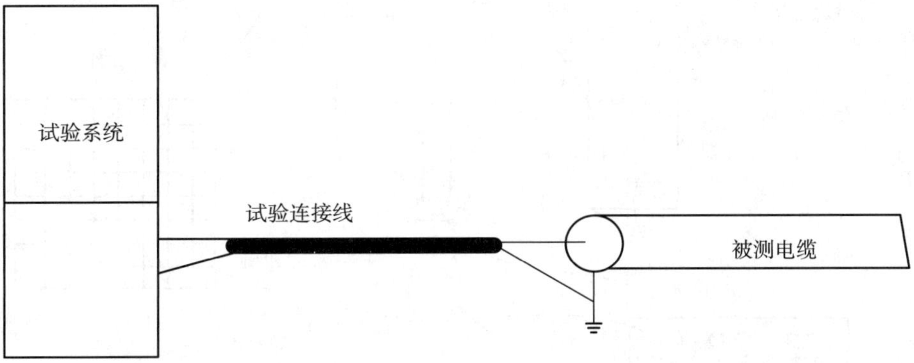

图 10-21　0.1 Hz 耐压试验接线

(3)高压电缆另一端在 GIS 柜内,可不甩开内锥头。GIS 柜底座电缆内锥插头不甩开的接线,如图 10-22 所示。

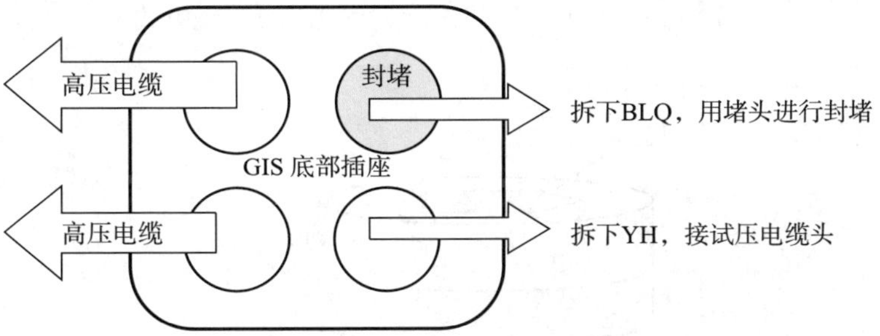

图 10-22　GIS 柜内试验接线

3. 串联谐振耐压试验注意事项

(1)根据电缆的长度型号的不同,电抗器分为九个串联(长度小于 1 km),如图 10-23 所示,和九串两并(长度大于 1 km),如图 10-24 所示。

(2)试验时因裸露带电设备比较多,必须做好防止人员倾入的围闭措施。

(二)外护套直流耐压试验

外护套直流耐压试验应对电缆外护套施加 10 kV 直流电压,试验时间 1 min。

试验周期:(1)投运前;(2)外护套绝缘电阻<0.5 MΩ · km、明显破损点、耐压击穿。

试验标准:耐压试验通过,无明显电压下降等击穿现象。

(三)局部放电试验

对电缆主绝缘进行局部放电试验是主绝缘缺陷诊断的一种手段,用于查找和评价电缆线

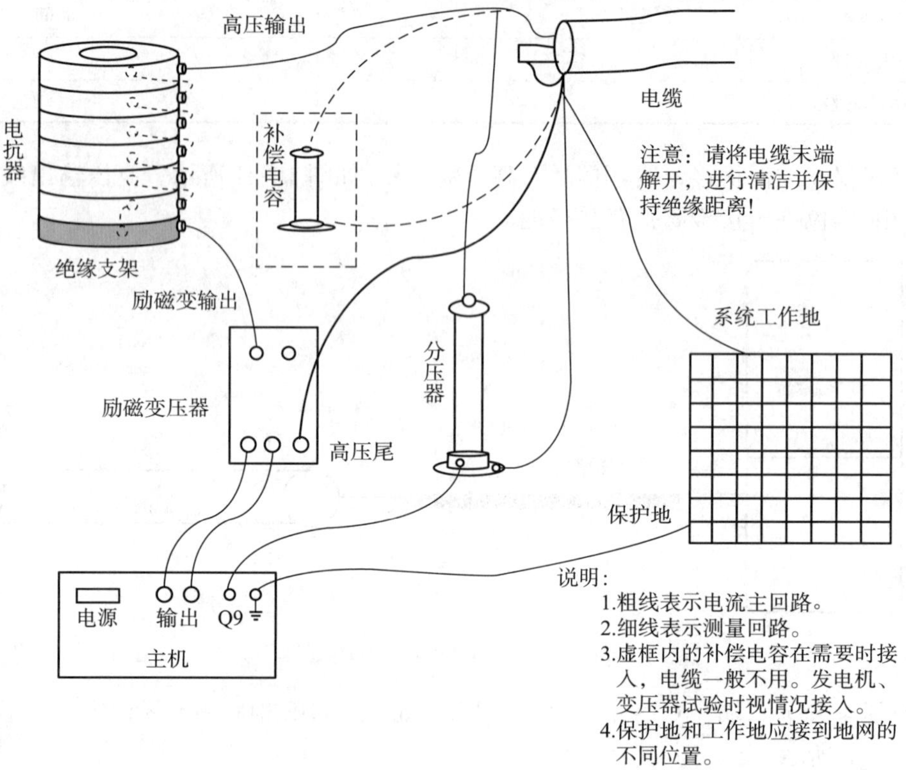

图 10-23 长度小于 1 km 时电抗器串联接线方式

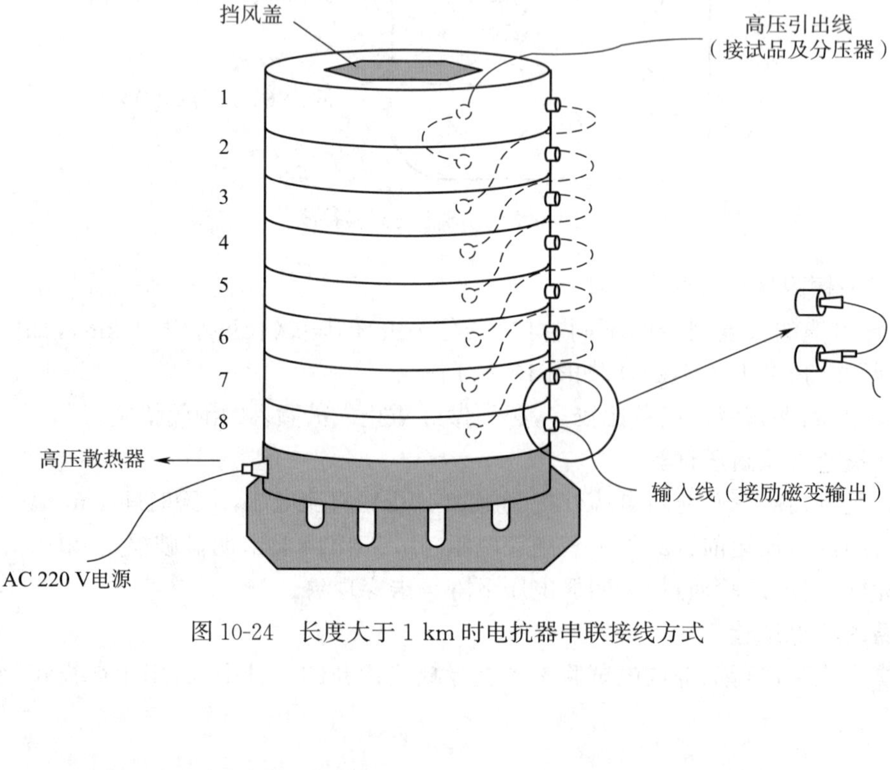

图 10-24 长度大于 1 km 时电抗器串联接线方式

路主绝缘缺陷，其检测试验数据暂不作为电缆分类的依据。当电缆主绝缘耐压试验认为存在缺陷时或有必要时可开展局部放电试验查找缺陷点。因牵引供电系统背景环境噪声大，在运用局部放电检测时，应做好噪声屏蔽或注意噪声区分。采用振荡波、0.1 Hz 交流余弦方波、0.1 Hz 交流正弦波局部放电检测的施加电压、试验时间、缺陷分类按表 10-7 要求进行。其他局部放电检测和缺陷判断方法按产品说明书要求进行。

表 10-7　电缆局部放电检测

电压形式	最高试验电压	最高试验电压激励	缺陷分类		
			A	B	C
振荡波电压	$1.5U_0$	不低于 5 次	本体局放检出值大于 100 pC；中间接头局放检出值大于 400 pC；终端局放检出值大于 4 000 pC	中间接头局放检出值在 300～400 pC 间；终端局放检出值在 2 000～4 000 pC 间	中间接头局放检出值在 150～300 pC 间；终端局放检出值在 1 000～2 000 pC 间
超低频余弦方波、0.1 Hz 交流正弦波电压	$2U_0$	不低于 15 min			

(四)主绝缘电阻测量

采用不低于 5 000 V 的兆欧表进行测量。耐压试验前后，绝缘电阻应无明显变化。主绝缘电阻值应大于 1 GΩ，低于时 300 MΩ，在绝缘缺陷未修复前不得送电投入运行。耐压试验前后的主绝缘电阻值应无明显变化，变化较大宜采用局部放电试验等电缆诊断试验查找缺陷原因和缺陷点。

试验周期：(1)投运前；(2)大修新作终端或接头后；(3)投运后周期内 1 次。

试验标准：(1)耐压试验前后，应无明显变化；(2)27.5 kV 电缆电阻≥1 GΩ 为合格。

(五)外护套绝缘电阻测量

外护套绝缘电阻采用 2 500 V 兆欧表进行测量。耐压试验前后，绝缘电阻与电缆分段长度乘积不低于 0.5 MΩ · km，具体见表 10-8。

表 10-8　外护套绝缘电阻管理

耐压试验前后	缺陷分类	
外护套绝缘电阻	B	C
	R_m=0 MΩ · km，明显破损点，耐压击穿	0 MΩ · km<R_m<0.5 MΩ · km

试验周期：(1)投运前；(2)大修新作终端或接头后；(3)投运后周期内 1 次。

试验标准：(1)绝缘电阻值不低于 0.5 MΩ · km；(2)耐压试验前后，应无明显变化。

(六)屏蔽层(铠装)绝缘电阻测量

屏蔽层(铠装)绝缘电阻采用 2 500 V 兆欧表进行测量，绝缘电阻与电缆分段长度乘积不低于 0.5 MΩ · km，小于时按 B 类缺陷进行管理。

(七) 中间绝缘头绝缘电阻测量

为了判别电缆中间绝缘头两侧铠装层、屏蔽层引出线之间相互绝缘，采用 2 500 V 兆欧表测量绝缘电阻，其值应大于 20 MΩ，小于时按 B 类缺陷管理，必要时应重做中间头。测量前要注意相邻两段要悬空。

(八)护层保护器的绝缘电阻测量

护层保护器的绝缘电阻应采用 2 500 V 兆欧表进行测量，其绝缘电阻应大于 20 MΩ，小于时按 A 类缺陷进行管理，并及时更换护层保护器。

(九)接地电阻测试

应采用接地电阻测试仪对电缆线路接地装置接地电阻进行测试，接地电阻不大于 10 Ω，大于 20 Ω 时按 B 类缺陷进行管理，在 10～20 Ω 之间时按 C 类缺陷进行管理。

第十一章　智能牵引变电所及诊断技术

智能牵引供电系统由智能牵引变电所、智能供电调度系统、智能供电运维系统以及通信网络构成，如图 11-1 所示。其运用现代先进的测量、传感、控制、通信、信息、人工智能等技术，以智能化牵引供电设施和高速双向通信网络为基础，以信息化、网络化、自动化、互动化为特征，具备全息感知、多维融合、重构自愈、智慧运维特性，为铁路提供安全可靠、高效优质牵引动力的供电系统。

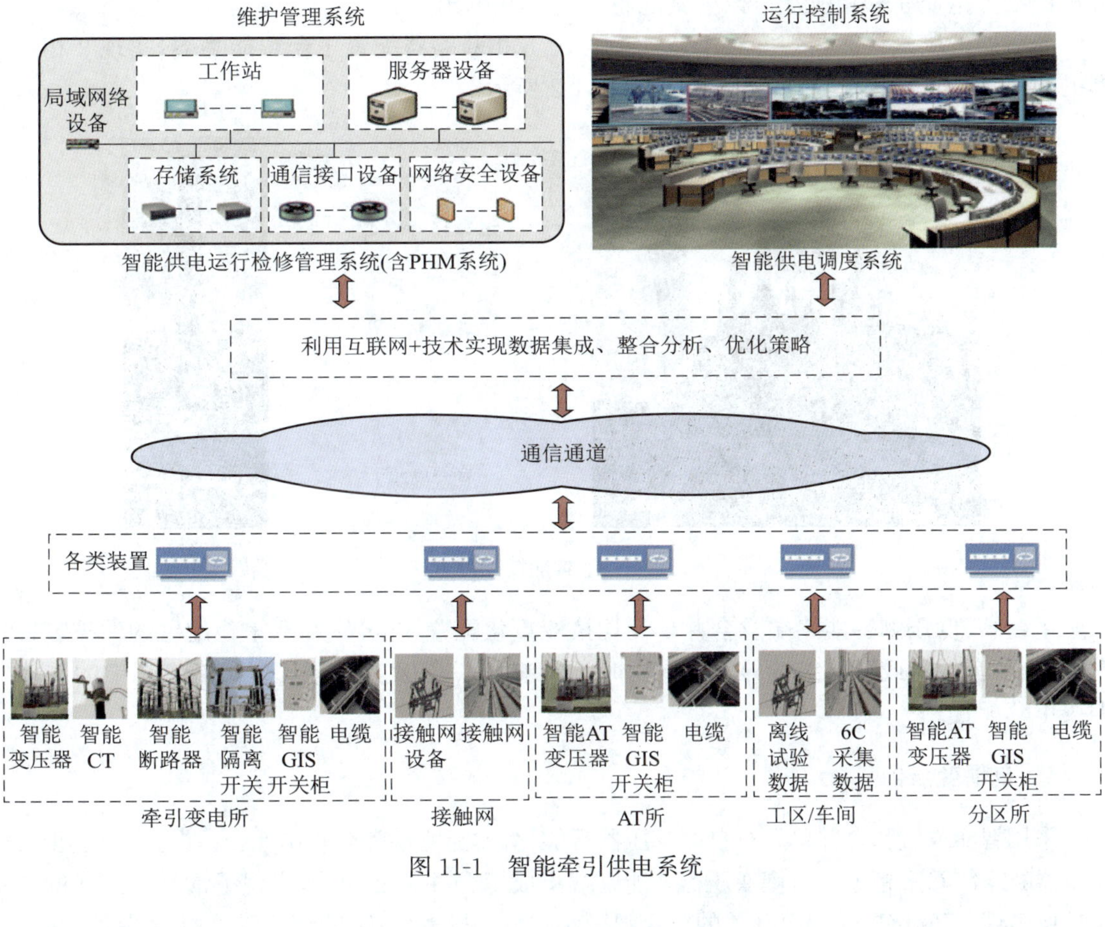

图 11-1　智能牵引供电系统

第一节　智能高压设备

根据电力系统的运行经验及产品成熟度，目前电子式互感器易受快速暂态过电压（VFTO）的影响，集成化智能一次设备技术尚未完全成熟。目前新建牵引变电所、开闭所、分区所以及 AT 所的高压设备智能化一般采用“传统一次设备＋智能组件”的形式。

一、牵引变压器

每台牵引变压器配置一面当地智能柜(含智能终端和合并单元),就近安装在主变附近。

主变高压侧合并单元完成主变高压侧交流量的采集,将交流量转换为数字信号点对点送至主变保护装置。合并单元提供以太网接口接入 SV/GOOSE 网络给测控及网络分析使用。

主变高压侧智能终端完成主变本体保护功能及主变高压侧断路器、隔离开关、进线隔离开关等开关的信号采集和开关控制功能。主变本体保护采用电缆直接跳闸高、低压侧断路器,本体动作信息通过 SV/GOOSE 双网上传至主变保护装置,由主变保护装置实现故障记录及录波。

主变低压侧合并单元完成主变低压侧交流量的采集转换输出,将交流量转换为数字信号点对点上传至主变保护装置;合并单元提供以太网接口接入 SV/GOOSE 网络给测控及网络分析使用。主变 a、b 相流互可以公共配置 1 台合并单元完成。

变压器低压侧智能终端安装于开关柜内,a、b 相断路器配置 1 台智能终端,实现 2 相断路器的操作和信息采集。智能终端配置如图 11-2 所示。

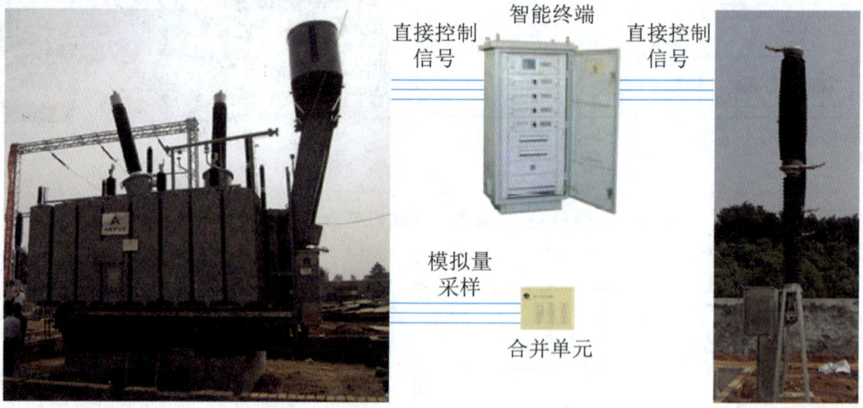

图 11-2　智能终端配置

主变高、低压侧智能终端及合并单元均按双重化配置,并分别与双重化配置的保护装置相对应,当一套保护或智能终端异常或退出时不影响另一套保护的运行。智能终端中的本体保护按单套配置。

二、自耦变压器

采用智能终端和合并单元对自耦变压器智能化,智能终端和合并单元合一设置,安装于自耦变压器断路器 GIS 柜上。自耦变压器智能终端集成了合并单元功能,实现了常规交流量的数字化转换、自耦变断路器及隔离开关的分合闸操作和信号量采集及自耦变压器的本体保护功能。

自耦变压器的本体保护采用电缆直接跳闸断路器,本体动作信息由智能终端通过 SV/GOOSE 网上送自耦变保护装置,由自耦变保护装置实现故障记录及录波。

三、220 kV 断路器

220 kV 断路器的智能化由高压侧智能终端完成,主变高压侧智能终端配置在 220 kV 断路器户外智能柜内，实现断路器的分合闸操作和信号量采集，主变高压侧智能终端与 220 kV 断路器端子箱采用电缆接线。220 kV 断路器采用双跳闸线圈，分别接入 2 台主变高压侧智能终端，实现跳闸回路的双重化。

四、220 kV 隔离开关

220 kV 隔离开关的智能化由主变高压侧智能终端完成，主变高压侧智能终端实现进线隔离开关的分合闸操作和信号量采集。

采用常规端子箱，配置进线隔离开关的控制回路、辅助触点、信号及报警开入、电机电源、加热电源，信号采集及开关控制回路通过电缆接入主变高压侧智能终端。

五、220 kV 电压互感器、电流互感器(图 11-3)

采用常规互感器，接入 220 kV 断路器户外智能柜实现模拟量转化为数字量信号。

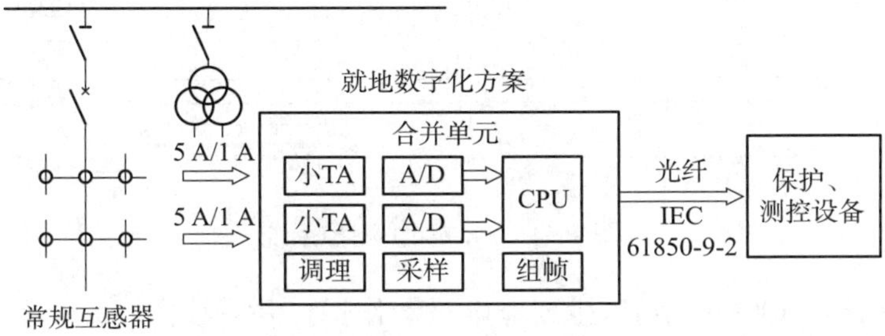

图 11-3　220 kV 电压互感器、电流互感器

第二节　广域保护测控系统

广域保护测控系统(图 11-4)由监控主机、远动和测距管理机、保护测控装置、网络报文记录分析装置、对时系统及层间通信装置等设备组成。

智能牵引变电所具备层次化保护功能，层次化保护包括：设备的就地保护、全所的站域保护、所间的广域保护。

广域保护以牵引变电所供电臂为单元，将牵引变电所、分区所、开闭所、AT 所等保护装置通过通信通道相联系，进行数据共享、分析、判断，可实现供电臂选择性跳闸功能及系统重构自愈等功能。

一、就地保护测控装置

就地保护测控装置包括主变保护测控装置、备自投装置、故障测距装置、27.5 kV 保护测控装置(含馈线、所用变、自耦变等)，在主控室集中组屏。过程层网络采用 SV 和 GOOSE 共网模式，双网冗余架构，保证数据传输可靠性。

变压器保护装置通过点对点方式获取主变高低压侧合并单元送出的主变数字信号，通过 SV/GOOSE 双网和主变高低侧智能终端通信，接收主变断路器、隔离开关等状态信息，发送保护跳闸命令，完成对主变高低侧断路器的跳闸操作。变压器保护装置接收主变高压侧智能

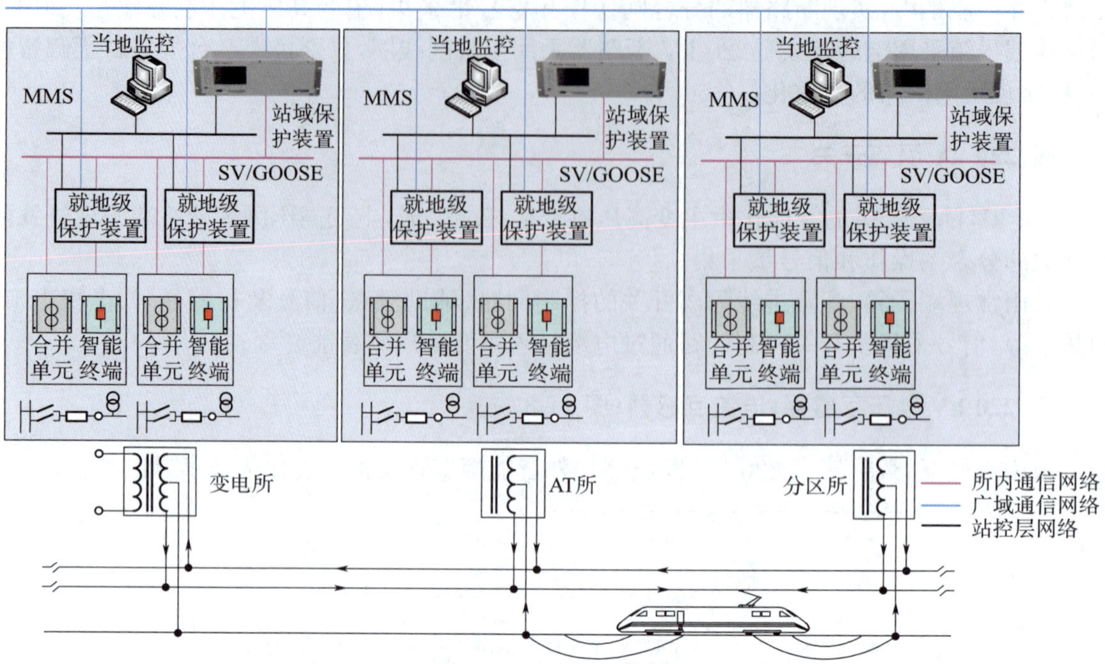

图 11-4　广域保护测控系统

终端的本体保护动作 GOOSE 信息，生成非电量动作报告并录波。

变压器测控装置通过 SV/GOOSE 双网接入主变高低压侧交流测量数字信号，实现主变高低压侧交流及有功、无功计算等测量功能，通过 SV/GOOSE 双网和主变高低侧智能终端通信，接收断路器、隔离开关等状态信息，发送遥控分合闸命令，完成主变高低侧断路器、隔离开关及进线隔离开关的遥控分合闸操作。

备自投装置通过 SV/GOOSE 双网接入 2 组（或两台）主变高压侧电压和进线抽压信号，通过 SV/GOOSE 双网接收断路器、隔离开关等状态信息，发送开关分合闸命令，完成进线失压自投及主变故障自投功能。

27.5 kV 间隔层保护如馈线保护、所用变压器保护、自耦变压器保护等采用电缆接线方式实现与互感器和开关的信息交换。间隔层保护装置均接入 SV/GOOSE 双网。

二、站域保护测控装置

每个所均配置 1 台站域保护测控装置，实现全站保护信息的冗余和优化，包括断路器失灵、简易母线保护、馈出的冗余保护、所内自愈重构等功能。

站域保护装置通过 SV/GOOSE 双网从智能终端及就地化保护测控装置获取采样数字信息及开关信息，通过 SV/GOOSE 双网给智能终端及就地化保护测控装置发出开关的动作信号及保护的闭锁信息等。

三、广域保护测控装置

不配置单独的装置，功能由站域保护装置及就地化保护测控装置联合完成，实现广域保护、供电单元自愈重构等功能。

第三节　牵引变电所辅助监控系统应用

随着高速铁路发展，客流需求及行车密度越来越大，对牵引供电的稳定及可靠性要求越来越高，如何快速有效发现牵引供电设备的缺陷及防止供电故障，已成为高铁发展非常迫切的需求。牵引变电所的传统人工巡视及值守方式已不能满足高速铁路的发展需求。且牵引变电所一般处于偏远山区，值守人员生活不便及存在安全隐患，值守人员综合利用率低，人力资源浪费严重。

对牵引变电所内视频监控及巡检、红外测温、环境监测、安全防范、火灾报警、动力照明控制等部分或全部辅助设备信息进行集成，实现信息共享、告警联动等功能，为牵引变电所集中监控和运维提供支撑的系统，简称辅助监控系统。

一、牵引变电所辅助监控系统构成

牵引变电所辅助监控系统由布置在牵引变电所场坪内的辅助设备和系统平台构成。系统平台通过标准接口，采集所内辅助设备信息，实现信息共享与告警联动功能，并将监控和报警信息上传。在满足接口条件的情况下，辅助监控系统也可接入智能一次设备的在线监测数据。系统构成如图 11-5 所示。

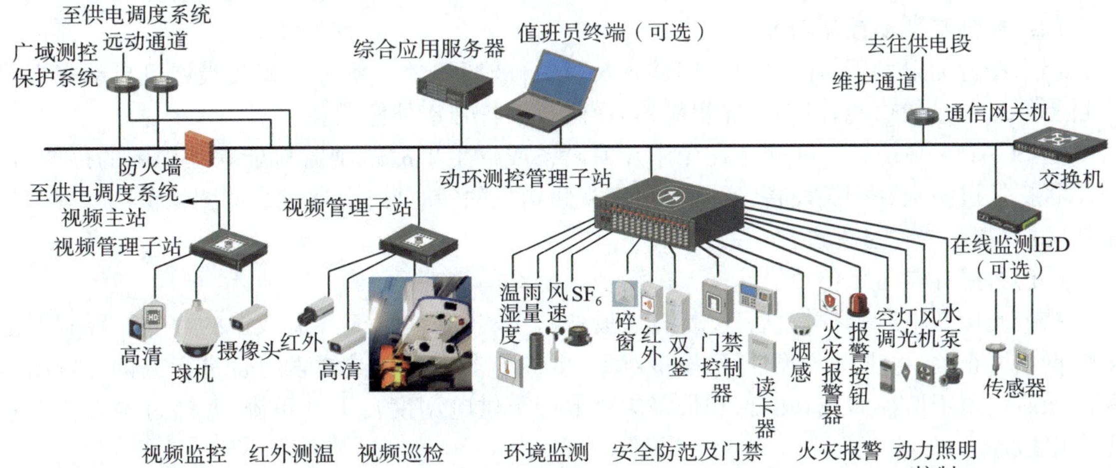

图 11-5　辅助监控系统架构

辅助监控系统包含视频监控与巡视、安全防范与门禁、环境监测、火灾告警、动力照明控制等子系统，各子系统可以根据需要灵活配置。系统采用分层架构，由间隔层和站控层组成，间隔层包括动力环境测控装置、视频服务器和辅助设备，站控层包括综合应用服务器、网络设备和值班员终端等。

二、牵引变电所辅助监控系统功能

（一）采集接入功能

1. 视频监控及巡检信息

采集实时视频流数据、巡检照片、语音对话、自检信息、告警信息等。

2. 安全防范信息

采集所内门禁、红外双鉴/三鉴、激光对射、玻璃破碎等告警信息、自检信息等。

3. 火灾报警信息

采集火灾处理单元的现场探测信息、设备自检信息等。

4. 环境监控信息

(1)采集温、湿度传感器,水浸传感器,SF_6 监测传感器,空调等设备运行信息、告警信息及自检信息。

(2)采集环境温度、风、雨、雪等气象信息。

5. 动力照明设备

采集灯光控制器、水泵、风机等动力照明设备的运行信息。

(二)视频设备控制功能

能对任一摄像机进行控制,实现对摄像机视角、方位、焦距、光圈、景深的调整,对于带预置点云台,操作人员能直接进行云台的预置和操作。可设置摄像机参数,包括设置预置位、区域名称、区域遮盖等。

(三)报警功能

报警类别:安防及门禁报警、环境信息报警、火灾报警。报警可根据需要进行分级,报警信号、报警内容可在任何画面自动显示。当发生报警时,视频服务器能自动进行存盘录像。

(四)控制与联动控制功能

当入侵行为触发报警时(围禁、门禁告警、私自破坏门禁设备等),相关摄像机自动凝视侵入目标并启动录像功能,启动声光报警器,夜间自动打开室外照明。

与 SCADA 系统进行联动。在操作开关设备或发生事故跳闸时应能联动周围的摄像机,自动将摄像机对准到相关设备,实现多角度视频信息的实时监控,通过智能图像识别实现信息复核,并对整个操作过程进行全程录像。

(五)数据存储与上传功能

系统支持变电所视频信息、环境信息、设备状态、告警信息等各类数据的存储。所有的历史数据均可查询,可支持按照时间、设备对象、事件等多种条件或线索组合进行查询。辅助监控系统应将用于监控的视频信息和报警信息上传至供电调度台主站系统,并通过调度台复示至供电段。

(六)用户及权限管理功能

系统应具备用户权限配置功能,权限配置可以针对变电所数量、设备种类、管理级别、数据访问等进行管理。支持通过权限管理划分调度台用户,不同调度台用户只对该所辖区域内的设备拥有监控权限。

三、牵引变电所辅助监控系统系统配置

(一)视频监控及巡视子系统

视频监控及巡检子系统包括室内摄像机、室外摄像机、视频服务器等设备。视频巡检实现了对牵引变电所的远程智能巡视,可以模拟和替代人工巡视。系统每天能够按照设定时间、路径对牵引变电所内重要设备、仪器仪表进行智能巡视。同时支持单点手动查看各设备运行情况,如图 11-6 所示。

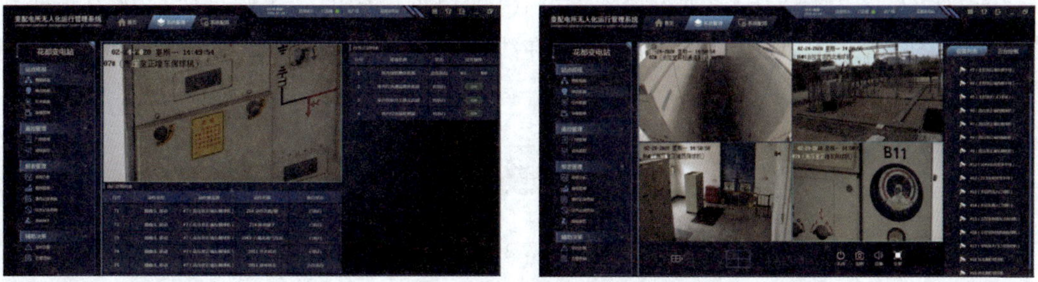

图 11-6　视频监控及巡视子系统

系统配置有红外热成像仪等设备，支持可见光、红外的实时预览。能对牵引变电所一次设备主导电回路进行红外温度实时监控。对变压器、互感器、避雷器、导线、线夹等主要供电设备的热像图谱进行采集。采集到设备的红外图像后，采取表面温度判断法、同类比较判断法、图像特征判断法等方法，来判断设备的状态，如果达到警戒值则进行报警。

（二）安全防范及门禁子系统

安全防范及门禁子系统包括沿牵引变电所围墙四周布置的激光探测器、红外探测器、门禁控制器等设备，牵引变电所大门、高压室、控制室配置门禁系统，窗户配置玻璃破碎探测器。通过探测和传感技术的综合应用，对牵引变电所围墙、大门、窗户进行监视和入侵探测，对非法侵入进行提示警告，以保障变电所场地及周边环境的安全。

（三）环境及火灾监测子系统

环境及火灾监测子系统由动力环境测控装置、温度传感器、湿度传感器、水浸传感器、SF_6 探测器、火灾报警控制器、感温感烟探测器、声光报警器、手动报警按钮等组成。对站内的温度、湿度、风力、水浸、SF_6 浓度等环境信息进行实时采集、处理和上传，当牵引变电所环境温湿度超限、SF_6 泄漏、水浸探测器等报警时，环境及火灾监测子系统会立即报警。

（四）动力照明控制子系统

动力照明控制子系统包括对风机、水泵、灯光、空调等设备的控制回路及控制器，对照明、风机、水泵、空调、门禁、摄像头等设备进行远方控制。

第四节　绝缘在线监测技术

高速铁路供电系统的安全运行决定于牵引供电设备的可靠性，开展电气设备的在线监测及其故障诊断，发现运行设备中的隐患，防止突发性事故，将显著提高其运行可靠性，避免事故造成的直接和间接经济损失，从而带来巨大的经济和社会效益。绝缘在线监测技术如图 11-7 所示。

一、绝缘在线监测技术系统构成

状态检修或预知性维修始于 20 世纪 60 年代后期，而在电力工业方面则是 20 世纪 80 年代初期最早由美国电力研究院（EPRI）将其用于核电厂的检修。目前，国外在状态检修技术研究与实践应用方面都已取得了较成功的经验，国内则是从 90 年代中期才开始此项技术的研究。状态检修是根据先进的状态监测和故障诊断技术提供的设备状态信息，判断设备的异常，预知设备的故障，在故障发生前进行检修的方式，即根据设备的健康状态来安排检修计划，实施设备检修。而状态检修的立足点和根本是在线监测。本节主要介绍变压器绝缘油在线监测技术。

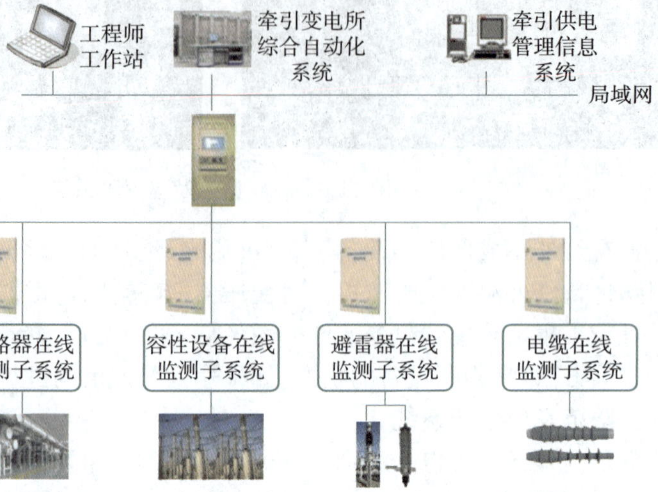

图 11-7　绝缘在线监测系统

二、变压器绝缘油在线监测技术

当牵引变压器出现内部故障时，故障部位的绝缘油会分解出小分子烃类气体（如 CH_4、C_2H_6、C_2H_4、C_2H_2 等）和其他气体（如 H_2、CO、CO_2），上述每种气体在绝缘油中的浓度可作为变压器内部故障的诊断指标。为了得到运行变压器油中微量故障气体的含量目前国内普遍采用离线测量的方法，定期或不定期地从运行变压器中取出油样采用震荡或真空脱气的方法将油气分离，运用离线色谱分析仪测量各组分气体的含量，由此分析变压器运行中潜在的故障。

（一）变压器绝缘油在线监测分类

油色谱在线监测装置按照测试组分的不同，分为单组分和多组分两类。多组分按照测试方法，分为阵列式气敏传感器法、气相色谱法、红外光谱法和光声光谱法等；按照油气分离方法，分为分离膜渗透法、顶空式取气法、真空脱气法以及其他取气方法等。

（二）变压器绝缘油在线监测原理

变压器油色谱在线监测系统，首先对油样采集单元采集油气分离后的故障特性气体；通过载气把混合故障气体载入色谱柱，色谱柱把故障特性气体分离；分离的气体依顺序进入气体传感器；气敏传感器按出峰顺序对故障特性气体，H_2、CO、CH_4、C_2H_6、C_2H_4、C_2H_2、CO_2 等分别检测，并转换成电信号；采集单元完成数据的转换和采集，并对采集到的数据进行存储、计算和分析，得到故障气体各组分及总烃含量，并通过以太网传至数据处理服务器，后台故障诊断专家系统对变压器油色谱数据进行综合分析诊断，完成变压器故障的判定，原理如图 11-8 所示。

（三）变压器绝缘油在线监测装置

变压器油色谱在线监测装置分为载气单元、脱气单元、柱箱单元、中控单元、数据单元五个部分，如图 11-9 所示。其中载气单元的作用是产生纯净载气供其他单元使用，脱气单元的作用是油循环和脱气，柱箱单元是色谱柱和传感器的集合，中控单元的作用是控制和协调各单元

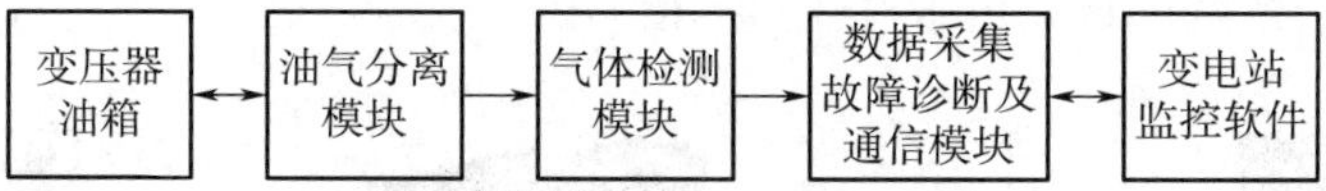

图 11-8　在线监测原理

工作，数据单元的作用是数据分析、存储、转发等功能。

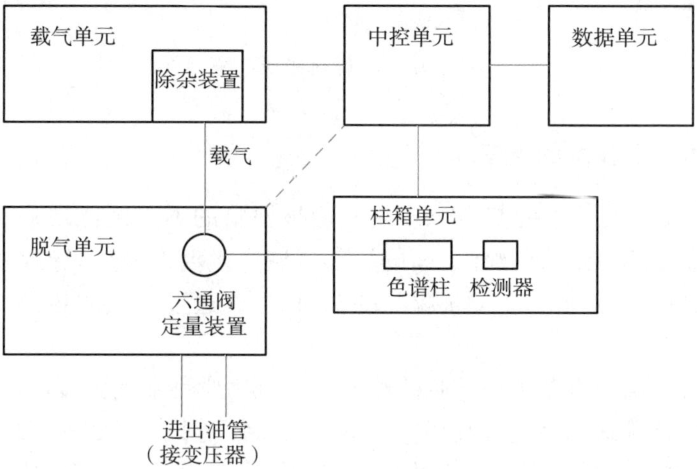

图 11-9　绝缘在线装置基本结构

脱气单元通过联通变压器的油管循环油，并抽取一定量的油脱气，将脱出的气体导入六通阀的定量装置。当六通阀转向的时候，载气单元产生的载气将一定量的气体带入柱箱单元的色谱柱，经色谱柱分离后进入检测器。中控单元控制各个单元内部的协同工作，并采集数据传给数据单元。最后由数据单元分析采集到的数据得到各组分数据的浓度，并存储、转发。其中关键器件有以下几件：载气单元的除杂装置、脱气单元的六通阀定量装置、柱箱单元的色谱柱和检测器、中控单元的中控器、数据单元的数据分析装置。

（四）变压器故障种类的判断（表 11-1）

表 11-1　变压器故障种类的判断——特征气体法

序号	故障性质	特征气体的特点
1	一般过热性故障	总烃较高，C_2H_2 浓度<5 μL/L
2	严重过热性故障	总烃较高，C_2H_2 浓度>5 μL/L，但 C_2H_2 未构成主要成分，H_2 含量较高
3	局部放电	总烃不高，H_2 浓度>100 μL/L，CH_4 占总烃的主要成分
4	火花放电	总烃不高，C_2H_2 浓度>10 μL/L，H_2 含量较高
5	电弧放电	总烃高，C_2H_2 高并构成总烃中的主要成分，H_2 含量较高

第五节　红外测温监测技术应用

红外热成像系统就是通过能够透过红外辐射的红外光学系统将景物的红外辐射聚焦到探测器阵列上，探测器将强弱不等的辐射信号转换成相应的电信号，然后经过放大和视频处理，形成可供肉眼观察的视频图像，如图 11-10 所示。

图 11-10　红外热成像系统

一、红外热成像检测技术的原理

红外热成像无损检测技术的基本原理是利用被检物的不连续性缺陷对热传导性能的影响，使得物体表面温度不一致，即物体表面的局部区域产生温度梯度，导致物体表面红外辐射能力发生差异。借助红外热像仪探测被检物的辐射分布，通过形成的热像图序列就可推断出内部缺陷情况。

从理论分析可知，高压设备因内部缺陷将导致局部力学性能的强度改变，由于高压设备内部结构的不连续性，这种缺陷将引起高压设备的热传导不连续，致使高压的温度梯度不同，因而显现出的红外热图像也有所不同。通过研究被检测高压设备的内部缺陷及结构力学性能，找出其热传导特性与红外热图像之间的关系和机理，根据显示图像的温度梯度就可以确定缺陷的位置和范围，由温度梯度随时间变化的速率可以确定缺陷的深度。

采用红外热成像技术进行检测的特点是不受高压设备的几何结构及材质的限制，可以实现非接触、大面积的检测。

二、红外热成像检测技术的分类

根据探测方式不同，红外热成像检测技术可划分为透射式和反射式，其中反射式更便于使用；根据引起温差的方式不同，可划分为主动式和被动式。

主动式红外热成像检测技术可以对物体表面进行快速、准确地检测，并具有直观、非接触、单次检测面积大等特点。根据主动式激励源不同，主要划分脉冲红外热成像检测技术、锁相红外热成像检测技术和超声红外热成像检测技术等。

（一）脉冲红外热成像检测技术

脉冲红外热成像技术是一种集光、机、电为一体的非接触式无损检测方法，也是目前研究最多和最成熟的方法之一。其工作原理如图 11-11 所示，以高能脉冲闪光灯作为激励热源，热流在被测构件内部传导过程中，若高压设备内部存在缺陷或损伤，则使得设备内部热分布将存在不连续性结构，从而导致其缺陷或损伤处的表面温度与无缺陷或损伤处有明显不同。

脉冲红外热成像检测方式虽然简单实用，但是也存在着一些缺点：适于检测平板类构件，对于复杂结构构件检测存在困难；对热源的均匀性要求非常高；检测构件厚度有限，当检测厚度较高的构件时，难以显示缺陷结果。

（二）锁相红外热成像检测技术

锁相红外热成像检测技术的工作原理如图 11-12 所示。由函数发生器控制激励热源发出按照正弦规律变化的光源强度，光源的热辐射对被测构件进行加热，采用红外热像仪采集构件表面的温度信息。锁相的目的在于从干扰信号中提取特定频率的有用信号，分析其存在的差异，从而实现对缺陷特征的判定与识别。

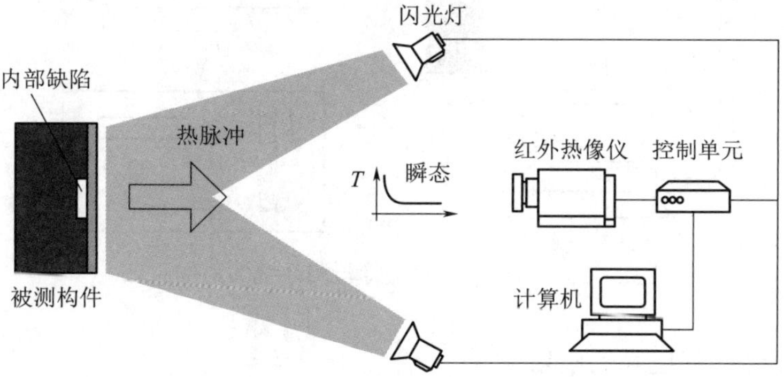

图 11-11　脉冲红外热成像检测技术的工作原理

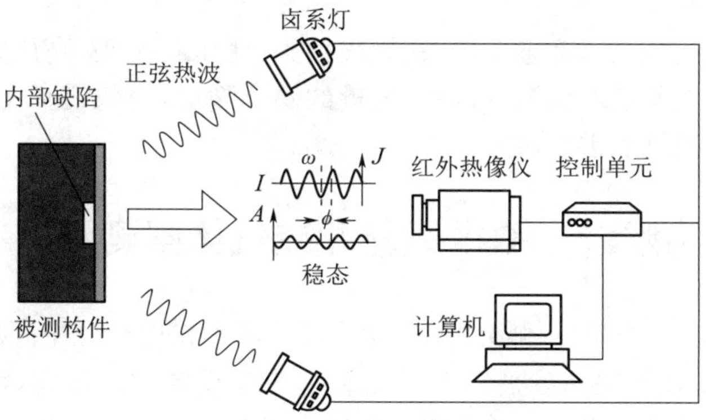

图 11-12　锁相红外热成像检测技术的工作原理

锁相红外热成像技术与常规的脉冲红外热成像技术相比，主要有以下优点：不受加热不均的影响；相位图与构件表面发射率无关；加热的温度较低，不会导致材料表面发生损伤；根据锁相频率和相位延迟，即可求出缺陷深度。此外，相位检测与幅值检测相比，在热像仪精度确定的情况下，能显著提高缺陷的探测能力和测量精度。

(三)超声红外热成像检测技术

超声红外热成像检测技术将超声激励技术与红外热成像技术相结合，其原理如图 11-13 所示。利用低频超声脉冲波作用在构件表面上，利用其特定的振动激励源促使物体内部产生机械振动，使得缺陷部分因热弹和滞后效应导致声能在物体中衰减而转化成热能，通过红外热像仪对构件表面温度变化情况进行捕捉和采集。通过观察红外热像仪所记录下来的温差，借助于计算机对时序热图进行处理，即可实现对构件内部缺陷的判定与识别。

超声红外热成像技术与脉冲红外热成像等其他表面加热的检测方式相比，其检测灵敏度更高。超声红外热成像技术可对物体更深的亚表面裂纹进行检测，还可用于对复合材料内部分层或脱粘进行检测。超声红外热成像的实验系统比较复杂，操作时需要小心谨慎，避免不必要的损伤和浪费。

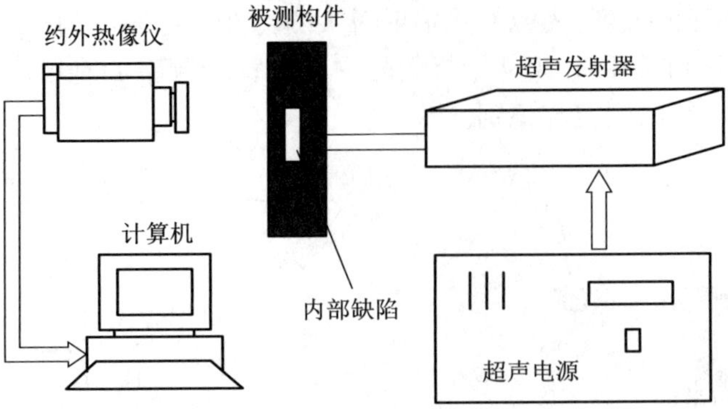

图 11-13　超声红外热成像检测系统的工作原理

三、红外热成像检测技术的应用

外热成像技术因能快速、实时、直观地检测零件的损伤，所以应用广泛，可应用于牵引变电所电力设备的故障诊断等。

测试对象主要包括变电所互感器接头、导线接头、变压器接头、高压线电缆中间接头温度的测试等。通过对变电所定期测温，排除了大量的安全隐患，有效避免了不必要的损失，为牵引变电所的安全运行提供了重要保障。

第六节　GIS 六氟化硫气体监测应用

SF_6 作为极其优越的绝缘、灭弧介质，广泛应用于牵引供电行业中高压断路器及变电设备中，大大促进了电力工业的快速发展。但是在装有 SF_6 设备的高压室，由于通风不良可能造成缺氧或者由于 SF_6 气体泄漏及其分解物在室内沉积，严重威胁操作、检修人员的健康甚至生命安全。随着经济的快速发展和城市规模的不断扩大，各种类型的户内变电站及高压设备不断增加，户内环境 SF_6 泄漏监测及其可靠性显得更加重要。

一、六氟化硫气体测量原理

常见的 SF_6 泄漏测量方有红外吸收光谱、负电晕放电、热裂解电导式、局部真空负离子捕获 NIC、电子捕获检测 ECD 等，具体见表 11-2。

表 11-2　各种六氟化硫测量原理对比

原理分类	辐射源	灵敏度	准确度	响应时间	结　构	寿命（连续检测）
红外吸收光谱	无	0.000 1%	2%F.S	1～3 s	无其他要求	10 年
负电晕放电	无	定性	定性	10 s	高压逆变器	连续 70 h
热裂解电导式	无	0.001%	5%F.S	1～3 min	真空泵	2 年
局部真空负离子捕获 NIC	无	0.000 01%	泄漏速率的±5%	1 s	微型真空泵流量传感器	200 h
电子捕获检测 ECD	有	0.000 001%	0.000 1%	1 s	高压氩气	20 h，600 mL 氩气

由于六氟化硫泄漏监测装置需要在线长时间连续运行，所以首选红外吸收光谱原理的探测器。SF_6 红外检漏仪是采用红外吸收光谱法的原理来对 SF_6 气体进行分析检测。SF_6 在红外波段（中心波长 10.55 μm）具有非常强的吸收性，SF_6 红外传感器就是在该波段内，通过检测 SF_6 气体对红外光的吸收，来实现 SF_6 气体的定量检测。SF_6 气体红外传感器的检测原理如图 11-14 所示，传感器内部由发射端发射一定波长（10.55 μm）的红外光，照射到传感器末端的镜面上发生反射，最后被接收端所收集，根据该波长红外光强度的变化与 SF_6 气体浓度的关系，经过电子测量系统处理后，就可得到 SF_6 气体的浓度。

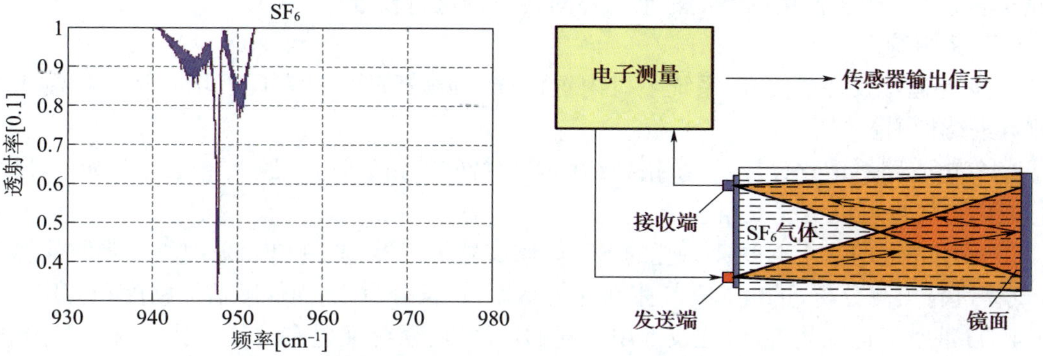

图 11-14　SF_6 气体吸收谱图及传感器检测原理

二、六氟化硫泄漏监测系统简介

（一）NA1000FC 型自动校准式 SF_6 气体泄漏监测系统

NA1000FC 型自动校准式 SF_6 气体泄漏监测系统是采用红外吸收光谱法（激光）的原理来对 SF_6 气体泄漏进行监测，分析，状态判定，风机联运及报警的全方位监测系统。监测系统主机包括前端 SF_6 及 O_2 气体监测单元，语音及声光报警组件，人体红外监测单元，风机控制单元，网络传输模块，气电一体化电路，智能后台软件平台等部件组成。系统架构如图 11-15 所示。

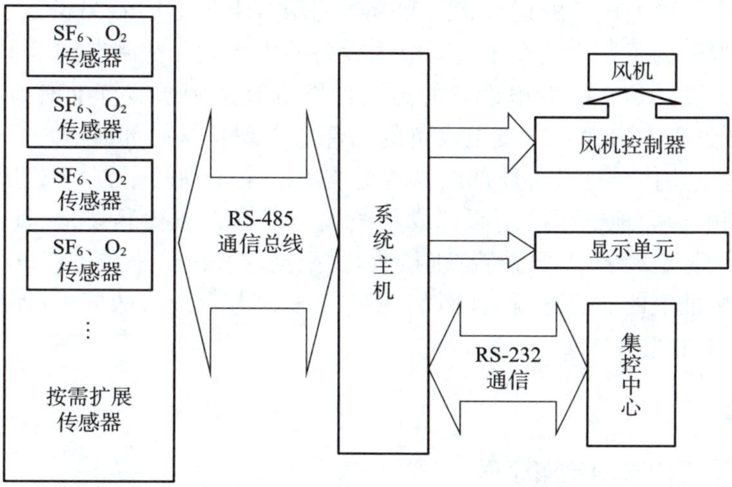

图 11-15　NA1000FC 型自动校准式 SF_6 气体泄漏监测系统架构

(二)监测方式

NA1000FC 型自动校准式 SF_6 气体泄漏监测系统分为扩散式和泵吸式两种:

1. 扩散式:传感器安装在使用场所,传感器到主机之间使用气电一体化电缆连接,测量数据通过 RS-485 总线传输到主机,当收到本地或远程校准命令时主机使用内部的标准气体通过气管传输到传感器,实现校准。

2. 泵吸式:传感器在主机内部,传感器到使用场所的阀门之间使用气电一体化电缆连接,主机控制泵和使用场所的阀门开关,把需要检测气体抽到传感器里进行测量。当收到本地或远程校准命令时主机使用内部的标准气体对传感器进行校准。

(三)系统特点

1. 支持远程及现场校准:系统主机内置标准气源及气泵,可实现现场及远程控制中心对监测点进行检测及校准。

2. 气电管路一体化设计:系统拓扑结构采用特殊管路设计,气路及电路合二为一,既可以进行通信连接也可以实现气路连接。

3. 采用先进的基于 NDIR 原理的 SF_6 气体红外传感器:监测单元采用红外吸收光谱法对 SF_6 气体进行监测分析,进口 SF_6 气体红外传感器,超长寿命,从而保障监测精度和使用寿命。

4. 自带空气过滤装置,保证校准用空气的洁净度:系统配置有空气过滤装置,对检测气体进行净化处理,从而保证检测的精度及监测探头的使用寿命。

5. 无线传感:具有 GPRS 无线通信模块,支持远程数据通信,实现远程操控,校验等功能。

6. 标准气源:内置标准气源,可远程控制进行自我诊断,比对和校准。

(四)六氟化硫泄漏检测单元安装原则

牵引变电所内检测点设置,原则上一般每组开关或者每个组合电器间隔安装一个检测点,也可依据高压室面积决定,并均匀合理布置。室内面积(m^2)与检测点数量(个)的比值不宜大于 30。

第七节　局部放电诊断技术

按照当前牵引供电变电所的运行状态和全封闭组合电气 GIS 设备的运行质量来讲,造成其发生局部放电故障的主要原因在于受到电力设备的生产质量和制造技术水平以及实际安全操作水平的影响。尤其是 GIS 变电设备的封闭性能没有达到质量标准时就会容易影响其安装质量,造成运行过程中出现 GIS 变电设备的局部放电现象。局部放电现象会产生较大的声音信号和电信号,这些信号是进行局部放电情况监测的主要判断根据。较为常用的局部放电检测技术为超高频、暂态地电压检测原理或超声波传感器设备检测技术,其能够对 GIS 电力设备内部所发出的特定频率信号进行准确接收,并根据这些信号来进行相位、幅度以及频率特征进行背景信号标准值的对比分析,进而实现对 GIS 的电力设备故障的检测与维护,消除局部放电故障的发生概率。

一、检测原理

(一)暂态地电压(TEV)检测原理

当开关设备发生局部放电现象时,带电粒子会快速地由带电体向接地的非带电体快速迁移，如设备的柜体，并在非带电体上产生高频电流行波，且以光速向各个方向快速传播。受集肤效应的影响，电流行波往往仅集中在金属柜体的内表面，而不会直接穿透金属柜体。但是，当电流行波遇到不连续的金属断开或绝缘连接处时，电流行波会由金属柜体的内表面转移到外表面，并以电磁波形式向自由空间传播，且在金属柜体外表面产生暂态地电压，原理如图 11-16 所示。

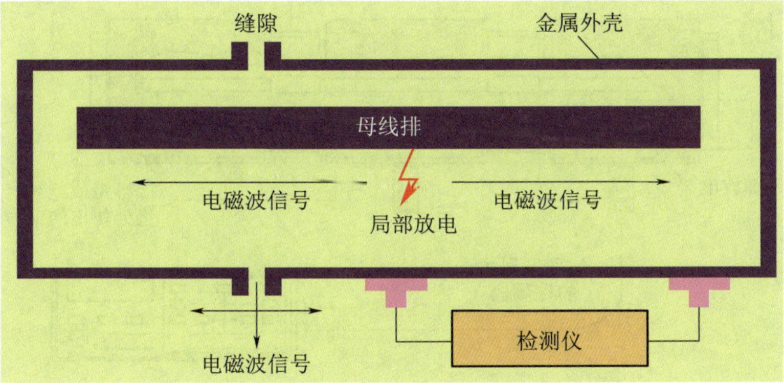

图 11-16　暂态地电压检测示意

TEV 检测法采用幅值定位和时差定位两种方法进行局放点的定位。

1. 幅值定位法：靠近放电源越近的位置 TEV 幅度越高，通过开关柜间的 TEV 幅度差异可以进行简单定位，如图 11-17 所示。

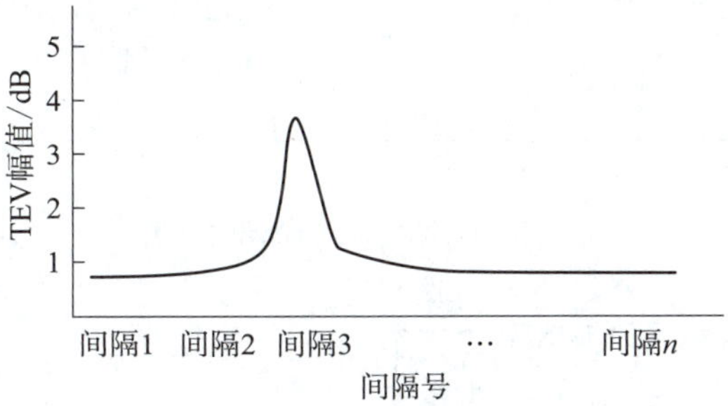

图 11-17　TEV 检测幅值定位法

2. 时差定位法：通过多于一个的传感器进行接收时差识别，首先接收到放电脉冲的探头离放电源的距离最近，如图 11-18 所示。

(二)超声波检测原理

1. 空气式超声(AA)检测原理

超声波传感器通过局放产生的超声波信号，利用外差法将信号转换成一个人耳可听见、辨别的声音信号。通过耳机中传出来的声音类型以及声压的大小来判断局放现象，原理如图 11-19 所示。

超声波在开关柜中由于其传导的路径的不同、距离远近不同，传到外部的幅度将会不同，一般可以通过幅度的强弱进行局放源位置的判别。

2. 接触式超声(AE)检测原理

局放在介质中将产生几十至几百千赫的瞬态高频弹性脉冲波。该弹性波将在液体、固体，甚至气体介质中扩散传播。超声局放检测就是将传感器贴于设备表面倾听与捕捉由设备内部故障如局放、部件松动、电弧与过热等产生的瞬态超声脉冲信号并通过适当的处理，如相位特征识别与定位等，来判别故障状态。检测原理如图 11-20～图 11-22 所示。

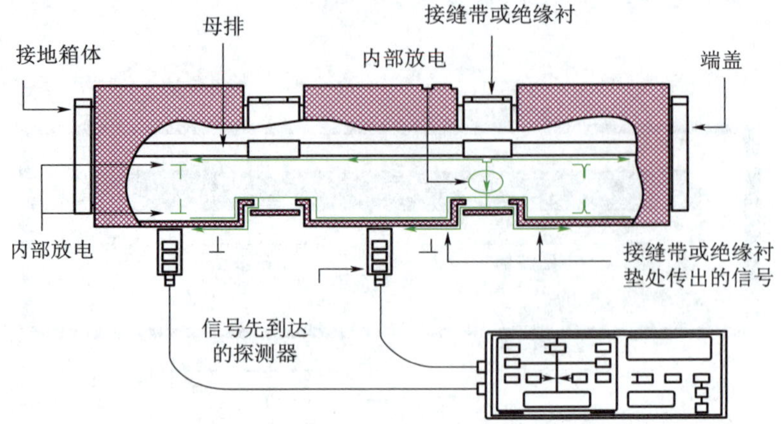

图 11-18　TEV 检测时差定位法

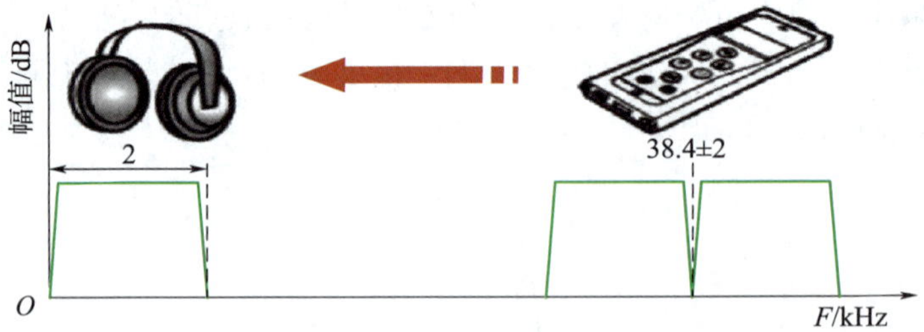

图 11-19　AA 检测示意

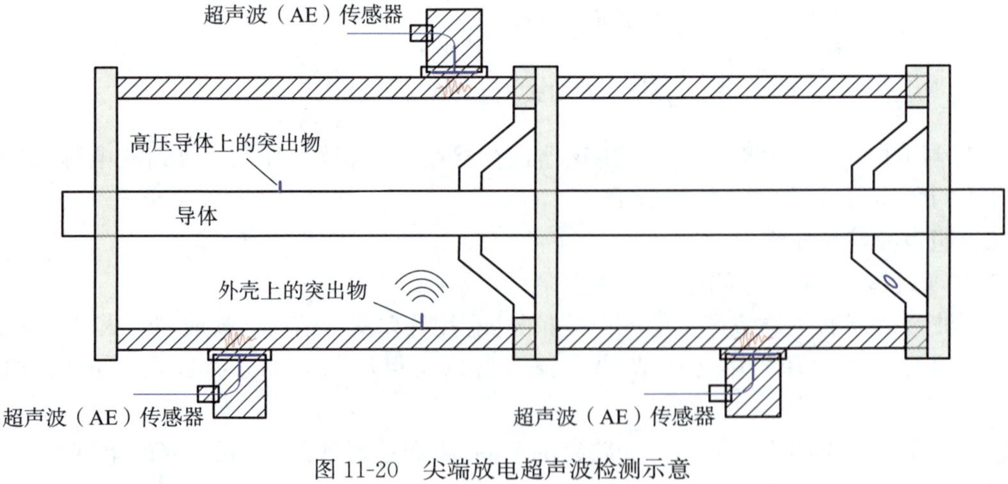

图 11-20　尖端放电超声波检测示意

超声波定位方法是利用放电产生的超声信号和电脉冲信号之间的时延，或直接利用各超声波信号的时延、超声波信号强度等方法进行定位。

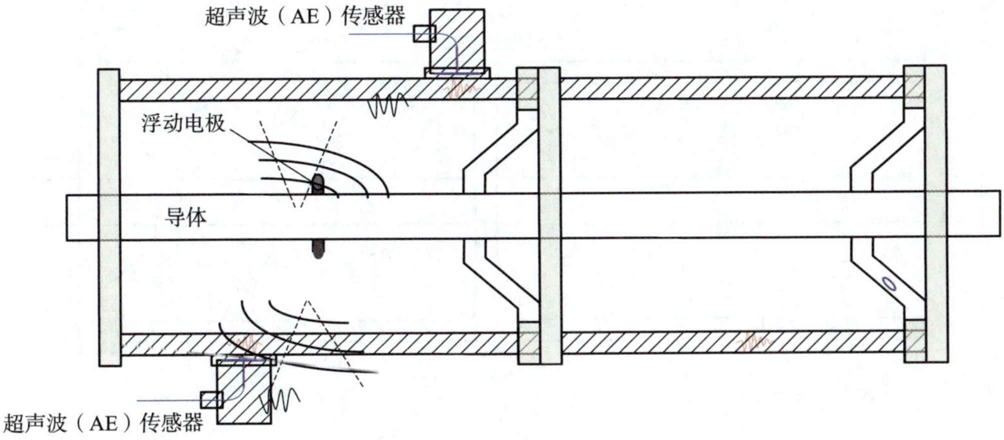

图 11-21　悬浮放电超声波检测示意

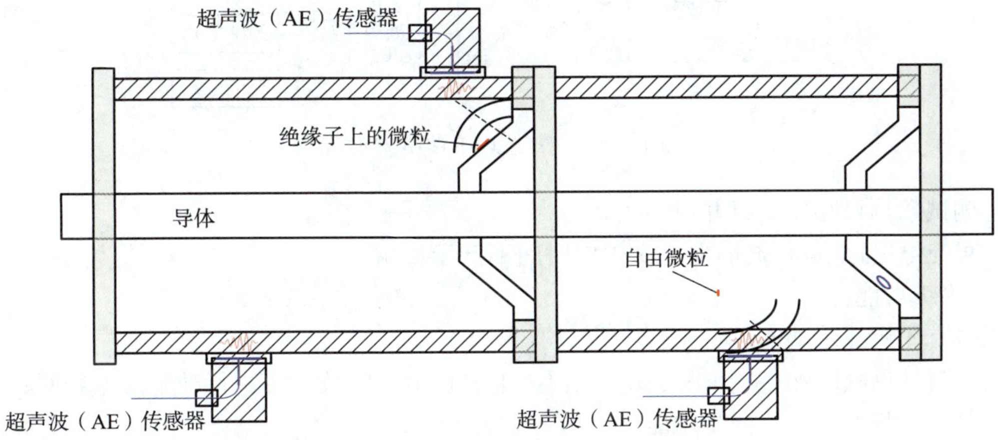

图 11-22　颗粒放电超声波检测示意

(三)特高频(UHF)检测原理

通过 UHF 传感器对电力设备局放产生的超高频(0.3～3 GHz)信号进行检测，从而判断设备局部放电状况，实现绝缘状态的判断。检测原理如图 11-23 所示。

特高频定位方法是利用各特高频信号的时延、信号强度等方法进行定位。

二、仪器要求分类

(一)超声波(AE)检测法仪器(图 11-24)

超声波(AE)局部放电检测系统主要由超声波传感器、数据采集线、数据采集单元和数据处理单元构成。

1. 功能要求

(1)基本功能：

①可显示幅值大小；

②报警阈值可设定；

③检测仪器具有抗外部干扰功能；

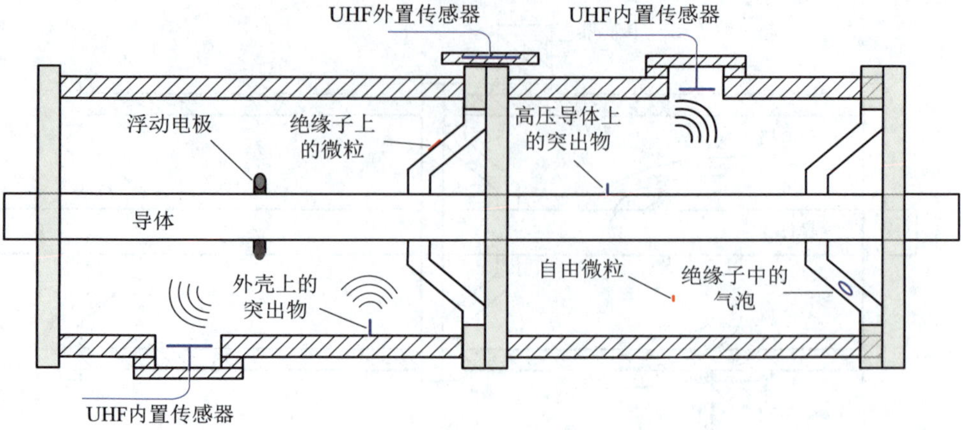

图 11-23　特高频检测示意

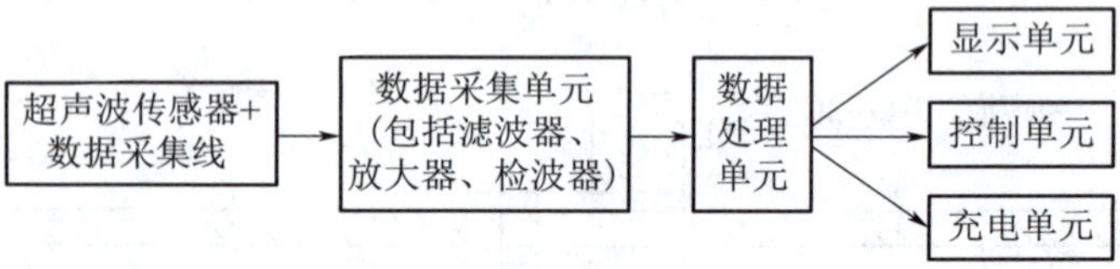

图 11-24　超声波(AE)检测法仪器

④测试数据可存储本机并可导出；

⑤可充电电池供电，充满电单次供电时间不低于 4 h。

(2)高级功能：

①具有图谱显示功能；

②可对常见缺陷如毛刺电晕放电、悬浮放电和自由颗粒放电等进行缺陷类型判断；

③具备工频参考相位同步功能；

④具有局部放电定位功能。

2. 主要技术指标

(1)环境要求：

①环境温度：－10～＋55 ℃；

②环境相对湿度：0％～85％；

③大气压力：80～110 kPa。

(2)性能要求：

①检测频率范围：1 kHz～1 MHz；

②测量量程：0～100 dB；

③采样分辨率：18 位。

(二)超声波(AA)检测法仪器

超声波(AA)局部放电检测系统主要由超声波传感器、数据采集线、数据采集单元和数据处理单元构成。

1. 功能要求

①可显示幅值大小；

②报警阈值可设定；

③检测仪器具有抗外部干扰功能；

④可充电电池供电，充满电单次供电时间不低于 4 h。

2. 主要技术指标

(1)环境要求：

①环境温度：0～+55 ℃；

②环境相对湿度：0%～90%；

(2)性能要求：

①传感器中心频率：40 kHz；

②测量范围：−7～68 dB · μV；

③分辨率：1 dB；

④精度：±1 dB；

⑤传感器灵敏度：−65 dB (0 dB=1 V/μbar 有效值 SPL)；

⑥外差频率：38.4 kHz。

(三)暂态地电压检测法仪器

暂态地电压局部放电检测系统主要由暂态地电压传感器线、数据采集单元和数据处理单元构成。

1. 功能要求

(1)基本功能：

①可显示幅值大小；

②报警阈值可设定；

③检测仪器具有抗外部干扰功能；

④具有单次测试和连续测试两种模式；

⑤可充电电池供电，充满电单次供电时间不低于 4 h。

(2)高级功能：

①具备脉冲计数功能，可显示 2 s 脉冲；

②可通过不同测量模式的综合分析进行局部放电定位和种类识别。

2. 主要技术指标

(1)环境要求：

①环境温度：0～+55 ℃；

②环境相对湿度：0%～90%。

(2)性能要求：

①检测频率范围：3～100 MHz；

②测量量程：0～600 dB · mV；

③分辨率：1 dB；

④精度：±1 dB。

(四)特高频检测法仪器

特高频局部放电检测系统主要由特高频传感器、同轴电缆数据采集线、数据采集单元和数据处理单元构成。

1. 功能要求

(1)基本功能：

①可显示信号幅值大小；

②报警阈值可设定；

③检测仪器具有抗外部干扰功能；

④测试数据可存储本机并可导出；

⑤可充电电池供电，充满电单次供电时间不低于 4～6 h；

⑥可用外施高压电源同步，并可通过移相的方式，对测量信号进行观察和分析；

⑦可连接 GIS 内置式特高频传感器。

(2)高级功能：

①能够进行时域与频域的转换；

②按预设程序定时采集和存储数据的功能；

③检测频谱显示及状态评价功能：应提供局部放电信号的幅值、相位、放电频次等信息中的一种或几种，并可采用波形图、趋势图等图谱中的一种或几种进行展示，能对 GIS 进行运行状态评估和展示；

④放电类型识别功能：具备模式识别功能的仪器应能判断 GIS 中的典型局部放电类型(自由金属颗粒放电、悬浮放电、沿面放电、绝缘件内部气隙放电、金属尖端放电等)，或给出各类局部放电发生的可能性，诊断结果应当简单明确；

⑤历史数据对比分析功能。

2. 主要技术指标

(1)环境要求：

①环境温度：－10～＋55 ℃；

②环境相对湿度：0%～85%；

③大气压力：80～110 kPa；

④供电电源：宜选择变电站用交流电源。交流电源电压幅值允许偏差小于±10%，频率容许偏差小于±1%，谐波含量小于 5%。

(2)性能要求：

①检测频率范围：300～3 000 MHz；

②灵敏度：65 dB · mV。

三、判断标准

(一)暂态地电压检测方法判断标准

1. 巡检数据的判断

暂态地电压检测数据的主要判断方法主要有三种，包括定值判别、横向分析、纵向分析。

横向分析法就是对同一个开关室内同一电压等级所有开关柜的同一次测试结果进行比较，当某一或某几个开关柜的测试结果比其他开关柜的测试结果及现场背景值均大时，就可以判断此开关柜存在缺陷的可能性。

纵向分析法是对不同时间的测试结果进行分析,得出开关柜局部放电的趋势分析。纵向分析法仅用于异常数据缩短检测周期时的比较分析,正常数据不列入纵向分析法中。

在纵向分析过程中,还应从局部放电产生影响因素的细微波动对暂态地电压检测数值的变化进行分析,主要内容如下:

(1)负荷的变化:在不同的时间段用电负荷不同,负荷增加时设备产生热效应,对设备绝缘造成伤害,长时间的累积效应就可能造成设备绝缘产生裂化从而产生局部放电。

(2)环境因素:在不同的时间段,错开外界的干扰,分析背景干扰的波动对检测数值的影响;分析不同温度、湿度条件下检测数值的变化情况;根据开关柜的清扫频率分析不同污秽下检测数值的变化情况。暂态地电压定值判别依据见表 11-3。

表 11-3　暂态地电压定值判别依据

背景值	设备上的测试值 P	推　断	所需采取的措施
0～20 dB	$P \leqslant 20$ dB	未发现明显的放电现象	按正常检测周期检测
	20 dB$<P\leqslant$30 dB	检测到一定程度的放电现象	用定位仪进行定位,确定放电点的位置,或用监测仪进行在线监测,观察设备的放电趋势
	30 dB$<P\leqslant$40 dB	检测到较强的放电现象	用定位仪进行定位,确定放电源的置,对设备采取相应的措施,或用在线监测仪进行监测,观察放电趋势
	$P>40$ dB	检测到强烈的放电现象	要尽可能的情况下,需对设备停电处理
>20 dB	$P>30$ dB	存在强干扰	①高水平噪声可能会掩盖开关柜内的放电; ②可能是由于外部的影响,应该消除外部干扰源再重新测试,或使用局部放电监测仪以识别开关柜中的任何放电

(3)每 2 s 内所检测到的放电脉冲数也是判定设备是否存在放电的一个主要因素,正常情况下,局部放电信号在 2 s 内发出的脉冲数一般为 50～1 000 个,当现场 2 s 内检测到的脉冲数大于 1000 时,可以认为检测到的是干扰信号,而非局部放电信号。

(4)上述判断标准,只有在确定信号为内部局放信号时才适用。

2. 定位数据的判断

首先在开关柜的横向进行定位,当两个传感器同时触发时,说明放电位置在两个传感器的中线上。同理,在开关柜的纵向进行定位,同样确定一条中线,两条中线的交点,就是局部放电的具体位置。但在检测过程中要注意以下几点:

离测量位置较远处存在强烈的放电活动。由于信号高频分量的衰减,信号经过较长距离的传输后波形的前沿发生畸变,且因为信号不同频率分量传播的速度稍微不同,造成波形的前沿进一步畸变,使定位仪器难以区分哪个传感器先被触发。噪声干扰也会导致定位仪器判断出现随机性,尤其是在信号能量经过多次反射后已衰减很多的情况下。

当有多处放电点时,可以发现在某个特定检测区域内两只传感器的通道指示灯都亮,而传感器一旦出了这个区域就能明显地分出信号的先后,则此特定区域通常就是放电点的分布范围。

(二)超声波(AA)检测方法判断标准

超声波(AA)检测数据的主要判断方法主要有四种:定值判别、横向分析、纵向分析、声音判别。

横向分析法就是对同一个开关室内同一电压等级所有开关柜的同一次测试结果进行比较,当某一或某几个开关柜的测试结果比其他开关柜的测试结果及现场背景值均大时,就可以判断此开关柜存在缺陷的可能性。

纵向分析法是对不同时间的测试结果进行分析,得出开关柜局部放电的趋势分析。纵向分析法仅用于异常数据缩短检测周期时的比较分析,正常数据不列入纵向分析法中。

在纵向分析过程中,还应从局部放电产生影响因素的细微波动对超声波(AA)检测数值的变化进行分析,主要内容如下:

1. 负荷的变化:在不同的时间段用电负荷不同,负荷增加时设备产生热效应,对设备绝缘造成伤害,长时间的累积效应就可能造成设备绝缘产生裂化从而产生局部放电。

2. 环境因素:在不同的时间段,错开外界的干扰,分析背景干扰的波动对检测数值的影响;分析不同温度、湿度条件下检测数值的变化情况;根据开关柜的清扫频率分析不同污秽下检测数值的变化情况。

在超声波检测时应先使用声音判别,再使用定值判别。超声波定值判别依据见表 11-4。

表 11-4　超声波定值判别依据

超声读数 P	推　断	所需采取的措施
无放电声	没有重大放电	按正常检测周期检测
0 dB$<P\leqslant$6 dB,并有轻微放电声	存在轻微放电	加强关注,观察放电趋势
6 dB$<P\leqslant$10 dB,并有放电声	检测到一定程度的放电现象	对设备采取相应的措施,适时进行处理
$P>$10 dB,并有强烈的放电声	检测到较强的放电现象	在尽可能的情况下,需对设备停电处理

超声异常门槛值是推荐参考值,各地因设备状况、运行条件等因素的不同,超声异常门槛值可能不同。各地可根据的历史检测数据、自身所能承受的系统风险进行统计分析,定期修订完善超声异常门槛值。

(三)超声波(AE)检测方法判断标准

1. 无异常信号的判断标准

检测到的超声信号幅值不大于背景幅值,且 50 Hz 和 100 Hz 的频率相关性为零或与背景接近,此信号判断为信号正常。

2. 异常缺陷的判断标准如图 11-25 所示。

(1)局放时特征谱在一个或多个整数值处出现峰值。

(2)局放时从长波形能观察到规律性的脉冲信号。

(3)幅度与脉冲数反映了局放信号强度与激烈程度,局放时幅度比较稳定,波动较小。

(4)局放时特征指数随检测时间将散布在一个或多个整数值附近。

(四)特高频检测方法判断标准

1. 无异常信号的判断标准

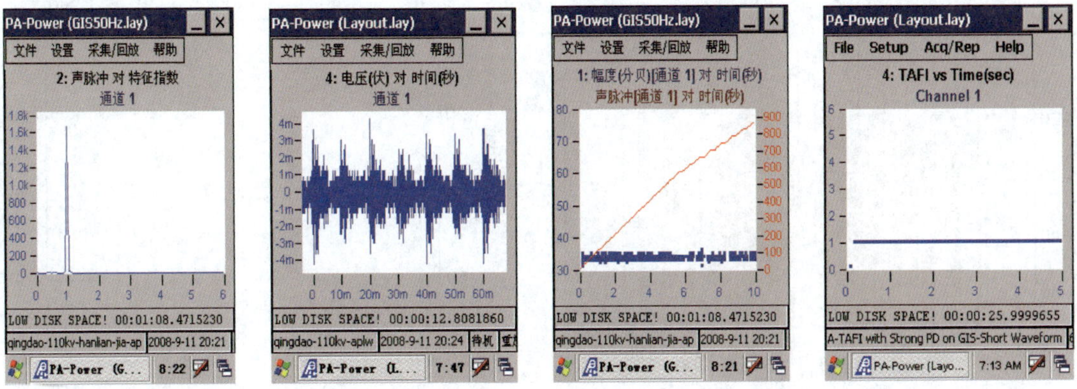

图 11-25　异常缺陷波形

柜体检测到特高频信号 PRPS 及 PRPD 特征图谱同背景环境的特征图谱一致，判断为属于正常信号。

2. 异常缺陷类型的判断标准

(1)尖端放电

放电的极性效应非常明显，通常在工频的正半周或负半周出现，放电信号强度较弱且相位分布较宽，放电次数较多。提高电压等级另一个半周也可能出现放电信号，幅值更高且相位分布较窄，放电次数较少，如图 11-26 所示。

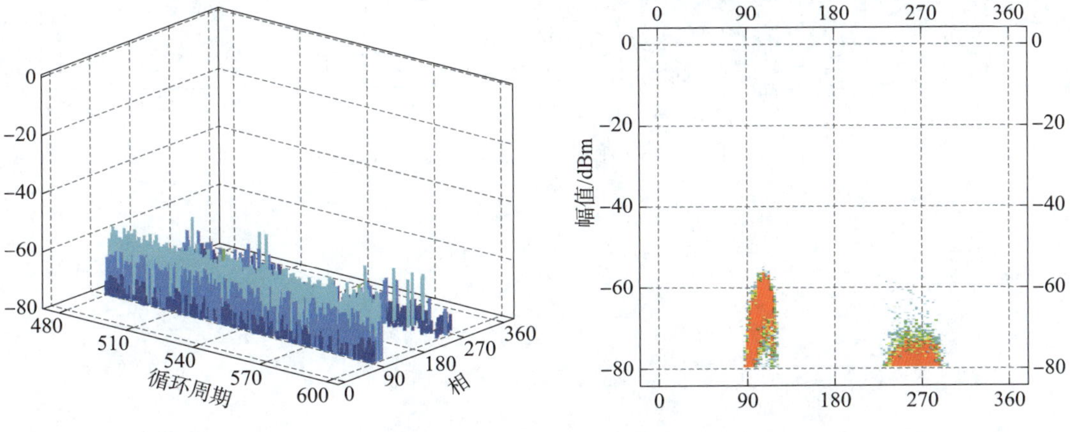

图 11-26　尖端放电特征图谱

(2)悬浮电位放电

工频相位的正、负半周均会出现，且具有一定的对称性，放电幅值很大且相邻放电信号时间间隔基本一致，放电次数少，放电重复率低，具有“内八字”或“外八字”分布特征，如图 11-27 所示。

(3)绝缘件异常放电

工频相位的正、负半周均会出现，且具有一定的对称性，放电幅值较分散，放电次数较小，如图 11-28 所示。

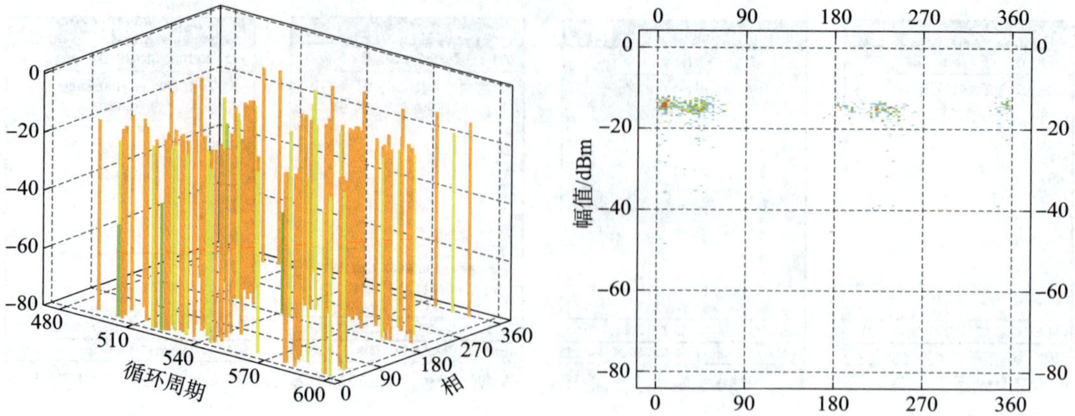

图 11-27　悬浮电位放电特征图谱

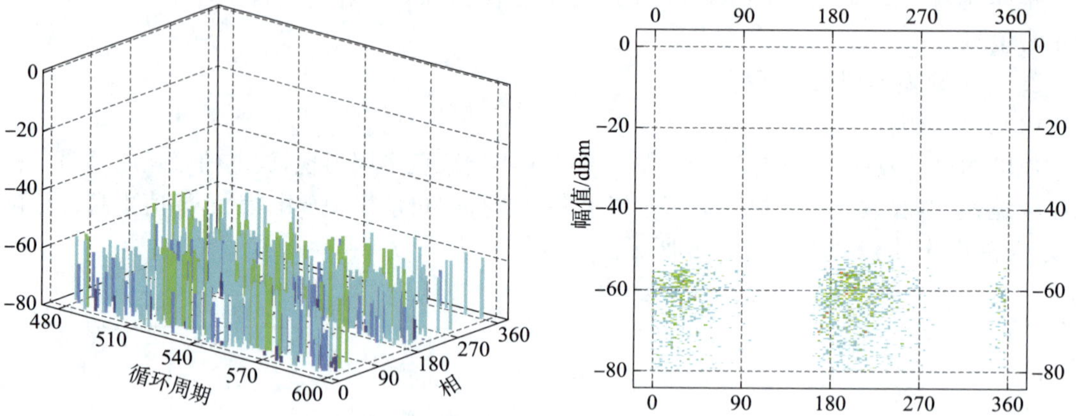

图 11-28　绝缘件异常放电特征图谱